法国商事诉讼程序研究

Study on the French Commercial Litigation Procedure

王 艳 著

人民出版社

公平正义的特色彰显

——法国商事诉讼之程序价值

（代　序）

众所周知,公平正义是民事诉讼追求的重要程序价值之一。然而,在我国"大一统"的民事诉讼程序设置总体框架下,对于"商事诉讼"这一特殊民事诉讼类型,由于长期以来对其程序特殊性关注不够,且完全适用普通民事诉讼规则,实践中存在对商事主体利益维护不足的问题,也使得诉讼程序公正之价值目标存有缺憾。因而无论是在学术理论还是司法实践中,均有必要探讨和研究商事诉讼特殊程序规则。

商事主体以营利为根本目的,其商事行为较普通民事行为具有鲜明的营利性、快捷性和专业性等特点。随着世界经济的更迭发展,商事活动在深度和广度上也不断拓展,呈现出多样化的特点,但其本质上仍是以"逐利"为基本目的。尤其是在互联网信息技术和资本市场业务纷繁复杂的当下,商机转瞬即逝,市场瞬息万变,"时间"被视为最稀缺的资源,其价值作用被提高到前所未有的高度,"效率""效益"几乎成为商人们作出重大决策的首要判断标准。投射在商事纠纷解决领域,"程序效益"被大多商人视为最大诉求,而对于司法最终救济机制的商事诉讼,绝大部分商事主体亦希望以充分的"诉讼效率"实现其商业利益的最大保护。相较于普通民事主体而言,商事主体对于纠纷善恶对错、是非曲直的追求相对较低;而对纠纷"迅速解决"的需求却更为迫切,以最短的时间解决争议、最大限度地降低因解决纠纷产生的时间浪费和收益损耗,就成为他们对商事诉讼公平正义的独特期许。

鉴于此,纵观世界各国立法,域外不少国家对于商事诉讼往往与普通民事诉讼相区别,并设置专门的程序性规定。其中,以法国最为典型。法国是欧洲大陆最早设置独立的国家商事司法裁判机构的国家之一。由于历史文化等多重原因,西欧的绝大多数国家,如英国、法国、德国等,其立法史上均不同程度地出现过特殊的商事法庭,即由专门的商人法官依照独特的商事规则裁判纠纷。例如公元991年在英国出现的"泥足法庭"等。然而,随着时间的推移,这类特殊法庭或销声匿迹,或在近代整体归并入现代司法体系,其独立性大大降低。在西欧众多国家中,有且仅有法国将其独立商事司法裁判机构——商事法院及其商事诉讼程序制度进行到底。法国该项制度的历史传统可追溯至中世纪初期,而其正式创立则是在1563年。该法院自成立之后则一直沿用至今,已有近600年历史。这期间尽管经历多次机构设置和程序规定的重大调整、修改,但仍旧未动摇其独立商事裁判主体的地位及其程序制度体系原则。

时至今日,法国商事诉讼程序已经演变发展成为一整套非常成熟的制度体系,对此法国人亦颇为自豪、引以为傲。围绕"程序效率"的核心价值目标,法国商事诉讼立法制度颇具特色、独具一格,例如,在司法组织构建方面,区别于以行政区域为基础的普通民事管辖规则,从经济繁荣程度和地区商业状况出发划分管辖范围和规模体量;在裁判主体选任方面,沿袭起源于中世纪的"商人自治"理念,始终坚持选任专业化、非职业商事法官,并配套设置相应的能力考评和履职监督机制;在程序制度方面,以弱形式主义为鲜明特征,设置一系列凸显效率、灵活多样的规则。通过一系列的特殊制度安排,法国商事诉讼程序长期保持高效、良好的运行效果,裁判专业水准高,当事人上诉率低、服判率高,有利于纠纷的及时、彻底解决,还有利于消除地方保护主义、维护诉讼公平正义。

反观我国,由于历史文化等多重原因,我国商事诉讼程序相对萎缩,立法对于商事纠纷也没有设置专门的诉讼规则,而是将其并入民事诉讼程序一并处理。"大一统"诉讼模式使得目前我国商事诉讼效率较低,裁判不甚合理,诉讼程序不能适应现代社会瞬息万变的商业市场对于商事纠纷快速解决的客观需求,也不能满足日益突出的优化营商环境、深化商事制度改革的需要。尽管我国近年来已陆续设立一些区域性、专门化的商事纠纷司法裁判机构,如上海金融法院、各自贸区法院等,但从全国范围看,我国距离设置一整套完备高效且体系化的商事诉讼程序制度还有较大差距。商事诉讼作为解决商事纠纷的一种新型诉讼制度,相对于其他民事诉讼形态而言,不仅在诉讼的基本原则、规则、程序,乃至于诉讼的期限、证明规则等诸多方面都存在着较大程度的差异,因此加强商事诉讼制度的整体理论研究,使其程序制度顺应新时期、新形势的要求,满足商事纠纷对诉讼理念、价值功能及程序规则的特殊要求,符合商事活动发展规律,在当下仍十分必要。对于我国构建专门商事诉讼程序规则体系,至少应当有以下几个突出问题需要检讨。

1. 商事诉讼制度的设置与社会环境之间的关系。由于任何一项制度都与相应的社会环境存在直接的联系,因而我国设置商事诉讼程序制度,首先涉及的必然是中国商事诉讼程序制度设置的理论依据及其社会根据。换言之,为什么今天我们要设置独立的商事诉讼程序制度,而这一问题由于涉及面广,研究也有较大的难度。

2. 我国应当建立怎样的商事诉讼程序制度。由于国家不同,社会环境条件不同,诉讼程序制度就必然有所不同,为此,对于我国的商事诉讼程序制度而言,怎样设置符合我国基本情况,以及适应我国社会解决商事纠纷需要的程序制度,也是一个需要花大力气去研究以及进行调查的一个问题。

3. 我国商事诉讼程序具体程序规则的设置。商事诉讼在制度上作为一项富有技术性解决纠纷的程序规则,怎样设置以及解决司法实际中的诸多问题,还存在诸多需要深入研究的技术性问题。

党的十八大以来,在以习近平同志为核心的党中央的坚强领导下,在共商共建共享人类命运共同体的战略安排和"一带一路"倡议等重大举措的推动下,中国前所未有地融入世界经济、影响着世界格局的发展,中国已成为世界第一大货物贸易国和第二大外国直接投资目的地国和来源国。未来,商事经贸活动将达到空前繁盛,商事纠纷也将面临增长态势,设置合理的商事诉讼程序制度、及时便捷地解决商事纠纷,对于营造优化投资营商环境、促进中外合作和推动我国经济持续向好发展有着极大的积极意义。

尽管近年来对于商事诉讼特殊性的研究曾受到较大关注,无论是实体法还是程序法领域均引发讨论热潮,许多学者认同商事诉讼具有独立性、程序规则应予以专门设置,但就上述问题结合我国司法实际进行深入探讨的文献却并不多见。有关商事诉讼制度的具体程序性问题研究较少,诸如商事诉讼程序的管辖、受案范围、诉讼期限、诉讼保全、小额商事金融纠纷的解决程序、判决的方式、证据规则等问题都尚无较为深入的研究,而对于域外商事诉讼制度经验借鉴的内容则更显不足。为此,以过往研究为基础,以域外成熟经验为借鉴,以回应解决司法实践问题为中心,重新梳理研究重心和研究方法以形成体系完整、适于应用、具备本土特色的商事诉讼制度是我国民商事诉讼学界的重要任务。"他山之石,可以攻玉",在商事诉讼制度方面广泛地学习和借鉴外国有益的东西,对发展和完善我国商事诉讼体制无疑是一条实用、便捷和有效的路径。法国商事诉讼程序制度历经几百年的适用与演变,其体系化的制度规定和成熟有效的程序规则均具有较大的研究价值,可为我国新形势下商事诉讼制度的改革、完善提供参考。

本书应当是国内第一部专门研究法国商事诉讼程序及其价值问题的学术著作。该著作系统阐述了商事诉讼基础理论、法国商事诉讼审判组织、法国商事诉讼适用范围、法国商事诉讼审判程序、我国商事诉讼的制度现状及主要问题,法国商事诉讼程序对我国立法完善的借鉴等基本问题。学科视野宽宏、资料丰富、体系较为完整,是该著作的特点。尤为值得一提的是,为完成写作,作者专程赴法国收集大量法文原始资料,经多番请教中外法文专家学者后独自翻译形成第一手资料,并在此基础上进行学术研究。资料内容全面翔实,其中包括法文稀有古籍文献:法国商事法院于1563年的成立法令,以及至今的几次重大调整、修订敕令;法国最新立法(国内尚无翻译版)规定;法国学者的理论著作;商事诉讼经典裁判案例等,体现了作者严谨的治学作风和吃苦耐劳的钻研精神。著作较为全面客观地展现了法国商事诉讼制度体系和程序规则,追溯了法国商事诉讼产生的历史文化渊源;突出了法国现代商事诉讼独立审判组织、专业法官选任、受案范围划分和特殊审判程序设置方面的独特优势特点;对我国商事审判的现状和问题进行了考察分析;提出完善我国商事诉讼制度的建议,展示出作者独特的研究视角,形成某些观点突破,值得重视。

本书作者王艳是我的硕士及博士研究生,长期进行民事诉讼法学、中法比较法学等领域的学习研究。他在硕士研究生学习阶段奋发砥砺,不断突破自我,在日常学习之余攻克第二外语——法语,并成功获得法国政府"埃菲尔"奖学金全额资助留学法国,以法语为学习语言继续学习,打下了较为坚实的法语语言基础,并获取法国诉讼与程序法学第二硕士学位。在博士研究生学习阶段,作者依托自己掌握的法语优势,潜心治学、勤勉务实,完成本著作的写作,表现出较为宽广的学术视野和较强的研究能力。尽管该著作还有不少问题需要进一步拓展探究,但确实能够给我们不少启发,作为他的导师,我由衷感到欣慰。希望本书能够引起学术界对商事诉讼程序制度研究的重视,并使相关问题的思考向更深的层次推进。

是为序。

西南政法大学教授、博士生导师　廖中洪

2019 年 12 月 30 日

目　录

绪　论

一、论题研究的意义

在各方当事人为平等诉讼主体的广义民事诉讼中,有很大一部分诉讼以其诉讼主体天然的营利性、纠纷基础法律关系的专业性,以及对诉讼效率价值更高的需求等为特点,与其他民事诉讼相区别,构成了特殊一类诉讼类型——商事诉讼。自人类社会最初的商事活动产生之日起,就会产生商事纠纷;而当国家机构产生,并将诉讼作为以公权力为基础的正当纠纷解决途径之后,商事诉讼类型便也事实上存在了。然而,在不同民族习惯,不同政治、经济、文化背景的影响下,世界各地法律制度对于商事纠纷、商事诉讼的定性和规制方式存在很大不同。据学者考证,在欧洲大陆,早在古罗马法时期,商人之间的纠纷就由专门法律予以规制。随着"商人自治"的兴起,商事诉讼作为独立的诉讼类型得到西欧大多数国家,如法国、德国、意大利、西班牙等国的立法确立和广泛应用。西欧众多国家中,法国是最典型的代表,将商事诉讼类型化区分贯彻得最为彻底:不仅确立商事诉讼的性质、设置了专门适用于商事诉讼的程序规则,还创设了独立的裁判主体——商事法院,并且历经一千多年的时代变迁、司法发展后仍坚持适用至今。

然而在广阔的古老东方大陆,在中央集权主义封建经济体制下,典型如中国、印度等国家的法制中,商事诉讼并未作为特殊诉讼类型被专门规制,而是作为普通诉讼与其他诉讼一并由政府衙门或司法机构予以处理。在两千多年的封建集权统治下的中国,由于封建君主倡导的儒家文化长期占据统治地位,重农抑商意识根深蒂固,很长时期以来我国封建社会尚未区分民事和刑事纠纷,更不论商事纠纷和民事纠纷。新中国成立后至今,我国没有将商事诉讼作为独立的诉讼类别,而是将其纳入民事诉讼,由民事诉讼法予以统一规制。

时至今日,经过一千多年的时代变迁和历史发展,我国与法国在商事诉讼程序规定方面产生了重大差异。如今法国商事诉讼程序以其不同于普通民事诉讼的非职业商人法官制度、灵活精巧的程序设计、优良高效的运行结果成为西方发达国家中最具特色的诉讼制度之一,为其他各国商事诉讼程序建立和完善提供了范例。在当前全球经济一体化进程不断加深、我国对外贸易往来急剧增加、商事活动日益繁荣的现实背景下,设置合理的商事诉讼程序规则,妥善、高效处理好商事纠纷,对于促进和保障我国商事发展、推动我国经济向前发展具有重要意义。

我国现行立法对民商事诉讼程序采用的"大一统"诉讼模式并未关注商事诉讼特殊主体的诉讼价值需求,也未根据商事诉讼这类特殊纠纷性质特点设置临时性救济程序规则,因而导致目前我国商事诉讼效率较低,裁判不甚合理,诉讼程序不能完全适应现代社会瞬息万变的商业市场对于商事纠纷快速解决的客观需求。从我国社会的实际情况出发,建立符合我国国情的商事诉讼程序制度,已经成为必然的迫切需要。"他山之石,可以攻玉",法国商事诉讼既为西方发达国家的商事诉讼规则激进派的典型代表,通过研究和介绍法国商事法院诉讼程序立法规定、考察其司法实践经验,结合其最新立法改革内容,探索该程序制度精髓势必可以为我国建立健全商事诉讼制度提供借鉴。

二、国内研究状况

目前,我国对商事诉讼独立性的研究已不在少数,如赵万一教授即主张设置独立的商事审判程序,其发表的论文《商法的独立性与商事审判的独立化》中较为详细地阐述了这一观点,持此观点的还有范健《商事审判独立性研究》;而王保树教授则提倡建立《商事审判的理念与思维》,持同样观点的还有孙晓光《深化商事审判理念 探索商事审判规律 为经济社会持续健康发展提供司法保障》,俞秋玮、贺幸《商事裁判理念对审判实践影响之探析》,余冬爱《民商区分原则下的商事审判理念探析》,叶林《商法理念与商事审判》等;还有学者对商事诉讼程序中的部分制度进行研究,如曹志勋《商事审判组织的专业化及其模式》,李后龙《中国商事审判的演进》,蒋大兴《审判何须对抗——商事审判"柔性"的一面》,李志刚、张颖《从经济审判到商事审判——名称、制度及理念之变》,樊涛《我国商事诉讼制度的解析与重构》《我国商事审判制度的反思与重构》等学者和论文。然而,以法国商事诉讼特殊程序全貌为研究对象,就完善我国商事诉讼进行立法建议的文章或专著则十分稀少,目前,仅西南政法大学硕士研究生代杰毕业论文《试论我国商事诉讼程序制度的构建——从比较法国商事诉讼程序视角的思考》一篇,其他以法国商事诉讼制度为比较对象的研究也仅涉及其程序制度的一小部分内容,如李玉林《论法国特殊商事审判制度——以商事法院与商事法官为中心》,刘新魁、陈海光《法国司法制度的特色与发展》,王建文《法国商法:法典化、去法典化与再法典化》等为数不多的研究成果。

法国商事诉讼程序是法国诉讼程序中极为重要的程序之一,其程序规则较为复杂、理念特点十分突出,适用规则繁多且处在不断更新完善的过程中,法国立法近三年就完善商事诉讼程序规则出台了多项改革措施和立法修改令,对于原有规则进行了较大的调整和改动,具有较大的研究价值和研究难度,对于商事诉讼程序规则处在起步抑或初期阶段的我国立法有较强的参考价值。

三、研究方法

本书研究过程综合应用了比较研究法、文献分析法以及跨学科研究方法进行研究。

(一)比较研究方法

本书所用资料大多源自法文文献,经笔者独立翻译后形成的第一手资料。为使资料尽可能丰富全面,笔者专赴法国进行资料收集,获得了1563年商事法院成立的最初文献资料,也收集到了法国立法最近5年有关该制度立法的最新改革法令。同时,由于法国立法改革十分频繁,为跟进法国最新立法规定,本书参考和引用的均是法国最新立法,包括法国《民事诉讼法典》《民法典》《商法典》等内容,以真实、充分展现法国商事法院诉讼程序的原貌,并作为本书对比研究的基础。同时,由于法国商事法院诉讼程序规则分散于法国各法典中,本书还特别注意对分散的相关立法规定进行系统收集和分析,对法国近年来司法统计数据进行收集,以了解掌握其司法实践情况,并以此为根基寻求契合我国具体国情和司法实践的商事诉讼制度经验。

(二)文献分析方法

法国商事诉讼程序制度的研究必须要与我国商事诉讼程序制度的完善

"接壤",为此,深入分析我国现有民事诉讼程序性的基本现状、指出其不足,为在我国建立和完善商事诉讼的制度至关重要。本书将以文献分析的方法,深入解读现行《民事诉讼法》,以法国、中国司法实践案例、相关统计数据为基础,全面梳理我国商事诉讼制度目前运行过程中存在的实际问题,并有针对性地展开研究。

(三)跨学科研究方法

作为西方发达国家商事诉讼制度中最具特色的法国商事诉讼程序,其产生背景和发展历程也是独具特色的。本书从历史背景、社会经济生活、宗教及立法传统习惯等多方面、多角度进行分析研究,尝试运用了法社会学的研究方法,以揭示法国商事诉讼产生原因。

四、研究主要内容

第一章:商事诉讼的基础理论。诚如任何一种社会制度一样,法国商事诉讼程序制度并非横空出世,而是有着深厚的经济、政治基础和法律渊源,也受到中世纪西欧历史文化和传统习俗的重要影响,是当时多重利益关系斗争博弈的结果和社会历史发展的必然选择。其中最为核心的要素即是自治意识和自治制度的作用。商人以"自由"为本,只有商人自由流动、自由贸易才能追逐到最重要的商业"利益"。以法国为代表的西欧绝大多数国家,均存在自治传统,并且都不同程度和范围地实行过商人自治和商事纠纷自主裁判。这与西欧分散的封建经济制度、采邑制与教俗两级统治的政治制度和多重法律制度密不可分。商事诉讼自其产生之日起便具有其概念内涵,而不同国家因历史文化、法律传统、经济政治背景不同,商事诉讼的涵义也不同,但无论是英美法系还是大陆法系国家,商事诉讼均存在一定共性特点,以及正当性理论基础。

第二章:法国商事诉讼的审判组织。法王查理九世于1563年颁布以设置商事法院为目的的法令标志着法国近代商事诉讼特别程序的正式创设。自法国1563年法令到如今法国《商法典》,均规定了商事诉讼特殊的审判组织,包括独立的审判机构——商事法院,以及特殊裁判主体——商事法官。商事法院是独立于普通司法法院体系和传统民事法院的特殊法院,专门负责审理裁判商事纠纷案件。商事法官是由职业商人担任的兼职法官,由商人自主选举产生。法国商事诉讼审判组织制度是法国立法对商人自治传统的继承和发扬。独立的商事法院基于对不同纠纷类型进行诉讼程序分类的理念而设置，不但有利于方便纠纷当事人起诉应诉、提高诉讼效率；也有利于立法者针对不同类型诉讼予以特别规制和专门监督；还有利于消除地方保护主义、维护诉讼公平正义。法国立法对于非职业的、商人兼职法官资格条件、选举过程、聘任程序以及监督惩戒程序设置了较为完备的规则程序，实现了商事纠纷专业化、高效化，并且最大限度地节省了司法资源。在当今商业领域专业化程度高、行业分工细的现实背景下，法国式由熟知商业规则习惯、掌握专业技能和具备丰富行业经验的专业商人担任商事法官的立法模式具有较好的实践意义。

第三章：法国商事诉讼的适用范围。法国立法对于特殊民事诉讼——商事诉讼规定了明确的适用范围，包括原则性规定和特殊规定两类。原则性规定以"商主体"为主、以"商行为"为辅确定了法国现代商事诉讼十分广泛的适用范围，基本涵盖了商业活动中可能发生的绝大部分纠纷。特殊规定则是法国立法在原则性规定以外，出于不同的立法理念对不同的经济活动中发生的纠纷予以单独认定的规则。特殊规则分为扩展和限制商事诉讼适用范围规则两类。对于与商事活动密切联系且对商人主体利益有较大影响的经济类纠纷，尽管按照原则性规定不属于商事诉讼适用范围，但出于对商事活动的鼓励、商人利益的维护，法国立法专门将该类纠纷认定为商事纠纷，划归属商事诉讼范围，适用商事诉讼特殊程序规则。相反，出于谨慎立法和维护公共利益的考虑，对于涉及公民基本权利或与人身密切相关的纠纷，法国立法则设置了限制商事诉讼适用范围的规定。即按照原则性规定本应适用商事诉讼程序的纠纷由立法将其排除在商事诉讼范围之外，从而适用普通民事诉讼程序规则。法国商事诉讼适用范围，也即法国商事法院职权管辖范围，是法国商事诉讼程序制度的起点。

第四章：法国商事诉讼的审判程序。法国立法规定了"总+分"式诉讼审判程序，即裁判商事纠纷在适用民事诉讼基本程序制度的基础上适用商事诉讼特殊程序规则。由于法国商事诉讼属法国广义民事诉讼范畴，其基本程序制度仍然适用法国《民事诉讼法典》通行规定，本书对于商事诉讼与普通民事诉讼程序内容相同的部分不再逐一展开，仅以其不同于普通民事诉讼程序的特殊规定出发对法国商事诉讼程序制度进行比较研究。法国《商法典》《民事诉讼法典》规定了商事诉讼应适用的特殊程序原则和规则。在商事诉讼效率价值和口头原则的统领下,商事诉讼审判程序以弱形式主义、灵活性、快捷性为显著特点,体现了浓厚的当事人主义色彩。具体制度方面主要有灵活多样的起诉方式、诉前强制和解规则、当事人主导的"预审"程序以及商事诉讼临时性救济程序规则等,体现了法国商事诉讼程序独立设置的制度优势和先进经验。

第五章:我国商事诉讼的历史、现状、存在的问题及原因。我国现行法律对民商事诉讼程序采用的是统一的立法模式,没有设置专门的商事审判组织和商事诉讼程序制度,而是将其并入民事诉讼程序一并处理。随着市场经济的深入发展,我国目前商事纠纷呈逐年递增的趋势,商事纠纷的构成类型也日益复杂化、专业化。就目前司法审判实践来看,由于我国商事审判思维未完全确立、基层法院对商事诉讼的差异性重视不足等原因,对于商事纠纷解决已出现诉讼效率低下、判决效果不理想和司法资源配置不合理等问题,反映出我国现有"大一统"的民事型诉讼程序已不能够满足当事人解决商事纠纷的客观需求。从我国社会的实际情况出发,建立符合我国国情的商事诉讼程序制度,已经成为我国商事纠纷解决的迫切需要。

第六章:法国商事诉讼程序对完善我国程序立法的启示。根据对法国商事诉讼程序制度较为全面、详细的研究,可以总结出法国商事诉讼具有分类的诉讼程序设计、非职业法官参审制度、广泛科学的适用范围和灵活便利的诉讼规则等制度优势。结合法国立法规定和先进经验,通过比较我国民商事诉讼立法、司法现状和充分考虑我国立法改革难度,本书立足我国社会经济发展实际和民事诉讼立法习惯,提出建立、完善我国商事诉讼立法模式的建议,包括确立商事审判理念,建立独立商事审判制度和诉讼程序规则等,以构建我国商事诉讼程序体系。

五、创新之处

(一)选题创新

本书主题为法国商事诉讼程序,该主题在我国目前理论界的专门研究不多。大多数学者在研究商事诉讼时多仅选取法国商事诉讼的某方面制度进行论述,对法国商事诉讼整体进行全面和详细论述的学术成果则十分稀少,而法国商事诉讼作为法国广义民事诉讼范畴中专门诉讼制度之一,对于完善我国商事诉讼程序制度有较大意义。本书以全面、真实介绍法国商事诉讼制度为基础,提出完善我国商事诉讼制度建议,选题上具有一定的创新性。

（二）资料创新

本书所用资料大多源自法文文献,经作者独立翻译后形成的第一手资料。包括1563年商事法院成立的最初文献资料,以及法国立法最近5年有关该制度立法的最新改革法令。由于法国立法变化十分频繁,为跟进法国最新立法规定,真实、充分地研究法国商事诉讼程序,本书参考和引用法典均以法国2016年及之后版本的立法为依据,如法国《民事诉讼法典》《民法典》《商法典》等,较目前国内市面上已有的译著法典更具有新颖性。同时,由于法国商事法院诉讼程序规则分散于法国各法典中,本书还特别注意对分散立法规定及近年司法统计数据进行系统收集整理,以了解掌握其司法实践情况,并以此为依据寻求契合我国具体国情和司法实践的商事诉讼制度经验。

（三）研究方法创新

为客观、深入地研究法国商事诉讼形成发展的原因及程序规则的特殊性,本书应用了跨学科的研究方法,参阅了大量相关学科资料,运用了社会学、历史学以及经济学观点,从商法、民法、诉讼程序法等多学科角度,全方位立体地进行分析研究,此为研究方法的创新。

第一章　商事诉讼的基础理论

　　当今社会,商事诉讼已是一种约定俗成且运用广泛的特定诉讼纠纷类型。世界各国均存在或多或少对于商事诉讼程序的专门立法规定或司法设计。商事诉讼势必以商事纠纷的存在为前提,而商事纠纷则以商业的产生和发展为基础。纵观世界各国,商业早在远古时期即产生。在古代中国,早在商朝即出现了商业,商祖王亥在商丘服牛驯马,用牛车拉着货物到外部落进行交易,开创了华夏商业贸易的先河;史书上也留下了"立皂牢,服马牛,以为民利"的记载。① 在古巴比伦,《汉谟拉比法典》就有关于"借贷种子"的有息借贷规定;在瓦尔卡的碑砖上,考古学家们也发现了商号账目痕迹和银行性质各种业务活动记载。② 古希腊在公元前 7 世纪中叶的艾奥尼亚也出现了钱币,德莫斯特内也描述了海上小麦贸易活动的借贷行为,以及"最大风险借贷"制度,证明存在着商业雏形。在古罗马,一度存在繁荣的各国交往活动和商贸往来,罗马市民法与万民法的区分是商法与民法区分的先兆,其有关银行业务的规范,以及对大航海家腓力基人发明的"罗得弃货"制度的沿用也是其商事活动的有力证据。③

　　尽管世界各地各国早期均存在不同程度的、不同形式的商业萌芽,但由于历史背景、政治制度以及经济基础等多重因素的不同,呈现出截然不同的商事纠纷解决形式,产生不同的司法制度。在封建君主高度集权统治下的中国,尽管早在宋代已出现较活跃的商品经济,但在中央集权政治环境和"重农抑商"思想统治下,商业活动发展迟缓,商人阶层未能形成,商事纠纷解决长期被埋

---

① 张新斌:《由中原大商文化论商丘与商业起源》,《殷都学刊》2009 年第 3 期。
② J.伊莱恩:《商法历史引论,商法与历史》,经济出版社 1995 年版,第 232 页。
③ 〔法〕伊夫·居荣:《法国商法》第 1 卷,罗结珍、赵海峰译,法律出版社 2004 年版,第 13 页。

没于"民刑不分"的司法制度中,并未形成独立的商事诉讼。类似的还有深受中国文化影响的日本、印度、朝鲜等国家。与东方国家专制主义诉讼制度形成鲜明对比,西欧诸国的商事纠纷解决机制从一开始即体现了明显的民主自治特征。早期欧洲商业的萌芽和发展,以及地中海沿岸兴起的商人自治孕育了西欧早期商事纠纷独立解决、自主解决的习惯。这种习惯由于经济实用受到越来越多商人和商人团体的青睐,形成了广泛适用于西欧各国的商事纠纷解决的特有机制。这种机制在很长一段历史时期里只是作为区域性、临时性的纠纷解决模式,由部分商人适用,且各地的商事诉讼规则均不相同,但经过长期的制度融合和受到中世纪西欧独特政治背景的影响,各封建王权逐渐认可以独立性、自治性为基本的特征的商事纠纷解决机制,并将其作为一种常态化、固定化的诉讼制度纳入官方正统司法体系,建立起大同小异的专门商事审判机构和程序规则,从而使地方性行业习惯演变为由国家立法支持的、普遍统一适用的商事诉讼制度。

随着经济社会的不断发展,中世纪时期商事诉讼经过几百年的演变最终形成现今西欧各国商事诉讼制度,并对世界其他国家的商事诉讼制度构建带来较大影响。可以认为,现今世界以平等民主为制度特点的现代商事诉讼制度应以西欧商事纠纷解决机制为重要起源。其中,法国商事诉讼又最为典型,它将源自西欧早期商人自治、中世纪商事纠纷独立解决的制度模式不断改良、完善,并沿用至今,在现代西方资本主义发达国家中可谓独树一帜,既尽可能完整全面地包含了中世纪以来的商人自治精神,又体现了司法制度对现代社会经济发展的回应和对纠纷解决客观需要的满足,有较大的研究价值和借鉴意义。

本章将以西欧及典型法国为代表,探寻商事诉讼历史发展背景,以分析现代商事诉讼产生和发展的经济基础、政治原因和法律环境为起点,揭示现代商事诉讼的具体内涵定义、特殊性和理论基础。

第一节　商事诉讼产生的历史背景

与世界任何一项社会制度相同,商事诉讼制度并非横空出世,而是有着深刻的社会经济背景和政治文化根源。其产生和发展既是历史的必然选择,也是当时社会各种因素综合作用的结果。略以考究,可以归之为经济上商业繁荣的发展促进、政治上自治制度的兴起推动以及社会中多重法制环境的作用影响几个重要方面。

一、商事诉讼产生的经济基础

商事诉讼的产生必须以繁荣的商事活动为基础。在西欧,商业经历了远古时代的萌芽和衰败,到中世纪时期的复兴,直至资产阶级革命后快速发展的漫长发展历程。这期间既有生产力发展的决定性作用,也有政治、军事及文化的综合影响。随着商事活动频繁发生,商事纠纷的发生率也大大增加,尤其是商人群体和商人阶层形成后,商人们对于传统封建制度之下与普通民事纠纷截然不同的商事纠纷提出了应适用不同法律和适用不同程序予以解决的要求。因此,商事活动与商人阶层的形成,是商事诉讼产生的重要经济因素。

(一)早期商业和商人的产生

法国最早的商业萌芽可追溯至公元前8—前6世纪的哈尔施塔特文化时期。当时法国人的祖先高卢人以部落为单位垦殖田地,通过种植农作物和饲养动物而繁衍甚多。他们学习开采冶炼金属,锻造生产短剑、匕首等武器,以及铁犁、铁锹等生产工具,加工青铜、金、银等金属的技术也达到很高水平。铁器等生产工具的使用加速了生产力的发展,农业和手工业的分工,促进了商业的萌芽。

1. 早期商业的兴起

自哈尔施塔特文化晚期,高卢各部族之间,以及高卢人与地中海沿岸及欧洲其他地区之间的贸易开始出现。公元前7世纪末,地中海沿岸的希腊商人与高卢人建立了物品交换关系。从地中海沿岸运往内地的物品主要是珊瑚、象牙、酒和青铜器皿,从高卢向外输出的是金、银、锡等金属原料及牲畜、皮革制品等。公元前2世纪高卢人开始铸造钱币,公元前50年左右恺撒征服高卢后,高卢作为附属城邦之一在罗马帝国极盛时期的统治下,经济文明得到较大提高,商业贸易往来蓬勃发展。然而,随着日耳曼蛮族入侵和公元476年西罗马帝国的灭亡,欧洲进入了封建割据、战乱频繁、生产力发展停滞的"黑暗时代"——中世纪时期。高卢地区被日耳曼蛮族部落分占统治并陷入了长期战争,社会经济遭到破坏,农民生活非常艰辛,商业活动也随之落入低谷。一直到墨洛温王朝后期,商业活动几乎没有了踪迹。

中世纪早期,西欧大多数领土几乎被各级教俗封建主瓜分,有学者认为"凡领主皆有地,凡地皆有领主"①。当时西欧各国普遍实行的是封建"采邑"制度。该制度源于日耳曼王国民族大迁徙时期,当时君主们为了奖励有战功的臣子,将领地的一部分土地赏赐给他们,并授予他们在自己领地范围内自行制定法律、管理人口,国王不予干涉。这类"采邑"地实则为各封建领主的诸侯国,领主享有类似国王的极大权力。与"采邑"制度相对应的,中世纪自然经济占主要地位,社会由以封建贵族、教士为主的特权阶级和以农奴为主的被剥削阶级两大阶层构成。农奴从封建领主处获得土地并耕种劳作为生,封建领主则占有土地和土地上的收成及农奴。逐渐地,在自给自足的土地上,人们生产出不同的农作物和生产、生活资料,为方便生活,人们开始到附近的临时集市上交换彼此的产品。很长时间内的中世纪封建经济时期,人们之间的交换多限于物物交换,专业的商人和商品经济还没有形成。

然而事实上,这一时期并非所有的土地均在领主的控制下,也并非所有的平民都是农奴。在原罗马帝国城市废墟上,尤其是地中海沿岸,人们开始聚集起来从事商事活动并重新组建一些新的城市。其中最有影响力的当属威尼斯,那里的商人群体人数众多,商业活跃,逐渐发展成了中世纪西欧最大的贸易中心。更重要的是,威尼斯及受其影响的北意大利许多城市承袭了古罗马的政治传统,建立了商人自治。中世纪早期威尼斯商事发展带动了西欧其他大陆地区商业的复兴,也影响了之后其周边乃至西欧大陆的政治制度的确立。公元8世纪,加洛林王朝在西欧大陆建立,国王查理曼加冕称帝并控制了西欧大部分地区,创立了自罗马帝国衰亡后又一帝国——法兰克帝国。在查理曼大帝及其继承人的统治下,10世纪开始,西欧经济开始复苏,商事活动逐渐得到恢复。

2. 欧洲大陆商人阶层的出现

中世纪中期的欧洲大陆,随着战争的减少,生产力逐渐得到恢复,新生产工具的出现、农具的改进,如新式轮犁的改良,水能和风能的运用提高了生产效率,农业产量得到提高,农耕制度也得到了优化,庄园农业经济不断发展,人口逐渐增长。法国自7世纪、11世纪到13世纪,人口由300万人上升至600

---

① 金志霖:《试论西欧中世纪城市与封建主的关系》,《历史研究》1990年第4期。

万人、1000 万人。① 随着人口数量的增加,原有土地出现了供应不足的情况,庄园中开始出现了无地或少地的人,他们或来自农奴,或是因长子继承制而没有继承到土地的小封建领主的次子们,或者是因战争和饥荒从土地上逃出来寻找其他生存机会的人。这些人们开始寻找新的荒地开垦,耕地面积不断扩大,封建经济得到进一步增长。因人口增加引发的土地开荒运动使得人们对土地依附性减弱,庄园制封闭、禁锢的统治关系有所松动,人口开始流动,这为商业人员的出现提供了良好的环境。② 然而并不是所有的多余人口都能找到足够土地,那些不能为自己找到足够土地的人一部分成为封建领主的雇佣军,为其征战打仗;一部分则开始经营商业,靠把一个地方的剩余品转运和出售到另一个地方谋利为生,成为流浪商人。流浪商人的出现和增多意味着西欧社会中新的阶层——商人阶层的产生。

流浪商人是对西欧中世纪早期商人形态的形象描述,原因是商人们一方面因为脱离土地,长期居无定所而被称为流浪者;另一方面也显示了其经商的方式是以行商的方式进行的。中世纪早期的西欧,封建自然经济发展不平衡,各地资源需求各异,客观上要求商人们从一地购买货物后经过一段路程,再将货物卖给另一地的人们。由于跨越路程往往漫长且充满艰辛危险,流浪商人的活动通常是结队集体进行。他们组成团体一致行动,为防止意外、保障安全,商人们还像军队一样配备弓箭武器,他们分工合作,共同保护、看管和经营买卖,一次商业活动获得的利润按一定比例分成。

前述威尼斯商人就是流浪商人的典型。中世纪初期的持续动乱和战争使意大利遭受了东、西哥特人,伦巴第人和匈奴人的入侵。为躲避战乱,一些人逃到现威尼斯的荒岛礁岩上。由于岛上资源贫乏,唯有航海交通便利,于是岛上的人们便开始驾驶船舶在地中海各口岸停靠,专门从事商品货物的交易买卖。威尼斯也成为重要的贸易集散地和最早的商业城市,也因此被许多学者认为是孕育重要商事习惯和商业组织的发源地。③ 流浪商人们失去土地的同

---

① [意]卡洛·M.奇波拉主编:《欧洲经济史》第一卷,徐璇译,商务印书馆 1988 年版,第 28 页。

② 赵立行:《中世纪西欧庄园人口变动与商业复兴基础的形成》,《史学月刊》2002 年第 8 期。

③ Michel Pedamon, Hugues kenfack, "Droit commercial commeçrants et fonds de commerce concurrence et contrats du commerce", 3ᵉ édition Dalloz, 2011, p.3.

时也脱离了土地的束缚,成为可以自由活动的"自由人",而这种自由正是商事活动所必不可少的特征。流浪商人们与以往偶尔进行物物交换的人们不同,他们是一群完全以商业为主,以商事买卖为其获利手段和唯一谋生方式的职业商人。正是他们的四处游走给封建庄园制经济带来了活力,构成了商人阶层的主体,成为中世纪贸易发展和商业复兴的基础。

(二)贸易发展和商业复兴

流浪商人团体的游走活动,增强了中世纪各地之间的交往和贸易往来。11世纪,一些意大利城市共同驱逐了当时控制地中海的阿拉伯舰队,使地中海地区的商业及航运向西欧开放了。① 而西欧封建主在财富梦驱使下发动的"十字军"东征则打开了东方商贸之路,促进了东西方交流和商业往来,带来了地中海沿岸新兴城市的商业繁荣。随着商业活动的发展,欧洲大陆形成了两大贸易中心:北部的法兰德斯和南部地中海沿岸及意大利,并以此两大区域为基础发展南北贸易往来。商人们将北方阿尔德、埃诺及巴尔邦等地盛产的布匹和织物卖往南方,又从意大利将地中海沿岸的红酒、产自普罗旺斯以及遥远东方的香料运至北方,正如当时流传的俗语:"北方为南方做衣服,南方为北方提供食物"。两大贸易中心的兴起引发了贸易集市的创立,带来了中世纪欧洲的商业复兴。

1. 集市的兴起

集市是超出封建庄园范围外商人们定期聚集交易的场所。随着贸易的发展,在两大商贸中心之间的城镇上,出现了大小许多交易集市,在固定时间、地点开放,商人们依照季节的变换辗转穿梭于各地集市之间,买卖交换各地产品。当时的集市多出现在教堂与修道院附近,并且开放周期也相应地与宗教节日同步进行。其原因一方面在于教堂拥有宗教庇护权,它的防御工事可以为商人和受难者提供避难所;另一方面则是由于教堂经常举行宗教活动,吸引了周边地区居民大量经常地出入,为商业往来提供了便利。法国集市活动在欧洲大陆商业发展史上是最为发达、最具有代表性的。中世纪最古老的集市创立于公元 630 年左右,即法兰克王达戈贝尔特一世创设的圣丹尼斯集市,以及巴黎近郊朗迪(Lendit)大集市,均设置在法

---

① [比]亨利·皮朗:《中世纪欧洲经济社会史》,乐文译,上海人民出版社 2001 年版,第28 页。

国境内。① 虽然人们从那时起已经开始到城市附近的商品集市买卖物品,但都不是定期举行的。经过几百年的发展,自 12 世纪起集市进入了繁荣期。法国其他中心城镇和海港如马赛、贝尚松、日内瓦、里昂、圣·吉尔·加尔、蒙彼利埃和布揆耳等,也纷纷建立了集市,它们都是地区贸易中心,有的大型集市还是国际性的。②

11 世纪左右,欧洲大陆集市活动最繁荣的地区为如今法国境内的香槟地区,该区的四个市镇:北部—加来海峡的普罗万镇(Provin)、塞纳河旁的特鲁瓦区(Troyes)、马恩省的拉尼镇(Lagny),以及奥布省的巴尔地区(Bar),六大集市是当时参与人数最多、影响力最大的集市。商人们从各地汇聚到集市,来自北方的如法兰德斯、德国、英格兰以及斯堪的纳维亚各国,而来自南方的则有从普罗旺斯、意大利以及中东地区赶来的商人。一年的集市活动通常从普罗万镇开始。初夏的 5 月初,是普罗万镇的圣·奇希阿斯(Saint-Quiriace)集市开始的时期,从耶稣升天节前一周的星期二起算,为期 46 天。集市的开幕场面热烈而盛大,开市当天清早市场上已聚集了众多来自各地的买卖人和本地看热闹的人。当差官宣布集市在上帝的祝福之下开幕后,隆重的仪式进行,这标志着交易的正式开始。开市后的第一周为准备周,各地商人们搭起帐篷安营扎寨,安放货柜陈列产品,各尽所能地展现自己的商品,招徕客商。之后的四个星期则是全面进行交易的时间,南来北往的人们在集市大饱眼福、讨价还价、各取所需,余下近两周则是敲定买卖的商贩们最后商谈、支付货款、清点货物以及再次打包准备离去的时间。集市结束后,一小部分商贩打道回乡以转卖所购物品或为顾客需要续添货物,而更多的商贩则出发奔赴位于特鲁瓦的夏季市集。特鲁瓦集市自圣·让节③之后的星期二开始,为期 49 天。9 月,商人们又回到普罗万镇,不过这次是赶往圣·阿有勒(Saint-Ayoul)集市。诸圣瞻礼节后,即 11 月 1 日之后商人们又再次来到特鲁瓦,在该城圣·和米(Saint-Rémy)集市聚集交易。新年之后,另一处繁华集市——拉尼镇将迎来

---

① René ITHURBIDE, *Histoire critique des tribunaux de commerce*, librairie generale de droit et de jurisprudence, p.11.

② [法]罗贝尔·福西耶:《中世纪劳动史》,陈青瑶译,上海人民出版社 2007 年版,第 119 页。

③ 圣·让节(Fête de la Saint-Jean),为纪念浸礼会信徒的天主教传统节日,日期为每年 6 月 24 日。

各地商人的汇集,而4月中下旬大斋节期间的狂欢节(mi-Carême)来临前的星期二,则是奥布省巴尔市集开幕之日,之后则又返回到最初的普罗万圣·奇希阿斯集市。每年四地六集市交替进行,每次持续时间约6—7周,流程基本相同且周而复始,是当时人们进行交易活动的重要场所。

　　香槟地区的集市繁荣与当时香槟公爵实行的商业鼓励政策有密切关系,他给来自远方的商人发放安全通行证,不管他们是单独来的还是集体乘船来的,都会派军人护送他们,同时还会有宣过誓的保安队来监督集贸市场活动的正常进行。同时,他还削减交易赋税,成立集市卫队维护集市安全,制定集市基本规则,任命集市长官(Le garde de foire)管理集市事务和处理商事纠纷。集市长官执行集市基本规则,如任何进入集市的交易者须向长官缴纳一定数额的保证金,以确保其按时支付货款、清偿债务。交易者在清偿债务前,集市将扣押其保证金并拒绝其再次进入集市交易。集市交易的盛行使得"由普通法官审理集市纠纷将损害集市活动和商人利益"的观点被提起并很快成为集市商人的一致呼声。为促进集市交易和维护市场秩序,集市长官还被授权裁决因集市交易产生的纠纷,此类纠纷即排除普通法官审理。集市长官审理集市交易纠纷应该是法国司法史上商事纠纷与其他纠纷分离的最早形态。

　　2. 城市的复兴

　　中世纪早期的西欧大陆,由于长期战乱和严重割据,古罗马时期的城市大都衰落凋敝。虽然原有城市之上各级教俗封建主通过开辟道路、修城筑堡建造了新的城市,但那些城市实质上是教廷和世俗贵族的所在地,其主要功能是抵御外来入侵,并非真正意义上的商业城市。那时封建主的城堡和教主的寺院边上居住着一些手工业者和小商贩,如面包师、裁缝、厨师、搬运工等可以为教俗贵族提供服务的人。由于自身需要,教俗领主们向这些人提供庇护。随着人口增长和建筑工事的完善,这些领主所在地逐渐发展成为早期中世纪城市。出现在领主城堡周围的城市名多以"堡"结尾,如斯特拉斯堡、汉堡等;产生于教堂、寺院旁边的城市名则多以"圣"打头,如圣日耳曼、圣泽门等;沿河港口产生的城市则有巴黎、法兰克福等。① 随着商事活动逐渐活跃,尤其是集

---

　　① 符松涛:《论西欧中世纪城市与封建主政治关系的变化》,《青海师范大学学报(哲学社会科学版)》2008年第4期。

市贸易的繁荣,商品经济得到发展,这些初期城市逐渐发展演变为由手工业人和商人为主的城市,商业城市开始复兴。正如汤普逊先生所述,就(商业)城市的发展来说,城市中心起源于同一个有原动力的积极因素,就是贸易。①

11世纪欧洲生产力的提高、农业的迅速发展、过剩人口的增多为城市提供了食物、原材料和市场,商业复兴和新兴商人阶层为近代城市的出现起到了重要的推动作用。同时,封建制度统治下的政治因素和宗教因素也一定程度上促进了城市发展。中世纪时期,各封建王国之间频繁的兼并战争消耗了大量的金钱,尤其是旷日持久的"十字军"东征更是耗费大量金钱和人力,加之教俗贵族阶层生活奢靡荒淫、贪婪无度,西欧各国王室财政均不堪重负,有的甚至负债累累。在巨大财务支出压力面前,封建统治者们急需获得大量的财富,但基于自然经济从农民那里获得的土地收入十分有限,根本不足以支撑封建统治者们巨额的花销。此时蓬勃发展的商业贸易却能迅速聚集大量金钱,带来丰富又新奇的物品,正好迎合了封建贵族奢侈无度的物质需求,并为其巨额财务支出提供了一条有效的来源解决之道。封建贵族们便理所当然地将商业看作开辟新财源、获得源源不断财富的源泉。为了获得丰厚的利益,封建领主和教俗贵族们积极支持创设集市、建造城市,通过给予商人一定的特权,如人身自由权、某地居住权、商品销售权以及一定程度的自治管理权等吸引招徕手工业者和商人,继而从管理城市、行使特权中攫取金钱财富。

由于实行采邑制,中世纪各领主在自己的封地上享有政治、军事、土地所有、农奴人身及司法审判等绝对权力,是实质上的诸侯国王。因此,在王权势力范围外建立于教俗领地上的集市和新兴城市均是领地的附属,由各领主统治和管理。各领主攫取财富的手段主要是向城市居民征收各类赋税,主要的如地租、人头税、商品流通关税及通行税等,并要求城市工匠无偿为其提供劳动服务。同时领主还对城市内的商业活动享有特权,如垄断商品销售权,要求城市中所有商人向其购买商品经营权;控制市内公共炉灶和磨坊、食宿;要求商人向其缴纳摊位租税、保安费和各种维修管理费等。如圣阿尔班斯的46位居民每年须向寺院交纳12镑;格洛斯特市民则既要向附近的领主交纳实物,

---

① [美]汤普逊:《中世纪经济社会史》(下册),耿淡如译,商务印书馆1984年版,第421页。

如铁、犁头等,还要向该地区 13 个庄园主交纳数量不等的货币。① 通过一系列特权授予,封建主从城市和商人手中获得了大量的利益,增加了收入,便更加热衷于开办集市、设置城市和鼓励商业。在 12、13 世纪,法国原罗马高卢地区的城市由 3 座增加到 15 座,弗兰德尔地区出现 44 座小城市,普罗旺斯地区则有 65 座,它们都由领主建立,致力于贸易和生产。②

集市的繁荣和城市复兴几乎同时进行。它们既是商业发展的推动力量也是其表现形式。集市以其开放性及渗透力量突破了庄园的束缚和限制,培育了真正的商人,他们不再只是从事简单买卖的小摊贩,而是以营利为目的,具有专业性和灵活性,并且由封建君主赋予人身自由的大商人。除此之外,商品经济的发展和城市的兴起带来了除土地以外新的财富形式,如商品和货币,使得一些有经营头脑、思维灵活的农民通过经商可以很快积累数量可观的财富。这些农民在拥有经济实力之后便自然地产生在政治上与商人同等自由权利的要求。作为对价,富裕起来的农民往往通过向其庄园主支付金钱的方式"赎买"自由,摆脱历代受奴役束缚的地位,而成为享有人身自由的平民。大量农奴成为自由民,壮大了商人群体,推动了新兴城市产生和发展,也给农奴制度和割据经济带来了极大冲击。城市和农民互相吸引、互相影响,随着城市增多,奴役农奴也逐渐减少消失。③ 直到 14 世纪后半期,法国的大多数农民取得了人身自由。④

城市的复兴壮大了城市居民主体,即市民和平民,并形成了拥有一定自由和财富的、以经营商业和手工业为主的商人阶层。他们的生产经营活动带来了商品经济的繁荣发展,突破了以封闭自然经济为主导的庄园制经济基础和封建等级制度。随着人口数量不断增多、经济实力日渐增强,城市商人和平民对于更广泛自由的需要凸显出来,为新的社会制度及法律规定的产生奠定了基础。

---

① 金志霖:《试论西欧中世纪城市与封建主的关系》,《历史研究》1990 年第 4 期。

② 朱明:《略论中世纪法国城市的"自由"》,《法国研究》2010 年第 4 期。

③ 〔比〕亨利·皮雷纳:《中世纪的城市》,陈国樑译,商务印书馆 1985 年版,第 134 页。

④ 徐鹤森:《中世纪法国自治城市的兴衰》,《杭州师范学院学报(社会科学版)》2002 年第 5 期。

二、商事诉讼产生的政治背景

法国商事诉讼产生于中世纪西欧封建时期。这一时期,各地领主割据,兼并战争频发。为了获得更多的土地和扩张自己的势力,封建领主们都争相发展商业,以求获取财富并为其武力征服提供经济基础。集市经济促使了职业商人的增多、丰富了商事活动,也促使了以平民、商人和手工业者为主要阶层的城市的产生。虽然城市里也有相当一部分封建贵族,且通常占据着统治地位和重要资源,但为了最大限度地攫取利益,封建统治者、贵族会在保障其统治的前提下给予发展商人和商业最需要的自由。因此,中世纪西欧大陆的许多城市实行了商人自治,形成了自治城市"遍地开花"的景象。城市由除封建贵族以外的普通市民组成的各类行会组织为单位实行自治。自治范围通常很广,包括普通行政管理,如官员选举、治安;经济管理如城市管理、行业规范;民刑律法如婚丧嫁娶、刑事律法;以及纠纷解决机制等。这样的状况在同一时期的君主高度集权的封建中国是难以想象的。在商业得到重视和发展的经济背景下,作为中世纪西欧特有的重要社会阶层,商人通过斗争赢得了对其发展起到至关重要作用的政治自治制度。自治制度反作用于封建经济的发展,同时也促使了作为社会政治制度的重要组成部分,独特司法制度的形成,即商人之间的纠纷依照商事习惯由商人自主裁判的商事审判机制的形成。

除自治制度外,中世纪时期西欧政治制度中还存在另一种十分重要且独具特色的情况,那就是作为西方主流宗教派别的天主教教会与世俗王权两级统治。与中国等东方君主集权封建国家不同,法国、英国、德国、意大利等西欧国家作为基督教早期传播和影响的地区,深受教义影响。① 尤其在公元 4 世纪罗马帝国君士坦丁大帝将其作为国教后,天主教得到了迅速发展,教会以上帝代表的身份逐渐获得了在神权和精神道德领域的权威地位,并随着其向世俗权力渗透,如担任王权重要官员,以及不断扩张其自身势力,如组建教会军队等逐渐成为与世俗皇权既相联系又相对立的权力体系,形成西欧政教两级统治的政治格局。政教两级统治使得西欧政治环境错综复杂,乱象丛生。各地王权之间、教会之间,以及政教之间争斗不断,王权为争夺正统统治权而扶

---

① 由于基督教、天主教为同源异支的宗教,且在西方的各支流派繁多,它们在中世纪时期的区别与传播影响属复杂的宗教学范畴,本书不予深究。本书中有关基督教、天主教的表述则均指该时期占统治地位的以基督教为核心的宗教力量。

持或打压主教,主教为着其世俗利益也不断变换支持的君主,进一步造成封建集权削弱,政权再度分散,从而为商人自治和资本主义萌芽和发展提供了至关重要的政治环境。

（一）商人自治的兴起

在中世纪的城市里,以商人、手工业者为主体的居民"是一些与城墙以外的所有的人完全不同的人。一离开城门与壕沟就是另外一个世界、另外一种法律领域……他们在后来被称为'第三等级'"。① 随着商业的发展和城市的复兴,商人群体逐渐壮大并形成了独立于封建庄园经济的新的商人阶层。新兴的商人阶层掌握了大量财富,成为一股可以表达意志并与封建贵族抗衡的新的政治力量,加之商事活动的本质特点和商业发展的要求,商人们开始提出自由的要求。这里的自由不仅仅指早期流浪商人四处奔走的人身自由,更重要的是指商人阶层作为城市市民完全脱离庄园主人身控制的政治自由,以及排除封建领主特权"自由"开展商事活动的经济自由,以及以其行业习惯和商业规律为标准进行自我约束和纠纷解决的法律、司法自由:这样全方位的自由"综合体"即是商人自治。然而,商人自治却是与当时封建王权统治以及庄园经济体制下许多项社会制度相冲突的。封建主虽然一方面希望发展商业获得经济利益;但另一方面也不会轻易放弃固有权力,这表现在他们既向城市商人让渡一些特权,又意图把这些特权限制在尽可能少的范围内。商人获得自治是一段漫长曲折的过程,其中包含了长期而艰苦的斗争,而推动其斗争胜利的关键因素则是商人自治组织的出现和自治城市的发展。

1. 商人自治组织

随着从事职业商人人数的不断增长,相对固定的商人群体逐渐形成和不断壮大,商人们开始获得一定的政治地位,以维护自身的权利。他们意识到单个人的力量无法与强大的封建统治王权相抗衡,便自发形成稳定的、有组织的自治团体,对内管理团体成员,对外代表团体内所有商人的共同利益。商人行会及城市公社等便是这样的团体,为商人阶层独立登上历史舞台起到了极其重要的作用。很长一段时间内,商人们即是以各种集体名义与教俗领主和封

---

① ［比］亨利·皮朗:《中世纪欧洲经济社会史》,乐文译,上海人民出版社2001年版,第53页。

建王权展开斗争、争取权利,具体方式上则采取和平或暴力的方式。

随着城市的发展和人口的增加,城市中同一行业或者专业人员,如手工业者、商人等自发成立了行会。行会是从一种宣誓的兄弟会发展而来,以相互保护和服务为宗旨的相互扶持的团体和自愿的法律实施组织。① 11 世纪前后,各种类型的商人行会或手工业者行会遍布各地,类型多样,例如羊毛、皮革、银器、桑蚕行会,或者是公证人、医生、法官等专业行会。商业行会名称多为hansa、mercandancia 等。行会成员承担的义务主要有帮助生病的成员,为逝者举行葬礼、兴办学校、建设教堂、筹办节日和组织宗教活动,定期宣读誓言保证忠实于行会、遵守规章制度等。行会还是立法机构和垄断组织,各类行会有各自的法令,基本都规定学徒身份和成员身份条件、产品的价格和质量;根据行业种类的不同设置不同的劳动契约条款、禁止罢工等。行会内部限制竞争和平等交易的买卖条件,限制进口、限制移民等保护主义措施等,以防止行会内部竞争,从而实现利益大致均衡。行会组织的出现有较大的积极意义,它以团体的名义与当地封建领主或国王交涉,维护商人群体的利益,保护了处于萌芽状态的商业和手工业;同时还制定了符合商人习惯的法律,发展了商人自治审判,具有较高的民主精神。

从 11 世纪晚期开始,商人行会逐渐在意大利、英格兰和欧洲大陆一些地方发展并形成一种称为"康美达"的固定商业体,类似现代合伙,是近代企业的雏形。康美达起初仅开展借贷业务,之后发展为由两类商人组成的合作团体,一类是坐商,即提供商事活动所需的资金;一类是行商,即来往各地之间奔波从事商品买卖贸易,之后两类商人再对赚取的利润进行分配。商人们按照海上贸易和陆上贸易的不同将康美达演化为海上合伙和陆上合伙两种形式,并引入了现代公司制度中重要的制度——有限责任制度,投资商人们只以自己最初的投资额承担责任,而且可以同时将资金投入几个康美达。虽然康美达是一种短期的联营形式,通常是以完成一项商事活动为目的的,并当目的达到后即解散,但它的发展极大地推动了商业繁荣和自治城市的兴起。

商人行会进一步发展,商人们逐渐要求在城市中享有更多的自由和权利。

---

① 〔美〕哈罗德·J.伯尔曼:《法律与革命——西方法律传统的形成》第一卷,贺卫方等译,法律出版社 2008 年版,第 382 页。

他们在城市里成立了密切联合的、一体化的共同体,典型如公社(commune)。公社多依靠集体宣誓而建立,其成员已超出商人的范围,为城镇中所有居民的联盟。居民们因着保卫共同的安全和自由而团结起来,在一定的宗教和效忠精神的影响下,共同对抗封建政治和法律体制,并向封建统治者争取各种权利。例如12世纪的法国马赛城本属于若干子爵所有,马赛市民联合起来成立公社,向子爵赎买自由,成立市议会,全体居民选举城市官员,经过不断努力,马赛市民拥有了港口收入所有权、司法自治权等,俨然成了一个共和国。①

商人行会等自治组织是中世纪城市的中心,商人们因为有着共同的利益追求、政治地位,从事同种行业的经营活动而聚集在一起,他们抱着共同的目的壮大发展自治组织、建立自治城市和政府,开展与封建领主的斗争。商人自治组织大多是自治城市的前身和核心,对内起着行业管理、对外起着城市管理的作用,许多自治组织的领袖同时也是自治城市的上层管理者。因此,可以说,自治组织是商人的"小城市",而自治城市是商人的"大行会"。虽然其内部依然存在复杂的阶层划分,但总体上却积极地推动了商业活动的发展;又沉淀积累下丰富的交易习惯和内部管理制度,成为商事习惯法的重要渊源和组成部分。

2. 自治城市

意大利的威尼斯是自治城市的始发地,它从流浪商人时代开始就吸引了大批商人前去定居。由于居民主体为商人,威尼斯人共同制定了自己的法律并组建了自治政府,自行任命执政官以维护商人团体的利益,这些人既是商人又是政府官员,这些城市就成为自治城市。11、12世纪,类似的自治制度在意大利其他城市和地区得到确立并逐步推广到地中海以北的西欧大陆,如弗兰德、法兰西、诺曼底、英格兰、卡斯蒂尔等。这些城市与从公元前2世纪至公元4、5世纪时期的古希腊、古罗马时期的城市不同,古罗马城市均是帝国的行政中心,由帝国官员管理;古希腊城市则是自治的独立城邦,并且这类城市均是建立在奴隶制基础上。而中世纪时期欧洲出现的自治城市几乎不存在奴隶制,它们既不是中央的行政中心,也不是自治的共和政体,它们介乎两者之间。

---

① 徐鹤森:《中世纪法国自治城市的兴衰》,《杭州师范学院学报(社会科学版)》2002年第5期。

它们属于封建制度的一部分,即属于国王或领主的统辖范围,但却并非仅是王权的行政中心,而是分布于各地、拥有一定的自治管理权,但他却又并非绝对独立,因为其自治权仍受到领主的限制。自治城市不断壮大,据史料记载,12世纪晚期西欧总人口约 4000 万人,城市、城镇居民约有 400 万人。直到 14 世纪早期,巴黎、威尼斯、佛罗伦萨和巴勒莫 4 个城市人口超过 10 万人;伦敦、科隆、米兰、热那亚和巴塞罗那 5 个城市拥有人口约 5 万人;其他如布鲁日、斯特拉斯堡、纽伦堡等城市拥有 2 万—4 万居民;约克、布里斯托、伊普尔、安特卫普等则有 6000—2 万人。①

　　城市中的中心力量为行会、公社等自治组织,他们实际上取得城市控制权。为更好地保护商人自身利益,获取更多的自由和更好地发展商业,市民们以城市的名义向管辖他们的封建领主展开斗争,争取各项自主权。然而法国封建贵族的力量比意大利更为强大,为了获得自治,市民公社与教俗领主们进行了长期坚决的斗争,其中不少是以暴力的方式进行的。其中著名的如 1112 年法国北部地区商业中心拉昂(Laon)获得自治的斗争。拉昂以其葡萄酒贸易闻名于世,但该城当时的统治者为主教高德里,此人荒淫无度、贪婪残暴,在城市中肆意征收苛捐杂税压榨盘剥城市市民,市民们纷纷表示不满并趁其不备组建公社,而高德里却以金钱为交易请求法国国王路易六世出兵剿灭公社。公社运动随后被国王的军队平息,而高德里却向城市课以更沉重的税赋。不堪重负的市民愤而反抗,城里几乎所有市民都参与其中,他们高呼公社口号闯进了高德里的城堡并将其杀死。武装起义者成了拉昂的主人,他们组建自治政府、选举执政官员、制定规章制度。在自治市民的努力斗争下,国王路易六世最终于 1128 年颁布了著名的特许状——《和平令》,承认了拉昂自治城市的合法地位,以及其作为一个"一切人——不论其为自由人还是非自由人——的避难所"②。类似的还有诸如 1077 年弗兰德尔地区的康布雷市市民共同反抗主教格拉德二世的过度剥削取得成功,建立了阿尔卑斯山以北最早的自治城市;在勃艮第地区的维泽雷,商人们暗杀了暴虐的领主;图尔市民举行了多达十二次的武装暴动等。11—12 世纪,法国许多城市通过市民斗争获

---

　　① J. C. Russell, *Late Anceint and Medieval Population*, Transaction of the American Philosophical Society, Vol.48, Pt.3, Philadephia, 1958, p.60.

　　② Charles petits-Dutailles, *Les communes francaise*, Paris, 1947, p.225.

得了自治权,如勒曼市于 1069 年获得自治权,博韦市于 1099 年,马赛于 1100 年,亚眠于 1113 年等。

自治城市的地位除通过暴力斗争方式取得外,还有许多是通过封建主授予特许状而和平获得的,亦或虽然没有取得城市自治地位,但却获得了类似自治的各项权利,如昂热于 1135 年、奥尔良于 1057 年获得了自由民权特许状等。① 随着商业的发展和可观经济利益的不断凸显,中世纪中期许多封建主,尤其是开明君主为使自己的利益最大化,通常鼓励开办商业。只要商人们的要求尚在其承受范围之内,封建主们大都支持,甚至主导城市自治——通过颁布特许状向商人团体和城市授予特权。除受经济利益驱使外,国王颁布特许状也多是为着稳固其政治地位的缘故。中世纪早期,西欧各国封建领主势力较大,国王权力多处于真空状态。法国中世纪时期的城市多处于领主管辖之下,由大主教、公爵、伯爵、修道院院长等控制。当市民提出自治权要求,国王则顺势颁布特许状予以授权,以此削弱领主势力。因此,在中世纪的许多城市,商人和市民的地位、特权,乃至商事特别法庭的创设等都是以封建统治者特许状的形式确立。

特许状是封建君主颁发给商人群体或城市市民的法律意义上的权利认可证书,用以承认商人及城市的自治权利、规定城市的基本制度和市民的基本权利。② 纵观中世纪商业发展和城市自治历程,特许状都如影随形。正如赵立行教授所言,无论是外来商人时期,集市勃兴时期亦或是城市复兴时期,大部分商业都是在特许之下进行的。③ 尽管特许状因历史阶段的不同而具有不同的内容,但其主要目标均是给与城市不同程度的自由和特权,以鼓励商事活动和商业发展,从而为封建君主谋取金钱利益。从本质上看,特许状既是封建主鼓励发展商业的自主行为,也是市民或商人群体与封建主斗争、争取权利的重要手段。特许状内容涉及面很广,如承认居民绝对的人身自由,城市享有自主规范市场、管理内部成员的权利,自行举办集市的权利,废除垄断特权和免缴过境税,创设专门解决商事纠纷的特别法庭等。特许状使得存在于封建主之

---

① 徐鹤森:《中世纪法国自治城市的兴衰》,《杭州师范学院学报(社会科学版)》2002 年第 5 期。

② 冯正好:《中世纪西欧的城市特许状》,《西南大学学报(社会科学版)》2008 年第 1 期。

③ 赵立行:《"限制"还是"促进":特许状与欧洲中世纪商业》,《历史研究》2009 年第 6 期。

间的契约关系扩展到平民世界,平民也因此拥有一定的自治权管理自己的事务,如进行市场管理、征税、行政、司法等,如同封建主在其领地上行使权力一样。① 法国最早的特许状是公元 629 年法兰克国王达戈贝尔特一世向修道院主颁布的批准建立圣丹尼斯市集的文告,商人由此获得了相对自由的特许权,获准在集市中从事商事活动。该特许状规定:"市集两年内不征收通行税,但之后商人要向圣丹尼斯教士缴纳赋税,每单位蜂蜜缴纳两先令,来自海外的异教徒则要以货物为单位支付通行税……"②

颁布特许状是欧洲封建时期国王和封建主制定规则、统治国民的重要手段,其内容从最初仅宣示领地主权和皇权统治到逐渐反映市民人身自由、商事自由的内容,体现了市民与封建主之间的斗争史和社会发展历程。特许状是西欧早期封建法制的重要载体、王权的象征,封建领主根据其实际需要和市民的斗争情况主动制定或被动修改特许状,以确立和调整统治措施、规制市民行为,也不断改变着对商事活动的态度。一方面,市民自治斗争大多以市民和封建主双方协商一致而告终,市民通常要求国王或领主以昭告特许状的形式稳固他们的斗争成果,封建主们则应要求颁布,因此有学者也认为,特许状是封建领主与市民妥协的产物。③ 另一方面,封建主为壮大资金实力所需,也会主动颁布特许状以促进商事活动的发展。总的来说,特许状作为中世纪市民斗争以及与封建主关系的阶段性产物,见证了商人自治的产生和发展。而作为商人自治的重要部分,商事纠纷由商人自主解决被确认为商事习惯而延续下来。虽然究竟是哪一特许状对其最早予以明确已无从查考,但该习惯在西欧封建时期的自治城市中显然已经成为题中之义,并影响到后世专门商事诉讼的创设。

(二)教俗两极统治的影响

基督教自公元 1 世纪由圣徒保罗在罗马传播以后,经过多年艰难曲折的发展,最终在西欧被普遍接受,尤其公元 310 年左右,在罗马帝国君士坦丁大帝的大力推崇下,基督教得到极大的发展。君士坦丁大帝公开发布宗教法令,任命基督徒为政府官员,拨给教会土地,资助教会在各地兴建教堂,基督教逐

---

① [美]汤普逊:《中世纪经济社会史》(下册),耿淡如译,商务印书馆 1984 年版,第425 页。
② 赵立行:《"限制"还是"促进":特许状与欧洲中世纪商业》,《历史研究》2009 年第 6 期。
③ 黄春高:《14—16 世纪英国租地农场的历史考察》,《历史研究》1998 年第 3 期。

渐在西欧占据统治地位。然而君士坦丁大帝扶植基督教的同时也利用教会塑
造其"神圣王权"地位,宣称自己是基督的代理人,是经涂圣油获得神性的人,
是最高精神领袖,可以裁判所有人,却没有人能裁判他。① 然而,自命为上帝
代表的教皇和主教们并不甘于这样的附属地位,为了获取"本属他们"的宗教
权威,基督教会与王权之间进行了长期复杂的争夺。这场斗争中,天主教会一
度占据了优势地位,成功获取了独立于王权的精神至高地位,成为与世俗王权
相抗衡的重要力量,并使得西欧形成了持续几百年的教俗两级统治的格局,从
而给西欧中世纪中后期的政治环境带来了深刻的影响。其中非常重要的影响
便是对商人和商业的生存发展提供了有利的空间和条件。

1. 教俗两级统治的形成

基督教自公元 1 世纪起源后,经过几代信徒锲而不舍的传道在西欧大陆
逐渐盛行,最终占据了主流信仰地位。随着信徒数量日益增长,基督教形成了
以教会为固定组织的社会团体,定期举行敬拜仪式和进行宣教。教会中存在
一批专职传教的神职人员并建立了以教皇为首,以主教、教士、僧侣、修女为组
成部分的等级教阶体制。罗马帝国君士坦丁大帝信仰基督教、将基督教定为
国教后,授予了教士们一系列世俗特权,使得"上帝代表"的基督教士在宗教
领域作为精神领袖的同时,又在世俗世界成为特权阶层,享有广泛政治、经济
特权。通过享有世俗世界特权,教士阶层渗透到封建王权管理体系中,并积聚
了较强的政治、经济势力,在一些割据地方掌握了类似封建主的实权,成为一
方割据势力。但这些权力在很长一段时间内,都必须以臣服于封建中央王权
为前提。几个世纪内,西欧教会及僧侣均在封建君主的压制统治下。国王掌
控教皇的选立和主教的任命,授权经由自己召集的教会会议制定教会法;拥有
教会财产,控制教会的土地和收入,还指派其近亲属任职主教职位。② 国王评
判宗教行动是否符合规范,可以裁判教士,有关教会的争议可能在国王的宫廷
中进行;王室机构成员与教会任职人员时常混同,国王拥有世俗和宗教两界最

① Geoffrey Barraclough,*The Investiture Contest and the German Constitution*,Schafer Williams,ed.,1964,p.63.

② 当时的主教职位是非常有利可图的,因为一个主教职位往往等同于一处封建领主,拥有大量土地和管辖范围内居民的税收、劳务。次一级的教士也可拥有一定范围的农产品和经济劳役收入。[美]汤普逊:《中世纪经济社会史》(下册),耿淡如译,商务印书馆 1984 年版,第 427 页。

高权威。公元 4 世纪以后,势力已获增强的教士阶层不再甘于作为封建王权的附属品,而致力于追求独立于封建王权的精神领域的最高权威,并为之展开了声势浩大、影响深远的斗争。其中既有军事战争又有非军事斗争,而教皇革命和教会司法权改革无疑是最重要的内容,奠定了教皇与世俗王权两极统治的政治基础,并对中世纪时期特殊法律制度的形成带来较大影响。

(1)教皇革命

世俗王权对教会长期以来的专制统治促使教会展开了旨在将教会从封建君主压迫下解放出来的斗争,并终于在公元 10 世纪左右爆发了教会阶层旨在清除教会中各种封建王室势力影响、夺取在信仰和精神道德层面至高权威的斗争,史称教皇革命。教皇革命由大小革命性事件组成,那时的教会组织形成了社团,互相独立却又彼此联合,共同对抗封建王权。其中著名的克吕尼“和平运动”和教皇格列高利七世革命是教皇革命的重要代表,卓有成效地争取到了教会的独立地位。克吕尼教会颁布教规,宣扬“教会自由”,反对封建王室向教会指派教皇、控制教会和由此产生的腐败。他们发布《上帝休战书》,规定休战时间和节日暂停战争,以倡导和平的方式要求禁止侵犯僧侣、教会、妇女、商人、农民的财产,要求教会独立于世俗权威。① 格列高利革命是克吕尼改革的继续和发展。革命的领导者主教希尔德布兰德在 1059 年拉特兰宗教会议后颁布了教皇选举法,确定教皇由枢机主教团选举产生,世俗封建主不得干预,并于 1073 年当选教皇,史称格列高利七世。格列高利七世 1075 年发布《教令集》,宣称教皇是基督的唯一代言人,并有责任在末日审判中对所有人的灵魂负责,国王只是世上诸王之一,是世俗普通人,须由其认可加冕方得其统治的合法性,他可以废黜国王。② 教皇是教会首脑,享有教会内部最高统

---

① 由于这场运动的主角为克吕尼大修道院,则以克吕尼命名。克吕尼修道会是一个跨地方的社团,由各个独立的分等级的修道院组成。公元 10 世纪末法国南部和中部召开的许多宗教会议中,克吕尼教会倡导并发起和平运动,虽然在那个暴力盛行的时期努力不能达到预期效果,但对之后西方社会发展产生了较大影响。[美]哈罗德·J.伯尔曼:《法律与革命——西方法律传统的形成》第一卷,贺卫方等译,法律出版社 2008 年版,第 335 页。

② 在这之前,欧洲基督教世界普遍认为,皇帝是受基督选择、拥有神圣权力的统治者,拥有世俗和精神合二为一的绝对权力。皇帝可以审判世上所有人事,没有人能够审判他。罗马教皇作为众多主教中的一员,须受皇帝的控制。[美]汤普逊:《中世纪经济社会史》(下册),耿淡如译,商务印书馆 1984 年版,第 436 页。

治权,教皇权威不仅高于主教,还高于皇帝;主教由他任免,不经他同意不能就职;宗教行动是否合乎教规由教皇而非国王判断,僧侣不受世俗控制,应最终服从于他,而非世俗权威。这些主张将使得罗马教皇成为中西欧一切宗教事务的最高的立法者、行政官以及最高法官。

教皇革命自开始就遭到世俗王权的军事回击,至格列高利《教令集》后多年间,教皇和国王之间冲突屡屡发生,战争频繁,其间还混同不同民族之间、不同国家之间的兼并战争。经过几代教会的斗争,1122年,教皇与皇帝在德国沃尔姆斯签订协议,史称《沃尔姆斯宗教协定》,教俗双方才基本达成了妥协。协定约定皇帝承认教会独立及其自由选举教皇和主教,放弃其在信仰领域的权威,并将其让位于教皇。教皇则同意皇帝参与选举,并使其主教教士向皇帝效忠。协定使教皇权力增大,教皇正式享有宗教立法权,可以颁布教令设置宗教法规,并按照《圣经》和自然法的要求解释法律;设立教会法院,拥有信仰和宗教事务上的最高裁判权,如只有他可以赦免严重罪孽,对僧侣犯罪有专属管辖权等。

教皇革命使得教会成功地从封建王权统治之下独立出来,并在宗教精神事务上形成了类似封建王权的、等级分明的特有权力体系。这一体系从其独立开始,就不满足于在精神领域的统治地位,而在于向世俗领域施加影响。由于像封建王权一样也拥有土地,有权建造城堡和城市、组建教会军队,教会权力体系势力强盛,成为可以与世俗王权抗衡的重要力量,从而形成了中世纪教俗两级分庭抗礼的局面。

(2)教会司法管辖权

教会经教皇革命获得独立地位和确定其在宗教事务中的至上权威后,继而通过大量教会立法、经院学说及扩张司法管辖权与封建王权争夺世俗管理权,意图将其在精神领域至高无上的地位扩展到世俗领域,主要在世俗婚姻、继承等各种民事问题上。教皇的权力要求与世俗国王统治权相冲突,两者展开了长期的较量,主要战场则是司法管辖权。1122年《沃尔姆斯宗教协定》基本划分了教会权威与世俗权威的管辖范围。教会设置教会法院,管辖案件主要为宗教事务和精神案件,如有关教义、礼拜、圣事、教会职务以及神职人员戒律等案件。随着教皇革命的深入和教会势力的加强,12—16世纪,教会法院将其"精神"案件的管辖权不断扩展至原本被世俗权威看作属于世俗领域的事项,宣称拥有对人、对事的特殊管辖权。对人的管辖权包括涉及神职人员及其随从和家庭成员,学生,"十字军"参加者,不幸的人(贫穷者、孤儿等),与基督徒发生纠纷的犹太人,商人、水手和旅行者等(当为着他们的和平与安全而必要的时候)等六类人的所有案件;对事的管辖权除了对圣事的管理外还包括婚姻案件、遗嘱案件、涉及教会财产的案件,涉及异端、巫术、通奸、诽谤、袭击僧侣等刑事案件,含有违反信义保证的契约、财产等民事案件。① 除此之外,教会还通过向协议由其管辖纠纷的当事人提供司法救济获得其他类型案件管辖权,如任何民事纠纷或商事纠纷。② 同样的,王室法院也扩展其案件管辖权,宣称有关僧侣的财产案件和对大主教法院判决的上诉应由王室法院审理。与教皇革命不同的是,管辖权之争教俗双方采用的多是以法律的方式进行对抗和协调,而非以暴力战争的形式。

斗争使得很长一段时间内,格列高利教皇法庭被认为是"整个基督教世界的法庭",其管辖案件范围广泛,不仅适用于宗教领域,且延伸至可以与宗教发生联系的各个社会领域,教皇对于任何人提交于他的案件都拥有管辖权。③ 这样的两级统治一直延续了5个多世纪,16世纪以后教会权力又逐渐被限制,直至退出政治舞台而还原到其本身仅有的宗教属性。教会法院与世俗法院并存的复合司法管辖权模式也相应地被国家统一司法管辖权所取代。

2. 两级统治对商事诉讼的促进作用

教皇革命与教会法院管辖权之争对西方社会法制发展产生了深远的影响,对于商业繁荣、商人地位的提高,以及商事诉讼的产生和发展起着重要的促进作用。

---

① 正是在这种分类基础上,12世纪后法律开始发展为各种细分法律学科,如家庭法、继承法、财产法、刑法和侵权行为法等。[美]哈罗德·J.伯尔曼:《法律与革命——西方法律传统的形成》第一卷,贺卫方等译,法律出版社2008年版,第336页。

② 由于当时世俗法律并不系统,规范粗糙原始,而教会法受罗马法及经院法学影响深厚,其立法技术规范而专业,许多诉讼当事人以世俗审判缺陷为由将纠纷提交教会法院审理。[美]哈罗德·J.伯尔曼:《法律与革命——西方法律传统的形成》第一卷,贺卫方等译,法律出版社2008年版,第338页。

③ [美]哈罗德·J.伯尔曼:《法律与革命——西方法律传统的形成》第一卷,贺卫方等译,法律出版社2008年版,第217页。

（1）教皇革命宣扬的"自由"精神促进了商业自治理念

教皇革命进一步传播了"自由"精神,克吕尼改革的"和平运动"宣扬"教会自由",在教会内外部掀起了自治自由、反封建专制统治的潮流。随着改革影响的不断扩展,自由理念被教会群体在西欧世界普遍传开,并得到底层民众广泛认同,为同样以自由为特征的商人自治及城市自治提供了合理化根基和有力的思想支持。教会在其初期阶段曾对商人行为持反对和排斥态度,认为商业是投机行为,提倡禁欲,反对贪财和借贷,并且消极地认为世俗世界必然堕落直至最后审判。① 教皇革命使教会拥有前所未有的独立地位及自主权力,也使得教会对世界的观念发生了改变,认为教会可以能动地改造世界,并随着时代发展对其施加积极的影响,使其向着灵魂被拯救的状态靠近。11 世纪之后的教会不仅不抵制金钱,反而鼓励追求财富,认为只要是为了正当的目的和按照正义的规则进行,建立在高尚信念基础上的贸易应当有别于建立在贪婪基础上的贸易,应予支持;以合理需求推动的贸易有别于以自私自利和欺诈为手段的贸易;支持合理利息借贷反对高利贷,主张公平价格抵制非公平价格,等等。教会对待商人和商事活动的态度,从对灵魂拯救的阻碍演变为通往救赎的途径。② 宗教对于商业活动基本态度的根本改变大大促进了商业发展。由于基督教在西欧占据了主导地位,其对商业活动在精神道德层面的认同奠定了商人及商事活动在中世纪社会生活中的合理地位。宗教领袖的认同和扶持激发了人们从事商业活动的积极性和主动性。同时,基督教教皇革命反封建王权专制的革命精神在当时的社会引起了强烈震动,使得商人、市民群体也纷纷以斗争形式要求自主权利,进一步鼓励和促使商人为追求更大利益建立自治城市和发展商业。

（2）教俗斗争为商业发展提供了有利空间

教俗斗争带来的全社会范围内的自由理念、自主意识与商业发展和商人本质属性一致,进一步促进了商业发展和自治组织的发展。同时,教俗两级统治进一步分化了西欧封建中央集权。大主教、主教们享有与地方封建主类似的特权,其地位俨然为地方封建主,对其管辖地区的政治、经济、商业事项有较

---

① ［比］亨利·皮朗:《中世纪欧洲经济社会史》,乐文译,上海人民出版社 2001 年版,第 62 页。

② ［美］哈罗德·J.伯尔曼:《法律与革命——西方法律传统的形成》第一卷,贺卫方等译,法律出版社 2008 年版,第 332 页。

大的管理决策权。为与封建领主争夺更强大的势力,他们在其管辖范围内实行商人自治,发展城市经济,以最大限度地获得财富。此外,势力壮大后的基督教会发起了历史上著名的"十字军"东征,也间接促进了中世纪商业发展。公元 1096 年,为"保护东部的基督徒不受异教徒侵害",也为着向东扩宽领土、抢夺资源,教皇革命发起了旷日持久的军事传教远征,即"十字军"东征。东征耗时百余年,加速了社会流动,消耗了大量财富。为在与王室贵族的争斗中处于上风,也为筹集东征经费,教会与封建世俗领主争相颁布特许状,支持商业发展,鼓励商业活动。

(3)教会带来的现代政治制度促进了现代商业产生

教皇革命还直接影响了近代西方国家的诞生。[1] 教会整体俨然就是一个国家,以罗马教皇为首脑。按照著名学者梅特兰的观点,除了近代国家不具有与信仰相关精神统治职能,即为纯世俗性质以外,近代国家的结构体系与教会基本相似,正是教皇革命产生了西方的政治科学,以及近代西方最初政治国家制度和世俗法律理论体系。[2] 独立教会所具备的内部结构为同时期其他政治体,如封建贵族政权、自治城市政府以及其他民族性地域国家组织等提供了样本和借鉴经验,促使它们发展为类似现代国家的独立政体。教会组织和教会规则促使西方现代国家政治体系和资本主义民主制度产生,为商业活动奠定了其发展所需的政治基础。此外,教皇革命还创立了一种以基督教信仰为前提的同盟,同盟成员经宣誓形成一批以和平名义集中起来的教徒和市民。这种同盟在 11 世纪后被广泛应用,商人群体在同盟基础上自发形成兄弟会并继而转变为各类专业行会,行会组织逐渐发展并以相同的方式对行会内部进行管理。商人以行会形式有组织、有规模地聚集并开展与封建王权贵族的抗争,

---

[1]　格列高利七世以后的教会基本上具备独立、等级以及公共权力的特点,教皇还具有立法权,教会内部存在一套完整的税收制度、行政管理和司法审判制度。见 David Knowles and Dmitri Obolensky, *The Christian Centuries*, vol.2, *The Middle Age*, New York, 1968, p.165。

[2]　教皇革命之后的教会具备了近代国家的许多特征,教皇享有立法权,教会内部实行一种等级化的制度执行法律,类似近代国家君主的统治。教会还通过以罗马教廷为首的等级司法机构解释和适用法律,并通过征税和洗礼对教徒进行民事管理。教皇革命后的教会革除了世俗皇帝和国王的精神统治能力,同时以其具备的较高立法水平和精密的内部等级结构,为近现代世俗国家政体的建立奠定了基础。见 David Knowles and Dmitri Obolensky, *The Christian Centuries*, vol.2, *The Middle Age*, New York, 1968, p.162。

争取自治权利,不仅提高了商人阶层的社会地位和政治影响力,还为资产阶级商业公司等现代组织形式的出现奠定了制度基础。

(4)教俗司法斗争促进了现代商事诉讼自治原则

教皇革命开启了中世纪法制发展,形成了近代西方第一个法律体系,即教会法律体系。教皇革命使教会获得正式的立法和司法权,教会自成立之初就开始制定的教规戒律、基督皇帝国王们颁行的教会法律,以及教父创制的教士守则和罪孽惩罚规则等,都得到了体系化的整理和规范。为了拥有更广泛的司法管辖权,教会法不断寻找管辖权的合理化渊源,建立"正当秩序"体系,制定规范的制度,使得西欧开始将法律作为一种独立的、完整的程序体系,并且为其他政体法律,如王室法、城市法和商法等树立了榜样。① 而教会管辖权之争更是突破了王室法单一法律制度的统治,构成了 11 世纪西欧教、俗二元法制体系的基本格局,推动了世俗法律体系内部多元化发展。西方法制近现代发展直接影响到现代商法体系的建立和商事诉讼的发展。尤其是教俗管辖之争确立的双方当事人可以自由协商选择教会法院或世俗法院管辖纠纷规则,明确了商事纠纷与普通民事纠纷不同的诉讼原则,如商事诉讼应当比一般封建民事纠纷更具有灵活性与自主性,更加遵循行业习惯而非普通封建法律规则。在漫长的中世纪,作为当时社会最重要政治力量之一的基督教,在其对西方政治格局和经济背景产生重要影响的同时也对孕育和发展法国独特商事诉讼起到了非常重要的推动作用。

三、商事诉讼产生的法律环境

变化发展的经济基础和纷繁复杂的政治背景造就了各类不同法律制度,法律制度亦是对特定社会关系和客观社会环境的反映。西欧不同时期、不同阶段的法律制度对商业活动都有不同的规制,也体现了商业不同的发展阶段以及不同政体对商事活动持有的不同态度。纵观法国商事诉讼整个发展历

---

① 西欧近代第一个法律体系被认为是教会法律体系。11 世纪的教会还创建了第一批大学,开始运用经院方法进行研究,形成了西方职业法律家和法官阶层,法律作为专门的程序体系得以建立和发展,法学概念被广泛普及和运用,神学和哲学得到创始和发展,这一阶段被认为是标志着近代科学思想的开端。见 David Knowles and Dmitri Obolensky, *The Christian Centuries*, *vol.* 2, *The Middle Age*, New York, 1968, p.169。

程,商事纠纷解决机制与商业活动发展程度和商事法律规范密不可分。从古代商事习惯法到中世纪时期的城市法,以及封建时期多元化的法律体制,对于商事规范和商事纠纷解决均设置了不同规则,产生了不同程度的影响。正是这些多重法律因素共同构成了影响商事诉讼产生的法律环境,对于法国现代独特商事诉讼的产生和发展起到了重要作用。

(一)商事习惯法的发展

早在公元前 8 世纪的古罗马王政时期,地中海沿岸的各部落间就以物物交换形式进行着最初的商业活动。商事活动萌芽和商人阶层的兴起推动了早期商事法律的产生。罗马共和国时期,商人们已经从长期的交往经验中总结形成了商事习惯。那时规范商事行为的规则除万民法外,便是经年适用的商事习惯。最初的商事习惯仅在某个地区范围内或某个行业适用,随着商事活动的扩展,适用商人人数的增多,商人们逐渐将商事习惯总结汇编成册以共同遵守,形成早期商事习惯法。早期商事活动以海上商事活动为主,因而,最早的商事习惯法实为海商法,而在漫长海商事活动中和海商习惯法中也早已存在对于商事纠纷解决的特殊习惯规定。西欧大陆最早的商事规范可追溯至古罗马时期的万民法,随着陆上商事活动的繁荣,西欧大陆也随即建立许多商事规则以及早期商事自治法庭,成为现代商事诉讼雏形。

1. 古代海商法及海商事诉讼

公元前 300 年左右的《罗德岛海洋法》是早期海商法中著名的一部,集中汇编了地中海沿岸的商事习惯。[①] 由于商法与生俱来的国际化性质,不管在大西洋或是地中海地区,最初习惯法的规则内容在商业活动繁荣的各地几乎一致,这与以各地不同的历史文化传统密切联系而产生的具有多样化的民事法截然不同。早期商事活动主要以海洋贸易为主,其发展和繁荣比大陆商事活动早很多,早期商事习惯法基本均为海洋商事法,因此也可以说商法起源于海上商事法。早期海商法汇编如公元 9 世纪左右的《巴兹里卡法典》;10 世纪时期意大利海岸阿玛菲共和国施行的阿玛菲表(Tables d'Amalfi);1150 年左右阿基坦女公爵阿德莱德颁布的《奥莱龙海商法》(Jugement d'Oléron)等,均

---

① [美]哈罗德·J.伯尔曼:《法律与革命——西方法律传统的形成》第一卷,贺卫方等译,法律出版社 2008 年版,第 333 页。

是长期以来的商事习惯汇编。这些汇编法典内容虽不尽相同,但基本都肯定独立的商事纠纷解决原则,即由独立于普通封建法院的专门法院依据商业习惯受理和裁判商事纠纷。早在 9 世纪左右,地中海沿岸的法国境内的海商事纠纷即由专门法院——海商法庭 (amirautés ; tribunaux des lieutenants de l'amiral) 审理,并一直延续了几个世纪之久。海商法庭与陆上商事法院相区别,分别受理海上和陆上商事纠纷,直到 1790 年 8 月第 16—24 号敕令撤销海商法庭,法国商事纠纷才统一由商事法院受理。①

2. 陆上商事法规和自治法庭

早在古罗马时期,人们虽然首先关注了民法,制定了《十二铜表法》及其他市民法,但同时也制定了万民法,即适用于罗马公民以外的其他外民族的法律集合。万民法中则包含了贸易的相关规定,因而有学者认为市民法与万民法的区分是民法与商法相区别的先兆。② 罗马帝国时期,国力达到极盛,其领土版图横跨欧、亚、非三洲大陆,其立法水平也令后世瞩目。皇帝查士丁尼制定的民法典包含一套较高水准且程序复杂的契约规则,如实物借贷、金钱借贷、租赁、买卖、抵押等,但这些契约规则没有概念化,也没有区分商业或民事性质而均被当作民事契约来看待,但它们事实上已经涵盖了当时商事活动行为规范。此外,罗马帝国法律还设置了两项商事特别规则:代理 (representation) 和银行业务规范。代理制度如,当奴隶代其主人进行交易活动而发生争议,交易对方只能向奴隶的主人提起诉讼。银行业务的规定是为满足当时罗马帝国强大的领土扩张所需而制定。当罗马帝国征服一个地区之后,随即面临的就是货币的统一和兑换。罗马商人以兑换货币为基础,逐渐开始进行较为复杂的经营活动,例如为顾客提供担保;与顾客达成债务清偿协议 (receptum argetatium) ;以及使用复式记账规则;等等。

随着陆上商事活动进一步发展,陆上商事活动也逐渐形成一些被商人群体普遍接受的惯例,商事纠纷也相应地出现由不同于调整封建土地耕种关系以及庄园主与农奴之间关系的商事法律和商业习惯来解决的要求。其原因在

---

① René ITHURBIDE, *Histoire critique des tribunaux de commerce*, librairie generale de droit et de jurisprudence, p.9.

② [法]伊夫·居荣:《法国商法》第 1 卷,罗结珍、赵海峰译,法律出版社 2004 年版,第 15 页。

于商人希望纠纷审理者熟悉商业交易习惯和职业技能,并能够迅速裁决纠纷以满足商人对时间效率的追求。在 11 世纪左右的英国出现了一种被称为"泥足法庭"的商事法庭,因为到法庭的商人双脚都沾染着泥土。① 外来商人往返于各国各地之间,不像普通农奴或农民隶属于固定的庄园主和领主,其纠纷也不由固定的庄园法庭审判,而是由依据商业惯例进行审判的商事法庭管辖。由于旅途奔波,商人们经常双脚还未及掸去灰尘,便已迅速解决纠纷并奔赴下一个集市地点。这种特别法庭随后便成为公众权威认可的固定法庭。1116 年,法兰德斯伯爵废除司法决斗后,即在其所辖城市中设立了从市民里选出市民组成参事会,再由参事会成员担任法官的法庭。西欧大陆的绝大部分地区,即今天法国、意大利、德国、英国等国诸城市就都广泛建立了类似的商人司法自治制度,例如在南法地中海地区称为 consuls,法国其他地区称为 juré,英国称为 adermen,成为超然于地方传统习俗和法规之外的法律体系。这些早期的商事自治法庭即早期集市活动法庭,是专门裁判一定范围内商事主体之间因商事活动产生纠纷的自治组织,后来被中世纪城市自治制度吸纳并成为其司法自治的重要部分,也是法国立法最终确立独立商事审判主体——法国商事法院的雏形。

(二)多元法律制度的影响

任何一种法律制度的产生无不与其所处的社会法制环境密切联系。法国商事诉讼制度也同样,其产生和发展受到当时社会制度的直接影响。11 世纪以前的中世纪西欧,虽然各民族都有自己的行为习惯规范和秩序,包括教会教规和王权规范等,也继承了罗马法中的不少法律概念和规则,但法律尚未成为一种与社会其他控制方式相分离的、与惯常智识形态相区别的专门规范体系。世俗法与部落习惯、封建习惯交织,教会规范与教会生活准则、道德戒律相融合,没有基本法律分类,也没有统一的分级法院及专业法官和律师。11 世纪晚期后的西欧,首次出现了以强大的宗教教会和世俗王权为中心的二元统治,也就相应地出现了与东方封建社会单一君主集权法律制度不同的、以教会法与世俗法为主体的二元法律制度。自公元 3、4 世纪,基督教会即开始运用

----

① [比]亨利·皮朗:《中世纪欧洲经济社会史》,乐文译,上海人民出版社 2001 年版,第 36—40 页。

《圣经》规则裁断教会成员和信徒之间的纠纷。基督教的教会长老、教士均通晓《圣经》并致力于将《圣经》法则加以归纳提炼、编撰规则著述,他们逐渐形成经院法学派。随着教会精神统治地位的建立和对世俗事务参与管理,教士们将《圣经》规则广泛运用于普通世俗事务中,宗教会议、主教们颁布的教规也成倍增长,逐渐形成系统的教会法体系。与教会法律体系相互影响,世俗法律也开始有了发展,出现了专业的法学家阶层,创立了法学院,有了法学专著,法学家和法律人自觉地进行法律材料的整理,将原本零散、原始的习惯规则发展为完整的法律原则和规范体系。

教会法律制度相对统一,即是以《圣经》为核心、以经院法律规则为主体的法律制度。而与教会相对应的,非教会的封建法律体系统称为"世俗"法律体系。世俗法律体系则是多重的,包括王室法、封建法、庄园法、商法、城市法等多元化内容。二元化、多重法律制度对商事法律发展和商事审判制度产生了深远的影响。上文已对教会法对于商事诉讼的影响进行了分析,下文将仅就世俗法律体系中的多重法律制度进行探讨。

1. 王室法律制度

12世纪以前,尚不存在一个政治实体的法兰西,广袤的法兰西土地上由皮卡德人、勃艮第人、布列塔尼人、诺曼人、普罗旺斯人等之后逐渐融合形成法兰西民族的多种主要氏族人群组成。法兰西国王直接统治的是不足其国土范围二十分之一的部分,即围绕主教统治范围的巴黎和奥尔良两大地区,其余地区则是由国王授予采邑的公爵、伯爵及各种封建领主领地。公爵如诺曼底公爵、阿基坦公爵、布列塔尼公爵和勃艮第公爵等;伯爵有如佛兰德、图卢兹、安茹、芒什伯爵等。他们中的一些人如诺曼底公爵和佛兰德伯爵比法兰西国王更具有经济、军事实力,占据更多的土地。当时的法兰西帝王在直统区之外几乎没有拥有和控制任何城市,没有能力阻止各地封爵设置各自的法律。王国的封臣领主不是国王的代理人或管理者,而是自治的统治者。不仅公爵和伯爵排斥王室成员参与其领地管理,甚至连男爵也不允许王室成员进入他们的领地。国王和他的家庭常年旅行游历于国土之中,依靠其"神圣权威"统治其所辖范围的封地和臣民,以国王名义在各地平息暴动、主持正义。国王以巡游的方式统治国家,也是中世纪西欧封建君主政治生活的独有特点。

教皇革命使得封建君主"神圣王权"地位终止。国王在宗教事务上的权威被削弱、人们开始认为罗马教皇是属灵事务的首脑的同时,国王及其所属机构则主要负责对王国内部政治经济和治安进行世俗管理。11世纪以后,"国家"的概念及国王在世俗事务领域的权威得到加强,负责王室事务的官吏逐渐演变为一个由专门的行政官员组成的政务会。封建国王逐渐确立了与以往王国不同的世俗国王地位:世俗国王不再是其国土内最高宗教领袖,宗教事务上须服从罗马教皇;国王不仅是他的主要王室官员、直管封臣的首领,还是他领土范围内全部臣民的统治者;国王通过王室法官等专职地方官吏直接统治其臣民,而不再通过封建领主阶层实施间接统治;国王有权利和义务维持王国治安和拥有最高司法权审判土地及自治问题;国王成为国家立法者,依据其统治的需要发布法令,设置其统治范围内的法律体系。①

(1)法国封建王权加强

12世纪开始,法兰西国王开始加强君主实力。路易六世、七世通过联姻扩大了领土,尤其在国王腓力二世(后世称其为奥古斯都·腓力,1180—1223)统治时,法兰西通过对佛兰德伯爵、英王约翰的征服,大大扩展了王室领土,将香槟、卢瓦尔、勃艮第及衲维尔等地区纳入统治范围。腓力是一位有魄力的伟大君王,有着卓越的军事、政治和外交才能,在他及其后世君主统治期间,法兰西王室权力得到较大增强,王国内部法律体系不断完善。腓力将法兰西构建成了一个由公爵、伯爵领地和封建贵族领地组成的类似如今联邦制的王国。虽然每块领地都是一个独立的政治体,有自己独立的领主,每块封地在各自范围内都拥有一定程度的自治权,有自己的习惯法,但国王对于在其统治内的全部封臣领地也进行管理,并制定适用于他们的法律。为削弱领主的势力,腓力宣称自己对贵族享有领主权,通过扶持城市和商人自治展开与领主的权力争夺斗争。他大量授予贸易特权和垄断权给商人,支持他们成立自治团体和建立自治城市。他还要求封臣以金钱支付代替履行封建义务,以筹集雇佣军的费用,法国商业得到较快发展。

(2)法国王室法体系

为实现君主对地方势力的长期控制,腓力二世重视法律的作用,重用法律

___
① [美]哈罗德·J.伯尔曼:《法律与革命——西方法律传统的形成》第一卷,贺卫方等译,法律出版社2008年版,第461页。

人才,将法律作为一种权力统治工具,构建统一的政治机构和法院,并使它们既适用于王室直接管理的土地,而且适用于他封臣的领地和通过军事和政治手段取得的领土。腓力二世挑选地方权威人士,授予其采邑地位和邑吏(prévôts)称号,将其作为在地方的管理人和统治者,负责征税、逮捕和对地方事务进行司法裁判,邑吏需向国王支付管理费(forfeit)。同时,受到英国盎格鲁巡回法院的启发,腓力还设置邑长制度,向各地派遣执行王室权力的邑长(bailli),履行一定的行政权力和司法权力。邑长直接受命于国王,监督地方财务和邑吏工作并向国王报告,审理王室诉讼,并在诉讼中享有国王的特权。邑长主持地方王室法院,即邑长法院。邑长履行司法审判职能时类似英国巡回法官,每月巡回一次,在4名地方贤达的陪同下审议案件。但与巡回法官不同的是,他同时受制于国王和所在地区的公伯爵,是所在地领主的邑吏,但最终服从于王权,在地方独立地发挥作用。13世纪以后,法国还出现了类似邑长的官吏执事(seneschal),他与邑长的不同在于独立于王室。邑长和执事都是封建低层贵族,并且大都经过法律专业学习,向王室领取固定薪酬,是王室和地方公爵的役吏。

邑吏法庭和邑长法庭制度是法国王室司法机构在地方的代表机构,它们与地方领主法院,即领主法院和公伯爵法院划分了不同管辖范围,实际上瓦解了封建领主的权力。王室法院体系体现了国王与领主势力对比和各自权力划分,其广泛适用是国王君主权力增大的有力表现,地方王室机构的发展又促进了中央王室机构的发展。腓力二世统治前,法国并没有真正意义上的王室法院,那时所谓王室法院主要是审理封建主与被授予特许状的城市公社之间纠纷的案件,并且一年不过数起。当时的审判由国王主持,国王会同时请大领主与官员参与审判案件。① 随着腓力及其后世统治者中央集权的加强,王室地方司法机构发展壮大,法国于13世纪设置了常设中央王室最高法院parlements,每年定期举行司法会议,负责受理对邑长法院的上诉,对领主争议等特殊案件偶尔进行初审等,行使最高司法审判权。1250年,路易九世创设巴黎高等法院Parlements de Paris,取代parlements成为法国中央常设司法机

---

① François J.M.Olivier-Martin, *Histoire du droit français des origines à la révolution*, 2nd ed., paris,1951,p.225.

构,并将其地位确定为"上诉法院"。巴黎高等法院配备了专业法官主持案件审判,多受理对邑长法院的上诉,故称为上诉法院。该法院一般不受理初审案件,国王也逐渐退出审判,直至法国大革命时期。巴黎高等法院的创设标志着法国王室司法体系的完善和登记制法院制度的确立。法国王室法院构建起了从地方的领主法院、公伯爵法院/邑吏法院、邑长法院再到中央巴黎高等法院的一套完整体系。当事人对下级法院判决不服可上诉到上级法院,直至上诉到巴黎高等法院。这套司法体系也为法国法律带来王室统一习惯法和司法趋于程式化、专业化,逐渐排除非职业法官的影响。

(3)王室法律规范和司法制度

法国幅员辽阔,各封地民族构成、传统习惯均不同,12—13世纪法国地方王室法院适用的法律大部分是各地不同的习惯。13世纪之后,法国国王首先将王室法律程序统一运用于各地方王室法院,继而国王时常通过发布法令 ordonnances 和法规 établissements,废除"不好"的习惯,认可合理习惯;巴黎高等法院也通过判例的方式解释习惯,逐渐改造各地习惯,建立起全法王室法院体系共同的制定法,并划分各级法院管辖范围,使王室法院对所有封臣领土中的大多数案件享有司法管辖权。地方普通民事和刑事案件由领主法院受理,严重的刑事案件则由公伯爵法院受理,但如根据犯罪性质和有关地役权的规定应由王室法院管辖的案件,典型如侵占性占有土地问题则由邑吏法院和邑长法院管辖。根据著名王室法学家博韦地区克莱蒙邑长博马努瓦尔1283年所著《博韦的习俗和惯例》记载,邑长法院受理案件主要是动产权利、继承、契约、赠与、未成年监护、妨害占有和对人身的犯罪。此外,受害人或原告的起诉,也可以使王室法院获得管辖权。① 通过上述途径,腓力及其后继统治者建立起了强有力的中央司法系统,从而从封建领主手中夺取大量管理权,削弱了地方领主势力,为其日后中央集权统治及法兰西帝国的建立打下基础。

法国12世纪早期及以前的司法审判制度与英格兰的陪审团制度类似,由法兰克人的陪审团延续下来。在公伯爵法院,惯常的做法是由法官(官吏)主持非职业法庭,法庭由地方贤达或与案件无关的村民组成陪审团,判决由陪审

---

① [美]哈罗德·J.伯尔曼:《法律与革命——西方法律传统的形成》第一卷,贺卫方等译,法律出版社2008年版,第461页。

团作出而非由法官作出。邑长法院制度在一开始也是采用此方法,由村民组成的民众陪审团裁判案件。13 世纪以后,法国诉讼程序采用教会法的形式主义,并受专业法律教育影响变得学理化和复杂化。① 专业的法律家不仅掌控上诉法院,而且在邑吏和邑长法院,以及公伯爵法院,甚至更低级的领主法院也起主导作用。诉讼逐渐采取严格的书面诉讼程序,当事人互相交换起诉书与答辩书,法院裁判以书面形式作出并附之以较为严密的逻辑推理。当事人互相质证,法院书记官作书面记录。在日益复杂的程序影响下,法国王室法院逐渐淘汰了非职业的外行陪审员。

法国王室司法体系也就是后来法国现代体系化法院制度的前身。作为法国封建法律制度的主体,王室法律制度及其王室法院相对于城市自治法律体系、商事法院,被称为普通法律体系或普通法院,法文为 Judiciaire ordinaire,是代表国王及封建王权进行统治,并处理领土内绝大部分纠纷案件的主体。

2. 封建法律制度

封建主义是与"中世纪"密切联系的概念,用来描述中世纪欧洲的社会状态。事实上,封建主义是指 12 世纪至 18 世纪西欧封建领主与封臣及相关土地依存的权利义务关系。而这些关系多由封建习惯法予以调整。封建庄园制度作为封建制度的最小单元,在西欧农业中长期占据主导地位。封建与庄园制度共同构成西欧中世纪基本经济制度和主体政治制度,也是复合法律体系的重要组成部分,对于其他政治体制度有着密切联系和较大的影响。此处封建法律制度仅指狭义的调整当时西欧社会广泛存在的领主—封臣关系的制度。

(1)"封建"的社会关系

马克布洛赫以 11 世纪为分界点,将西方封建主义划分为前后两个本质上完全不同的阶段:11 世纪以前,领主—封臣、封臣—农民之间的关系只受氏族传统和地方习惯的约束,多是有关互相依存关系的原始分散的规定,并且各地的习惯均不相同。11、12 世纪以后,随着法律专业化的发展,以及与其他政治体法律体系共同作用,封建法与庄园法被作为习惯法固定下来,并成为系统的法律制度在整个欧洲得以建立。② 西欧中世纪封建制度来源于这样的情况:

---

① John P. Dawson,*The Oracles of the Law*,Ann Arbor,1968,p.276.

② Georges Duby,Robert Mandrou,*A History of French Civilization*,Trans.J.B.Atkinson,1958,p.59.

氏族或部落内部地位低的一些人将自己托庇于比自己地位更高的领导者,以求得其对自己的庇护,以避免受到敌人的侵害,并从其那里获得各种恩惠,如土地、财产或官职特权,而受庇护者则以提供各种服务作为回报。庇护主发展为领主,被庇护者则为封臣。封臣通过宣誓效忠成为领主的封臣,领主则成为封臣的管理者,对其享有广泛的权力。领主——封臣关系与土地采邑制度紧密联系。在绝大多数人的生活都依靠土地的封建时期,土地是最重要的生产资料,领主授予封臣地位时也授予其管辖范围内土地的使用权。当时除了国王以外,每个封建领主都是更大领主的封臣,除了最底层的庄园主直接控制的是农民以外,每个封臣都是其他封臣的领主。封建领主间时常发生吞并战争,因而中世纪西欧出现了骑士阶层。骑士是宣誓效忠于封建领主的封臣,为保卫领主和其土地利益而征战。为吸引有战斗力的骑士,领主通常又给予骑士土地,使其成为下一级的领主。

11 世纪以前,领主对封臣有广泛的权利,封臣对领主的人身依附性强。领主可以随意进入封地,提取采邑地上的产品;封臣必须按照领主的要求为其提供劳务服务等,没有转让采邑的权利。封臣有义务为领主征战打仗,领主还可以决定封臣子女的嫁娶。11 世纪后,西欧建立起普遍的领主—封臣制度就是由此发展而来,但所不同的是,封臣对领主的人身依附关系大大减弱,对领主的各种人身义务转换为向领主支付金钱或财产,领主对封臣的直接支配也转变为征税,从而领主和封臣间封建关系的性质发生了实质性变化。随着社会经济、商业和法学的发展,以及"实际占有"概念的兴起,领主的权力受到极大限制,封臣作为实际占有人,其土地和所有物不能被包括领主在内的任何人随意剥夺和侵犯。领主与封臣之间演化为一种"互惠"关系,即封臣接受领主采邑土地并履行效忠义务,领主对封臣则须履行不逾越界线侵犯封臣领地、不可重复分封,及各种帮助和维护封臣的义务。封臣或领主中的任何一方在对方严重违反所负义务时,可以宣告免除义务,如封臣可以宣告撤回忠诚。中世纪封建等级制度中这种下级对上级进行合法反抗的权利体现了类似现代民主平等精神下的契约精神。[1] 此外,11 世纪以后,封臣的采邑土地还可以转让和分采邑,即设置下一级封臣,也可以由其后嗣继承,使得封臣获得更多人身自由和经济自由,为

---

[1]　Friedrich Herr,*The Medieval World:Europe*,New York,1961,p.37.

鼓励他们更多地参与商业活动、取得更多经济利益创造了条件。

（2）"封建"司法体系

长期以来,作为封建制度的重要方面,领主是通过司法审判来统治封臣及其佃户。中世纪早期及以前,每个领主都设置领主法庭,并通过裁判案件统辖他的封臣及其领地范围内的臣民。例如领主通过法院要求封臣或佃户支付拖欠的封建义务等。领主法庭由领主或其管家亲自主持,但领主并不是案件法官,因为裁判是由"公众集会"团体作出。裁判依据多为领地内的封建习惯,诉讼证明在 1215 年之前一般是通过共誓涤罪、决斗或神明裁判作出。11 世纪以后,西欧大多数封建法院延续了群体裁判的传统,裁判主体多是由封地中封臣及佃户组成的"诉讼参与者"群体。"一个被认为犯罪或应负担某种责任的人应由他的地位相等者进行裁判"的原则被广泛运用,虽然在实际运用中,领主法庭中领主实际上还是起着主导作用。[①] 地方领主法院审判范围一般是轻微的犯罪和一定类型的民事诉讼,由于领主权力强大,法国领主法院还可以审判重大犯罪案件,可以判处罪犯死刑。对于领主法院的判决,封臣可以向上层领主提起上诉。例如骑士在领主侵占其有权保有的土地时,可向领主的领主法院控告领主。此外,封臣还可因以下理由上诉:拒绝受理、判决错误、没有管辖权、领主在案件中有直接利害关系、经国王令状授权可以上诉等。[②] 这种等级法院体系生动地表明了领主与封臣之间不仅是等级隶属关系,也有互相依存的互惠关系,同时也表现出西欧领主与封臣之间在法律上一定程度的民主平等。

3. 庄园法律关系

在封臣领主关系之下,调整中世纪西欧最底层社会关系,即领主与农民关系的法律体系为庄园法。庄园法与封建法息息相关,是封建法的基础。与封建习惯在 11 世纪末转变为封建法律制度类似,庄园习惯也在此时期被普遍地规范化适用,成为一种庄园法律制度。

（1）庄园社会关系

8—11 世纪,西欧土地上原本大部分自由农、奴隶等因分封采邑制度的实施而逐渐沦为封建庄园主的农奴。农奴从领主手中分得土地耕种,地位低下,

---

①　Sir Frederick Pollock and Frederic William Maitland, *History of English Law*, Cambridge, 1968, p.589.

②　Marc Bloch, *Feudal Society*, London, Trans.L.A.Manyon, 1961, p.227

带有浓烈奴隶制的痕迹。农奴须向领主上交耕种土地上的所有出产,提供无偿劳役和履行各种经济和其他义务,如人头税和地租等赋税。领主对农奴有很强的人身控制,农奴不能随意离开庄园,且未经领主许可不得结婚。11世纪和12世纪,随着社会生产力的发展、西欧人口快速增长,农奴除了耕种庄园主的土地外还开辟了自有地耕种。他们在为庄园主劳动之余也为自己的土地耕种,因而产生了更多剩余农产品和经济收入,这进一步促进了商业繁荣。同时,该时期内法学概念的发展也使农奴地位有所提高。农奴开始要求对庄园主的义务以具体内容予以固化和限定,并且开始用支付金钱代替劳役和其他义务。此外,教皇革命也为农奴解放带来积极影响。教会宣扬和平平等,通过授予农奴圣职及在"十字军"东征时期招募战士等方式解放了大量农奴。此外,教会作为欧洲最大财富的所有者还时常通过提供更有利的生活条件来吸引其他土地上的农民为其工作,以加强其经济实力。①

由于上述原因,欧洲农奴开始与庄园主对抗,例如逃离原庄园土地而投奔为他们提供更好条件的其他领主或商人城市,或者联合一致开展解放革命,反对庄园主的专制剥削,以获得上级领主向其颁发特许状等。由于庄园主事实上完全依赖于庄园土地的收入以履行他对上级领主的经济和封建义务,大量农奴的逃离会直接影响到庄园主封建义务的承担,加之其他庄园主及教会势力的竞争,农奴的地位及与庄园主的关系开始体现出互惠的性质。庄园主们时常被迫需要与农奴达成妥协。

(2)庄园司法体系

作为最底层的一级领主,庄园主是庄园的统治者,负责管理庄园内部的秩序,保护庄园免受外来袭击,任命庄园官吏和主持庄园集会。与封建制度相同,庄园内部的管理也与其裁判制度密不可分。庄园内设置庄园法院,合并行使立法、行政与司法权力。② 庄园法院通常由领主的管家代领主主持,负责审判案件

---

① 作为教皇革命的结果之一,中世纪西欧教会在法律上第一次阐释了奴隶制是非法的,基督徒拥有一个奴隶是罪恶的。[美]哈罗德·J.伯尔曼:《法律与革命——西方法律传统的形成》第一卷,贺卫方等译,法律出版社2008年版,第385页。

② 西欧中世纪,庄园法院与王室法院、封建领主法院、教会法院一样,包含了立法和行政职权。法律被认为是审判和发现的过程,寓于审议和执行过程中,司法是政治权力中心表现形式。[美]哈罗德·J.伯尔曼:《法律与革命——西方法律传统的形成》第一卷,贺卫方等译,法律出版社2008年版,第386页。

和发布官吏庄园的规定。法庭由庄园全体成员组成,庄园主及其管理人、自由人、佃农、农奴等被称为诉讼参加人,都是法官,出席法庭并裁判案件。法院审判庄园主与其佃农、农奴之间,农奴相互之间广泛的有关财产权案件,如侵犯土地、不履行劳务或不缴纳税赋、地租,侵犯社会共同体之间合作等民事案件,以及偷盗、诽谤、其他违反庄园法规的严重行为,如叛逃等刑事案件。判决由全体诉讼参加人表决作出。裁决结果并不必然为庄园主胜诉。例如农民曾在反对领主将其已租赁土地租给他人的诉讼中胜诉。庄园法院 12 世纪以后成为农奴抵制其庄园主和官吏的方式之一,通过全体庄园成员作出判决迫使领主让步。

4. 封建法律制度对商事诉讼制度产生的影响

11 世纪以后法国封建等级制度是一个较为完整的经济法律体系,主要包括王室法、封建法和庄园法三个自上而下、互为承继关系的重要部分。司法法律审判制度与分级采邑制度紧密相连,使西方有了延续几个世纪的,有关各等级人们之间相互法律义务的完整制度体系。历史学家认为,中世纪西欧社会中,采邑与审判是一回事,是封建制度的核心内容,不过是从经济政治或法律的不同侧面体现。① 法国的国家法与封建法是合并的,不存在建立于封建法体系以外的其他封建法。封建法律规则在封建习惯的基础上随经济社会的发展演变而来,并随着王权政治的加强和法学的复兴而逐渐得到体系化、规范化、固定化的完善。作为中世纪西欧主体社会制度,封建法律制度在与教会法律体系相互作用的同时,也对商事自治法产生重要影响。

(1)王室法促进现代商事立法发展

法国王室在强化了君主中央集权后,通过创立王室最高法院和王室地方法院、对地方习惯进行改造统一、完善司法程序等措施使得法国立法及司法体系由中世纪初期的部落习惯转变为近代由中央权力机构统领的、涵盖政权范围内、从中央到地方统一的国家法律体系。这是法国法律制度走向统一规范的一大进步。完整统一的王室法体系显著提高了王权的立法权威,促进了法律制度发展,为后世法国君主以王权为名颁布各项适用于全国范围的立法令,以及体系化的法典编撰奠定了基础。王室立法技术和立法水平的提高不仅促进了封建法律体系内部,如封建领主法及庄园法的发展,也带动了商事自治法

---

① Philippe de Beaumanoir, "Coutumes de Beauvaisis", A.Salmon, 1970, sec.146.

的进步。商人自治法与王室特许法令密不可分,随着王室法将习惯法以成文法形式予以固定,商人自治法和商事诉讼法也逐渐由习惯法向成文法发展,商事诉讼规则也经由特许状被固定下来,直至 16 世纪,法国国王以法令形式确立了商事诉讼特别法院成立以及商事诉讼管辖范围。

(2)封建与庄园法律制度为商事自治提供了基础

诚如上文所述,西欧封建法律制度中,国王—领主—封臣—佃农(农奴)几个阶层之间以等级制度为基础,上下级之间以统治和被统治为主体关系,但同时也因为西欧封建政治、经济的分散性,以及各阶层之间彼此紧密依存、存在实质上的互惠关系,以及教会法的平等理念等因素的共同作用,封建各阶层之间法律制度体现出明显的民主平等的特点。当时广泛施行的诉讼案件地方参审制便是很好的例子,无论是封建领主法庭亦或是庄园法庭,均普遍采取团体所有成员共同参加审判的制度。农民甚至可以在法庭中作出对庄园主不利的判决,这种朴素的民主司法为城市自治与商事自治奠定了基础,也为商事诉讼解决机制的设置提供了范本。参审制作为西欧封建法律制度的重要特点和延续多年的法律传统,在自治团体,尤其是商人群体自主裁判诉讼模式的选择考量中,自然成为首要选择。而封建制度中错综复杂的割据势力和变换多端的制衡关系,也使得平等精神与自治制度在封建主诸多的斗争间隙中,甚至在王权与教权的鼓励下蓬勃生长。法国商事诉讼也就在这多样化的封建社会中、在多重法律制度共同影响下产生并缓慢而持续地成长,进而发展成为法国最重要的诉讼制度之一。

第二节　商事诉讼的涵义界定

现如今,商事诉讼已经成为世界各国司法界广泛运用的约定俗成的概念,虽然因立法规定、司法政策,以及经济发展状况等因素的不同,各个国家对于商事诉讼具体内涵和适用范围存在诸多不同规定,但作为一种具有独立价值和显著特点的纠纷解决制度,各国商事诉讼仍具有一定的共通性质和特征。本书着重考察大陆法系与英美法系几个典型国家立法例,探寻商事诉讼基本涵义,并归纳"商事诉讼"具有的基本特征。

一、商事诉讼的基本概念

诚如前文所述,西欧商事诉讼伴随着早期商业的发展而诞生。有关商事诉讼涵义的表述早在古希腊时期便已出现。古希腊著名思想家色诺芬在其代表作《经济论·雅典的收入》中曾写道,"国家应当奖励商事法院中那些能最公正和最迅速裁决争端的法官。这样,不仅可以使商务活动的进行不致受阻,而且能够使更多的人愿意同我们贸易"①。商事诉讼根据所处时代和适用范围的不同,其内涵也处于不断发展过程中。由于各地经济社会发展不平衡和受不同法律传统影响,不同国家、地区,不同时代商事诉讼概念和适用范围也不尽相同。大陆法系与英美法系两大法系之间对于商事诉讼涵义界定有较大不同,反映出其法制文化和政治历史背景的差异性。就商事诉讼概念本身而言,应当包含裁判主体、适用范围、适用诉讼程序三大要素。

(一)大陆法系商事诉讼概念

纵观整个大陆法系的商事立法,其法典编纂原则可大致分为两类:一是客观主义原则,又称商事法主义或商行为主义原则。即以商行为概念为核心,并以此为基础表述商主体、商人概念,进而构造商法典。法国最早采取了这一原则,并以此编纂了法国《商法典》,成为客观主义立法模式的典型。二是主观主义原则,又称商业法主义或商人主义原则。即法典编纂是以商人概念为核心,并以此为基础来阐释商行为等其他概念,并按照这些概念构造商法典体系。德国便是采取这一原则的典型,以此编纂了德国新商法典。② 两种商事实体法的编纂体系也直接影响到商事诉讼概念及其相关程序制度的设置。

1. 法国商事诉讼

诚如上文所述,法国商事诉讼规则古已有之,经过漫长的发展,当其作为一类独立诉讼类别被法国王权以立法令形式正式承认后,法国商事诉讼始得真正创设。法国理论和实务界普遍认为,1563 年 11 月法国国王查理九世颁布的在巴黎成立专门解决商事纠纷的商事法院的法令为法国商事诉讼成立的

---

① [古希腊]色诺芬:《经济论·雅典的收入》,张伯健等译,商务印书馆 1981 年版,第69 页。
② 王保树主编:《中国商事法》,人民法院出版社 2001 年版,第 3—4 页。

标志。该法是法国封建王权首次以国家立法令的形式确立商事诉讼的独立地位,并通过描述适用范围界定商事诉讼制度。随后,法国商事诉讼经过几百年的变革,商事诉讼概念随着适用范围的变化而不断演变发展,形成了现今法国特定的商事诉讼制度。

(1)法国商事诉讼概念的发展

1563年法令规定,商事法官专门审理以下纠纷案件:"普通商人、商人的委托人、代理人及雇佣人员在内的所有商人之间发生的,因商事活动产生的纠纷;或者纠纷是由支付货款、接受货物、商业或信用汇票、保险、货物运输、债权\债务转移、欠款、计算等事由引起;或者纠纷发生在公司、社团和协会等已成立的组织之间;或者纠纷双方当事人对于与上述纠纷有较大联系的其他纠纷提出由商事法官解决时的其他纠纷。"同时,该法令还规定,上述纠纷诉讼当事人具有出庭义务,诉讼文书应当简要化、格式化,法官应当当庭作出裁判,争议标的金额500镑以下的案件一审终审等程序规则。因此,法国商事诉讼成立之初的概念是指,由专门商事法院受理的、专门商事法官依照较普通诉讼程序更简易程序裁判的、商人之间因商事活动产生纠纷的诉讼程序。从法令表述可以看出,法国商事诉讼最初适用范围,必须同时满足纠纷主体具备商人资格,以及纠纷内容也应属列举的商行为两项条件。

1563年之后,随着新兴资产阶级与贵族阶层之间持续斗争,商事诉讼适用范围成为二者政治力量较量的重要战场之一。作为守旧势力代表的普通封建诉讼制度与代表商人利益的商事诉讼之间展开了以争夺管辖权为主的长期斗争,商事诉讼概念在三百多年的时间里不断变化,其适用范围时而扩展,时而缩小,体现了新旧力量对抗的此消彼长。新兴事物的发展历程总是在曲折中向前,商事诉讼虽曾因经历多次打压使得其概念范围极度缩小,但又很快在商人阶层不屈不挠的斗争中得以恢复,并有所扩展。

法国大革命之前,商事诉讼概念历经了几次重大变化:1565年法令将商事诉讼概念在1563年法令的基础上予以归纳总结,将其界定为:"商人之间发生的有关商品买卖、运输、货款支付等因商事活动产生的纠纷。"①可见,商事

① René ITHURBIDE,*Histoire critique des tribunaux de commerce*,librairie generale de droit et de jurisprudence,p.68.

诉讼概念较 1563 年虽更加抽象,但其概念外延却也有较大幅度的缩减。随着资本主义殖民扩张加剧,法国在"太阳王"路易十四强有力的统治时期造就了很多辉煌成果,其中包括推行重商主义政策,大力发展商业。商事诉讼也在这个时期得到长足发展,路易十四 1673 年颁布法令将商事诉讼定义为:"凡是发生在以转卖为目的的商人、以贩卖其作品为业的手工业人、纺织业人中的纠纷,例如专业裁缝、面包店主或甜品店主等;发生在东印度公司与普通商人个体间的争议,以及海上商事纠纷,如保险、巨大冒险、海上贸易合同等纠纷,以及货运、租船纠纷等"①。该法令较 16 世纪时期法令的进步在于:一方面,法令是建立在弗朗索瓦一世时即开始确定的商业类别基础上对商事诉讼进行界定,商事诉讼概念较以往更加规范。② 另一方面,增加了海上商事纠纷内容,将陆上与海上商事诉讼纠纷予以合并规定。③ 1789 年,法国民主大革命攻占了象征封建王权的巴士底狱,推翻了长期以来统治法国的封建王朝。革命者废除了绝大多数封建制度,但却保留了代表商人阶级利益的、具备民主精神特质的商事诉讼制度。1807 年,拿破仑制定的世界上第一部《商法典》,确立了民商分立体例,以及以"商行为"为立法原则的商法典体例。该法典共 648 条,结构为第一编"总则",含商人、商人会计、公司、商业注册、商品交易所、证券经纪人、商行为的证据等;第二编"海商";第三编"破产";以及第四编"商事法院"。法典独创将实体法与程序法合并设置的立法例,在第四编中明确设置了独立于普通法院的专门商事法院组织、管辖范围和商事诉讼程序。其中,第 631 条以商事法院管辖案件范围的方式明确了商事诉讼概念,即商事法院及其商事法官旨在解决有关"批发商、零售商以及银行商人之间有关权利义务和交易的纠纷;股东之间因商事公司而产生的纠纷;以及所有人之间因商事

---

① René ITHURBIDE, *Histoire critique des tribunaux de commerce*, librairie generale de droit et de jurisprudence, p.84.

② 按照当时的法律,商业类别划分为:呢绒和缝纫业;香料业;针织品、皮货和制帽业;金银器制作及黄金打浆、拉丝业;纺织业及葡萄酒业。[比]亨利·皮朗:《中世纪欧洲经济社会史》,乐文译,上海人民出版社 2001 年版,第 65 页。

③ 事实上,从西欧商业发展历史来看,海上商事活动起源远早于陆上商事活动,商事规则及纠纷处理方式也最初是由海上商人们总结并适用。自中世纪早期开始,法兰西海上商业贸易大都以海上军队为基础,因而海上商事纠纷一开始便由海军法庭(l'amirauté)受理,海事法官一直拥有十分强大的势力。[比]亨利·皮朗:《中世纪欧洲经济社会史》,乐文译,上海人民出版社 2001 年版,第 66—68 页。

行为产生的纠纷"之诉讼。① 为增强其可操作性,《商法典》还进一步列举了视为商行为的情形,如以转卖为目的买入不动产、购买或出售营业资产、经营运输业务、汇兑业务、代理业务、商务代办、拍卖,以及海上航运、船舶租赁等业务。

1807 年法国《商法典》意图成为当时"商业"活动的"圣典",拿破仑希望制定一部囊括几乎由所有商事习惯确立的全部商事行为的法典,有关商主体的概念也通过商行为的描述予以定义。法国《商法典》开创了商行为主义立法先河,并对世界许多国家的商法设置产生了重要影响。采取这一立法例的国家有 1811 年《比利时商法典》《卢森堡商法典》,1829 年《西班牙商法典》,1832 年《葡萄牙商法典》,1835 年《希腊商法典》,1850 年《土耳其商法典》,1875 年《埃及商法典》,1889 年《阿根廷商法典》等。此外,法属拉美国家以及美国路易斯安纳州的商法也受其影响,设置了相似的商法制度。

(2)法国现行立法对商事诉讼概念界定

1807 年法国《商法典》确立了法国商法的立法模式,奠定了现今法国商法基本架构。法国大革命之后至今,随着商品经济的飞速发展,为适应和规范市场中产生的各类新兴商主体,法国立法者对商法典进行了大量修改,借鉴和引入了许多商主体的概念,吸纳了商人主义的立法规则,以及市场规制规则,使得法国从典型商行为立法向折中商法方向进行了变革。法国现行《商法典》共含八卷:商事总则、商事公司与经济利益合作组织、特定形式的买卖与排他性条款、价格与竞争自由、商业票据与担保、企业困境、商事法院及商事组织、某些受特别规则约束的职业。现行法典基本沿用拿破仑时期《商法典》体例,虽然其内容已经被极大地扩充和修改,但有关商事法院的内容却保留了下来。如法国现行《商法典》第 L.721—1 条第 1 款规定,"商事法院为一审法院,由选举产生的商事法官和书记员组成",明确了商事诉讼裁判主体。同时,现行《商法典》还延续了旧法典列举商事法院管辖范围的规定,由其第 L.721—3 条明确规定了商事诉讼适用范围。此外,法国立法还确认商事诉讼性质上归属于民事诉讼,但因其适用主体、纠纷解决需要、诉讼价值具有特殊性而认定为

---

① René ITHURBIDE, *Histoire critique des tribunaux de commerce*, librairie generale de droit et de jurisprudence, p.124.

特殊民事诉讼。一方面,商事诉讼应当适用《民事诉讼法典》的通行规定和基本原则;另一方面还应当优先适用《民事诉讼法典》中有关"商事法院"的特别规则。结合法国现行立法规定,可以将法国现行商事诉讼概念界定为:由专门商事法院依照特殊程序规则初审的,发生在商人之间、信贷机构之间、融资公司之间或者三者之间有关权利义务的纠纷案件;有关商事公司的纠纷案件;以及任何主体之间有关商事行为的纠纷案件的特殊民事诉讼。①

可以看出,法国现行立法对商事诉讼概念界定与拿破仑时期《商法典》一脉相承,基本保留了 19 世纪商事诉讼的概念内核,而只对于适用主体的描述进行了修改。法国立法就商事诉讼设置了专门的审判主体,即商事法院;设置了特殊程序规则,即存在商事诉讼程序规则;还设置了明确的适用范围,即属商事法院管辖范围的案件。

2. 德国商事诉讼

德国与法国同为欧洲大陆国家,在中世纪时期也同样存在大量的集市法院、城市法院等专门处理商人之间因商事活动产生的纠纷的商人自治机构,其审判依据也大都是商业习惯和惯例。拿破仑征服德国后,德国受法国立法影响,于 1813 年 2 月成立了汉堡商事法院,之后又于 1815 年 8 月 3 日颁布了《商事法院组织法》,确立了法国式独立商事法院。与法国商事法院不同的是,德国商事法官并非仅由商人担任。法官成员包括庭长或副庭长,以及至少三名职业法官,庭长或者副庭长应当具有法律学位,其他法官为具有良好商誉的商人。该法还规定了商事诉讼适用范围,即符合以下情形的特殊民事诉讼:(1)基于双方商事交易行为而对商事法中所谓的商人提起的诉讼,且该商人办理了工商登记或合伙登记手续,或法律特别规定无须进行登记的。(2)属于汇票本票法所称的汇票诉讼,或者属于商事法第 363 条所谓的证券诉讼。(3)属于支票法上的诉讼。(4)基于下列法律关系的诉讼,包括:公司股东之间、公司与股东之间、隐名股东与除名营业人之间,在公司存续期间及解散之后所产生的法律关系,以及基于公司负责人与清算人与公司或股东之间的法律关系;基于商号使用权的法律关系;基于保护商标或其他标志、样品及模型的法律关系;营业受让人与从前营业人基于营业受让所产生的法律关系以及

---

① 《法国商法典》,罗结珍译,北京大学出版社 2015 年版,第 15 页。

第三人与无经营权或代办权者之间的法律关系；等等。该法第94条还规定，对于设置商事法庭的地方法院，商事案件不再由民事法庭审理，而是由商事法庭专门审理。在民事案件进入设有商事法庭的地方法院后，由法院主席团决定该案件属于民事案件或者商事案件，并以此判断由民事法庭或者商事法庭审理。在对于案件的性质发生争议时，由上级法院直接指定管辖。而对于地方法院设置有数个商事法庭的，具体的商事案件在哪个法庭审理则由该法院主席团决定。①

然而，随着德国法学研究和立法工作的全面展开，德国在吸收和借鉴法国制定法经验的基础上建立起其独特的立法制度体系，德国商事诉讼立法也随之发生重大变化。德国法典化立法以《德国民法典》为代表，成为继法国之后、影响力超过法国立法的大陆法系国家成文立法。而与民法典密切联系的商法典的编撰也成为德国立法的重点关注对象，并最终形成与民法典同步起草、同时生效的《德国商法典》。《德国商法典》区别于法国《商法典》的"商行为主义"，承袭了《德国民法典》的基本逻辑，采取主观主义原则，即从"商人"的角度来解释"商"。② 按此原则，商人是商法的重心，同一行为，商人为之适用商法；非商人为之则适用民法，体现了对商人这一特殊群体的重视和关注。③ 对于程序法领域的商事诉讼，《德国商法典》采取了与法国《商法典》实体与程序混合设置不同的立法原则，将有关解决商事纠纷的诉讼规则删除。德国普通法院体系由联邦法院、邦法院、州法院和区法院组

---

① 范健：《德国商法：传统框架与新规则》，法律出版社2003年版，第35页。

② 《德国商法典》所采之主观主义原则区别于《德国民法典》强调"法律行为"的做法。民法中秉持重要的"法律行为"理念，以意思表示为主要要素，注重行为人的主观"心性"和意志；而商法却更加注重商行为的"外观"和定型，即更倾向于"表示主义"，体现了民法注重公平价值，而商法则以效率、简捷为目标的重要区别。究其原因则在于《德国商法典》出台时的1897年，社会经济和商业已然较《法国商法典》制定时的1807年有较大发展，各种现代的商人组织开始不断出现，例如法人制度等。《德国商法典》以其同时生效的《德国民法典》为基础，适用民法中民事权利能力、平等原则等。同时，在《德国民法典》已确立法人制度的同时，亦确立了自然人之间、法人之间以及自然人和法人之间的各种民事主体组合，并规定了以无限公司、两合公司、股份公司、股份两合公司、合伙（隐名合伙）等商事主体类型，较采"商行为主义"、以承袭中世纪商人自治和商事习惯为主要内容的《法国商法典》则有较大区别和全新的突破，也是德国商法体系的主要特色。见何勤华、魏琼主编：《西方商法史》，北京大学出版社2007年版，第290—295页。

③ 范健：《德国商法：传统框架与新规则》，法律出版社2003年版，第24页。

成,对于商事诉讼裁判主体,德国采取民商事诉讼一体化原则,不再设置专门的商事法院,而将商事案件划属德国普通法院管辖。但根据目前《德国司法组织法》第 93 条第 1 款规定,区法院可设置专门负责审理商事案件的商事审判庭;第 105 条第 1 款规定,商事审判庭由一名专业法官担任审判长、两名商人担任审判员。① 该规定并非为强制性规定,也就是说,目前德国商事诉讼纠纷裁判主体可能为区法院的普通民事法庭,也可能为商事审判庭。此外,有关商事审判庭的受案范围也未再限制,而由法官自由裁量。

随着商事实体法和社会经济的发展,商法所调整的法律实施范围是逐渐扩张的,从最初商业是商法的调整对象,到辅助商业的行业,如中介商、代理商、行纪商、运输业、仓储业、银行等也迅速作为独立的职业发达起来,进入了商法的调整视野。紧接着,租赁业、演剧业、出版业、电力供应等也成为商法适用对象。尤其是 20 世纪以后,随着新商事交易工具的创设、金融衍生品市场的繁荣,商法发生了重要变化——从单纯的商人或单纯的商行为主义向折中主义方向发展。《德国商法典》亦不例外,在坚持商人主义、对商人予以特殊定义和分类的同时,也强化商行为主义立法,新设了许多单行立法例,并将其列入商法典。现今《德国商法典》共包括五编:商人身份、非独资的商事企业与隐名合伙、商业账簿、商行为、海商,仍然保持商主体为主、兼采商行为法的立法结构。② 相应地,以商事实体法调整范围为基础的商事诉讼涵义和适用范围也日益扩展。由于德国商法依然以商人法为主,商事诉讼可以理解为由商事法庭或普通法庭裁判商人之间发生的与商事活动有关的纠纷案件的诉讼活动。

因此,德国现行立法仅确定了相对独立的商事诉讼裁判主体,但并未配套设置专门商事诉讼程序规则和案件适用范围。纠纷案件无须区分民事或商事属性,而直接适用相关实体法规范予以裁判。

3. 日本商事诉讼

德国的商人主义立法例对奥地利、瑞典、土耳其、丹麦、日本、意大利、瑞士等国商法典的制定产生了重要影响,这些国家都直接或间接地继受了其立法

---

① René ITHURBIDE, *Histoire critique des tribunaux de commerce*, librairie generale de droit et de jurisprudence, p.9.

② 杜景林、卢谌译:《德国商法典》,法律出版社 2010 年版,第 1—5 页。

原则。作为大陆法系重要组成部分的日本,其创设时的形式和编排继受了
1807 年《法国商法典》,但其大部分条文和内容则继受了《德国商法典》,使得
《日本商法典》显示出兼采"商行为主义"和"商人主义"两重标准、独具显著
折中性的特征。日本现行《商法典》分为三编:"总则",含商人、商业登记、商
号、商业账簿等;"商行为";以及"海商"。① 而日本目前实行单一的司法体
制。日本现行《法院法》废除了明治宪法体制下的行政法院和特别法院,将法
院体系分为最高法院、高等法院、地方法院、简易法院四个审级。② 日本民事
诉讼分为判决程序、非讼案件程序、民事执行程序、民事保全程序及倒产程序
(重组、破产清算程序)。判决程序又分为普通程序和特殊程序两类,对于不
属于特殊程序的纠纷案件则适用普通程序审理。特殊程序是针对特别民事纠
纷事项而规定的诉讼程序,包括票据程序及支票诉讼程序、小额诉讼程序、督
促程序、人事诉讼程序、行政诉讼程序。票据及支票诉讼程序是专门针对基于
票据或支票的支付金钱请求权制定的,为使得权利人简易、迅速地获得债务名
义的程序。小额诉讼程序是对于请求支付 60 万日元以下的金钱之诉,原则上
由简易裁判所在一个期日中审结,并宣告判决。督促程序是当债务人对以金
钱及其他一定数量给付为目的的请求权没有异议时,由简易裁判所作出的旨
在使债权人比通过普通判决程序更为简易、迅速地获得债务名义的简易程序。
人事诉讼程序系指在以确定或形成婚姻、亲子等身份关系为目的的诉讼中,由
于需要将判决的效力及于第三人,并在对第三人的关系上也需要作出划一的
确定,因此在程序上采取的为顾及未出现在诉讼中的第三人之利害关系而设
置的职权探知主义诉讼程序。行政诉讼程序系指根据行政案件诉讼法,就行
政纠纷案件专门设置的特别判决程序。③

　　可以看出,日本《商法典》虽兼采商人主义和商行为主义,就商人形式和
商事活动种类进行了列举规定,但并未采纳法国式将商事诉讼程序法与商事
实体法合并规定的立法模式和专门商事法院的立法设置;司法实践中也未选
取德国式商事法庭的经验。日本民事诉讼存在程序分类,但并未将商人之间
因从事商业活动产生的纠纷作为一类特殊纠纷予以专门规制,而仅仅将商事

① 刘成杰译注:《日本最新商法典译注》,中国政法大学出版社 2012 年版,第 23—25 页。
② 高智华:《日本司法制度的历史、现状和特点》,《法制现代化研究》(年刊)2009 年。
③ 〔日〕新堂幸司:《新民事诉讼法》,林剑锋译,法律出版社 2008 年版,第 22—24 页。

行为之一的票据行为引发的纠纷作为特殊一类纠纷,适用专门诉讼程序。同样地,对于符合督促程序、简易程序及倒产程序的与商事主体及商业活动相关的纠纷案件则亦适用相应的专门程序,但却并未区分纠纷案件民事或商事属性。因此可以认为,日本商事诉讼并未与普通民事诉讼相区别,而是由国家司法机关根据《商法典》等商事实体法规定、适用民事诉讼程序裁判商事主体之间因商事活动产生纠纷的诉讼活动。

(二)英美法系主要国家商事诉讼概念

英美法系商法是当今世界与大陆法系商法并列的两大商法体系之一,它的产生、发展与演变在西方商法历史上具有至关重要的地位。尽管现今英美法系商法及商事诉讼法的影响已遍及世界各地,但他的源头依然来源于西欧一隅的英格兰。而英格兰作为与西欧大陆隔海相望的海岛之国,其商事实体法及相应的商事纠纷解决机制的形成和发展与西欧大陆有着较大不同,呈现出其独有的特点,并同时影响到早期作为其殖民地的美国相关制度。由于英国与美国为英美法系两大主要国家,本书仅就英、美两国为例探究其商事诉讼制度涵义。

1. 英国商事诉讼

如同大多数西欧大陆国家一样,英国商事法律规范源于中世纪商人法,即存在于商人之间的、非正式的商业惯例和交易规则。不同的是,一般认为由于英吉利海峡的阻隔,英格兰远离欧洲,孤立于群岛一隅,其中世纪早期工商业远远落后于欧洲大陆,相应地,商事法律规范也较欧洲大陆更为滞后。[①] 同时,由于独特法律传统的影响,商事诉讼制度与欧洲大陆呈现出许多不同之处。

(1)英国商事诉讼发展

事实上,英国在 12 世纪初已受到来自西欧大陆以及地中海沿岸商人法的影响,尤其是在法兰西阿基坦女公爵阿德莱德改嫁安如伯国的亨利伯爵,也就是英国金雀花王朝首位君主亨利二世后,受到其带来的商人自治习惯法集《奥莱龙海商法》的影响,对于商人自治法和商事纠纷的专门处理开始给予重视。英国君主颁布特许令状允许设置集市法庭,1353 年颁布的制定法《贸易

---

① 何勤华、魏琼主编:《西方商法史》,北京大学出版社 2007 年版,第 356—357 页。

中心法》创设了类似法国商事法院的贸易中心法院,专门审理和裁判商人之间的纠纷,并且允许该法院按照商人习惯、惯例而不是普通法审理纠纷。① 然而,该专门法院在运行了两百多年后开始衰落,并在 17 世纪被普通法院体系所吸收。究其原因,主要因为英国本土较为封闭和保守,商业活动并不活跃,加之偏居群岛一隅,受到"十字军"东征及其带来的商业刺激影响较低,英国较西欧大陆缺乏商人自治的传统,商人阶层的发展程度较低,商业在英国缺乏本地社会根基等。当时英国民众和封建君主似乎没有意识到贸易带来利益的好处,本地商人极少,且是社会中的失落的人群,有影响力的商人通常是"外来者",有资料显示,整个中世纪,在英格兰与欧洲大陆的贸易商,绝大多数情形是欧洲大陆商人来到英国,而不是英国商人在欧洲大陆活动。② 因此,自治的商人法在英国缺乏产生的经济基础和政治动力,虽然一度在法兰西等欧洲大陆国家的影响下设置了独立商事法院的诉讼制度,但很快被本土的司法制度所吸纳。此外,随着英国商人法被普通法吸收,17 世纪英国经济增长、海军的强大和殖民霸权的建立,使得英国意图对经济相关事务施加更为重要的影响,不再愿意接受来自外国通行做法的束缚,而是探索和建立具有独立特点的制度体系。这也体现在商事规则和商事纠纷解决机制的设置上。

一方面,英国将商人习惯法通过法官造法不断地转化为其国内普通法,这个过程中功勋卓著的法官以 18 世纪英国著名法官曼斯菲尔德为代表,他创设了商人特别陪审团制度替代商人法官制度。该制度的主要功能就是为法官提供妥当的商事习惯或惯例,然后由法官在之后的案件中将这些习惯作为法律规制进行使用,他大胆地吸收一切有利于英国商业发展的习惯规范,受到商人们的普遍欢迎,也对英国后世商法、商事诉讼发展产生了极为深远的影响。另一方面,则是将独立的商事审判主体吸收到普通法体系之中,成为其高等法院的一部分。

由于英国以程序和令状为中心的法律传统,其立法的法典化编撰程度不如欧洲大陆国家,如法国、德国等,英国商事立法均是以单行法的方式存在,没有设置成文法典。英国早期的商事单行法出现于中世纪后期,如 1283 年的

---

① M. E. Basile, J.F.Bestor, D.R.Coquilette and C.Donahue, eds., *A Late Thirteenth-Century Treatise and Its Afterlife*, Willianm S.Hein Co., 1998, p.258.

② 何勤华、魏琼主编:《西方商法史》,北京大学出版社 2007 年版,第 357 页。

《商人法》、1303 年的《贸易特许法》,直到 19 世纪英国陆续创设了《流通票据法》《合伙法》《货物买卖法》《破产法》《有限合伙法》《海上货物运输法》《海上保险法》等大量商事单行法,构成了英国商事法律体系。这些单行法中虽然未对商事诉讼作出明确定义,英国也没有专门规制商事诉讼程序的立法规范,但对于某类商事纠纷,在相应的单行法中却存在大量专门程序规则,规定该类纠纷的裁判主体、适用范围及诉讼程序规则。如根据英国 1986 年《破产法》和《公司法》,大法官法庭下设公司法院,专门受理公司强制清盘以及法律规定的涉及公司的相关纠纷,如公司注册纠纷等;根据 1977 年《专利法》,大法官法庭下设专利法院,专司受理涉及专利、商标、外观设计等知识产权纠纷案件;根据 1995 年《海商法》,由海事法院负责审理海事纠纷案件等。[①]

1892 年 6 月,英国法官委员会即发起了是否设立专业的商事法庭的讨论,并且当时以 20 票对 5 票的绝对优势通过了此项决议。但由于反对票中的一员为贵族院的首席法官科尔里奇,在他的阻挠下商事法庭设立被推延。1895 年 2 月,当时的王座法院开列出由商事原因引起争议的"商事诉讼目录",将列入其中的诉讼纠纷认定为商事诉讼,并由王座法院中几位具有商法专业知识的法官根据简易程序快速地审结。3 月 1 日,隶属于王座法院的商事法庭宣布正式成立,开启了商事诉讼区别于普通民事诉讼单独运行的时代,并且一直延续至今。根据现今英国司法制度,英国普通法院体系包括最高司法机构、高级法院和低级法院三类。最高司法机构即上议院;高级法院由上诉法院、高等法院和刑事法院三部分组成;低级法院是指郡法院和治安法院。高级法院处理较为重要、复杂的案件,管辖权不受诉讼标的额大小和地域限制。低级法院则受到诉讼标的额限制,如郡法院只能受理一定金额以下的民事纠纷,而商事纠纷案件则由高等法院受理。高等法院下设三个分庭:王座法庭、大法官法庭和家事法庭。具有商事纠纷管辖权的法院是王座法庭和大法官法庭,上文所述之公司法庭和专利法庭则隶属于大法官法庭;而王座法庭中处理商事案件的则是海事法庭、商事法庭以及技术与建筑法庭。

（2）英国商事诉讼概念

英国立法虽然未对商事诉讼作出明确定义,但通过裁判商事纠纷专门法

---

①　齐树洁主编:《英国司法制度》(第二版),厦门大学出版社 2007 年版,第 94—95 页。

庭及其受案范围的设置,不难获知其商事诉讼涵义。首先,大法官法庭之下的公司法庭受理的是公司强制清算以及适用《支付不能法》和《公司法》过程中出现的争议;专利法庭处理有关知识产权的纠纷。王座法庭之下的海事法庭受理因船舶碰撞、海难救助以及海上活动造成货物损害等引起的纠纷;商事法庭受案范围是在"商事诉讼目录"基础上,经1970年《司法执行法》修订后确立的,除前述三大法庭之外的商事领域纠纷,如银行业务、国际信用、商品买卖、保险、货物运输、仲裁相关以及除海事法庭管辖权以外航运事务纠纷等其他广泛商事纠纷案件。这些商事纠纷案件较普通民事纠纷案件诉讼程序有较大不同。1977年,英国建立了商事法庭委员会,制定了《商事法庭引导实务》,商事法庭还制定了专门的《商事法庭指引》,加之单行法中包含的程序规则,英国对于商事诉讼设置了不同于民事诉讼的程序规则。尤其是《商事法庭指引》中对于不同性质的商事案件设置了不同的审理方式,内容详尽、十分具有操作性。例如其规定,原则上指引法庭允许,当事方能准备就绪,审理应当在最可能早的时间开始,开庭前事务是由法官而非法官助理直接处理;法庭要求当事人的代理人有较为专业的水平,并能够尽可能简短而清晰地陈述案件事实和理由;商事法庭法官由十名具有商事领域专业经验的法官主持等。

因此,英国商事诉讼是指,由法律规定的特定裁判主体依据商事法律规范确定的,以快速、简便为特点的特殊诉讼程序规则,裁判属于商事纠纷范畴之案件的活动。可以看出,英国立法既明确了独立的商事诉讼裁判主体、裁判程序,也规定了受案范围,即以案件纠纷类型为标准予以确立。无论是英国"商事诉讼目录"、《司法执行法》,或是各商事单行法规,均是从纠纷涉及的某类商事行为角度予以列举,可以认为英国商事诉讼采商行为主义,将因从事商事行为产生的纠纷由商事审判组织裁判。

2. 美国商事诉讼概念

美国商事活动自1607年英国人在弗吉尼亚建立第一块殖民地以后开始逐渐活跃,其商业繁荣很大程度上是由英国的《航海条例》带动起来的。但美国殖民时期最主要的商事立法还是为了控制殖民地的生产与贸易,通过管制殖民地工业的发展控制其商业的规模与单向依赖性,以避免殖民地出现与本土工业发生竞争的工商业,保证宗主国的商业利益。当时英国作为美国最大的宗主国,对其适用限制出口规定,将其作为为本土提供商业支持和服务的根据地,禁止殖民地向除英国和其他殖民地以外的其他国家出口物品。这个阶段其商业活动和商事立法发展受到较大限制,商事纠纷解决机制也与英国本土不尽相同。

一方面,由于《英国法释义》等英国普通法典籍对商事法律鲜有专门论述,美国法官很难从这些著作中直接获得指引;另一方面,美国作为殖民地,其商事活动受到多年制约,不存在由商人自治逐渐形成商事习惯的原生法律环境和经济基础,加之美国幅员辽阔,殖民时期又被法国、德国、荷兰、英国、意大利等不同法制背景的欧洲各国占领,较欧洲各国内部狭小的地理范围内较为同质的商人阶层和商事活动不同,美国各州商业实践均不相同且分散多样,美国社会商业环境更为复杂与多元化,新出现的商事习惯难以有效地通过法官的审判纳入商法体系,美国法院无法直接模仿英国商人陪审团或法国商人法官的做法进行商事审判。因此,美国采取了自上而下地通过设置统一的成文商法典的方式规范全国范围内商事活动,并在此基础上解决商事纠纷。南北战争之后,随着技术与劳动力的增长和独立政治制度推动,美国迎来了大规模的经济腾飞,商业朝着巨型企业为基本经济机构、以商品经济为主体向以金融资本业为主体的转型。为适应飞速发展的商业活动,美国立法者意图统一各州之间分散杂乱的商事规则,创设全国范围内通用的商事立法。为此,美国先后制定了《统一航空法》《统一财产法》《统一买卖法》等单行成文法,并在此基础上创设了商业综合成文法典——美国《统一商法典》,该法典于1952年正式颁行。① 美国《统一商法典》开创了以货物买卖为中心、资本经营为核心构建商法典的立法模式。法典共分十章:总则,含定义解释和基本原则;买卖;租赁;流通票据;银行存款与托收;资金划拨;信用证;权利凭证;投资证券;担保交易。可以看出,美国《统一商法典》与欧洲大陆传统的法典体系不同,既没有规定传统商法典中大都包含的商主体、海商、破产等内容,也没有采取欧洲立法的惯用逻辑体例,不再对商事主体或商事行为进行概念界定,而是以货物买卖为中心,涵盖调整与买卖相关的票据、信用证、投资证券等法律关系,同时引入银行业务和其他金融领域业务规范,加大对资本经营关系的调整力度,

---

① 孙新强:《美国统一商法运动述评》,《人大法律评论》2000年第一辑,中国人民大学出版社2000年版,第168—176页。

重点在于对金融市场的规范。因此,人们评价美国《统一商法典》是一部银行法典,是对代表商品经济的大陆法系商法典的超越。①

同时,美国是联邦制国家,其司法制度也具有独特的特点。美国法院体系分为联邦和州两大体系,联邦法院体系包括普通法院、专门法院以及弹劾法院。② 普通法院分为三级,即联邦最高法院、联邦上诉法院和联邦地区法院。各州法院名称不尽相同,但基本结构一般为州最高法院、上诉法院、初审法院、专门管辖权法院、小额法院。联邦法院一般受理和裁判涉及联邦法律适用的案件;以联邦、州为当事人的诉讼案件;以及与外国间有关国际条约履行的诉讼等。而州法院的初审法院一般受理争议额在一定数额标准之下的所有类型的民事案件以及相对轻微的刑事案件。专门管辖法院包括遗嘱法院或代理法院,主要受理死者遗产的分配和未成年人行为的代理;未成年人法院,受理未成年人为当事人的案件;索赔法院,处理向州提出索赔的案件。小额法院则受理争议标的额低于某一特定数额的案件,每州规定不一,或为300美元,或为500美元、1000美元。③

由于美国立法未对“商人”进行定义,对于公民之间发生的涉及《统一商法典》规定的商事活动的纠纷并未予以特殊界定,或设置特殊裁判主体和诉讼程序,可以认为,美国商事诉讼与普通民事诉讼相同,均为国家司法机关依据商事实体法和民事诉讼程序裁判的、有关商事活动案件的诉讼活动。值得注意的是,美国司法制度虽未就商事诉讼予以单独界定,但却在联邦地区法院体系中设置了专门的破产法院受理破产相关纠纷案件。④ 由于破产相关纠纷案件仅为一般意义上商事案件的一小部分,不能将其与商事诉讼等同。

(三)两大法系商事诉讼涵义之比较

从上述两大法系主要国家商事诉讼概况来看,两大法系商事诉讼存在一定的共同点,但也由于经济基础、政治环境及法律传统等方面不同,商事诉讼制度存在显著的区别。

---

① 徐学鹿、梁鹏:《商法总论》(修订版),中国人民大学出版社2009年版,第241页。
② 专门法院包括军事法院、军事上诉法院、退伍军人上诉法院、联邦税收法院和联邦行政法院,以解决公共领域的特殊问题;弹劾法院则是以弹劾合众国官员为职责之法院。齐树洁主编:《美国司法制度》(第二版),厦门大学出版社2010年版,第64页。
③ 齐树洁主编:《美国司法制度》(第二版),厦门大学出版社2010年版,第63—65页。
④ 齐树洁主编:《美国司法制度》(第二版),厦门大学出版社2010年版,第64页。

1. 共同点

两大法系商事诉讼都是调整商人或商事关系的诉讼程序制度,反映的都是商品经济及市场经济对商事纠纷解决的普遍需求,两者共同点主要体现在适用范围大致相同和诉讼价值趋同两方面。

(1)适用范围大致相同

商事诉讼与商业活动密切相关,两大法系商业活动从空间角度上看均包括陆、海、空三大领域,相应的,商事纠纷和商事诉讼范围也应当包括陆、海、空三大板块。此外,虽然两大法系在商事规范的表现形式上不尽相同,即大陆法系以制定法、商法典为主,英美法系以判例法、单行法为主,但从商业活动的类型角度看,两大法系均涉及包括代理、公司、合伙、买卖、信托、票据、海商、保险、专利、商标、破产等商事活动,适用范围大致相同。

(2)诉讼价值趋同

由于商事活动日益呈现出的国际性、共同性,商事纠纷"简易迅速"解决成为各国商事主体的共同的要求。法国的商事法院、德国的商事法庭、日本票据纠纷诉讼;英国的商事法庭、美国小额程序等,裁判案件时都不同程度地采纳了快捷、便利的程序制度,商事纠纷若满足适用条件即可按照较为简便的程序规则迅速解决。

(3)性质相同

两大法系商事诉讼都具有纠纷主体具有平等性的特点,因此也属于"广义民事"诉讼的范畴。在没有设置专门商事诉讼裁判主体和程序规则的国家,如美国、日本等国,其商事诉讼规范与民事诉讼是合并的。在设置了专门商事诉讼程序规范的法国、英国,在没有特殊法律适用的情形下,也适用民事诉讼程序规则。因此,对于两大法系国家而言,商事诉讼从性质上看实为民事诉讼的特殊情形之一。

2. 不同点

两大法系商事诉讼显著的不同点主要体现在裁判依据,即商事规范的形式和内容上。大陆法系商事诉讼审判依据形式以制定法为主,英美法系商事诉讼审判依据则多以判例法为表现。大陆法系国家立法有实体法和程序法之分,商事诉讼审判依据多为实体法《商法典》,是一种权利之法,通常包括商事组织法和商事交易法。法官审判时可以直接援引法典的原则和制度规定。在英美商法的历史上,救济先于权利是普通法的基本原则,诉讼的开始需要凭借"令状"才能向王室法院提起和进行,其商事实体规范与程序救济是密切联系的,英美法系国家至今没有一部涵盖商事组织法和商事交易法的统一法典,审判依据乃是由许许多多著名判例组成的。虽然,现代以后大陆法系与英美法系国家法律制度逐渐趋同,大陆法系国家立法逐渐接受法官对商事习惯的确立,英美法系国家也逐步设置大量商事单行法。尤其是美国《统一商法典》是商事交易法的集大成之作,但两大法系的根本区别仍然存在。正如英国著名法律史学家梅特兰所说,"我们虽然埋葬了诉讼形式,但它让人会在坟墓里统治着我们"①。

同时,在大陆法系,由于实行"民商分立",商事实体法区分商人及商行为的概念,基本包括商事组织法和商事交易法两大部分。商事组织法包括商自然人、商合伙、商法人(公司)制度,而不以营利为目的的民事合伙、民事公司大多不作为商法中的商人。商事交易法则包括法典中界定的有关商行为的所有行业。商事规范通常呈现出"总—分"结构,总则中又大多规定商法原则和一般性制度。在英美法系国家,由于立法传统上没有区分公法与私法,也无民法和商法的概念,商事法律规范未由专门的"商事"立法予以规定,而是分散在普通法、衡平法和制定法中,由所有调整商事性质权利义务关系的判例或单行法组成,商法规范呈现出分散的特点。同时,英美法系商法规范多以商业法为主,并不对商人、商行为作出定义,而仅以商业活动的具体类型为对象,尤其以"买卖"这一最常见的商业活动为中心设立相关商业活动规则。

(四)我国商事诉讼概念

我国立法目前对于商事诉讼的概念尚未作出明确定义,但伴随着市场经济的深化发展,我国商业活动越来越呈现出蓬勃之势,商事纠纷作为一类专门的案件纠纷越来越多地得到司法实务界的普遍认可和重视,我国司法实务部门及理论界开始使用和界定商事诉讼概念。

1. 商事诉讼概念的司法界定

对于商事诉讼概念的界定,最高人民法院至今尚未出台统一的司法解释,

---

① [法]勒内·达维:《英国法与法国法:一种实质性比较》,高鸿钧等译,清华大学出版社2002年版,第153页。

但某些地方高级人民法院对此颁布了适用规则,以列举案件范围的方式予以界定。如北京市高级人民法院 2011 年 7 月颁布的《关于贯彻执行〈规范民、商事审判庭案件管辖分工的规定(试行)〉的通知》以案由作为划分民、商事诉讼的受案范围。规定供用电、水、气、热合同,借用合同,租赁合同,电信合同,邮政合同,服务合同属民事诉讼范畴,由民事审判庭审理;买卖合同、借款合同、承揽合同、委托合同、居间合同、担保合同、典当合同、储蓄存款合同、演出合同则由商事审判庭审理;涉房地产案件、物业服务类案件仍由民事审判庭审理,而农业承包合同等涉农类案件仍由商事审判庭审理。①

商事审判名称的确立意味着我国司法实践最终承认并确立与传统民事诉讼相区别的商事诉讼的独立地位。商事审判实际上是人民法院对商事纠纷进行审判活动的描述,属于商事诉讼的重要方面。我国法院承认商事审判相较于普通民事审判的特殊性,实际上也是承认商事诉讼为独立于普通民事诉讼的专门诉讼类型,对于确立专门商事审判理念和程序规则有较大意义。可以认为,我国自 2010 年以后进入了商事诉讼大发展时期,设置合理程序规则对于商事诉讼良好运行和司法商事纠纷解决功能的发挥有重要作用。

2. 商事诉讼概念的理论诠释

尽管我国立法和最高人民法院司法解释尚未对商事诉讼的概念予以明确界定,但却并不妨碍理论界各学者们对商事诉讼涵义的探讨。总体来看,理论界对商事诉讼的界定主要采取三种方式。一种是高度抽象式,即从商事诉讼主体、诉讼标的角度进行概括总结。如赵万一教授认为:"所谓商事诉讼是指商主体将有争议的商事权利和义务事项提交司法审判机构,由司法审判机构按审判程序作出裁决的制度。"②一种是以定义商事审判的方式间接定义商事诉讼。由于我国商事诉讼的审判主体是各级人民法院商事审判庭,且近年来我国理论与司法实务界对于商事诉讼研究多以人民法院为视角,从商事审判名称、理念、程序、适用法律等方面进行,因而许多学者通过对商事审判的概念进行探讨而间接界定商事诉讼涵义。如李后龙法官认为"商事审判是人民法院对法人之间、法人与其他经济组织之间产生的合同纠纷、侵权纠纷,以及因

① 李路:《商事审判独立化研究》,西南政法大学 2015 年硕士学位论文。
② 赵万一主编:《商法学》(修订本),中国法制出版社 2002 年版,第 456 页。

61

从事典型商行为产生的纠纷开展的审判活动的总称"[①],同样持该观点的还有陈胜蓝,只是其对诉讼主体的描述略有不同,认为商事审判是"法院对商主体之间因营利行为而产生的……总称"[②]等。还有一种是从商事诉讼审理对象,即商事纠纷、商事案件的角度间接定义商事诉讼。由于商事诉讼是因商事纠纷无法私力救济而发生的,对于商事纠纷的界定也就是对于商事诉讼的受案范围进行界定。但必须注意的是,对于商事诉讼受案范围的界定只能认为是商事诉讼概念的一部分,而并非其全部。如:上海崇明县法官余冬爱认为,"商事纠纷主要是商事主体在从事以营利为目的的商行为过程中以及商事主体因设立、变更、终止而发生的纠纷"[③];上海市高级人民法院法官认为,"商事案件涉及的是属经营关系的商事法律关系,即由从事的经营性行为而形成的经营主体之间的对内对外法律关系"[④]。

从上述表述可以看出,理论界对商事诉讼概念的定义基本都包含诉讼当事人和审判对象两大要素。对于当事人要素而言,有的学者采用"商主体"式定义,认为商事诉讼应当是发生在商主体之间的纠纷,而商主体的范围,由于我国立法未有明确规定,则或采取抽象概括的方式或采取列举的方式。有的学者采用"商行为"式定义,以从事相关经营性商事活动来定义商事主体的范围。对于审判对象要素,有的将其上升至诉讼标的予以概括总结,如赵万一教授认为的"商事权利和义务事项",以及上海市高级人民法院法官描述的"商事法律关系";有的则仍借助"商行为"概念,并列举具体商行为的种类和形式予以间接定义。

(五)本书定义

通过上文对大陆法系、英美法系及我国商事诉讼概念的列举比较可以看出,法国立法、我国司法实践及理论界对于商事诉讼概念的界定方法基本相同,均是从诉讼当事人和审理对象两方面进行。但不同的是,法国商事诉讼适用的纠纷范围较我国更为广泛,适用"商主体"与"商行为"之任一规则,同时还增加了"联结点"因素,将涉及商事公司的非商主体之间发生的纠纷也列入

---

① 李后龙:《中国商事审判的演进》,《南京大学法律评论》2006 年第 1 期。

② 陈胜蓝:《商事审判与中国经济发展》,北京大学出版社 2014 年版,第 10 页。

③ 余冬爱:《民、商区分原则下的商事审判理念探析》,《人民司法》2011 年第 3 期。

④ 俞秋玮、贺幸:《商事裁判理念对审判实践影响之探析》,《法律适用》2014 年第 2 期。

商事诉讼范畴。笔者认为,商事诉讼概念界定应当包含审判主体、审理对象,及诉讼程序三大要素。对于审判主体,由于法国商事诉讼审判主体自 1563 年起确定为专门商事法院已经成为众所周知的事实,因而法国商事诉讼概念中无须再加以明确。而我国商事诉讼审判主体从经济审判庭、民二庭再到商事审判庭,称谓发生多次变换,相应的职责范围也发生多次变更,目前对于商事诉讼审判主体定位,我国理论界和司法实务界尚存在多种不同的观点,究竟是采取独立商事法院、专门商事法庭,抑或是在现行合议庭基础上予以改进完善始终未形成一致意见。因此,作为商事诉讼至关重要的一部分,也作为本书研究重点之一的商事诉讼审判主体,理应包含于商事诉讼制度概念之中。

同时,无论是大陆法系还是英美法系国家,对于商事诉讼概念界定通常采用对审理对象,即适用的纠纷范围进行规定的方式进行。而在我国,由于商事诉讼适用范围并未统一,各学者及司法实务界观点不一致,有的将商事诉讼当事人包含其中,有的并未将其包含其中。笔者认为,商事诉讼当事人是商事诉讼制度中必不可少的重要部分,有必要在概念中予以确定,但由于其与适用范围密不可分,为避免表述重复或疏漏,法国立法上将诉讼当事人与审理对象合并界定的方式更具合理性。事实上,我国大部分学者将商事诉讼当事人界定为"商主体"的做法值得商榷。首先,按照大部分学者的观点,商事诉讼是商主体将其之间发生的商事纠纷诉至人民法院,并由人民法院予以裁判的活动。诚然,商主体间因经营活动产生的纠纷属商事纠纷,提起的旨在解决商事纠纷的诉讼为商事诉讼自不待言,也是绝大多数商事诉讼情形。然而,商事诉讼的审理对象也并非仅限于商主体之间因经营活动产生的纠纷。对于因从事典型商行为产生的纠纷,或法律有特殊规定情形的,不论主体是否具有商人资格、是否为商主体,均应属商事纠纷,由此提起的诉讼也应当认定为商事诉讼。也就是说,商主体仅为商事诉讼当事人之充分非必要条件,不宜将商事诉讼当事人限定于商主体的概念之上。其次,商主体的概念在我国目前仅是理论界通用的术语,商主体是否仅指在工商登记机关登记、具有商人资格的主体并不确定,其内涵和外延范围也未由立法统一界定,因而如仅用此概念描述,仍然存在诉讼当事人界定不周延的情形。因此,在界定商事诉讼概念时,将诉讼当事人以"法人""经营性组织"等几类典型主体列明,同时通过概括审理对象范围,不失为一种折中有效的办法。对于商事诉讼具体审理对象,由于商事活动多种多样,列举方式无法完全包含所有纠纷类型,因而采取抽象的以诉讼标的为标准的概括式描述或借助列举"商行为"概念进行界定较为合适。

　　商事诉讼作为诉讼的一种,是国家司法机构运用公权力对私权纠纷予以救济的方式。虽然商事诉讼的产生基础与发展历程各国均不相同,但由于商事诉讼固有的主体平等性特征,使其与传统民事诉讼之间具有天然的密不可分的联系,无论我国或其他国家均将其定性为广义民事诉讼范畴。然而,也同样由于商事活动与商事纠纷与生俱来的效率、专业性要求,也将其与普通民事诉讼相区别,并且这些区别明显地体现在诉讼程序规则设置上。法国对于商事诉讼程序制度以专章进行了规定,足见商事诉讼相对于普通民事诉讼的特殊性与独立性。从我国目前司法实践来看,只就商事诉讼称谓进行了基本确认,却并未对诉讼程序制度进行全面修订完善。程序规则作为诉讼制度特点之一,是商事诉讼至关重要的要素,应当包含在商事诉讼概念之中。

　　综上所述,本书所称商事诉讼是指国家特定司法机关依据特定程序就具备商事主体资格的主体,如自然人、法人、其他经济组织或其他法律明确规定的主体之间发生的有关商事权利义务纠纷,或法律明确规定的相关纠纷予以审理裁判的活动。该概念包括商事诉讼审判主体也即审判组织;适用范围也即管辖范围;以及诉讼程序三方面内容,分别在本书第二、三、四章作专门论述。

二、法国商事诉讼的主要特点

　　诚如上文所述,两大法系不同国家对于商事诉讼的概念界定不尽相同,法国无疑是现代西方国家中对中世纪西欧大陆盛行的以商人自治为特征的商事诉讼制度延续、保存最为完整的国家。法国现代商事诉讼制度在审判主体、适用纠纷范围(含当事人)、诉讼程序等方面延续了中世纪时期的传统习惯,并根据时代的发展和不断变化的商事纠纷解决的客观需要进行不断修订完善,形成了现今独特的商事诉讼制度。值得注意的是,法国商事诉讼在具备其独有特点的同时也具备商事诉讼的共性特征,如诉讼当事人营利性、审理对象的专业性和适用法律多样性等。同时,对商事诉讼特点的探讨是在承认商事诉讼属"大民事"诉讼范畴的基础上,从商事诉讼与普通民事诉讼区别的角度进行分析阐释。至于商事诉讼较行政诉讼、刑事诉讼的特征,由于商事诉讼与普通民事诉讼的同质性,民事、行政、刑事三大诉讼的区别则同样适用与商事诉讼,本文不再另行讨论。事实上,商事诉讼自诞生之日起便与民事诉讼紧密联系。在西欧,虽然商事诉讼的产生条件、适用法律和程序制度与民事诉讼均不同,即并非先有民事诉讼才出现商事诉讼,但由于其所涉纠纷属性与民事诉讼相同,均发生在平等主体之间,立法者和学者们自然而然地将二者予以合并规范和探讨,同时又由于商事诉讼审理对象仅为平等商主体间因经营活动产生的纠纷,绝大多数国家立法均采取将商事诉讼归并入普通民事诉讼,或者将其作为民事诉讼特殊类别的方式。法国即是采取总分式立法例的典型国家,对于商事诉讼制度规范包含在《法国民事诉讼法典》之内,并以专章"适用于特殊法院的规则"予以规定。特别规定未涉及的,则适用普通民事诉讼规则。鉴于本书重点是研究法国商事诉讼制度及其对我国的借鉴意义,本书仅以法国商事诉讼制度为例,探讨商事诉讼的共性和法国制度的个性特点。

(一)诉讼当事人的营利性

普通民事诉讼当事人,即纯粹民事法律关系主体具有"伦理人"的特质。他们不仅重视财产利益,更加注重人身利益和人格权益。尤其在有关血缘亲属、身份纠纷的案件时,体现得更加明显。同时,随着经济发展,民法上平等主体间诉讼地位会因着经济实力、社会关系等诸多因素的影响而存在实质不平等。因而在民事诉讼中,通常更加注意具体人格差异,采取有差别的保护,以保障当事人实质平等。而商事诉讼当事人大多是逐利的商事主体,如法人、合伙人及其他经济组织等,均以获得最大金钱收益为目的。当事人之间通常不存在人身关系而仅存在经济利益关系。由于以商业经营为职业,当事人通常习惯于对纠纷进行专业的和理性的利益衡量,以谋求诉讼效益的最大化,即"争财不争气",以最小的时间和经济成本取得最好的纠纷解决结果。因此,商事诉讼通常更加注重维护当事人形式平等。对此,梁慧星教授也曾论述,传统民法以市民法为基础,注重抽象人格,而现代民法随着商业社会发展引发的社会阶层分化,显示出更加注重具体人格的特征,[①]从另一方面说明了传统民

---

① 梁慧星:《从近代民法到现代民法》,《民商法论丛》第 8 卷,法律出版社 1998 年版,第 37 页。

法和现代商法、民事诉讼与商事诉讼的差异。以抽象人格为特征的传统民法和民事诉讼仅能适用于简单商品经济,而对于以营利性和专业性为主要特征的商品经济高级阶段和市场经济而言,其商事纠纷解决使命唯有现代商法和与普通解决传统民事纠纷截然不同的专门商事诉讼程序制度方能承担。

(二)审理对象的专业性

一般地,民事诉讼的审理对象是平等主体间的民事权利义务关系,多体现为财产关系和人身关系,维护的是社会公序良俗和最基本的生活秩序;商事诉讼的审理对象是商事法律关系,即市场主体因从事重复性的经营活动形成的权利义务关系。商事法律关系区别于传统民事法律关系的特殊性在于"商",即以营利为目的的经营活动。[1] 在法律本位上,商事法律关系不同于传统民事关系的以伦理道德为核心的个人本位与家庭本位,而是强调以纠纷解决的时效性、确定性和可预见性为核心的市场为本位。[2] 诉讼中对于各方利益调整更注重既有规则的运用,维护市场交易安全、效益和秩序,而非如民事诉讼竭力修补受损民事关系和保障当事人基本权利。同时,商事法律关系涵盖市场交易活动的各个领域,与传统民事关系相比更为复杂多样且极具专业技术性。正如我国最高人民法院的总结:商事交易与传统民事交易相比体现了交易主体从自然人到法人,交易客体从特定物到种类物,交易目的从对物品的使用消耗到转卖经营,交易特点从随机性到重复营利性,交易条件从任意性到定型化的特点。[3] 随着经济全球化的不断发展、商业活动的持续繁荣,商事法律关系会越来越明显地呈现出与传统较为恒定的民事法律关系相对比的多变性和新颖性,前所未有的交易方式、交易模型层出不穷,新的交易习惯和交易规则也不断形成,使得商事诉讼较传统民事诉讼对纠纷合理解决的难度更大,对于裁判主体的专业素质和商业从业经验要求更高。

(三)裁判主体的独立性

由于商事诉讼当事人和审理对象较普通民事诉讼具有更明显的营利性和专业性,加之受到自中世纪以来商人自治传统影响,西欧大多数国家,尤

---

① 范健主编:《商法》,北京大学出版社、高等教育出版社 2000 年版,第 9 页。

② 赵中孚主编:《商法总论》,中国人民大学出版社 1999 年版,第 268 页。

③ 奚晓明:《充分发挥民商事审判职能作用——为构建社会主义和谐社会提供司法保障》,《民商事审判指导》2007 年·第 1 辑(总第 11 辑),人民法院出版社 2007 年版,第 37 页。

其是资本主义萌芽较早、商事活动发达的国家立法对商事诉讼均采取了单独设置的模式,典型如法国、英国、意大利、荷兰等,创设了独立商事法院或商事法庭以专门审判商事纠纷。伴随着民族国家的诞生和商法的国内化进程,带有强烈民间色彩的商事诉讼纠纷解决模式不断被国家权力所强化并改造纳入统一裁判体系。除了小部分国家保留了专门审判机构外,独立商事法院逐渐被国家司法法院兼并或取代,目前仅法国仍完全保留自中世纪起即独立设置的商事法院。① 需注意的是,虽然许多国家撤销了独立的商事法院,但作为商事纠纷解决机制的"商事诉讼"并未消失,而是在世界各国以不同形式存在,如协商式的仲裁、温和型的审判等。② 仲裁无须赘述,所谓温和的审判形式,是指诉讼中注重调解与和解、程序灵活便利、审判组织不同程度地引入非职业法官参审制,以促进商事纠纷快速、合理解决为目的的诉讼机制。

目前,各国的商事审判模式可大致划分为以下几类:一是由统一的普通法院审理,不设专门的商事审判组织和诉讼程序,如日本、美国、西班牙、爱尔兰等。二是由普通法院内设的审判庭审理,同时对主审法官没有特殊要求,均由普通职业法官担任,采取此制的如中国、德国、罗马尼亚等。三是由普通法院内设的审判庭审理,但主审法官须由具有商事从业背景或业务经验的法官担任,如英国。四是由专门的商事法院审理,且主审法官均为职业法官,如卢森堡。五是由专门的商事法院审理商事纠纷,但主审法官由从商人中选举产生的非职业法官担任,即法国模式。六是由专门的商事法院审理商事纠纷,审判案件法官是由职业司法法官和来自商界的非职业法官共同组成,如比利时、克罗地亚等。

尽管欧洲各国中的英国、德国、意大利等重要国家已经放弃专门商事法院,但仍或多或少地保留了相对独立的商事法庭的设置,一定程度上确定商事诉讼具有的独立价值和程序特点。法国最为典型,不仅设立专门的商事法院,且法官均从商人中民主选举产生,为非职业法官,可谓是对于商事自治理论贯彻最彻底、对商事诉讼机制设置最独立的国家。对此,我国有学者曾予以高度

---

① 郭瑜编著:《商法学》,北京大学出版社 2006 年版,第 354 页。

② 樊涛:《我国商事诉讼制度的解析与重构》,《当代法学》2008 年第 6 期。

评价:"在世界各国司法制度中,法国的商事法院制度是一个别出心裁的机构"①。法国通过专门商事法院和专业商人法官的裁判主体设置,将民事案件与商事案件的司法解决机制进行明确界分,可以最大限度地适应商事案件特点,从而极大地维护了商事规则的适用和商人群体的利益。在商法独立性、商事活动专业性以及商事纠纷国际化越来越明显的当今世界,商事诉讼裁判主体应当兼具法律专业素质和商业从业经验才能满足诉讼当事人对于纠纷解决快速、高效、合理的需求已经形成普遍共识,法国具有显著特点的裁判主体设置方案值得我国研究借鉴。

(四)诉讼程序的效率性

首先,在诉讼价值取向方面,由于民事诉讼通常较为注重维护民事权利义务关系的最初形态、修复因非正当行为而受到损害的民事关系,以促进以人伦道德为核心的社会和谐稳定。而商事审判则更加侧重对当事人经营权利义务关系的动态保护,更注重交易安全和交易秩序的维护。因此,民事诉讼以发现真实、实现诉讼公平和案件实体正义为其诉讼价值。而商事诉讼当事人大都为商人,商人是以追求经济利益最大化为目标的市场主体。市场商机瞬息万变,时间价值是商人群体追求商业利益过程中最重要的价值因素,由于商业机会稍纵即逝,资金成本也随时间增加而增加,因而商事主体对于纠纷解决较普通民事主体有着更高的时效要求,希望以最短的时间、最低的成本获得最有利的诉讼结果和纠纷的公平合理解决,也就是诉讼效益。同时,商事实体法也是调整商事主体为实现经济利益最大化形成的商事法律关系的规则,较民事实体法而言更注重动态安全与形式公平,更强调保护商事主体的经营权和收益权、维护市场秩序和行业规则,以促进社会经济发展与维护市场稳定运行。因此,商事诉讼以实现诉讼效益和保障交易秩序为其优先诉讼价值。诉讼中,法官更注重当事人行为的外观效力和公示主义,强调依规则行事,凡符合规则的行为在效力认定时原则上应予支持,以实现对信赖利益的司法保护。在审判模式上,商事诉讼更强调当事人主义和当事人主体地位,由当事人掌控诉讼进程。在程序规则上,商事诉讼较民事诉讼则体现了鲜明的程序快捷便利、灵活宽容的特点,注重诉讼和解与调解的运用,强化审前程序功能,以达到迅速解

---

① 赵海峰执行主编:《欧洲法通讯》第一辑,法律出版社 2001 年版,第 178—179 页。

决纠纷的目的。正如西方学者所言：几乎所有类型的商事诉讼程序都具有快捷性和非正式性，不仅专业法律家被排除于审理程序之外，而且专门的法律问题争论也不受欢迎，法官通常不要求当事人提交书面的诉状，也不要求通常类型的答辩状，删除拖沓的各种程序规则，拒绝造成程序延误的不必要的上诉等。①

（五）适用法律的多样性

商事活动的繁荣和商事交易方式的多样化使得商事业务领域不断扩展，商事行为的多样化也使得商事纠纷及商事法律关系相应地呈现出复杂多样性，相关商事法律规范也较民事法律规范数量更多、内容涉及更广泛。首先，体现在我国虽属民商法合一的国家，没有制定单独的商法典，商事立法通过设置大量的商事单行法，如公司法、证券法、票据法、保险法、企业破产法等来体现。其次，在每一特殊商业领域，存在众多专门行业规范，例如对于公司中的特殊类型上市公司，证监会、交易所制定了大量关于公司股票发行规则、上市规则、交易规则、组织规则；各行业协会制定行业规范、行业公约、行业标准；主管部门出台若干管理政策，制定相关业务规则指引等，所涉规范内容细致全面、数量繁多，内容庞杂。再次，为规范其团体内部行为，厘清权责边界，提高行为效率，商事主体，尤其是商法人主体还经常在国家法律体系之外自行制定行为准则，称为商事自治规范，典型如公司章程、合伙协议等自治安排。最后，随着商事交易大量反复进行，各行业商人之间容易形成交易习惯，进而发展为商业惯例。商业惯例虽不具有商事单行法和行业规则的强制性和规范性，但对于一定范围内的商事主体之间仍起着较大的约束作用，维护着商事交易的有序进行，是商事诉讼的法源之一。

因此，商事诉讼较普通民事诉讼更注重特别法优于普通法原则，当商法规定与民法原则、理念发生矛盾或冲突时应当优先适用商法规定，在尚未制定商法规范的情形下才适用民法的相关规定。由于经济环境变化发展十分迅速，商事成文法往往表现出滞后性，商事诉讼裁判主体恰当地运用上述广泛的、多样化法律规范，甚至商业惯例，对于法官作出合理的判决，充分发挥商事审判

①　［美］哈罗德·J.伯尔曼：《法律与革命——西方法律传统的形成》第一卷，贺卫方等译，法律出版社 2008 年版，第 423 页。

对商事交易的规范和引导功能具有重大意义。

第三节　商事诉讼程序的理论正当性

任何一项制度设计都应当具有一定的正当性以作为其产生和发展的理论基石。商事诉讼程序也不例外,自其产生时即具有的自治商人法基础开始,现代商事诉讼还回应和满足了程序选择权理论、专业化审理理论的要求,为商事诉讼程序专门化设置提供了正当性基础。

一、自治商人法理论

早在中世纪时期,伴随着商业繁荣和自治城市、自治团体的兴起,商人自治法成为商人之间、自治城市范围内规范商业活动、建立行业内部关系,以及设置封建领主王权统治界限的依据,在政治生活中扮演了非常重要的角色。作为商人自治的重要载体,自治法的发展极大地推动了商事自治和商业发展,成为中世纪西欧国家普遍建立独立商事诉讼的重要法律渊源。自治法主要涉及行会法和城市法两方面,是中世纪教俗二元立法体系中世俗法体系的重要部分。如前文所述,行会即是同种行业或专业者的团体组织、垄断的经济组织,也是政治法律组织。行会颁布各种法令,其组织形式模仿城市政府形式。行会常设全体大会以及若干小议会。行会首领多由商人集团民主选举产生,在法兰西,行会首领称为"consuls",即"执事官"。在许多城市,行会首领同时也是公社领袖,实际上控制着自治城市。行会还时常组成一个法庭,成员被要求在到行会以外法院诉讼之前先由这个法庭审理纠纷。封建君王也时常授予行会执事行使行业内的部分审判权,如米兰1154年法令授予商人执事行使行业内部商事审判权。之后意大利许多城市中的商人执事法庭逐渐将其管辖权扩展到城内所有的商事案件,形成了早期商事法院。在西欧许多自治城市中,由商人自行裁判与商事活动有关的纠纷案件的制度被广泛适用。在法国,执事官当着众人面前宣誓,宣布行会或城市内经领主授权不再适用当时占据主导地位的教会法、王室法、封建法,而是适用更简便实用的商人习惯法,同时在商人群体中选举产生专门裁断商事纠纷的"法官"。现今法国商事法院的名称"jurisdiction consulaire"则由"执事官"一词发展而来。① 城市法是有关城市内密切联合的、一体化的共同体(多为"公社")的成文法律,大多由封建君主颁布专门法令以确立,内容主要以确定城市自治地位为主。

(一)自治法的主要内容

行会法及城市法通常以封建君主或领主向城市团体、行会、公社等自治组织颁布特许状的形式作出,主要内容便是向其授予自治特权。特许状是城市自治的依据,是封建王室与城市市民之间的"契约",包含城市共同体和市民拥有的各种权利及应履行的义务限制,因而被认为是近代最早的宪法。同时,特许状使得原存在于封建世界的契约原则扩展到非封建世界,也被认为是近代政府契约论的历史渊源之一。② 特许状是行会法与城市法的"根本大法",是其自治的主要来源,也是封建自治法的主要载体。考察中世纪时期颁布的特许状,自治商人法内容大都包括以下部分。

1.人身自由和经商自由

较大程度的人身自由是商人从事交易活动的必要条件。在封建割据制度占统治地位的中世纪,封建君主向其统治范围内的商人或市民颁布特许状,授予其基本的人身自由,确保其经营某类商品的权利及其他相关权利是商事活动发展的前提。如路易六世授予奥尔良附近洛里斯城特许状中所述:"任何人如在该城生活一年零一天即为自由人,此人的前领主不再对他享有领主权"③。这种一年零一天即获人身自由的规定在封建君主授予商人人身自由和自治城市特许状中非常普遍,几乎是当时社会的通行做法。④ 又如1061年7月,法兰西国王腓力一世公布法令,允许商人从事蜡烛和油料行业的零售。1096年,在南特伯爵颁发的一项特许状里,曾特别标出商人的职业为"他们依靠商品生活"。

自13世纪末法国卡佩王朝有力君主"美男子"腓力四世统治开始,特许

---

① René ITHURBIDE, *Histoire critique des tribunaux de commerce*, librairie generale de droit et de jurisprudence, p.14.

② [美]汤普逊:《中世纪经济社会史》(下册),耿淡如译,商务印书馆1997年版,第425页。

③ C. Stephenson, Borough and Town, "A Study of Urban Origins in England", Cambridge, Mass: The Mediaeval Academy of America, 1933, p.29.

④ 冯正好:《中世纪西欧的城市特许状》,《西南大学学报(社会科学版)》2008年第1期。

状频繁发布:1294 年 3 月 7 日授权许可阿尔卑斯山以南的商人到香槟集市和布里集市经商;1295 年,授权伦巴第人在批准的范围内经商;1304 年,允许布拉邦地区商人从事商品进出口活动;1312 年,承认中间商的合法地位等。此外,特许令还赋予商人或市民一定的土地权利。如 1175 年特尔瓦伯爵授予塞纳河旁新兴市镇特许状写道:"手工业者和商人每年缴纳一定数额的地租即有权居住在市内和包租周边农田,以及自由出售房屋和租地"①。1315 年,路易十世批准了一份皇室官员与塞纳河畔商人之间的协议,根据该协议,商人只要按照官员既定的产品目录上相应商品分类税率缴纳入港税即可享有通航和运送相关商品的权利。1336 年,瓦鲁瓦王朝第一位国王腓力六世宣布许可所有商人,不论国籍为何,均可在巴黎买卖纺织品和染料;1337 年,颁布法规对于日内瓦与 Savone 的臣民和商人经商进行规范;1339 年,又授予阿拉贡(西班牙)与摩纳哥的外国商人特许状,许可其进入法国领土内经商。

2. 减免税费保障安全

为发展商业、积累财富,封建君主也意识到减免税收费用、让渡特权以及保障商事活动安全的必要性,并向城市授予广泛的特权。典型的如法国国王路易六世 1155 年授予洛里斯城的被后世视为模范的特许状。授权确定了房屋和土地租金的最高限度,免除土地税、通行税和各种其他税收,将兵役减少到只需在邻近的地方服务一天;除了拥有马匹和马车的市民每年须承担为国王送酒的责任外,免除其他徭役;授权该市商人在往返集市的途中不得被逮捕,除非他犯了罪;任何人都不得从市民处收取任何税收和费用。在颁布同意在亚琛建立集市的特许状中也有类似规定:商人在集市中均免交通行税并依各人意愿进行交易。除犯罪以外,集市活动期间任何商人都不得被带出接受审判等。② 此外还包括对王室特权的限制,如国王应该同意接受由城市交付的固定税款并被禁止征募强制贷款。更重要的是还确立了市民需承担的义务应当首先被详细规定下来,并且市民能够保有他们所获得的不受特定义务支配的权利。③

---

① [美]泰格、利维:《法律与资本主义的兴起》,纪琨译,学林出版社 1996 年版,第 86 页。
② [美]泰格、利维:《法律与资本主义的兴起》,纪琨译,学林出版社 1996 年版,第 187 页。
③ [美]哈罗德·J.伯尔曼:《法律与革命——西方法律传统的形成》第一卷,贺卫方等译,法律出版社 2008 年版,第 388 页。

3. 城市自治管理权

自治城市通过斗争要求封建主妥协并承认其享有自治特权,封建主通常被动或主动颁布特许状,向其管辖范围内的城市市民让渡其全部或部分城市管理权。例如,城市由全体市民参加的市民议会管理,官员的选举和新法的采用均需经过市民议会的同意。例如在阿维尼翁,市民议会选举出 8 个执政官,在马赛有 12 个执政官,在图卢兹有 24 个执政官,在波尔多有 50 个市参事。这些官吏通常组成行政委员会行使行政、财税、安保及司法等较为广泛的自主管理权,也承担保卫城市的职责。特许状还授予城市市民自由组建商业行会、实施商业垄断、自行举办市场、征收市场税等权利。如"市民组织成立的商业行会只能由他们自己的行政官来管理,王室官吏不能干涉"[1];"市民有权利收取原本由王室收取的税费,只需每年给国王或领主支付一笔款项"[2],等等。

4. 独立的司法审判权

独立的司法审判权起初是由封建领主颁布命令授予集市管理者审理和裁决集市贸易纠纷的权利,如 1094 年法王腓力四世在授权商人经商许可特许状中同时规定,有关商事活动的纠纷由集市长官裁决。这种审判权是独立行使且排除适用王室法庭管辖的。自治城市兴起后,随着经营管理各项特权的授予,独立司法审判权也随之不断地赋予城市管理者。如 1127 年法兰德斯地区威廉·克里托伯爵授予圣奥梅尔特许状中规定市民可以被选派或选举担任法官。在威尼斯,市民则从大议会中挑选出 50 人组成法庭,管理市内司法事务。[3] 中世纪各个城市的司法权各不相同,多由该城的经济发展状况决定,同时也体现了市民向领主争取到的自治程度。法国的拉昂市,由于市民激烈的自治运动,城市争取到了较大的司法自治权,如在城市废除杀头的刑罚;在自治程度较高的里尔和布鲁日,司法自治权也较为广泛。

以特许状为典型的自治法赋予了中世纪自治城市、行会等以商人为主体的自治组织广泛的经济管理、行政事务、司法裁判等权利,构成了城市法的基

---

① 此为亨利二世授予沃灵福德市民的特许状。冯正好:《中世纪西欧的城市特许状》,《西南大学学报(社会科学版)》2008 年第 1 期。

② R. H. Hilton, *English and French Towns in Feudal Society*: *A Comparative Study*, Cambridge University Press, 1992, p.128.

③ 冯正好:《中世纪西欧的城市特许状》,《西南大学学报(社会科学版)》2008 年第 1 期。

本内容,也为城市市民、商人群体确立了自治地位。尽管 13 世纪末之后,经历了城市中出现了小议会、枢密院取代了市民议会,官员的增选替代了市民选举,贵族把持了小议会等曲折,但这类由各种社团组成的城市共同体经过不懈斗争从封建领主手中取得自治权的经过仍有重大的积极意义:它在局部范围内根本性地突破了封建庄园制经济为主的君主专制制度,为商业的发展和以商人自治为基础的商事裁判机制的形成奠定了民主政治基础和制度基础。

(二)现代理论内涵

现代以后,西方学者在早期商人自治传统制度的基础上进一步总结了"自治商人法"理论,加入了国际性、普遍性等特征。现代商人法理论最初是由法国学者戈德曼提出的有关现代商人法律的系列观点和主张,其认为:第一,现代商人法是在大量国际贸易中自发形成或制定的、不受某特定国内法律制度干预的一系列原则和习惯规则。现代商人法是包括跨国性实体规则、习惯和惯例、合同、一般法律规则等诸多国际经济关系的特有法律。第二,从性质和地位上看,商人法是完全独立于国内法之外的自治法律体系,不仅包含实体法还发展出了专门的冲突规则,这些规则多为跨国规则,具有国际性。第三,现代商人法具有一般性法律原则,即世界各国普遍承认并在涉外商事交易活动中广泛适用,对国际商事主体具有普适的法律效力。第四,商人法不是解决国际商事争议的唯一法律渊源,国际公法和各国国内法也具有法律效力。而且,在一定程度上,商人法也需要转化为国内法以获得支持。第五,商人法的适用应当以遵守公共秩序规则为前提,包括自然法则、公平平等原则、国际公法的强制性规定,以及各国承认的一般法律原则。

在戈德曼的影响下,法国学者卡恩也提出了自己的商人法理论。卡恩强调应从社会学的角度探讨现代商人法的法律性问题,强调商人通过长期商事实践总结创立的商事习惯和惯例具有社会性。例如,由买卖双方经常性交易而形成的较为固定的国际商事关系团体之间,为了实现共同的交易目的和商业利益能够根据国际交易习惯特征设置自治的法律规则。这类法律规则从法律渊源和表现形式来看,主要有商事惯例、一般条件、合同条款及一般法律原则等。需注意的是,商人法的"自治性"并非绝对,也不是在任何时候对任何交易主体均适用,国际公共政策和国际公法的强制性规定可能会构成它的限制。

可以认为,商人自治是伴随着西欧早期商事诉讼产生和发展的理论基石和制度基础。近现代以后,现代商人法理论将原有商人自治精神扩展到国际化领域,即超越国内法范畴,强调商法具有的跨国性,但同时仍然以商事活动规范的自治性为理论内核,也就是商人群体在长期商事往来活动中总结出的惯用习惯和普遍规则,也即被广泛认可的商业惯例和交易习惯。随着商事活动国际化的加强,这些交易规则和商业习惯受各国国内法体系、法律传统、意识形态等影响不大,多是由职业商人在专业化商事活动中自治创设的自成体系的法律规范。为保证商人法的正确适用和真正施行,由商人自治参与的商事纠纷解决机制也就自然地成为维护现代商人法的重要手段。

二、程序选择权理论

关于何为程序选择权,学界对其认识不一,大体存在广义和狭义两种理解。广义的程序选择权不仅包括当事人自主选择诉讼程序的权利,还包括自主选择纠纷解决方式的权利。如左卫民、谢鸿飞认为:"所谓民事程序选择权,是指当事人在法律规定的范围内选择纠纷解决方式,在诉讼过程中选择程序及与程序有关事项的权利。"[1]李静指出:"程序选择权是指当事人根据自己的意愿选择解决纠纷的方式,包括在诉讼过程中选择适合的程序及诉讼策略的权利"[2]。狭义的程序选择权则主要指向当事人对民事诉讼相关程序及有关程序事项的选择权。如刘敏认为,"所谓程序选择权,是指当事人双方在一定范围内有合意选择程序或单方选择程序的权利"[3]。李浩亦主张:"程序选择权强调当事人在民事诉讼的程序主体地位,有权根据自己的利益和判断来选择适用或拒绝适用某种程序事项。"[4]尽管学者对程序选择权的关注重点不一,但在程序选择权权利内容的描述上并无较大分歧。根据程序选择权的基本要求,当事人应成为诉讼程序的主体,他们在诉讼过程中应当享有一定的基于其自由意志行使的程序处分权,并能够依此作出对争议的实体利益和争议

---

① 左卫民、谢鸿飞:《论民事程序选择权》,《法律科学(西北政法大学学报)》1998 年第 6 期。

② 李静:《论民事诉讼中程序选择权》,《暨南学报(哲学社会科学版)》2005 年第 2 期。

③ 刘敏:《原理与制度:民事诉讼法修订研究》,法律出版社 2009 年版,第 36 页。

④ 李浩:《民事程序选择权:法理分析与制度完善》,《中国法学》2007 年第 6 期。

外利益的取舍。为此,在诉讼过程中,他们可以根据其价值判断和利益衡量选择使用诉讼成本较高或较低的程序;也可以选择适用公开性较高抑或保密性较高的程序;还可以选择适用程序保障较高或较低的程序。

程序选择权何以发生?其机理内涵于现代社会对程序人权的尊重,亦是当事人程序主体性原则的本质体现。一般认为,民事诉讼法的立法视角存在"以法院审判权为中心"以及"以当事人诉讼权利为中心"的二元选择。其中,基于法院审判权为中心所形成的诉讼程序为职权主义的诉讼程序,当事人行使诉权依赖于法院审判权的行使,而基于当事人诉讼权利为中心所形成的诉讼程序为当事人主义的诉讼程序,当事人的诉权决定着法院审判权的行使。传统上,受职权主义诉讼程序的影响,当事人被视为诉讼程序的"客体",当事人向法院提起诉讼须听从法官指挥,遵守法律预先规定的程序,法院无须考虑当事人对程序的选择问题。基于此,当事人的程序利益屡被侵犯,并由此波及当事人受宪法所保障的自由权和财产权利。而随着现代社会对人的主体地位的尊重,现代民事诉讼制度普遍确立了程序主体性的原则,要求尊重当事人的程序主体地位,保障当事人的诉权行使。在此过程中,当事人逐渐拥有了处分程序事项的权利,而在这其中,当事人有权根据自己的需求来选择适用或拒绝适用某一程序的程序选择权便成为凸显其程序主体地位的重要体现。因此,历史地看,"程序法不断发展的过程便是加强当事人自由选择的过程,现代程序法通过建立'自由体系'和'知情体系'为当事人提供了程序运行中的自由选择空间,以使其在这个空间里不受到非自己意志外来强制的影响,而可以自由地对选择规则不禁止的权利事项并承担由此带来的后果"①。

事实上,赋予当事人的程序选择权不仅能够充分尊重当事人的诉讼主体资格行使,也能够满足司法公正与诉讼效率的本质需求。其中,就司法公正而言,"现代意义上的司法公正是一种以当事人的诉讼主体资格获得充分尊重的公正,是以程序为本位的司法公正"②。基于程序选择权利的行使,当事人能够在一定范围内自愿选择审理的审判组织和审判程序,这有利于提升当事人对民事诉讼的信赖度和接受度。即便是最终作出的判决对当事人不利,当

---

① 王伟:《民事程序选择权研究》,西南政法大学 2008 年博士学位论文。

② 汤维建等:《民事诉讼法全面修改专题研究》,北京大学出版社 2008 年版,第 132 页。

事人也能较为容易地接受判决,因为这种效果并不是由于判决本身没有错误,而是由于产生判决的程序具有公正合理性。① 而从诉讼效率的角度考虑,由于当事人对程序有充分的选择权,"每个人在纠纷发生后,都可以根据自己的经济状况、案件的繁复程度,以主人的姿态及积极的行为像挑选商品一样选择最适合自己的一款司法程序,从而使纠纷快速消解"②。就此而言,程序选择权赋予了当事人选择更简便、快捷、灵活的诉讼程序来处理纠纷的权利,可以在一定程度上提升诉讼效率,以及民事诉讼机制的社会适应性。因此,对民事诉讼当事人赋予程序选择权的重要意义就在于在充分尊重当事人主体地位的基础上,使其能够充分地利用诉讼程序,确保当事人更好地接近法院、接近正义。

综上所述,程序选择权理论自然为以商人为诉讼主体、以诉讼效率为主要价值追求的现代商事诉讼提供了理论基础。商事诉讼正是因着商人诉讼主体对商事纠纷案件及时、迅速、简便的解决需要应运而生。其自产生时起即伴随着对以法院为中心的诉讼模式和以烦冗复杂为特征的普通诉讼程序的排斥。在商人自治理念的推动下,以商人为裁判主体、以商业惯例为裁判依据、以当事人自主选择为主导的诉讼程序设置成为商事纠纷解决的应有之义。当今社会,在充分强调对程序人权的尊重和当事人程序主体性原则的民事诉讼制度构建理念下,尊重作为特殊民事案件的商事案件特点,给予商事诉讼当事人更为广泛的程序选择权,允许其在遵循诉讼基本制度和国家法律强制性规范的基础上选择适合其价值追求和利益取舍的程序规则、符合行业惯例和交易习惯的实体规则,以期保障诉讼效率和公平、维护商人法的实施和商人的根本利益,已成为完善当前商事诉讼制度设置的发展趋势。

三、专业化审理理论

专业化是指在市场经济作用下,随着社会分工的加剧,社会从纵向层面把工作任务切割成若干步骤来完成的细化程度。强调一项工作的全部并非由一个人独立承担,而每个人只是完成某项工作的某个具体步骤或某一细分环节。

---

① 〔日〕谷口安平:《程序的正义与诉讼》,王亚新、刘荣军译,中国政法大学出版社 1996 年版,第 11 页。

② 汤维建等:《民事诉讼法全面修改专题研究》,北京大学出版社 2008 年版,第 56—57 页。

在法学领域,专业化主要包含三重意义:一是有专门的法律事务从业人员;二是设置专门的法律机构;三是该法律机构相对独立运作。① 在诉讼法学领域,专业化审理,亦有学者称之为"类型化审理",是指在诉讼程序设计上,应基于各类案件的不同特性分别配之以设置不同的程序制度,并对不同类型的程序制度在启动、运行以及流转等各个环节进行差别化设置,使之能够匹配不同类型的纠纷解决需求。② 持同样观点的学者还有廖中洪教授,他提出"程序设置的分类化与立法规定的个别化"理念,即民事诉讼立法应当"根据所要解决纠纷的性质、类型和特征分别设计相应的程序制度,并对于不同的程序制度采取独立的立法形式分别予以规定"③。申言之,专业化审理理论旨在为不同的案件类型设置不同的程序,进而使每类案件能够根据其自身特征得到公正合理的处理。

事实上,实施专业化的程序制度设计,既有立法技术上的原因,也有司法实用性的考量。其中,就前者而言,社会生活的多元性和民事案件的复杂性,客观上要求民事诉讼程序应当具有多元性特征。现代社会中,伴随着民事案件类型的增加,尤其是新兴民事案件类型的出现,使得民事诉讼程序的单一化设置,"无论在功能、结构或案件规模上以怎样的价值取向或采取怎样的制度模式配置司法权,总不能满足现实需求和达致新的平衡"④。况且,就现实情况而言,基于民商事纠纷的固有差异,通过立法实现纠纷机制的多样性要求更为迫切。而就后者而言,法院在民商事案件审理过程中,有时会难以运用单一化的程序制度解决不断发展变化的民事审判实践。例如,我国的民事诉讼结构是以解决传统的人身关系和财产关系案件为导向,但环境污染案件、商事纠纷案件、金融消费案件等现代民事案件的出现,对于纠纷解决提出了高效率、低成本、专业性等要求,使既有的民事诉讼程序难以满足此类案件纠纷解决的需要,诉讼程序单一性的弊端也显露无遗。

对商事案件进行专门化审理与案件审理的特殊要求有着高度的契合性。

---

① 苏力:《法律活动专门化的法律社会学思考》,《中国社会科学》1994年第6期。

② 张旭东:《民事诉讼程序类型化研究》,厦门大学出版社2012年版,第68页。

③ 廖中洪主编:《民事诉讼立法体例及法典编纂比较研究》,中国检察出版社2010年版,第545—546页。

④ 张旭东:《民事诉讼程序类型化研究》,厦门大学出版社2012年版,第117页。

首先,商事诉讼标的具有复合性。所谓诉讼标的的复合性,主要是指商事案件中涉及的法律关系较为广泛和多样,并且该纠纷的解决往往需要更为复杂的法律制度和审判技巧。因此,专门化的审理更加有助于确保案件审理的及时性、公正性。其次,程序规则具有特殊性。商事诉讼多为发生在商事主体之间的纠纷或者平等主体之间的商事纠纷,其与普通的民事诉讼关系有着较大的不同,各主体不仅追求纠纷的解决,同时也考量纠纷解决的成本以及纠纷双方再次合作的可能性。因而,普通的民事诉讼规则在商事诉讼中未必能够完全适用,因而应当作出有针对性的变化,通过确立适合的审判理念、设置专门化的诉讼程序规则,实现纠纷的更好解决。最后,对商事案件进行专业化审理,契合专业、高效的价值追求。对商事案件进行专门化审理,更符合司法专门化、法官专业化的发展趋势,也更能实现案件的迅速、便捷化处理,使得案件的裁判质量得到较好的保证,同时还有利于多种社会资源的整合利用,加强与商务主管部门、各政府机关等有关方面的合作,以期达到高效解决商事纠纷的目的。

第二章　法国商事诉讼的审判组织

　　虽然法国早已存在商事诉讼与普通民事司法体系独立设置和运行的传统习惯,但长期以来均由各封建领主颁布特许状分别设置,各地商事诉讼由不同的机构、适用不同的诉讼程序规则,具有临时性和分散性。统一、固定的审判组织应当是作为独立司法体系的法国商事诉讼的基础和前提,因而,法国商事诉讼正式创设应当以独立审判组织的确立为基准。然而,对于何时为法国商事诉讼审判组织正式成立之日,法国司法实务界莫衷一是,各地历史悠久的商事法院如里昂、马赛等争相认为应以其成立时间为准。① 但法国理论界通说

———————————

　　① 里昂人引用路易十四 1669 年 8 月 14 日法令中"里昂集市法院是法兰西王国最重要、历史最悠久的法院之一"的表述认为里昂法院是法国商事法院最初的雏形,商事法院起源于里昂;马赛人则不甘示弱,他们认为,马赛是地中海地区最古老的海港之一,海上商事立法和殖民立法均是法国最早的。早在 1253 年,马赛市长(Conseil Général)就决定选举执事官调和解决当时遍布马赛各地的批发商之间的纠纷。继 Conseil Général 之后的马赛大法官 Viguier 在裁判案件时也选择两位商人协助其作出。这个惯例一直延续使用,直至 1455 年马赛市长 Pierre de Mévouillon 颁布法令将其明确,1474 年阿拉贡和西西里的国王 Roi René 又以公开信的方式再次确认。1955 年,马赛市民庆祝其商事法院成立 500 周年则是以 1474 年为准。巴黎人却认为,从商事审判管理来说,巴黎中世纪早期以来的商业纠纷均由自由民大会(assemblées du parloir aux bourgeois)解决,该组织同时行使行政管理职能和司法审判职能,并且著名历史学家、军事家 Henri Choppin 在其论著《巴黎习俗评论》第一章就引用了该组织于 1291 年由其首领 Jan Arrode 作出的一项商事纠纷裁决,继而认为最早的商事法院为巴黎中产阶级大会。直至今日,这样的争论并未结束,无论是在巴黎、马赛、里昂、图卢兹、鲁昂或香槟大区,商事法院院长就职演说词中都会援引中世纪时期的特许状或文献资料,旨在证明自己所在城市的商事法院是法国最早的商事法院。见 René ITHURBIDE, *Histoire critique des tribunaux de commerce*, librairie generale de droit et de jurisprudence, p.29。然而,上述援引的法令均只是集市特许状,由此设置的集市法院等组织虽然包含商事审判方式的基本原则,可以认为是商事法院的最初雏形,但却并非是真正意义上的商事法院,因为它们仅是为解决集市纠纷而设立的临时法庭,不是常设机构,更不是独立于传统封建司法体系的专门法院。因而,法国理论界通说认为,以其中任何一项法令作为法国商事法院的诞生标志均是欠妥当的。

认为,查理九世于 1563 年颁布的关于创设商事法院的法令是法国商事诉讼正式成立的标志。因为该法令不仅统一了各地散乱无章的诉讼规则,还命令在全国范围内创设统一的、独立于普通司法体系的、专司受理商事纠纷案件的商事审判主体——商事法院。该法令被认为是创设法国商事法院最重要的法令,是近代法国官方发布的关于全国性商事法院的设立依据。它设立了商事诉讼审判组织,明确了商事诉讼基本制度规则,构建了法国后世商事诉讼制度的基本框架。

受早期商事法庭和自治法的影响,如同德意志、意大利等欧洲大陆重要封建国家一样,法兰西也在其领土范围内采取商人自主处理商事纠纷的方法调整商事活动关系。例如"美男子"腓力二世(1165—1223 年)统治时期,法国就发布了诸多旨在规范集市活动和解决商事纠纷案件的法令,并在每座集市设置集市法庭,称为"conservation"或"consulat",专门处理集市纠纷。集市法官称为"conservateur",由集市商人选举产生。但集市以外商人之间的纠纷仍由邑吏或邑长法院审判。集市法院虽然只是法国商事法院最初的雏形,其规则内容简陋分散,但却包含了商人自由选举、自主审判、一审终局等基本特点,体现了商人高度自治的精神。1563 年法令延续了商事诉讼审判主体由非职业法官担任的传统,确立了商事诉讼法官资格和选举制度,奠定了现今法国商事法官任职条件和选任程序的基础。1563 年法令之后,法国商事诉讼进入了近现代发展时期,在后来几百年里的大小立法改革中,立法者们均是在此法令基础上进行修订。随着社会经济的变化发展,在欧洲近现代后绝大部分国家都放弃采用独立商事法院、非职业商事法官制度的背景下,法国商事诉讼仍旧遵循了审判组织的传统习惯,并一直沿用至今,成为现今法国商事诉讼重要特点之一。

第一节　法国商事法院的历史发展

商事诉讼纠纷由独立审判机构审判裁断的做法古已有之。由于早期商事活动以海洋贸易为主,与意大利威尼斯、热那亚等地中海沿岸商业发达城市类似,法国最早独立于封建法律体系的商事法院,是处理海上商事纠纷的法庭,如海事审判庭(amirauté)、海事军官法庭(tribunaux des lieutenants de l'amiral)

等。与此同时,陆上专门裁判商事纠纷的审判机构也陆续出现并逐渐发展。这些机构名称各异,多由集市设置,具有分散性和临时性。这些商事纠纷审判机构实际上已具有专门法院性质,法官是从商人中选出或者直接是商人行会的首脑,只是某些个案由一名专业法学家与商人一起参与裁判。① 11世纪以后,随着规范商业活动的特许状频繁发布,独立、固定的商事审判机构也越来越多被确立和承认。例如,1260年,法王圣路易颁布了由当时巴黎自治市长Étienne Boileau编写的《行业目录》,该目录是法国最早的商事成文法典之一。目录第一卷规定了一百零一种行业的组织规则,第二卷规定了商人必须遵守的市场规则和行业规则,第三卷则明确规定了裁决商人纠纷的专门法院;1330年左右的特许状规定,若集市中间商向外国商人介绍的当地买者未支付货款,外国商人则可针对中间商将纠纷提交集市法庭,要求中间商就其过错引起的损失予以赔偿;腓力六世固定和细化了集市法院审判程序,并设置商人参与审判制度;1349年,腓力六世分地域授权各地集市长官处理商事纠纷,规定集市法院裁判由集市长官及两名从大商人中选举出来的陪审员共同作出,并规定该类案件一审终审,不许上诉等。② 在当时的零散法令中已经不难看出商人通过国王自上而下地颁布立法令的方式避免适用普通封建法院诉讼程序而必然带来的耗时长、代价高的意愿。

法国腓力六世以后的君主延续了其促进商业的统治政策。路易十一广扩商路,为吸引外国商人,他大量开设集市,并沿用设置集市法院以迅速解决纠纷;路易十二(1498—1515年在位)为使法官避免贪腐,下令向担任法官的商人提供担保。而弗朗索瓦一世(1515—1547年在位)将集市法院做了较大的扩展:在每个邑吏法院设置商事审判庭,专门审理争议本金金额不超过260镑或利息不超过20镑的案件。法庭由九名法官组成,案件一审终局不得上诉。事实上,15世纪开始后,法国商事诉讼审判主体越来越显示出其专业化和独立性,对于提高审判效率无疑有积极的作用,但此时的商事法庭仍然附属于世俗王室法院体系,对于保护商人利益,尤其是外国商人利益仍存在不足。随着

---

① [美]哈罗德·J.伯尔曼:《法律与革命——西方法律传统的形成》第一卷,贺卫方等译,法律出版社2008年版,第339页。

② René ITHURBIDE, *Histoire critique des tribunaux de commerce*, librairie generale de droit et de jurisprudence, p.51.

哥伦布发现新大陆,以及罗盘的发明和海上新航线的开拓,法国利用其临海绝佳的地理位置大力发展海外贸易。商业活动开始突破法国陆地领土延伸到海外,并开始进入空前的繁荣时期。商业发展使得商人对于解决商事纠纷的司法制度应具备快速、明确、公平、低廉等特点的要求日显突出。为与其他欧洲列强争夺海上殖民霸权和攫取更大利益,法国君主确立了鼓励商业发展的战略。为适应商事活动开放性和高效性特点,16世纪的法国君主较其先祖采取了更加大胆、开放的统治策略,将商事领域的管理权和司法权完全让渡给商人群体,以促进其发展。从法王亨利二世开始,便着手尝试统一设置全国范围内的商事管理机构,这些尝试为法国选取解决商事纠纷的裁判主体模式提供了重要调研依据和参考。在经过了一番立法实践和比对后,法王查理九世最终颁布1563年法令确立创设独立于封建法律体系的商事法院作为商事纠纷裁判主体。

法国商事法院创设之后,由于其顺应了商事活动规律而受到商人群体的广泛推崇,法令颁布后的短时期内便如雨后春笋般在法国全境各地设立。但商事法院的创设也影响到原有利益团体、大部分普通法官和封建领主的既得利益,因而法国商事法院自成立起便受到了传统封建势力的抨击和敌视。传统封建势力采用各种抵制办法向法国君主施压,试图迫使其撤销商事法院,而商人群体则与之开展了长期持久的斗争。直到1789年法国大革命爆发前,法国商事法院虽然经历了高潮和低谷,但最终因商人群体战胜了封建保守势力而得以保存,且其制度体系也在不断实践过程中得到较大完善。大革命后,革命党人废除了象征封建专制统治的一切司法制度,却唯独保留了象征民主自治的商事法院。随着资产阶级登上历史舞台,执政的法国资产阶级对商事法院采取了包容和支持的态度,即使在拿破仑帝制时期,商事法院不仅未被削弱,反而作为法国一项重要司法传统和商事诉讼审判主体被正式编入法国第一部《商法典》。现今法国商事诉讼审判主体——商事法院体系及制度基本保留了当初的原则规定,并在原法典基础上发展演化而来。

一、法国商事法院的确立

在经历了远古时代的零星商业活动、中世纪几百年的商业发展,以及资本主义萌芽以后,法国商事活动在16世纪进入鼎盛时期,为寻求对于解决商事纠纷最合适的方式,法王亨利二世进行了多种尝试,他首先在各地创设了商事交易所,专门负责提供商事交易中介服务、进行商业管理和解决商事纠纷,继而为确保审判结果值得信赖以及商事合同按照商业惯例和诚实信用原则被严格执行,又探索设置了商业强制仲裁等商事纠纷专门解决机构。这些尝试最终由法王查理九世 1563 年颁布法令选择创设独立商事法院作为商事诉讼审判主体而告终。

(一)法国商事法院的萌芽

作为对商人日益强烈需求的回应,法王亨利二世(1547—1559 年在位)在商事审判方式上作出了突破性的规定,他受里昂集市法院启发,在各地设置专门处理商业事务的常设机构,成立了许多固定的商事交易所,将商人自治向体系化、规范化、统一化的方向推进了一大步。随后,法王弗朗索瓦二世又设置了商事强制仲裁庭作为专门的商事诉讼审判主体,其仲裁规范则汇集了各地商事审判庭多年实际运行经验成果,为 1563 年法令设置全国统一商事法院及其适用规则奠定了基础。

1. 商事交易所

1549 年,亨利二世颁布旨在设置商事交易所(Bourse de Commerce)的法令,并以图卢兹市为首个试点。商事交易所其实由中世纪集市演变而来,交易所所长、参审员等则相当于以前的邑吏和集市长官。法令在最后规定,允许图卢兹商人自行选举一名法官和两名参审官负责对商人之间、商人与手工业者之间因商品交易、集市活动以及保险等产生的纠纷案件进行一审;还规定本国商人与外国商人之间的纠纷须由法官和两名城市中产阶级共同裁判。许多法国学者就此认为该法令是商事法院诞生的标志,由此创设的图卢兹商事交易所(Bourse des Marchands de Toulouse)是法国第一个"商事法院"。而相类似的第二个商事法院则是 1556 年的鲁昂商事交易所,第三个是由 1563 年法令确立的巴黎交易所。

1549 年法令大意为:"我们美丽的图卢兹市有着绝佳的地理位置和通畅的水运交通,为使其成为全国交通最便利、商业最发达的城市之一,我们应为其提供更多的便利以方便来自各国、各行业的大商人常年到此开展贸易活动。但现状是,图卢兹与里昂、安特卫普等其他大城市一样,并没有如我们期望的那样交通便利、商业繁荣。其主要原因则在于这些城市缺乏一个固定的场所,我们可以称之为交易市场、交易所等(Change Estrade,Bourse),使得这些制造商和运输商可以一天两次在其中聚集,并以他们习惯的方式自由交易。因此,我们设置图卢兹交易所以吸引各地商人,从而为我们的王国带来丰富的产品、丰厚的财富。"①1556 年法令在 1549 年法令的基础上更进一步,在规定创设鲁昂商事交易所的基础上规定了商事自治审判员的产生方式,即当地商人和常年在此交易的外国商人,每年聚集一次选举所长一名、参审官两名,由得票绝对多数的商人担任。

虽然 1549 年和 1556 年法令创设的商事交易所具备商事纠纷解决的功能,包含一些商人自治解决纠纷的制度,但并没有构成法令的主要内容,也并非以创设独立于传统封建法律体系的专门商事法院为目标。国王授予特权成立的商事交易所,是承担为商人贸易往来提供各类管理和服务等综合功能的固定交易场所,可以看作是以往集市的扩大和发展,而并非商事诉讼审判主体。

2. 商事强制仲裁

在商事交易所基础上,法王弗朗索瓦二世(1559—1560 年在位)②决定创设专门受理商事纠纷的审判机构。1560 年 8 月,他颁布法令创设了商事仲裁,法令大意为:"带着减少纠纷和诉讼的强烈愿望,我们总是在思索用一种新的有效的办法来维护商业发展,因为没有哪一样可以像商业那样使得我们的领地、领国、王国繁荣。我们发现,商人之间交易基础为诚实与善意,而非严格遵守和履行规则精细程序烦琐的封建法律,诚实信用能够促使商人在无证人与公证官在场的情况下仍然自觉遵守商事规范。因而当商人之间发生争议,如一方未支付货款时,争议由商人以外的人审理将会阻碍商业发展。长此以往,商事交易将因被约束而减少。为预防和补救这种情况,我们决定采纳议会建议,并以我们王子的名义宣布:今后商人们对于因商事活动产生的纠纷不必再提交至普通法官审理。但商人们必须意见一致地从商人或熟悉情况的其

---

① René ITHURBIDE, *Histoire critique des tribunaux de commerce*, librairie generale de droit et de jurisprudence, p.47.

② 弗朗索瓦二世是一任执政期较短的君主,他统治时期实际上国家大权被其母凯瑟琳·德·梅第奇掌控。见刘翔编著:《一口气读懂法国史》,民主与建设出版社 2012 年版,第 117—118 页。

他人中选出 3 名,或根据情况所需选出 3 名以上奇数人数的仲裁员裁判他们之间的纠纷。该裁决是终局的,不允许上诉。若当事人双方未能就仲裁员的选择达成一致,或不愿意推选仲裁员,那么他们所在地的普通邑吏法官将限期要求其选择并指定,若当事人拒绝或延迟指定,邑吏法官将强制为其指定仲裁员,商人们必须受其审判结果的约束。"①

该法令是法国最早的有关商事仲裁的法令之一,但其强制要求商人在每次争议发生后挑选出 3 名以上仲裁员的做法却受到了商人的批判,他们往往无法在短时间内意见一致地挑选出既能胜任又诚实可信的满意的仲裁员,按照法令要求进行商事诉讼不但不能提高效率,反而使得程序更加繁琐。该法令使得商人更多地选择回转将其纠纷向地方封建法庭,如邑吏法庭、邑长法庭起诉解决,而逃离专为他们设置的"商事仲裁"。该法令虽然持续时间很短,但已能体现出商人自治这一传统不仅被商人群体普遍接受,而且也受到君主的认可,使得之后法国设置商事诉讼审判规则时顺理成章地采用此方式。

(二)法国商事法院的创设

吸取了之前商事交易所的经验和 1560 年法令教训后,法王查理九世(1560—1574 年在位)在财政大臣米歇尔(Michel de l'Hospital)的大力推动下,于 1563 年颁布法令最终选择设置商事法院的方式解决商事诉讼纠纷审判主体问题。② 虽然该法令之前几百年的商事习惯,以及以往诸多项法令都包含或涉及商事审判主体的原则制度,但 1563 年法令是几百年来法国君主第一次以设置专门的、独立的商事法院为目的而颁布的法令,它归纳汇总了诸多分散的有关商事审判的规则及习惯,并以规范的逻辑体系将其整合。法令确立了一直延续至今的法国商事审判基本原则,奠定了商事法院基本制度架构,之后

---

① René ITHURBIDE, *Histoire critique des tribunaux de commerce*, librairie generale de droit et de jurisprudence, p.52.

② 米歇尔(1505—1573 年)是法国历史上最伟大的法官之一,他历任法国财政大臣、最高法院大法官。他同时也是一个重商主义者,在他的推动下,16 世纪中下叶,法国经济发展良好,商业繁荣,这为专门解决商人纠纷的商事法院的诞生奠定了较好的经济基础和社会基础。米歇尔为 1563 年法令的颁布付出了艰巨的劳动,商事法院的创设凝结了他极大的智慧,他以几百年来有关商事审判的法令为基础,借助于其自身多年司法实践与政治生活经验,创设了法国商事法院基本体系结构,被后世称为"商事法院之父"。见 René ITHURBIDE, *Histoire critique des tribunaux de commerce*, librairie generale de droit et de jurisprudence, p.58。

法国有关商事法院改革的法令皆是在该法令确立的基本制度框架下进行的修改与完善。因此,法国理论界大都一致认为,1563 年法令是史无前例的、有着划时代意义的法令,它标志着法国商事法院的诞生。

该法令与 1549 年法令和 1556 年法令相似,目的首先是设置巴黎商事交易所,继而将其进行扩展,创设出常设的、独立的、专门解决商事纠纷的法院。以下便是这部意义重大又极具影响力的法令全文:

1563 年 11 月
国王法令

1563 年 11 月,我们创设:在巴黎的商人中选举产生 1 名法官(Juge)、4 名参审官(Consuls),以受理商人之间因商事活动产生的所有纠纷和诉讼。法官与参审官有权挑选和任命在他们看来其经历符合要求的人为他们担任司法执达员。

查理,以上帝的恩惠,法兰西王国之名宣布,从现在开始的以后:

鉴于我们的美丽城市巴黎的商人们上疏谏书,向我们的国王议会提出他们的要求,希望我们为着更好的公共利益,缩减解决商人之间纠纷的诉讼程序,认为这些纠纷应由商人们自己共同处理协商,而不受普通繁琐的法律和法令的限制。

根据我们敬爱的国王、王后,王族成员,领主以及元老院官员的一致意见,我们作出以下命令和决定。

首先,我们许可并要求商人集市长官及巴黎市政长官从巴黎市民中选举 100 名声誉良好的市民组成商人大会(assemblée),并在本法令公布日起三天内召开全员会议,以选举 5 名商人法官/参审官。5 名商人法官/参审官可以在这 100 名大会成员中选举产生,也可以由会议选举大会成员以外的人员担任,但确保所选法官均是我法兰西王国的子民,并且是住所地在巴黎的商人。

我们指定的第一届商事法官及四位参审官须在商人集市长官以及巴黎市政长官面前宣誓,并且任职期不超过一年:但因特定原因和在特定的情况下,他们中的一名可以继续任职。

我们命令并许可,5 名法官/参审官在他们当年任职结束前 3 天,召集巴黎市60名商人,并由他们选举产生30名未来不会离开当地,并且能够不间断地帮助商事法官进行商事诉讼的商人。当天,这30名商人还须选举产生新一届的5名商事法官/参审官,并在前任商事法官/参审官面前宣誓。这样的换届形式今后须持续遵守,新一届商事法官任职期满后,也按同样的方式进行换届。

商事法官/参审官从今以后将受理包括普通商人、商人的委托人、代理人及雇佣人员在内的所有商人之间发生的只因商事活动产生的纠纷;或者纠纷是由支付货款、接受货物、商业或信用汇票、保险、货物运输、债权/债务转移、欠款、计算等事由引起;或者发生在公司、社团和协会等已成立的组织之间的纠纷;或者属于以下情况:我们以国王的权威授予我们的商事法官/参审官,或者他们中的任意3名在双方当事人提出要求时,得以受理与上述纠纷有较大联系或受其约束的其他纠纷,并完全排除普通法官管辖权,例如因为商人提供咨询服务而产生的纠纷等。本规定颁布之日时已由普通法官受理的上述案件除外,仍由普通法官审理,但若当事人双方达成一致要求其纠纷由商事法官/参审官审理的,应将案件移送给商事法院审理。

从现在起,我们宣布凡商人向享受特权者,或其他任何不受商事法官/参审官约束的其他人转让债权、债务及收益的均属无效。

为避免诉讼冗长、当事人滥诉或逃避责任,我们命令所有的传唤状均应按规定格式书写,并包括确定的诉讼请求。若无因病或其他正当理由,双方当事人首次开庭时应到庭,以便向法官亲口陈述。如有正当理由不到庭,则须向法庭提交由其亲笔签名的说明及答辩;若因病无法到庭,则其父母中的任一人、邻居或朋友作为特别委托代理人将代替其负有出庭义务。上述所有情形均不得由律师或职业代理人进行。

如果当事人双方坚持对立,或对其纠纷无法达成一致意见,则在首次开庭时应为他们指定一个合理期限,以便传唤证人到庭作简要陈述。如果可能,商事法官/参审官应依据所有陈述及证人证言,立刻对纠纷作出判决。

无论何种原因,商事法官/参审官因地理距离或案件性质,只能向当事人裁定一次延期,以便其补充证据或传唤证人。如若期限内当事人补充证据或传唤证人失败,或是期限到期,商事法官/参审官应当立即就当事人之间的纠纷作出判决,不得再使程序复杂化。

我们命令商事法官/参审官在其任期内应当勤勉地履行职责,不得以任何形式,以诉讼或其他任何事项为名,直接或间接地收受任何物品、馈赠和赠礼。否则以贪污罪论处。

凡是由商事法官/参审官,或者其中的3名对商人间因商事活动产生的纠纷所作的命令、裁定或判决,均不接受上诉,只要当事人的诉讼请求或一次性应支付的罚款不超过500镑。我们宣布,从现在起,所有针对上述裁判的上诉均不得受理,并且上述裁判应适用于我们王国、领主以及其他所有领土范围内。地方法院院长、执达员或执达吏(sergens)均有义务执行上述裁判,而不得要求任何申请书、执行认可书等文书。地方司法官员若不予执行将被免除公职。

如果争议金额超过500镑,则商事纠纷将属于最高法院或巴黎法院之一管辖,不得例外。

对于拒不履行商事法官/参审官裁判的,可以处以临时性或终极保全措施,例如,对于500镑以下的支付义务,施以一定的人身限制,除非司法部(Chancellerie)根据当事人申请作出延迟支付的决定。此外,债权人可以要求债务人变卖其动产,或者申请对其不动产实施扣押。

如债务人延迟支付债务,则从其支付通知发出之日起12日后开始计算延迟支付损害赔偿金。

扣押和变卖债务人财产的目的在于执行上述商事法官/参审官所做的裁定或判决。拍卖、变卖等程序须根据地方普通法官的授权,按照法律规定单独进行。我们明确要求,参与拍卖程序的每个人,必须尽其所能实现拍卖物或扣押财产最大价值,以全部满足商事法官/参审官所做裁定和判决的执行,不得折价或拖延。否则将赔偿由此带来的损失,并向裁判当事人承担损害赔偿责任。

上述执行对于被执行人的继承人及其财产同样适用。

我们命令普通监狱长官、看守以及所有高级狱警、法警接受执达员或执达吏在执行商事法官/参审官所做裁判过程中送监的受到人身限制处罚的责任人,以及所有由地方法官移交的责任人。

为向我们的巴黎城、王国本土子民以及领土管辖范围内所有商人们协商议事提供方便,我们许可商人们可以自行征收一笔必要的费用,用以购买或租赁固定住所,并创设商人共同市场(Place commune des Marchands)。该市场与目前已经建立的里昂、图卢兹、鲁昂商事交易所相同,均享受免税、自由贸易等特权,以便为附近集市往来商人们提供便利。

为使上述费用切实收取并有效地发挥作用,商人集市长官和巴黎市政长官(Eschevins)应在巴黎市政厅召集50名商人和社会名流,并从中选举出10名代表负责分配费用的承担份额和用途。相关分配方案须由50名商人大会认可。

我们命令,如果有商人拒绝缴纳其应承担的费用份额,自(交款)要求或通知作出之日起三日后,即可强制变卖该商人的货物,或其他动产或不动产。变卖由执达员或执达吏依申请进行。

禁止执达员或执达吏于商人在前述共同市场聚集日送达任何司法文书或传唤状,即早上9点至11点,下午4点至6点。

我们许可商事法官/参审官挑选商人或其他职业者作为其誊抄人和书记员,他们的职责是在除羊皮纸外质量较好的纸张上制作裁判文书:禁止他们收取除工本费以外的工资和报酬,违者将受到人身处罚。如商事法官/参审官故意隐瞒其誊抄人和书记员的上述行为或与其相勾结,则由该商事法官/参审官自己对该行为负责。

我们命令拥有司法权力的人们,如最高法院法官、巴黎邑长、里昂司法总督、鲁昂市长以及所有其他隶属于他们的人员,均需公布、阅读和保存本法令,并严格遵守本法令管辖权与审判权的规定,不得违反。不允许任何人以任何形式违反本法令。

我们为本法令以国玺封印,以使本法令具有永久和稳定的效力。

本法令于1563年11月颁布于巴黎,国王在行政院签署,并加盖大火漆印封印。①

继该法令简洁明了地拉开商事法院规范序曲之后,法国立法很快补充了商事法官/参审官的选举规则,该规则日后作为"商事法院组织规则"并入商法典第四卷第一章。

1563年法令被法国理论和司法界普遍认为是史无前例的法国商事法院创始性立法文件。虽然也有持不同观点的学者,认为在此之前也有一些单行

---

① René ITHURBIDE, *Histoire critique des tribunaux de commerce*, librairie generale de droit et de jurisprudence, p.67.

法令提及商事审判活动,但主流观点仍然认同该法典是法国司法史上第一次以创设商事法院和商事特别审判程序为目的的法典。该法典初步制定了商事法官的选举规则和商事审判职权;规定了协作法院基本原则:无偿原则、经济原则、程序简化原则、效率原则,以及判决执行和司法执达员的相关规则。此之后的立法者们每每修改完善商事法院规定,都不忘重申以该法令为基础。

(三)法国商事法院成立之初的运作

1563 年法令出台后,巴黎商人们十分积极,他们按照该法令的规定于1564 年 1 月 27 日选举产生了第一届商事审判人员,即一名商事法官和四名商事参审官。他们当天发起成立了由 50 名知名商人共同组成的商人大会,并作出了征集 2 万镑费用的决定,这笔费用随即用于购买作为商事法院的房屋。法国商事法院最初的临时驻地是位于圣-德利 7 号街道的圣-马格卢瓦尔修道院,第一届商事审判员们于 1564 年 2 月在那里作出了他们的第一份商事裁判。此后,商事法院迅速发展。那个时期,商人们更希望由商人团体内部成员裁判纠纷,因为这种司法形式非常快捷简便,并且商人法官也更熟悉商事活动的特殊行业规则,利于纠纷的迅速解决。商事法院在法国大范围地兴起,1564年波尔多、南特、普瓦提埃和土尔等城市均创设了商事法院。

然而,正如所有新生事物都会遭受旧势力的打压一样,商事法院在运行之初也并非一帆风顺。虽然巴黎商事法院第一届的五名审判员均具备丰富的商事实践经验,也享有良好的职业道德口碑,但却因与当时的司法习惯相矛盾,受到传统守旧势力的排斥,以至于他们必须从一开始就与众多强有力的反对者对抗。这些反对者中甚至包括巴黎大法官、巴黎宫廷大法官以及巴黎自治法官。①

---

① 法国大革命前,巴黎法院是法国领主法院的一部分,自 1032 年开始,巴黎大法官(Le prévôt de Paris)同时也是法国王室法院的大法官。起初他独自审判案件,后来他逐渐地将其权力分配给其他司法人员。1674 年,巴黎领主法院并入王室法院。巴黎宫廷大法官(Le prévôt d'hotel)是法国国王授权的佩剑官员,他负责审判有关王室官员案件的初审,其工作地点在国王宫殿中。巴黎自治法官(Le prévôt de marchands)自 1190 年被法王腓力—奥古斯都任命为自治市法官,是商人自由民大会的领导者。他与骑士一起裁判所有商人间因商事活动产生的纠纷,尤其是海上纠纷、商人轻度犯罪以及制造商、代理商和商人随从因商品买卖产生的纠纷。他们在市政厅公开庭审案件。对巴黎大法官与巴黎自治法官的判决的上诉由法国高等法院(Parlement)管辖,对巴黎宫廷大法官的判决则由大参事院管辖(grand conseil)。法国高等法院是所有案件的上诉审法院,行使最高司法审判权和管理,也是法国王室法典和法令的档案管理机构。[美]哈罗德·J.伯尔曼:《法律与革命——西方法律传统的形成》第一卷,贺卫方等译,法律出版社 2008 年版,第 128 页。

在 1563 年以前,名为夏特勒(Châtelet)的商事法庭审理绝大多数商事纠纷,但它却是邑长法院的一部分。因而,1563 年法令及新成立的商事法院受到了传统封建法院法官的抵制,因为这使得本属于他们的商事审判权落入非职业的商人法官手中。商事法官刚选举产生不久,巴黎高等法院便首先变相违反法令,要求并接受商事法官向其宣誓,而依据法令规定设置的商事法院法官并不需要这么做。商事法官很快成为众矢之的。商事法官/参审官选举结束后的一个月,商事法官便与夏特勒的邑长法院产生冲突:两名商人寡妇将商事法官作出的一笔关于海鱼业务债务的争议判决上诉至邑长法官处,该争议标的额低于 500 镑。邑长法官以争议事项涉及他们监管范围内的海鱼销售为借口,受理了上诉。商事法官将该事件诉至国王,国王则于 1563 年 3 月 7 日颁布特别指令禁止邑长受理此类案件,并确立了商事法官一审终审权。然而巴黎高等法院却并未将此指令予以正式登记,为此,国王又于 1565 年 5 月 3 日再次发布命令,强制要求巴黎高等法院全部登记所有类似指令。

商事法院在各地方的情况也类似:商事法院迅速成立并发展,但各地反对的力量也十分强大。如鲁昂、森力、蓬图瓦兹等地方邑长、子爵、海军上将,田园、林场及水域领主等,许多传统封建法院法官纷纷阻止执达吏将商事传唤状送交给商事法官。对此,国王不得不颁布法令要求所有执达员或执达吏按要求送达传唤状和诉讼文书,且不得受任何势力的阻碍。

传统封建司法体系中的各级法官争夺商事审判权的目的归根结底在于争夺诉讼费。商事诉讼费用相较普通民事诉讼费用一般较高,而新兴商事法院的产生将本属于普通封建法院的一笔数目可观的诉讼费剥离出去,损害了普通法官们的既有利益。因此商事法院成立初期,尽管法国国王强令推行,各地封建法官仍然十分抵制,采取各种办法排斥或消极地执行。例如,各地封建法官常常通过发表个人对法令的解释来制约商事法官,保留和增加自己对纠纷案件的管辖权。在新旧两种势力对抗的过程中,法国商事法院制度不但没有衰退,反而其影响力日益增强。之后的几个世纪中,在商人群体的推崇和国王及其重要内政大臣的支持下,法国商事法院制度从诞生时的逆境发展到奠定坚实基础,再到不断壮大规模数量,逐渐完善规则体系,直至成为延续至今的独具特点的诉讼制度。

二、法国商事法院的发展

自 1563 年法令宣布法国商事法院诞生以后,法国商事法院经历了数次变革,其中有激进的,也有保守的,但总体趋势是向前发展进步的。纵观其悠久的演变历程,大体可以分为大革命前与大革命后的两个阶段。大革命前的法国仍处于封建主义为主体的时期,这个阶段的商事法院制度改革和推进是以封建君主为主导的。1789 年法国大革命推翻了封建制度和封建王朝统治,资产阶级正式走上历史舞台并开始扮演主角,相关司法制度也随之演变成民主法制。虽然之后出现了多次封建君主制度复辟,但历史潮流的发展方向总是向前推进的。商事法院制度作为国家司法制度的一部分,主要受到以国民议会为代表的资产阶级统治者的修订完善。

(一)大革命之前的商事法院

1563 年法典颁布后,商事法官受理的日常商业纠纷案件数量与日激增,最多时巴黎商事法院达到每年 5 万件案件。案件负担巨大以及法官人数奇缺使得商事法官难以招架,于是实践中便出现商事法官将其职权范围内的一部分事项交由前任商事法官或资深商人处理的现象,如验证破产事项、出具专业意见、对反抗商事法官命令的行为作出回击、处理商事法院外部关系等。前任法官和资深商人也乐行此职,并为此组成前法官委员会"Compagnie des anciens",协同帮助现任商事法官解决纠纷相关问题。

与商事法官如火如荼地从事审判相对比,地方传统封建领主法官却门庭冷落。丧失了商事管辖权的普通法官们不仅缺失了一大部分诉讼费收入(原先领主法庭受理商事纠纷要收取诉讼费),他们在商人市民和地方臣民中的权威地位还大打折扣。为恢复其以往的权威和利益,普通封建法官们联合形成一股反对商人自治的力量排斥法令的执行,阻碍商事法官裁判商事案件和执行商事裁决。这个时期,双方力量总体上势均力敌,矛盾异常尖锐突出,斗争十分激烈,过程中守旧势力数次占据上风。虽然在这场斗争中有胜利也有失利,但商事法官们最终坚守住了商事法院的阵地,并且不断完善细化各项制度规则,体现出蓬勃的生机。法国商事法院及商事诉讼制度的主要规则体系也就是在这一时期逐渐健全完善,为后世的更进一步的发展打下坚实的基础。该阶段有影响力的事件主要有 1565 年法令、1673 年法令,以及 1789 年前的变革等。

1.1565 年法令

1565 年,由于守旧势力的不断阻挠,商事法官联合向国王申诉,国王查理九世再次介入,并在财政大臣米歇尔(Michel de l'Hospital)的支持和推动下,于 1565 年 4 月 28 日发布敕令,重申了 1563 年法令内容,强化了商事法官的职权,并就一些规定进行细化。法令主旨是,鉴于 1563 年法令实施以来所面临的诸多障碍,尤其是高等法院以及地方领主法院频繁就商事法官作出的低于 500 镑纠纷案件的终局裁判受理上诉,并违反法律作出上诉裁判或答复意见,甚至阻止执达员送达传票和执行商事法官所作的裁判命令,为杜绝此类阻止商事法官行使职权情况的发生,国王颁布本法令以再次明确商事法官职权,并解释 1563 年法令。较 1563 年法令,1565 年法令就下述问题予以了进一步的规范和确定。

明确商事法官对于案件的绝对管辖权。法令规定,任何法院不得以任何理由审理应由商事法官审理的没有超过 500 镑的纠纷案件。如此便否定其他法院以各种理由为借口侵犯商事管辖权的行为。

扩展了商事法院适用范围,由原文规定的仅对于住所地在巴黎的商人之间发生的纠纷享有审判权,发展到对于全国范围内的商事纠纷均由商事法官管辖。1563 年法令原文仅是旨在创设巴黎商事法院,虽然根据该法典,其他商事发达的城市也相继创设商事法院,但严格意义上讲却于法无据。因此,1565 年法令明确将创设商事法院由巴黎一域扩展到法兰西王国各地,并且各地的商事法院职权规则均相同。

限制司法特权。在特权盛行的封建时期,法国存在一部分拥有特权的人群,例如从事国家公务的人员、军队主要计财人员、王室官员、大学专员(通常是教士贵族)等,他们依据特权授予书(lettre de commitimus)享有由特殊法官(如享有一定审判权的王室及其内政官员等)解决相关争议的特权。然而,在这些人中也不乏存在许多同时从事商事活动的人,当他们与其他普通商人因商事活动产生纠纷时,则主张将纠纷提交特殊法院裁判解决,因为这类法院将以他们的利益为先而非依照公平原则裁判纠纷,对方当事人利益常常受到损害。司法特权长期以来使得封建贵族阶级既享受政治上的特权,又获得商人的自由,为其攫取巨大财富利益提供了便利,因而他们自然不愿意放弃特权的享有。但是这样的司法特权却不利于商事规则的统一,有损于商业秩序和商人群体乃至国家利益。为促进商事活动更进一步的发展,法王决定取消特权阶级商事审判特权。法令规定,特权享有者可继续享有其既有特权,但当其作为商人与其他商人在商事活动中发生争议额低于 500 镑的纠纷案件时,则应遵守法律规定由商事法官管辖,且不得上诉;禁止宫廷贵族、司法部及秘书处的官员作出任何有关改变商事法官管辖的指令,高等法院法官不得受理任何上诉申请,或要求当事人向其提起上诉;禁止检察官受理商事案件上诉,或应由商事法官裁判的商事纠纷。

此外,1565 年法令还加强了执达员的职责义务。要求执达员必须协助辖区内的商事法官送达传唤状,执行商事法官的临时命令和裁判,并且不得拖延或要求出示其他任何申请或证明,否则将剥夺其执达员职务。设置当事人、普通法官惩罚责任,对违反法令阻碍商事法院行使裁判权的当事人和普通法院法官进行惩罚。

1565 年法令由国王签署颁布,与 1563 年法令有同等效力,并被作为 1563 年法令原文的一部分一并执行。在查理九世及米歇尔的大力支持推动下,加之商事审判程序以效率和经济原则为先,且商事法官也大都恪守公平原则,商事法院得到普遍推崇,成为当事人发生纠纷后的首要选择。甚至对于很多非商人或非因商事活动而发生的纠纷、本不属于法令规定的商事法官受案范围,但均因当事人共同申请,且商事法官也并未有意识地驳回而受理和裁判。例如,纯粹民事约定、非因商品买卖和运输而产生的纯粹民间借贷、房屋租赁及支付租金、土地租用,以及农民或有产者收获并转卖从自己的田地中产出的粮食谷物或酿造的葡萄酒,劳工工资、手工业者如泥瓦匠、木匠的定制活动,雇佣工人或雇佣兵等纠纷。法国路易十三统治后,商事法院基本奠定了其在法国司法体制内的牢固地位,作为享有最高上诉审判权、终审裁判权的法国高等法院(Le Parlement)也多次驳回普通法院的上诉,表示了其对国王立法的遵守和捍卫。①

---

① 例如某案中,一被告酒馆经营者因无理由拒不到庭而被商事法官判处罚款,被告以原告并非商人本人而是其经纪人为由将商事法官裁判上诉至巴黎邑吏法院。邑吏法官撤销商事法官一审裁决后,高等法院终审支持一审判决,并因商事法院管辖范围内案件不应受理上诉而公开批判了巴黎邑吏法院。见 René ITHURBIDE, *Histoire critique des tribunaux de commerce*, librairie generale de droit et de jurisprudence, p.76。

2. 1673 年法令

17 世纪中下叶,经济上,随着资本主义世界殖民扩张的加剧,海上贸易迅速发展,人们对财富的追求欲望极大地膨胀。政治上,法国历史上最伟大的封建君主路易十四统治法国,他的雄才大略和对外扩张战略,一度使得法国成为欧洲大陆首屈一指的强国。为促进当时蓬勃发展的商业贸易和获得最大的利益,路易十四推行"重商主义",鼓励商事活动,创设了一个新的职位——财政总监,并任命极富商业头脑和管理才能的天才多面手让-巴普蒂斯特·柯尔贝尔(Colbert)就任该职,掌管法国的经济和商业活动管理。① 当时法国重商主义认为,一个国家越富有实力就越强盛,在世界的影响力就越大,因此应当尽可能地聚集财富,途径便是大力发展本国工商业并鼓励出口,设置贸易壁垒限制进口,促使外国金银流向本国。当时任财政大臣的柯尔贝尔,为保证宫廷奢靡花费和为其君主称霸欧洲提供财富保障,励精图治,采取一系列措施为路易十四聚敛金钱。他实行关税保护政策,对外国商品船只征收重税;对国内则采取疏通河道、清除地方官卡,建立统一市场等措施;此外,大力拓展海外贸易,筹建了东、西印度公司(la compagnie des Indes)等贸易垄断公司以开拓东半球的市场和争夺殖民利益;发展工业,奖励生产以减少对外国消费品的依赖,鼓励开办手工工场,并制定行业标准以保证质量,创设发展奢侈品工业以打开欧洲宫廷市场并攫取高额利润。

在重商主义的影响下,法国商事活动得到极大发展,商人阶级、资产阶级力量日渐强大,商事法院作为商事活动保驾护航的纠纷裁判制度也自然顺理成章地得到重大发展。1667 年,路易十四颁布法令,修改、细化了 1563 年法令中的某些商事审判程序规则。例如,增加了有关专家证人的规定,细化了违反出庭原则的后果,增加了证人失权、书面证词的规定等。然而,仅是对原有

---

① 柯尔贝尔出生在法国兰斯的一个呢绒商家庭,从小就学着做生意,对商业有着极大的兴趣和天赋。同时,他也是一个极其勤奋谨慎、精力旺盛的天才和忠诚不贰的皇室奴仆。在他的努力下,不仅减少和抵消了法国王室历年累计的高额负债,还大大增加了财政收入,深得路易十四赏识。在出任财政大臣不久,路易十四即将全部国务交付予他。他在任期间励精图治,创设了法国财政部、工程部、商业部、工业部、海军部、农业部和殖民部等重要部门,并一度兼任所有部门大臣。在他的倡导下,路易十四推行"重商主义",并获得极大收益,积聚起大量财富,为其军事扩张和殖民争夺以及未来法国称霸欧洲大陆奠定了基础。见刘翔编著:《一口气读懂法国史》,民主与建设出版社 2012 年版,第 148 页。

法律进行细节补充和修订不能满足"太阳王"路易十四的要求,他随即于1673年3月颁布法国商事立法史上非常重要的法令。法令明确宣告,商业是王国富庶的源泉、国力强盛的基础,我们应长期坚持促进商业繁荣。为倡导商业诚实信用、防止欺诈,维护商人效率利益,避免诉讼程序冗长,特颁布本法令。该法令明确肯定了柯尔贝尔的重商主义,将鼓励商业活动提高到了维护国家实力和社会生活的至高地位。法令共包括12编112条,由柯尔贝尔主导,大法官萨瓦里(Savary)牵头起草,内容大大超过了以往法令的范围,详尽收纳了当时陆上几乎所有商事习惯,并对许多基本问题予以较为明确的规定,是法国商品经济初期法律规则的集大成之作。至法国大革命爆发前,该法令一直被当作法兰西王国最基本的商事法律,被很多法国商法学者看作是法国"商法典"的前身。正是在该法令中,法国商事法院规则也得到进一步的发展和细化。其主要内容包括:

统一全国商事法院:1673年法令颁布以前,受制于法国南北政权不完全统一、各地习惯区别等原因,法国各地建立的商事法院适用的规则并非完全一致。例如,在里昂,除了商事法院以外,还长期存在有特殊商人集市法院,它们最初是受宫廷总管大臣(Sénéchal)管辖,后来受商人自治裁判法官(prévôt des marchands)和骑士共同管辖。两者的案件受理范围时常出现冲突和混淆,并且里昂商事法院受案范围一直大于1563年法令确定的巴黎商事法院,如受理商人刑事犯罪案件等。1673年法令第1条明确规定,全国范围内所有商事法院均应遵循该法令的要求,其受案范围和审判程序均应完全一致;同时第11条规定,撤销商事法院中所有未由正式法律设置或认可的检查员、行会理事等官员,以确保全国商事法官来源相同,且杜绝各种封建老旧势力阻碍商人自治审判案件的可能性。

受理附带事件的执行:案件的执行历来都是由隶属普通司法法院统一管辖的执达员执行,商事法院也不例外。从商事法院成立起,商事法官所作商事裁判即是由执达员或执达吏执行。正是这样的局面才给普通法院阻挠裁判的执行留下偌大的空间和可能,他们可以通过内部命令的方式拖延、化解商事裁判的执行。由于商事法官均为兼职法官,只拥有案件审判权,要使其拥有其所辖案件的执行权在当时基本不具有可操作性,且阻力将十分巨大。为最大限度确保商事裁判的执行效果,法令第9条授权商事法官执行与其判决相关的附带事件,只要该事件不涉及当事人人身及身份。

取消行会理事特权:法令撤销了存在多年的行会理事官(Procureur-syndic)制度。行会理事原是自治市向封建领主派出的居民代表,以维护自治市的权益和协助封建领主管理统治,是自治市与封建领主斗争妥协的结果。理事官通常由当地行会首领、贵族担任。在法国某些大型商业城市(如里昂)的发展过程中,曾颁布地方法令要求在当地商事法院中为行会理事官设置固定席位,并命令商事法官审理案件时,就法律问题应征求其意见,并根据其意见作出裁判。行会理事官一届任期三年,任期之内不予更换。这样的规定无疑是对商事法官权力的极大限制和约束,违反商事审判基本自治精神,也极有可能导致商事司法腐败。为匡正此类不合理规范,统一商事司法秩序,法令第11条规定,若非是由全国性法典、法规创设,或在高等法院合法登记的法令中明确规定,商事法院不得设置任何性质的官员、检查员、理事等。

此外,法令还增加惩罚妨害商事审判行为罚款数额,将凡是意图撤销商事法官正当裁判,或故意延缓或阻碍商事裁判执行的当事人、执达员、执达吏以及检察员处以的罚款由每人10镑增加至每人50镑。授予商事法官强制性财务管理职能:商人的财务账簿须由一名商事法官在第一页和最后一页签名确认方为有效,交易所和银行的账簿则须由商事法官在每页上签章。如破产商人被发现其账簿未经商事法官审查和签章,则将被宣告为破产欺诈。赋予商事法官商事活动指导职能:法官可以根据社会发展和商事活动实际情况,定期或不定期就可能出现的争议和一些重大问题发布指引和评价,以引导商人经营活动,维护商事活动秩序,减少纠纷的发生。

3. 1673 年至 1789 年之间法律变革

随着重商主义的持续施行,以及受18世纪伟大经济学家亚当·斯密自由竞争、自由贸易主义经济学思想的影响,法国个人首创主义精神盛行,并逐渐取代了传统的行会团体观念,商业自由成为不可逆转的潮流。国王路易十四及以柯尔贝尔为首的内政大臣实行反对垄断、鼓励自由商业的政策促进了法国商业发展。尤其是1720年左右,苏格兰人约翰·劳受摄政王奥尔良公爵的授权,首次在法国创设银行、发行纸币,大大便利了商事交易,促进了商品经济的发达,加之英国18世纪中期工业革命的影响,法国商业在大革命之前近一百年时间内总体上持续向前发展,出现了债券和长期资本市场等新的融资工具。

以往有关商事法院的法令均只是从职权管辖方面就商事法院与普通法院的区别进行规定,1759 年 4 月 7 日法典新增了商事法院地域管辖的规定。法典确定了地域管辖原则:商事法院只能受理其管辖范围内商人之间因商事活动产生的纠纷,且被告住所地须在其所预先设定的管辖范围之内。如被告住所地没有被任何一家商事法院管辖范围覆盖,那么相邻地区商事法院均不得受理该案件,案件应由被告所属普通法院管辖。① 普通法院应依照 1673 年法令以及其他商事法规的规定,以简要程序审理商事案件,不得延迟或对当事人有任何超出法律规定的苛求,否则将撤销其商事案件管辖权并处以其他经济惩罚。法令还增设了特殊地域管辖规定,即上述原则的例外情形:商事纠纷优先由商事合意达成地、商品交付地以及货款支付地的商事法院受理,即使这些法院所在地均不是被告住所地。

此外,大革命前,商事法官 Turgot 创设了适用于法国人与外国人的商事企业创立法(Droits d'établissement),其中体现了该时期的价值取向:自由竞争对于商事发展至关重要,可以实现优胜劣汰,使恶意商人和劣质品生产者逐渐自然消亡。为保护自然竞争,必须建立合理的商业秩序和特别注意保护消费者利益,商业行会这一特权组织有违自由竞争精神,不再具有存在价值。虽然由于 Turgot 的失宠,行会并未立即被取消,而是在大革命之后的 1791 年由"纳税者"这一概念彻底取代,但该法仍一定程度上促使许多商人新开商铺,促进了地区间、西欧国家间商贸往来的繁荣。

虽然大革命以前有关商事法院的法律规定在现今看来仍处于较为粗糙的低级阶段,但在君主专制统治时期仍发挥了其极大的促进商业发展的作用,受到后世学者的高度评价。大革命以后塞纳瓦斯地区议员、参议员之一,也是历史学家、文学家的路易·塞巴斯班(Louis-Sébastien Mercier)在其著作《巴黎纪年》一书中描绘了巴黎几百年的历史沿革和大革命前社会经济面貌。由于他并非司法人员,其观点几乎未受到关于偏私的质疑,相反代表了那个时期客观的普遍观点。书中极大地肯定了商事法院及其法官的功绩,普通法院需用一

---

① 事实上,商事法院通常坐落在商业繁荣的城市,其管辖范围并未覆盖法国全部国土,而传统普通封建法院因为实施采邑制,普天之下莫非王土,国王或封建主的管辖范围则是覆盖法国全境。

个月审理的案件商事法院只用一天时间就能解决,所有无用要求和冗长程序均被排斥在外。商事法官均为商人的特点使得他们仅致力于揭示纠纷双方谁遵守诚信原则而谁没有,他们不拘于使用空泛词汇,而是利用他们的日常经验就案件中的特殊事项和问题作出判断。若非商事法院的全面适用,商事活动将陷入无序,交易安全则无法保障。正是受到广泛欢迎的商事法院将商事秩序从混乱中拯救了出来。与投机的封建特权贵族不同,商事法官以顽强的精神、艰苦卓绝的努力以及对公共利益的忠诚推动完善商事规则和维护商业秩序。

(二)大革命之后的商事法院

法国路易十五统治之后,海外战争的连连失败导致法国在殖民国家中地位急剧下降,丧失了欧洲霸主地位;国力迅速衰退也加剧了国内阶级矛盾,路易十四时期"太阳王"的光辉消失殆尽,王室贵族挥霍无度导致国库亏空引发人民的强烈不满,封建君主在人民心中的地位急剧下降,大革命在悄然预备之中。随着一批资产阶级思想先驱伏尔泰、孟德斯鸠、卢梭等人掀起的启蒙运动对波旁王朝专制腐朽进行的猛烈抨击及民主思想的大力宣扬,法国国民开启了政治民主觉醒和思想文化的解放。天赋人权、君主立宪、三权分立等进步思想广泛传扬、深入人心,激发了资产阶级和人民大众的革命意识,为大革命的产生奠定了基础。1789 年 7 月 14 日,以巴黎市民攻占巴士底狱为开端的法国大革命爆发,群情激昂的巴黎市民乘胜追击,攻占凡尔赛宫,驱逐封建君主路易十六。大革命建立了法国历史上第一个资产阶级政权组织——制宪议会。① 随后制宪议会通过法令宣布废除封建制度,取消贵族和教会特权。8 月 26 日发表著名的《人权宣言》,宣告"人们生来而且始终是自由平等的",标志着法国封建制度的灭亡。

大革命之前的封建君主统治时期,法国国王深知如果要获取经济利益必

---

① 路易十六统治时,代表法国三个等级,即天主教高级教士、封建贵族、资产阶级和农民的三级会议已经有 160 年没有召开。1789 年 5 月,为解决财政问题,路易十六召开三级会议,希望通过增税、限制新闻出版等政策。第三等级代表不同意增税。6 月 17 日第三等级代表宣布成立国民议会,但路易十六随即宣布国民议会非法,其一切决议无效。7 月 9 日,国民议会宣布改称制宪议会。大革命中,资产阶级建立了国民自卫军,在起义中夺取了巴黎的控制权,路易十六终于屈服并承认了制宪议会的合法地位。此时制宪议会实际上成为最高国家权力机关。见[法]托克维尔:《旧制度与大革命》,冯棠译,商务印书馆 2012 年版,第 213 页。

须依靠商业发展,因而必须保护和促进商事法院在内的各种维护商人利益的措施。尽管受经济发展水平的影响和封建特权制度的制约,商事法律立法水平较低,商事法院相关法律规范还十分不完善,但却得到了封建君主一如既往的支持。大革命期间,在革命者们彻底推翻封建制度的要求下,制宪议会实行一系列全面的革命性改革,如废除世袭贵族、封爵,重新划分政区,实现政教分离等。在改革司法制度方面,革命者成立大理院、最高法院,建立陪审制度,废除了绝大多数封建机构。然而,商事法院不但没有被议会作为封建旧制度被废除,革命者也不存在被当作软弱保守派的顾虑,而将以 1563 年法令为基础的商事法院体系完整地保留了下来。究其原因,法国有学者认为是因为商事法院是封建专制统治下产生的唯一的民主制度,与大革命的思想精神相符合,其民主选举法官的形式甚至为制宪议会的创设方式提供了借鉴经验,又恰好与革命价值观相吻合。① 此后,拿破仑统治时期,随着民法典、商法典的颁布,商事法院立法规定也随之达到高峰,并一直延续至今。

1. 商事法院存废之争

大革命刚一开始,制宪会议便指定里昂议会代表贝尔嘎斯(Bergasse)负责拟订大革命后第一份司法组织报告。这份于 1789 年 8 月 17 日公布的报告中称,应保留由商人自主选举产生法官的商事法院以及从海商船长中选拔法官的海事法院。然而,大革命时期政权更迭频繁,社会动荡,执政者内部对于旧制度的态度并不稳定统一且争执不断。1790 年,议员 Thouret 发表报告称,应全面废除封建司法体系并予以重新建立,而另一议员 Barère de vieuzac 则总结了 10 项司法制度基本问题并引发了议员之间的争议。其中第九项便是:是否有必要保留特殊法院? 特殊法院是封建专制的产物,其大部分是为着保护封建主贵族特权而产生,如税务法院(Tribunal des impôts)等,因而被大革命后资产阶级掌权者认为是专制政权最腐朽、最罪恶的产物,应予彻底革除。商事法院作为由封建君主主导推动的典型的特殊法院,虽然其在以往长期运用过程中发挥了广泛深刻的积极作用,并且被市民,尤其是商人群体广泛认可,但仍有不少激进革命者对其展开质疑。商事法院的反对者一度认为,没有必要

---

① Hervé Croze, "Tribunaux de commerce-procédure", *Juris Classeur Commercial*, 04, 2008, p. 17.

设置专门的商事法院,商事纠纷应由全国范围内统一的法院受理裁判。理由是大一统的法院无须划分特殊法院的管辖范围,将不存在各法院间界限模糊和管辖权争议的情况,而商事法院的管辖范围与行政区域范围不一致,存在这个城市的商人被另一个城市选举出代表审判的问题和争议等可能。大一统的观点很快受到抨击,因为它无法避免程序冗长的代价,且并非所有法官都有能力裁决所有争议,尤其是商业专业纠纷的问题。已执政的资产阶级绝不允许大革命后的司法制度退回到比专制统治时期更糟糕的情况。

大一统观点被抛弃后,议会议员们就商事案件的裁判模式的选择仍莫衷一是,议员 Goupil de Prepeln 建议商事案件全部适用仲裁规则,由仲裁员仲裁后将其裁判提交执达员执行;议员 Buzol 提出将商事案件仍交由普通法院受理,但该类案件由商人担任陪审员;还有的认为可在法院中设置一部分普通法院,一部分商事法院;还有的建议将商事法官引入治安法官体系等。面对所有的假设和重组方案,商事法官及其维护者们予以了坚定的回击,尤其是议会中的商事法院法官、代表商人利益的资产阶级代表,例如曾经是商事法官的两名巴黎议员 Vignon、Leclerc 就是商事法院原有体制的维护者。他们认为并没有任何必要对原有商事法院体制进行任何修改:商事法院自 1563 年诞生两个多世纪以来,没有任何当事人对其办案能力和合法性予以质疑,相反,其对于社会经济的广泛适用性和推动作用却被公众广泛认可,尤其是商事法官的无私精神、专业能力以及对公平正义的忠诚堪称是司法人员的典范。著名大法官Garat l'aîné 也公开发表言论支持商事法院维持原状。他认为,由伟大法官奥斯比达骑士创设的商事法官制度不但不应被废除,而应该尽量少地减少对其修改。两百多年以来,商事法院为我们带来至少三点优点:快速审判,无诉讼成本,经验丰富的法官善于运用各种专业的、适当的方法以便作出公正的判决。我们如何能攻击如此良好的组织机构? 如果当初商事法院按照现在人们设想的那样属于普通法院体系,由商人担任陪审员审判,那么庭审中将允许律师和检察官以维护当事人权益的理由出现,但他们的出现势必影响判案效率,也会相应增加当事人的诉讼成本。此外,毫无疑问,商事纠纷由熟悉商事规则的商人审判自然比非商人法官审判更有利于公正裁决的作出。Desmeuniers 也随即表示支持,提出维持商事法院也是为着不过分加重普通法官的负担。1789 年一年巴黎商事法官共审判案件 8 万件,波尔多商事法院共审判 1.6 万件,如这些案件全由普通法院受理,则势必无法承担。

2. 颁布司法组织法令

经过一番争论,商事法院最终在制宪议会获得全票通过。1790 年 8 月 16 日,制宪议会颁布司法组织法令,也就是法国历史上第一部司法组织法。其第十二章专章规定"商事法官",正式确立了商事法官的合法地位。商事法院制度在经历大革命风暴后存续了下来。该法较大革命以前的法律对商事法院的规定有较大变化,更加体现了民主平等精神。该法规定,商事法院的建立由省政府所在地城市根据当地商业管理的需要申请设置。而城市申请由当地公民共同提出,而非大革命前由封建国王指定在何处设置商事法院。法令还作出将海上和陆地商事纠纷授权商事法院一并处理的重大抉择,结束了法国几百年来海上、陆地商事纠纷分别审判的历史。同时还改革了商事法官的选举规则,即废除了商事法官原本由显贵商人组成的商人代表大会选举产生的规定,而改由选区内所有商人普选产生。选区内包含普通的制造商、代理商、银行商、手工业商人、艺术品商人以及航运商等在内的所有商事主体组成商人大会,由商人大会定期选举商事法官。虽然该做法不久便被两级选举制取代,但其民主革命精神已体现无遗。法令还第一次规定了商事法官的任职资格;细化了任期的规定:商事法官每届任期两年,每年举行选举更换一半法官;完善了商事案件级别管辖的规定:商事法院可以受理辖区内所有商事案件,即争议金额 1000 镑以下的案件由商事法院一审终审,当事人就判决结果不得上诉,而争议金额超过 1000 镑的案件由商事法院一审后,当事人可提出上诉。大革命前的封建时期,对同一案件可以提起多次上诉,高等法院 Parlement 为最高司法机构,负责对所有传统封建法院审理案件的终审。[1] 大革命之后,制宪议会废除了所有封建传统法院,如邑吏法院、邑长法院,按新划定的行政区设立了初审法院 juridiction de district。[2] 1790 年 8 月 18 日法律设置了纠纷两级审理制度,也就是巡回上诉制度。即当事人对区法院判决不服的,可由与其相毗

[1] 金邦贵主编:《法国司法制度》,法律出版社 2008 年版,第 113 页。
[2] 这是废除旧制度之后法国设立的最早的地区初审法院。之后,由于区管辖范围太小,立法者于 1795 年将区法院改为省法院 Tribunal departemental,但该区域又范围太广,于是又演变为大区法院 Tribunal d'arrondissement,最终发展成为于 1958 年设立并沿用至今的大审法院 Tribunal de grande instance。

邻的另外一个区法院进行上诉。①

3. 商法典

1800 年，当时还是执政官的拿破仑就任命了由执政官康巴塞雷斯领导、波塔利斯、特龙谢、普雷阿梅那和马尔维尔四位法学家组成的委员会起草《民法典》。这部人类历史上的典范性法典，也是第一部民法典于 1804 年正式公布。法典以自由、平等、保护所有权和契约精神为原则，充分反映了资产阶级革命的成果，废除了旧法加之于广大人民的各种束缚和歧视，为确立和稳定资本主义社会秩序，资产阶级发展经营工商业扫清了障碍。《民法典》颁布一年以后，拿破仑又任命巴黎上诉法院法官 Gorneau、巴黎商事法院院长 Vignon、原商事法官 Boursier、法学家 Legras、原司法官 Coulomb、济贫院总管 Mourgues、里昂著名商人 Vital-Roux 着手创设《商法典》(*Le code commercial*)。1807 年，统一的《商法典》颁布实施，将大革命前多以中世纪以来商人习惯法为基础的商事立法进行归纳总结和体系化编撰，并作为国内法独立的法律部门，开启了大陆法系国家民商分立体例之先河。同时，法典还一改以往商事立法中的商人主义立法模式，而以商行为作为其立法基础，开创了现代商法商行为主义，即无论是否具备商人资格，只要从事商行为均须适用商法。② 虽然《商法典》由于其历史局限并没有达到立法者的创制目标，其影响力也不如《民法典》，但它仍然是世界上第一部独立的商法典，对后世大陆法系国家的商事立法产生了较大影响。

法国《商法典》基本沿袭了 1673 年商事法令的原则，同时引入了大革命带来的价值观，如"经商自由""商人结社自由"等资产阶级民主思想。《商法典》条文比《民法典》条文少很多，共四卷 648 条。其中第四卷"商事法院"，包

---

① 具体规则是，区政府列出与该县相邻 7 个县法院名目录，其中一个须为省外县法院。当事人双方协商共同指定其中一家初审法院作为上诉法院。如当事人不能协商一致，则双方当事人可各自排除三家初审法院，所剩一家未被排除的便是上诉法院。然而对于商事判决的上诉，由于商事法院并非按区设置，适用该规则时将导致大多数商事一审案件由临近区法院非商事法官二审审理，致使商事案件的终审质量大打折扣，商人利益保护存在较大漏洞。不过，随着 1800 年 5 月 18 日法令创设等级高于区法院之上的上诉法院(Cour d'appel)，该问题则得到了解决。见 René ITHURBIDE, *Histoire critique des tribunaux de commerce*, librairie generale de droit et de jurisprudence, p.89.

② 何勤华主编：《法国法律发达史》，法律出版社 2001 年版，第 247 页。

括组织机构、管辖、初审程序和上诉审程序等。《商法典》再次确立"商事法院"不可动摇的合法性,并将其作为独立一卷列入,占据法典编撰四分之一的重要地位,充分肯定了商事法院对于推动商业发展的巨大作用,极大地推动了商事法院在法典颁布后的发展和振兴。法典第 615 条规定,商事法院数量和地点的设置由公共行政主管机关按照城市规模大小和工业发展实际情况,制定法规决定。1809 年 10 月,根据该条规定,法国在 244 座城市设置了商事法院,随后又演变为 220 座。法典还对商事法官的选举程序、任职条件等作出了比以往更系统详尽的规定,例如确定了商人普选制选举规则、规定商事法院法官不得少于 2 名、强化商事登记制度等。此外,1807 年《商法典》创举还在于新设了证券交易规范,将实践中长期存在的股份公司的规定纳入其中,明确了公司有限责任规则。

　　然而《商法典》自诞生开始就注定了不断波动、上下浮沉的发展道路。在正式颁布后不久便被执政者不断修改。究其原因,则一方面在于法国政局动荡不稳,政权更迭频繁,封建专制制度多次复辟,不同执政者因政治立场和执政理念不同而对国家宪法和法律进行频繁的修订,《商法典》中反映资产阶级民主精神的规定也被不断地废立。如有关公司破产的立法在 1838 年、1856年、1863 年、1867 年等被多次修改;商事法官任职资格和选举程序也一度出现废除普选制而由商业贵族选举的立法倒退,商事法院管辖权范围时而扩展时而减缩等。另一方面,19 世纪也是工业革命和资本主义经济快速发展的时期,科学技术突飞猛进,世界经济和政治格局发生了翻天覆地的变化。与民法所调整的较为稳定的民事关系不同,西方资本主义世界不断变革的商业模式和贸易关系直接导致商行为的不断更新,法国《商法典》最初的 648 个条文很快便不适应新的商业实际,被频繁地加以修改完善。甚至一段时间里,由于商行为的不断变化扩展和商业技术的精巧复杂,法国商法学界曾兴起了商法去法典化的浪潮,即在商法典之外另行设置商事单行法。原有条文被删改了绝大部分,如删除了其中刑事处罚、破产欺诈罪的规定等,同时许多调整专门商事行为的单行法规大量出现,使得《商法典》最后只留下一个"空洞的框架"。20 世纪以后,人类社会进入科技空前发达、经济全球化的发展阶段,便利的交通和信息化加速了国际商贸往来,跨国公司增多带来了国际商事繁荣,金融体系建立和信贷工具增加促进了资本市场的发展。世界经济全球化和多元化带来信息爆炸的同时也带来商业更加细化的分类和专业技术程度进一步加深，商事活动日益演变得更加体系庞大、内容纷繁复杂。《商法典》在 2000 年重新编撰前，原 648 个条文只剩下 150 多个条文仍然有效。[1] 尽管《商法典》没有获得《民法典》同样高的地位，但在 19 世纪初近代商业开始飞速发展的时期建立的一部体系完备、内容涵盖当时所有商行为的法典仍具有划时代的意义。

第二节　现代法国商事法院组织及布局

法国最初对商事法院组织进行系统规定的立法应为《商法典》，其第四卷"商事法院"第一编"商事法庭的组织"共 16 个条文（第 615—630 条），对法国长期以来商事法院组织习惯予以采纳和认可。但其中绝大部分条文因屡次改革被废除，仅第 630 条被保留，1987 年法令将其编入司法组织法典，并作为第 L.411—1 条。[2] 随后，司法组织法典新增了有关商事法院司法组织的规定，并区分法律和实施法令将其对应编入法典法律部分第四卷第一编、法规部分第四卷第一编和第八卷第二编。2000 年《商法典》"再法典化"编撰以后，许多单行法规陆续回归法典，所有商事法院组织的相关规定也因 2006 年 7 月 8 日第 2006—673 号法令结束了其在司法组织法典中暂时停留的使命，被整体编入《商法典》立法部分第七卷第二、三、四编，和法规部分第七卷第二、三、四编。至此，法国司法组织法典中不再有商事法院组织规定的内容。

一、法国商事法院组织

法国目前有关商事法院组织的规定均存在于《商法典》之中。根据现行《商法典》，法国商事法院组织实行统筹管理与单独设置相结合的方式：在中央司法部门中设置全国商事法院集中管理机构，以确保商事审判资源优化配

---

[1]　《法国商法典》，罗结珍译，北京大学出版社 2015 年版，第 15 页。

[2]　其中第 618—622 条被 1883 年 12 月 8 日法令废除；第 615—617 条被 1958 年 12 月法令废除；第 623 条被 1959 年 1 月法令废除；第 624、627—629 条被 1987 年 7 月法令废除；第 625、626 条被 1988 年 1 月法令废除。参见金邦贵译：《法国商法典（2000 年版）》，中国法制出版社 2000 年版，第 72 页。

置和全国商事法院的协调统一;每个地方商事法院内部设置完备的组织体系,确保商事法院日常管理和商事审判活动顺利开展。这些机构和组织功能职责不同,但彼此紧密联系,协调配合,共同构成法国商事法院完整的组织体系,确保商事法院的良好运行以及与其他法院体系的协同关系。

(一)全国性组织

法国商事法院全国性组织机构主要有全国委员会和纪律委员会,分别受法国司法部和法国最高法院领导,负责全国商事法院整体事务的统筹管理和商事法官及其书记员的违纪查处和惩戒。作为法国最高司法审判、行政机关的常设机构,全国委员会和纪律委员会超越了地方司法利益的局限,致力于全国范围内商事法院的管理和监督,对商事法院高效、合理运行起到重要作用。

1. 全国委员会

法国司法部设置商事法院全国委员会,负责统筹管理全国商事法院司法行政工作。① 委员会对各个商事法院运行情况进行不定期查访,负责定期收集案件数量、类型和发案频率、商事法官的培训与职业规范等信息,并每年定期向国家司法部汇报情况。全国委员会对外代表商事法院整体,负责就商事法院的组织运作、管辖权限和设置地点,以及商事法官的培训和职业规范等向司法部报告,并提出调整建议,同时还负责向社会公众发布相关资讯。对于商事法院内部,全国委员会负责制定全国商事法院日常管理的统一规范、规章制度;负责随时跟进汇总商事审判中和商事法官履职过程中遇见的各种问题,协

---

① 司法部部长又称为掌玺官 le garde des Sceaux,在法国现行法典中被广泛运用。该称谓源自另一个腓力二世的时候创立的历史称谓 chancelier de France,是指在立法性及行政规章性的文件上盖章,以表明文件的真实性。该行为在封建时期是至高无上的王权的象征。时至今日,王权已不复存在,取而代之的是由法国人民赋予的主权,所以所有决定都是以法国人民名义作出的,该概念经历不断演变并作为传统被保留下来。由于司法部具有草拟法律草案的职权,Sceaux被视为所有部门的公章,而不再是国王的玉玺,le garde des Sceaux 则指代拥有掌管国家印玺权力的官员,当然就是国家"司法部的负责人",即司法部部长。法国现行立法通常将 le garde des sceaux、le minister de la justice(司法部部长)作为同义词同时使用,或用 le garde des Sceaux 替代 le minister de la justice,指司法部部长一职。值得注意的是,目前国内许多文章或译注将两词认为是掌玺官、司法部部长两种职权,是长期以来翻译的误解,应予重视和更正。见法国立法网:https://www.legifrance.gouv.fr/affichCode.do;jsessionid=CE67132EC8D03180B20C9D05BB3A5D3B.tp-dila13v_1？idSectionTA=LEGISCTA000006161577&cidTexte=LEGITEXT000005634379&dateTexte=20161003。

调解决各地商事法院之间可能存在的冲突,维护商事诉讼秩序和商事法院正常运行。

商事法院全国委员会通过召开会议通过决议的方式履行职责。全国委员会由司法部部长任会长并主持会议,委员会每年至少召开1次全体会议,会议由委员会会长召集并确定议程。会议主要审查向司法部提交的报告,由委员们以决议的形式表决通过。会议只有在过半数委员出席的情况下才能举行会议,审议事项须经14名成员过半数同意方能通过。

委员会委员分两类,常设成员5名和任期成员14名。常设成员为:司法部所属司法局局长(le directeur des service judiciaires)、民事局局长(le directeur des affaires civiles et du Sceaux)①、刑事与特赦局局长、法国商事法官总会会长、商事法院书记员全国委员会会长。任期成员按任期履行职责,一届任期4年,可连任一届。任期成员为司法部部长指定的14名成员:上诉法院院长1名、上诉法院检察官1名、根据法国最高行政法院副院长提名的最高行政法院法官1名、在商事法院担任2年以上法官的商事法院法官9名,其中最多包括2名荣誉法官,且应当自其受指定之日起停止司法裁判活动不得超过3年,其他人士2名,其中1名根据社会经济委员会主席的提议指定。每位成员都配备1名替补成员,选任条件与正式成员一致。商事法院法官如希望当选全国委员会成员,须在现任成员任期届满前3个月前提交候选人申请书。

2. 纪律委员会

为对商事法官的审判行为予以监督,防止产生司法腐败和滥用法官权力,法国最高法院设置"全国商事法院法官纪律委员会",负责对商事法官可能存在的任何违反法官执业纪律如诚实、廉洁、荣誉的行为,以及各种应尽未尽义务的行为认定为违纪过错(une faute disciplinaire)进行裁判并施以惩戒。委员会由最高法院院长指定1名最高法院庭长担任主席。其他成员共7名:由最高行政法院副院长任命该院行政法官1名;上诉法院坐席司法官2名,由最高

---

① 民事局 La direction des affaires civiles et du sceau(DACS)起源于19世纪的中央行政机构,现隶属于法国司法部。该局包含169名成员,其中59名为司法系统现任法官。DACS负责草拟家事、物权、知识产权、民事诉讼程序、商事、公司以及集团程序等领域立法草案的编撰。见法国司法部官网:http://www.justice.gouv.fr/le-ministere-de-la-justice-10017/direction-des-affaires-civiles-et-du-sceau-10023/。

法院首席院长根据全体上诉法院首席院长指定的名单任命,该名单上的每位候选人均由各上诉法院首席院长在征求该法院全体大会意见后确定;商事法院法官4名,由所有商事法院院长全体选举产生。纪律委员会还按照相同的条件和名额任命或选举产生候补委员,所有委员任期为四年。

纪律委员会的正式成员与候补成员每四年在2月21日至3月31日期间确定。在纪律委员会换届的年度,各上诉法院院长最迟于2月15日向最高法院院长书面报送各自提议的、属于本法院的法庭庭长或审判法官,以便作为被推选人。由商事法院院长担任的委员,由各商事法院院长以通信投票的方式选举产生。每位商事法院院长在换届当年填写表决票,并于3月10日前寄送纪律委员会秘书处。3月15日至31日期间,最高法院院长将召集最高法院办公厅会议,进行检票、计票,并按照每一位候选人得票数多少排列名次。得票数排在前4名的院长将当选为纪律委员会正式成员,随后的4名作为委员会候补成员。纪律委员会成员名单最终由最高法院院长在《法兰西政府公报》上公告。纪律委员会成员在受指定或者当选后于4月10日至20日期间由最高法院院长主持就任仪式,开始任职。纪律委员会书记室的工作由最高法院院长书记室的书记长负责。

法国立法规定商事法院纪律委员会应当保持稳定性,委员会委员希望解除任职时,应向司法部部长递交辞呈,只有在司法部部长接受辞职的情况下,才能最终确定辞职。

(二)地方性组织

除全国性商事法院组织外,每个地方商事法院内部还均有一套完备的组织结构,确保商事法院重大事项决策、日常事务管理和商事审判活动。一般而言,法国各地商事法院内部基本由全体大会、商事法院院长、商事审判庭、商事法官及商事诉讼书记员等司法辅助人员组成。①

1. 全体大会

商事法院全体大会由本院所有在职法官组成,负责对需要集体决策的重大事项作出决策,如:选举产生本院院长;本院日常司法管理工作;以及审议院

---

① 鉴于法国商事法官及商事诉讼书记员是法国商事诉讼制度中极具特色的重要制度之一,且法国立法对其有专章规定,本书将其单独作为本章第三节予以论述。商事法院院长作为特殊的商事法官,也在第三节予以一并探讨。

长认为需要提交全体大会商议的事项,如作出司法行政措施等。全体大会由法院院长主持,通过审议和表决议案的方式作出决定。商事法院全体大会的召开日期与议程由院长在大会召开的前 15 日以裁定形式作出。大会只能审议已确定载入议事日程的事项。大会只有在至少一半成员亲自或委托出席会议时才能召开并审议议题和作出决定。被委托人应为本院其他法官,且每位法官每次只能接受 1 人委托。如果没有达到上述法定人数,则应当在 1 个月内按照相同议程重新召集全体大会。重新召集大会须由全体法官的四分之一出席或委托出席方可召开。

每次召开全体大会均设置会议临时办事处,负责会议筹备和组织,以保障大会顺利召开。办事处备置签到簿与表决票,监督投票的进行。办事处成员包括商事法院院长、副院长以及参加大会的各法庭庭长中排名第一位的庭长。副院长缺席的情况下,由顺序排名第一位的庭长替代,而排名第一位的庭长则由排列其后的庭长替代。如法院规模较小未分设法庭,则由参会法官中资历最高者担任办事处成员。法院书记员列席商事法院全体大会并制作会议记录,记录由法院院长和书记员签字并向上诉法院上交副本备案。

2. 商事审判庭

在法国,除因规模小、法官人数少而未设置商事法庭的商事法院以外,大多地方商事法院均设置若干商事审判庭,每个商事审判庭又由数名商事法官组成。《商法典》第 L.722—1 条规定,除有关由独任法官审判案件的各项规定之外,商事法院审理案件纠纷由商事法官组成的审判庭进行合议审理并作出判决。因而,除由独任法官裁判的案件外,法国商事诉讼裁判主体为商事法官组成的商事审判庭。法律规定,商事审判庭庭长由商事法院院长在每年新当选商事法官就职仪式举行后 15 日内,经听取本院全体大会意见后裁定确定。商事审判庭庭长应当具备 3 年以上从事商事法官经历,同时,院长还根据司法部对其核定的规模、法官数量裁定本法院法庭设置和法官分配,同一法官可以安排在数个法庭任职。在商事审判庭庭长因故不能履行职责的情况下,该法庭庭长可以由本法院其他庭长替代,或者由该法庭法官排名中名列第一的法官担任。

二、现行法院体系结构及法庭设置

法国商事法院的布局和管辖范围并非按照行政区划或者地理面积大小设置,而是根据地区经济发展水平和商业繁荣程度进行规划和调整。一般而言,在经济发达地区和商业往来发展较快、商业人口众多地区,至少设置一所商事法院。对于人口众多、商业经济地位重要,且商事纠纷频发的重点区域,如塞纳河流域经济区,尽管同属一个行政区域且面积范围不大,但却设置了数所商事法院,并同时配备了数量较多的商事法庭和商事法官,以满足商事主体对于解决纠纷的需求。而在经济欠发达或人烟稀少的地区,则可能由一所商事法院管辖几个行政区域,或者某一行省区域内不设置商事法院。同时,商事法院布局也并非一成不变。随着时间的推移、经济社会发展发生变化,当某些既有商业区域退化,不再具有大量纠纷解决需求,或原本欠发达地区经济发展、出现新的商业中心时,法国司法部将及时调整商事法院设置布局,根据变化后的客观情况撤销、合并或新设商事法院。

此外,法国还根据不同地区的特殊情况设置有特别商事法院或商事法庭。法国上莱茵省、下莱茵省及摩泽尔省设置大审法院商事法庭,其管辖权限与普通商事法院的权限相同。法庭由 1 名大审法院法官和 2 名经选举任职的陪审官以及 1 名书记员组成。大审法院的法官任庭长。在法国海外省和地区则设置商事法院混合法庭。混合法庭是一审法庭,由初审法院院长及经选举任职的法官和 1 名书记员组成。初审法院院长任庭长。法官选举按照普通商事法院法官选举条件和程序进行。混合法庭审判案件由 3 名法官组成的合议庭进行。合议庭除庭长外,另外 2 名法官由经选举任职或按照专门法官指定的法官组成。但法律规定由独任法官作出判决的情形除外。

根据法国司法部 2016 年统计数据,截至 2016 年 3 月,法国共设置商事法院 134 所,其中本土 127 所,海外省 7 所,商事法官共 3255 名。较 10 年前,即 2007 年的共 185 所商事法院,数量减少了 51 所。[①] 在没有设置商事法院的地区,由大审法院行使商事纠纷案件管辖权。由于法国商事法院管辖区域不能完全覆盖法国全境,而上诉法院管辖范围基本覆盖法国全境,且不重叠,因而

---

① 2007 年法国商事法院与商事法官数据可参见金邦贵主编:《法国司法制度》,法律出版社 2008 年版,第 141 页。

法国司法部通常以上诉法院管辖范围为标准,统计商事法院布局。根据法国2016年统计报告,法国现行最新商事法院设置及其法官、法庭数量情况如下。[1]

各上诉法院下辖商事法院设置及其法官、法庭数量

上诉法院	法官总数量 (名)	商事法院数量 (所)	法庭数量 (个)	法官平均数 (名)
巴黎	434	8	66	7
普罗旺斯地区	347	8	54	6
凡尔赛	196	4	30	7
雷恩	178	8	29	6
杜埃	177	6	30	6
里昂	151	4	25	6
蒙彼里埃	136	6	22	6
波尔多	122	5	19	6
图卢兹	109	5	18	6
普瓦捷	108	5	18	6
鲁昂	104	4	17	6
尼姆	96	4	17	6
格勒诺布尔	94	4	15	6
亚眠	92	5	16	6
波城	87	5	15	6
卡昂	84	5	15	6
里永	83	5	15	6
兰斯	81	4	13	6
第戎	76	4	14	5
尚贝里	71	3	12	6
奥尔良	70	3	12	6
贝桑松	67	4	12	6

---

[1]　Code de commerce, LexisNexis, éidition 2016, pp.2755-2759.

续表

上诉法院	法官总数量（名）	商事法院数量（所）	法庭数量（个）	法官平均数（名）
南锡	66	4	11	6
昂热	64	3	12	5
阿让	45	3	8	6
里摩日	45	3	8	6
布尔日	44	3	8	6
巴斯蒂亚	28	2	5	6
科尔马	0	0	0	0
梅斯	0	0	0	0
海外省	0	7	7	0
总计	3255	134	543	

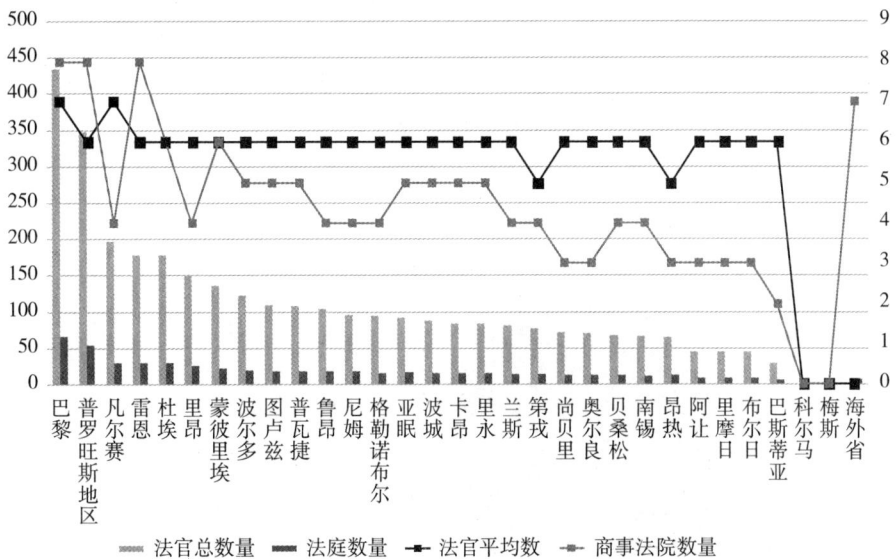

从上表和上图可知,法国全境的商事法院、法庭及法官数量分布不均衡。法国全境除海外省以外共分为 30 个上诉法院区域。排名前十位的上诉法院区域内下辖之商事法院、商事法庭和商事法官数量总和占全国总数

量的百分比分别为44%、57%和60%,集中程度较高。其中巴黎、近巴黎地区(凡尔赛)及普罗旺斯地区三地商事法官总数量即达到全国商事法官总数量的30%。值得注意的是,普罗旺斯地区上诉法院管辖区域覆盖地中海沿岸商业重镇马赛,因此,该上诉法院辖区内商事法官总数量排名全法第2位。巴黎和普罗旺斯地区商事法官总数量恰好印证了北方与南方两大经济、商业中心城市的核心地位,以及在此基础上产生的较为集中的商事纠纷解决需求。同时,这两座城市还是法国商事诉讼的起源地,是法国最早设立独立商事审判组织的城市,有着近千年深厚的商人自治历史,发展至今也仍然占据了法国商事诉讼最重要的地位。此外,各商事法院商事法官平均数量基本相等,说明各法院内部组织结构基本相同;各地商事法庭数量、商事法院数量与商事法官总数量呈正相关关系;但商事法院数量与商事法庭数量却无必然联系。各地商事法院设置大多为3—5所,最多不超过8所,但商事法庭数量少则几个,多则50—60个。也就是说,为规范商事法院管理和满足商事纠纷解决的需要,法国立法采取调整商事法庭数量、尽量避免增减商事法院数量的做法。即根据不同地区商事诉讼案件数量设置商事法庭数量,案件集中的地区商事法庭数量多,反之则设置数量少,而并不过多变动商事法院设置,这样既有利于随时、合理调整商事司法资源配置,又减少法院增减可能对司法秩序带来的不利因素。

根据上表基本信息,可以得出各上诉法院下辖商事法院、商事法庭及商事法官数量占全国总数量的比例图:

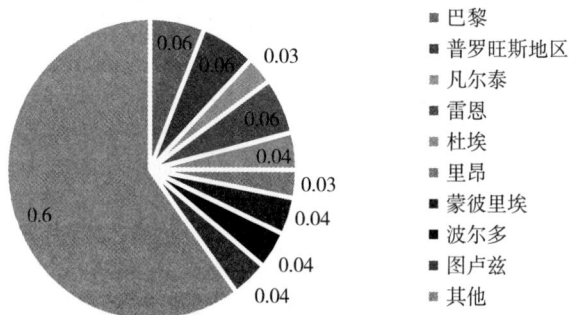

各上诉法院下辖商事法院数量占比

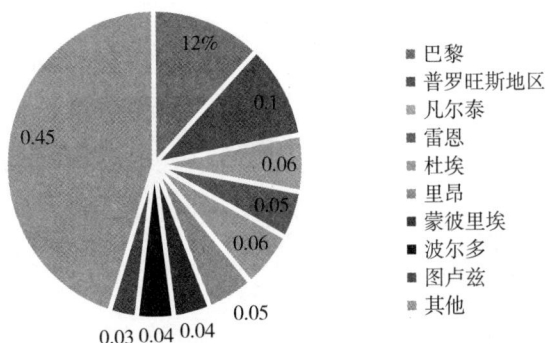

各上诉法院下辖商事法院的法庭数量占比

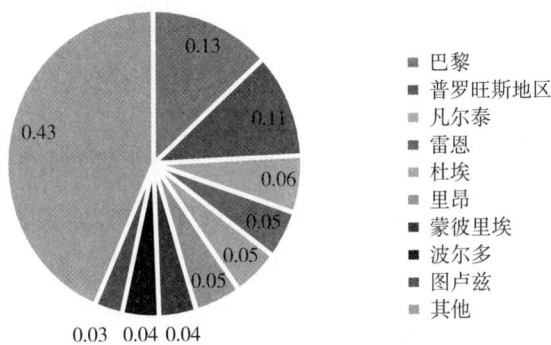

各上诉法院下辖商事法院的法官数量占比

　　结合法国各区域的历史沿革、经济发展情况和国内生产总值分布情况来看,法国全境的商事法院、法庭及法官数量分布虽不均衡、集中程度不一,但基本遵循了与经济发展水平和商业活跃程度保持一致的规律。以2013年为例,全法国内生产总值为2.075万亿欧元,其中以巴黎为核心的"法兰西岛"大区即贡献了6316亿欧元,位居贡献榜第一,且大大高于其他地区总值。贡献较多的大区为地中海沿岸的"普罗旺斯—阿尔卑斯—蔚蓝海岸"大区、"朗格多克—鲁西永"大区,分别贡献了1527亿欧元和1521亿欧元;"罗纳—阿尔卑斯"大区贡献了2426亿欧元;"阿基坦"大区贡献了1583亿欧元;"洛林、阿尔萨斯、香槟、阿登"大区贡献了1503亿欧元;"北部—加莱海峡"大区则贡献了1535亿欧元。

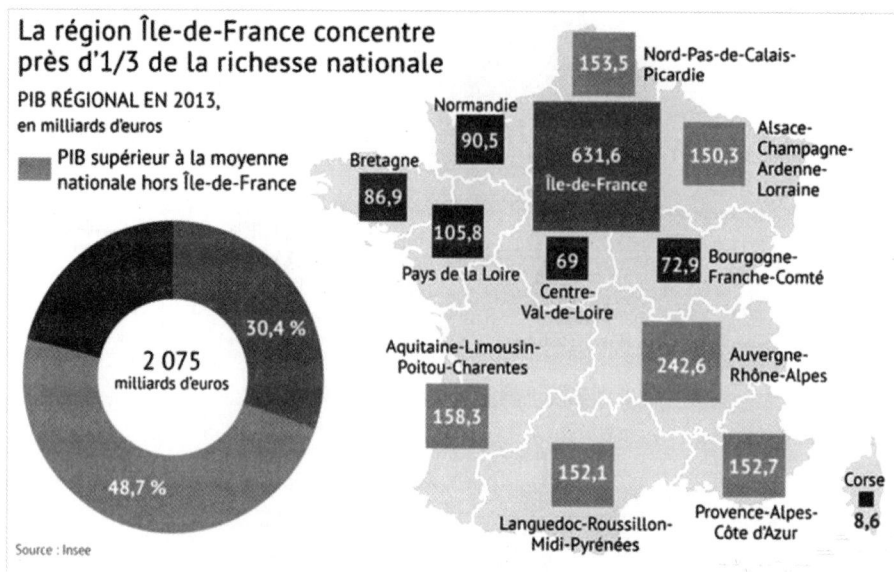

La région Île-de-France concentre près d'1/3 de la richesse nationale

PIB RÉGIONAL EN 2013, en milliards d'euros

PIB supérieur à la moyenne nationale hors Île-de-France

2 075 milliards d'euros

30,4 %

48,7 %

Source : Insee

Nord-Pas-de-Calais-Picardie 153,5

Normandie 90,5

Bretagne 86,9

Pays de la Loire 105,8

Île-de-France 631,6

Alsace-Champagne-Ardenne-Lorraine 150,3

Centre-Val-de-Loire 69

Bourgogne-Franche-Comté 72,9

Aquitaine-Limousin-Poitou-Charentes 158,3

Auvergne-Rhône-Alpes 242,6

Languedoc-Roussillon-Midi-Pyrénées 152,1

Provence-Alpes-Côte d'Azur 152,7

Corse 8,6

法国 2013 年国内生产总值(GDP)及各地区贡献分布图①

"法兰西岛"大区对应的商事法院管辖范围便是巴黎和凡尔赛的上诉法院管辖区域,即大巴黎周边地区和塞纳河流域。这个地区是全法国政治、经济、文化和商业中心,GDP 贡献最大、商业活动最为繁荣,因此产生商事纠纷也最为集中,相应地,为满足商事纠纷解决需求而设置的商事法院、法庭数量也最多。地中海沿岸的"普罗旺斯—阿尔卑斯—蔚蓝海岸"大区和"朗格多克—鲁西永"大区,毗邻意大利和西班牙,历史上便是商业最为活跃的地区和商事诉讼发源地。时至今日,环地中海沿岸也一直是欧洲商业活动最繁荣的地区之一,商事法院、法庭在该地区设置也仅次于巴黎地区。而"阿基坦"大区则为雷恩的上诉法院管辖区域,属大西洋沿岸;"罗纳—阿尔卑斯"大区则为里昂的上诉法院管辖区域,为罗纳河口地带,又毗邻卢瓦尔河流域;"北部—加莱海峡"大区为杜埃的上诉法院管辖区域,位于加莱海峡与英国隔海相望;东北部与德国接壤的"洛林、阿尔萨斯、香槟、阿登"大区则是中世纪时期最古老、繁华的集市所在地。此外,蒙彼里埃的上诉法院管辖区域临近地中

----

① 资料来源:http://blog.sina.com.cn/s/blog_691a9bd00102wr6t.html,访问日期:2015 年 12 月 15 日。

海沿岸,与西班牙接壤;波尔多的上诉法院管辖区域位于大西洋沿岸;图卢兹的上诉法院管辖区域位于地中海和大西洋之间的加龙河流域,与西班牙接壤。

可以看出,法国商事法院、法庭及法官数量排名前十位的地区均是法国GDP 贡献量较多地区,即巴黎、临海商业中心地和重要内河流域、河口城市等传统和新兴的经济发达区。这些地区自古以来商人的商事活动频繁,商业氛围浓厚,市场交易活跃,从而需要更多的商事法院来解决商事纠纷和诉讼,维持市场秩序。而商事法院及其法庭和法官数量较少的区域,如巴斯蒂亚的上诉法院管辖区域为地中海上的岛屿;布尔日的上诉法院管辖区域为法国中部内陆经济产值相对较少的地区。因此,法国商事法院设置,及其法庭和法官数量的发展及沿革是与区域社会发展历史和经济规律密不可分的。

第三节　法国商事诉讼裁判主体制度

法国商事诉讼裁判主体——商事法官是法国诉讼制度中非常独特的存在,其独特之处在于其不同于普通司法体系,如大审法院、上诉法院的法官,具有国家公务员身份,领取国家财政薪酬。商事法官全部为非职业法官,或称兼职法官,他们不具有国家司法公务员身份,不占用法国国家财政资源,无须国家支付薪酬,而全部来源于商业经验丰富、经营业绩良好的商人。这样的法官构成可谓是对中世纪西欧商人自治传统的严格遵循,在现今西方发达国家商事诉讼制度中已绝无仅有,是法国商事诉讼被视为世界独特商事诉讼制度的重要原因之一。在经历了资本主义几百年经济发展、西欧大陆绝大多数国家都放弃了商事诉讼商人自治的传统的现实环境下,法国立法至今依然坚持非职业法官作为商事诉讼审判主体,究其原因既可揣为立法者受其对于商事诉讼发挥的专业法官无可比拟的优势所驱动,又可谓之法国在比较其与普通法官展现的不同价值特点后作出的判断选择。虽然法国理论界近百年里有关撤销商事法院、废除非职业商事法官制度的观点一直存在,但却从未成为主流也未得到立法者的肯定。作为西方现代民主法制奠基人的法国,并不囿于其他国家的司法制度,而是秉持其特立独行的个性,坚持其认为正确的立法选择。从近三年来法国商事诉讼立法修订来看,法国商事法官制度不但未被削弱,反而得到完善加强,体现了立法者坚定的立场,因此其制度特点和功能价值则显得更加值得探究。

一、商事法官的选任

法国现行《商法典》第 L.721—1 条第一款规定:"商事法院为一审法院,由选举产生的商事法官和书记员组成",该规定延续了 1563 年法令关于商事法官选任的原则,是现今确定法国商事法官及书记员性质和产生方式的依据。《商法典》第 L.723—1 条进而规定:"商事法院法官由其辖区内的选举团选举产生",并在同一章以法律和法规两种规定形式详细规定了商事法官的选举条件和程序,包括选举人,即选举团成员的资格条件;被选举人,即商事法官任职条件;以及选举程序等。

(一)选举人条件

商事法官的选举是由"商事法官选举团"组织进行。选举团成员资格与政治普选制不同,并非所有公民都具有商事法官选举人的资格。由于商事法官是专门解决商事纠纷的法官,纠纷主体和涉诉案件主体具有特殊性,只是全体社会成员中的一小部分,因而法国立法限制了商事法官选举人的范围,只赋予部分公民商事法官选举权。《商法典》第 L.723—1 条规定商事法官选举人积极条件,即成员应当是以下三类人中的成员:法院辖区内选举产生的商事代表(délégués consulaires);商事法院在职法官;以及申请在选举人名册上登记的原商事法院法官。同时,选举团成员还必须满足以下消极要件:没有被解除职务,没有因违反荣誉、廉洁和公序良俗而受到刑事有罪判决;自宣告上述处分措施的终局判决生效之日起,至少 15 年没有再被判决宣告个人破产、禁治产处分,或违反《商法典》第六卷关于企业司法重整与司法清算的法律,以及关于财产清算、破产欺诈法律规定的丧失权利的情形;不存在按照《刑法典》第 131—27 条关于"禁止以任何名义,直接或间接为本人或他人利益,从事商业或工业职业,领导、管理或监督工商企业或商事公司"的规定而受到处罚的情形。

也就是说,辖区内所有"商事代表"均具有商事法官选举人资格,现任商事法官,以及商事法院原任法官经申请也可以成为选举团成员。因此,除商事法院法官以外,只有成为当地"商事代表"才有权选举商事法官。因而,商事代表的选任等同于商事法官选举人的选任,是确定商事法官的重要环节。

1. 商事代表的当选条件

商事代表可以由个人名义担任,也可以由商事公司法定代表人担任。《商法典》第 L.713—7 条规定,商业代表选举人和被选举人的条件均为:以个人名义担任时:应符合《选举法典》第 L.2 条的规定,即年满 18 周岁,享有完全的民事和政治权利,不存在法律上任何被剥夺权利的情形;国籍不限于法国国籍,而扩展为应当是欧共体成员国或欧洲经济区协议签字国国民;在所属工商会辖区内"商事公司注册登记簿"上注册登记的商人及其配偶;或在"手工业职业名录""商事公司注册登记簿"上注册登记的企业主要负责人及其配偶;或在法国注册且船籍港在辖区内的海运商船船长、航空器机长;或为商事法院担任现职的成员及原成员。

以法定代表人身份担任时应具备:该法定代表人所在公司符合《商法典》第 L.210—1 条规定的商事性质的公司要求,或具有工商性质的公共机构,且住所地在所属工商会辖区范围内;或在辖区内办理了补充登记注册的机构;或其住所在法国领土之外,但在本辖区内设有 1 家机构,且该机构在"商事公司注册登记簿"上进行了注册登记的商业公司。对于上述可作为选举人和被选举人的法定代表人应当是在该公司担任董事长兼总经理、董事长、董事会成员、公司管理委员会主席或成员、监事会主席、经理,或者是作为这些人的授权代表在公司担当商业、技术或管理职务的其他人。

同时,选举人和被选举人还不得存在近 15 年内因违反荣誉、廉洁或公序良俗的规定而受到刑事有罪判决的行为、没有被宣告个人破产及禁治产处分;没有因企业司法重整与司法清算、破产欺诈等受到法律禁止或丧失权利的惩罚;没有按照《刑法典》第 131—27 条的规定条件受到禁止从事商业职业或手工业职业,或者禁止以任何名义直接或间接为本人或他人利益领导、管理或监督工商企业的处分;没有受到欧盟其他成员国或与法国协议国现行法宣告的类似惩罚或制裁。

2. 商事代表的选举

法国《商法典》法规部分第七卷第三章规定,"地区工商会"负责选举本地区商事代表,每个地区商事代表的席位数不少于 60 位,也不得超过 600 位,具体席位数量,按照其所属辖区内商事选举团的规模、工商会成员人数,以及商事法院的数量确定。依照立法规定,法国设置了完备的工商会体系(Réseau

des chambres de commerce et d'industrie）。工商会为"国家的中间团体"
（qualité de corps intermédiaire de l'État），性质介于国家政府机关和民间社会
团体之间，是半官方半民间的组织，可独立代表法国工业、商业和服务业的利
益。工商会既不同于行使各项行政监督管理职能的地方行政部门，也不同于
代表本行业的各行业组织或跨行业组织，其主要职能为，"以促进发展经济、
增强地方吸引力、改善地域工商业发展布局、扶持企业和企业团体为宗旨，按
照法律规定的要求，从事公共服务事业性质的工作"①。同时，工商会根据法
律授权，还具备协助公权力机关履行行政管理职能，如地区在对创办企业给予
的任何资助安排，均应听取工商会的意见；地区工商会参与制定本地区发展规
划与调整商业布局；工商会可以担任基础设施工程项目的监理，或直接负责项
目的实施。每一个行政大区（région）及其所属地方（territorial）根据商业发展
情况创建地区工商会，其管辖区域范围与该地区的行政区划范围相同。各地
区工商会在其辖区内履行其公共服务职责。大区工商会委员数量为 30 人至
100 人；地方工商会委员则为 24 人至 60 人。工商会委员的选举人条件，除为
商事法院担任现职的成员及原成员以外，与商事代表条件基本相同。而工商
会委员的资格条件，按照《商法典》第 L.713—4 条的规定，应当在商事代表选
举人和被选举人条件基础上增加上一项，即在相应的工商会辖区的选举名册
上登记，并且证明其代表的企业连续从事商业活动至少已有 2 年。如现有工
商会委员不再具备当选的资格条件，包括连续从事商事活动 2 年的条件，将被
所在省省长宣告辞职。

同时，《商法典》还规定工商会委员候选人名额分配与候选人所在商事公
司规模大小成正比。第 L.713—2 条规定，具有工商会委员候选人资格的自然
人和法人，如其在本地域工商会管辖区划内雇佣的薪金雇员为 10 人至 49 人，
按照其注册住所以及在本工商会辖区内的所有机构的名义，可以有 1 个代表

---

① 例如，为创立新企业的公民提供支持，协助他们建立关系、为企业提供咨询建议；为各个
工商业主体提供沟通平台和交流媒介；为法国企业在国际上获得发展和产品出口提供支持；设
立、管理或提供资金资助公立或私立教育机构，提供初级专业培训或者继续教育培训；负责有关
设施的建立与管理，如港口与航空港设施的建立和管理；由政府权力机关、公法人交付的有关公
共商业服务的工作，如进行鉴定、咨询或研究等。工商会经费来源主要是国家法定财政拨款、因
管理活动产生的收益、获得的补贴和资助，以及参与资本运作的投资收益等。见 Code de com-
merce，LexisNexis，édition 2016，pp.1599-1618。

候选人名额;如其在本地域工商会管辖区划内雇佣的薪金雇员为 50 人至 99 人,可以有 2 个代表候选人名额;在辖区内薪金雇员为 100 人至 999 人,从第 100 人开始,每 100 人再增加 1 个名额;如其在辖区内薪金雇员超过 1000 人,从第 1000 人开始,每 250 人再增加 1 个名额。但是,自然人当选代表的情形下,若商人配偶希望当选代表,其商人配偶在辖区内雇佣的薪金雇员不得少于 50 人。对于合名公司与股份两合公司,无论以股东或公司的名义,仅能指定 1 名代表,但可以按照雇佣人员人数增加候选人比例。

商事代表按照每一个工商会的管辖区划范围,经选举产生,任期为五年。一般情况下,商事代表与地区工商会成员的选举由行政主管机关以及在行政主管机关的监督下,由各地区工商会组织,在同一天举行。需注意的是,如果工商会所属地区没有设置商事法院,那么将只举行工商会委员的选举,而不进行商事代表选举。因而可以认为,法国商事代表职责即选举产生商事法官,如无商事法官选举必要,则无商事代表存在必要。工商会委员和商事代表的选举均由省长或其授权代表主持,由负责监管商事公司注册登记的人员组成专门委员会(以下简称"专门委员会")负责选举工作、保障选举活动按照规定正常进行并宣布选举结果。选举开始前,在每一个行政区范围内,商事代表和工商会委员的选举人按照商业、工业和服务业三种类别划分,在每一类别的选举人内部,还可能按照各企业的规模进行职业类别的细分。不同类别的选举人之间,根据当地居民纳税情况、国民人数以及雇佣的雇员人数来确定席位分配数,但任何类别的选举人均不得占有超过半数的席位。每个选举人只有一票表决权。

专门委员会将根据法规规定的选举流程制作选举人名册和被选人名册。选举人通常采取通信或电子邮件方式选举产生工商会及商事代表。选举按照多名候选人一轮投票、多数票当选的方式进行,如果有数名候选人得票数相等,则年长者当选。商事代表和各地区、地方工商会委员的选举活动受到《选举法典》的约束。对商事代表与各工商会成员的选举活动有质疑的,由行政法院受理。

3. 商事法官选举团的确定

商事代表确定之后的 1 个月内,专门委员会将制定商事法官选举团的成员名册。如新设商事法院,则由上诉法院第一院长指定 1 名法官担任专委会主任。名册的制定将参照由省长签证确认的关于商事代表选举的笔录副本以及由商事法院院长签发的确定组成本法院的法官名单裁定的副本。如选举团成员出现消极条件中的任一情形,委员会则将该成员从选举团成员名单中删去。当出现需要选举或补选商事法官的情形时,委员会应当在当年7月15日前确定选举人名单并张贴于商事法院书记室和呈送法院所在省省长。如有人对商事法官选举团成员名单有异议,则适用《选举法典》按照有关选举人异议程序规定处理。

从上述商事法官选举人的相关规定可以看出,法国立法对于地区工商会委员的任职条件规定较为严格,除了必须是在"商事公司注册登记簿"上注册登记的、具备商人资格的人以外,还必须是其商业经营达到一定规模、雇员人数达到一定数量的商人或商法人的代表人。而商事法官的选举人,即商事代表的选举人和被选举人资格却较工商会委员放宽许多,基本上凡具有在"商事公司注册登记簿"上注册登记的、具备商人资格的人均可以被选举成为商事代表,从而成为商事法官的选举人。究其原因,应当是地区工商会除选举商事代表外,还具有为地区工商业发展、管理和服务的职能,将委员的候选名额与经营规模相关联,体现了法国立法对于地区规模以上较大商人群体利益的保护,以及对于既有商业秩序的维护。但对于商事代表这一专为选举商事法官而产生的群体则不然。作为商事法官选举人,商事代表是商事法官人选确定的关键,不应当由仅代表某一类群体或某部分利益的商人担任,而应当由代表各类商人群体及整体利益的商人担任。因为商事纠纷主体中,除了经营规模大的商人以外,小商人主体的实体权利和诉讼权利也需要同等保护,商事法官应当代表所有商人利益,并且完全持守公平正义理念。鉴于此,法国立法选择了"民主化"的立法选择,放弃了任何经营规模、公司财富等标准,而确定商事法官选举人完全由商人民主普选产生,体现了商事诉讼纠纷"公平""平等"的价值目标。同时也是法国立法承袭"商事法官由商人选举产生"这一传统的有力佐证。

(二)被选举人资格条件

商事法官被选举人,即商事法官候选人的资格条件较商事法官选举人,商事代表任职条件更为严格,这也是保障商事诉讼纠纷裁判质量和维护当事人诉讼权利的必然要求。因为作为商事规则的适用者和商事纠纷的裁决者,商事法官应当是具备丰富商业经验、良好的商业业绩,并且在较长的时期内在业内积累了较高商业信誉的现职商人,只有如此,才能确保厘清综综复杂的商事纠纷;熟稔艰涩专业的商业技术;正确运用商事规则和交易习惯;以维护商业界内的固有秩序和捍卫商人应当遵循的诚实信用基本原则。因此,较之任意商人均可称为商事法官选举人的资格条件,商事法官被选举人的条件在积极和消极两方面均更严格。同时,对于与商事主体重大利益和商业市场活动有较大影响的重大事件,如商事公司司法重整保护、清算程序等,对于商事法官的任职条件又较普通商事法官条件更高。

1. 被选举人积极条件

商事法官的被选举人资格即任职资格有积极条件和消极条件两方面。积极条件须同时满足,具体为:年满 30 周岁;拥有法国国籍;符合上述商事代表的条件,且已在本地或相邻商事法院或辖区内商事代表选举人名册上登记;最近 5 年均在"商事公司注册登记簿"上注册登记,或者在满足商事代表资格的商事公司担任主要责任人时间共计满 5 年,或者从事有商事代表资格的其他职业之一。①

2. 被选举人消极条件

商事法官被选举人还必须满足如下全部消极条件:没有被实行司法保护程序、司法重整或司法清算程序,也没有隶属于正在进行上述程序的公司或机构;最近 10 年内没有丧失担任商事法院法官职务的权利;最近 10 年没有被国家商事法官纪律委员会宣告撤销商事法官职务;在同一商事法院已连续四个任期担任商事法官,再次当选需间隔一年;不得同时担任另一商事法院或劳资纠纷仲裁法庭法官。

此外,根据《商法典》第 L.722—1 条、第 L.722—14 条,对于审理有关司法保护、司法重整与司法清算、司法清理或财产清算案件的法官,以及按照《商法典》第六卷的规定在集体程序中担任"委任法官"的任职条件,均需在上述条件基础上增加担任审判职务 2 年以上的要求。如该法院没有满足该要求的法官,则需由其所属上诉法院第一院长根据检察长的申请,以命令形式放宽上

---

① 须担任商事公司董事长,总经理,董事会成员,管理委员会主席或管理委员会成员,监事会主席,商业、技术或管理职务负责人之一。见罗结珍译:《法国商法典》,北京大学出版社 2015 年版,第 980 页。

述要求。每一个司法年度开始时,商事法院院长在征求本法院全体会议的意见之后,将以命令的形式编制本院可以担任委任法官职务的法官名单。

(三)商事法官选举

商事法官的选举是商事法官选任中的重要环节,也是法国立法对于法官选任的独特的规定。商事法官选举实行两轮选举,即先由地方工商会选举产生商事代表,再由商事代表选举产生商事法官。商事代表经上文所述程序和条件选举产生后便担负一项重要职责,在任期内每年一次,投票选举商事法院的法官。商事法院法官席位空缺则可补选法官,空缺席位超过法院编制人数的三分之一时,则当年应当补选法官。

1. 选举程序

商事法官选举工作由专门委员会负责组织和实施。该委员会由上诉法院第一院长指定的 1 名司法系统法官担任负责人,2 名初审法院法官担任委员。这 3 名法官均由上诉法院院长听取上诉法院全体会议的意见后指定。委员会的秘书工作由商事法院书记员负责。选举开始前,具备商事法官被选举人资格的候选人可以向法院所在地的省长申报参选资格,任何候选人不得同时在多个商事法院作为法官候选人。申报必须在第一轮投票前第 20 日 18 时之前提出。候选人资格申报应采取书面形式并由本人签字。候选人在提交候选资格的同时应当附有其身份证明的复印件以及诚信声明:声明具备《商法典》第L.723—4 条规定的选举资格条件,没有受到无能力处分,没有不得任职事由与丧失权利或者法律规定的无当选资格的情形;没有受到暂时停止权利的措施,以及没有在其他商事法院提出候选申请。商事法院所在地省长对于候选人资格申报进行登记并出具收据。已提交的候选人资格申报不得撤回或者改由他人替换。已登记的候选资格申报,将在其提交后的第 2 天张贴于省府外,并报告驻上诉法院检察长。在第一轮投票之前 1 个月内,省长以行政决定的形式向选举团通知第一轮与第二轮检票与计票活动的日期和时间,这项决定的副本将寄送每一位选举人。

同一商事法院辖区范围内的每名选举人享有一票投票权。投票主要以信函或电子通信的方式进行。商事法官选举程序又采用多名候选人两轮多数票规则进行。在第一轮选举中,由至少获得半数选票并且全体选举人四分之一以上赞成的候选人当选。如无候选人当选或仍有空缺名额,则开始第二轮投票。第二轮投票由获得参加投票人数的相对多数选票者当选。第二轮选举中数名候选人获得相等票数时,由年长者当选。

2. 选举争议

投票结束后,专门委员会对投票进行检票和复核。投票结果由委员会主席公开宣布。当选人名单,按照各自得票数的顺序排列,立即张贴于商事法院书记室。选举活动的笔录一式三份,由委员会签字,一份寄送上诉法院检察长,一份送交省长,一份留存于商事法院书记室。对有关商事法官选举人资格及组织选举活动如有异议,自商事法院法官选举结果宣布之日起 8 日内,可由任何选举人以口头或书面的形式提出,送交或寄送商事法院书记室。

异议由商事法院在其辖区内的初审法院管辖,且一审终审。异议还将由初审法院书记员报送商事法院院长和上诉法院检察官。异议提出后的 10 日内,初审法院须对异议作出审理裁判。初审法院的裁判不得上诉,但可根据相关规定向最高法院依照《民事诉讼法典》上告。审理异议的程序不收取任何费用。只要对当选事宜的异议尚未作出终审裁判,受异议法官仍然可以进行宣誓并参加就职仪式。

3. 商事法院院长选举

商事法院院长是商事法院机构之一,也是法国商事诉讼制度的重要部分。由于商事诉讼较普通民事诉讼更强调效率价值优先,为促进商事纠纷迅速解决,法国立法赋予商事法院院长诉讼中广泛的诉讼指挥权和临时措施裁量权,对于解决商事纠纷发挥关键作用。因此商事法院院长的选任也较普通法官更为严格,《商法典》立法部分专门规定商事法院院长的选任。院长应当首先具备该商事法院 6 年以上商事法官的任职经历,同时其选举程序也更加严格。商事法院院长由商事法院全体大会以秘密投票的方式选举产生,并在院长任职到期前的 10 月 20 日至 11 月 10 日之间进行。选举商事法院院长的全体会议由即将卸任的院长或年龄最长的法官主持。选举专设办事处,由将要卸任的法院院长或由年龄最长的法官担任主任,由本院排位顺序在前两位或资历最高的庭长为成员,负责选举事宜。选举投票采取两轮投票制,由获得选票占绝对多数的法官当选。如两轮投票均未形成绝对多数,则进行第三轮投票。第三轮投票由得票相对多数的法官当选。若票数相等,由担任法官年限最长的候选人当选;担任法官年限相同的,则由年长者当选。当然,商事法院院长选举也存在例外情形,如候选人中无人符合商事法院院长的资历条件时,上诉法院第一院长将根据检察长的申请,作出不要求资历条件的决定。

对于商事法院院长选举有异议的,商事法院法官或检察官可以向辖区内上诉法院提出申诉。对于上诉法院的裁决不服的,可按照《民事诉讼法典》的规定向最高法院上告。

4. 商事法院法官任职

经选举当选的商事法官第一次当选的,任期为 2 年;第一个任期之后,可以在同一法院或其他任何商事法院连选连任,任期为 4 年,但连任四个任期后须间隔 1 年后才可以再次连任。商事法官换届选举时,在新任法官任职期开始之前届满的,继续任职至继任者就任之日。新商事法官在当选后的 1 个星期内,须在本地区上诉法院或大审法院进行宣誓。誓词如下:"我宣誓,我将很好地忠实履行我的职责,虔诚地保守审议秘密,始终作为一个城市的合格法官行事。"每年在新当选的法官就职起 15 日内,法院院长在听取全体大会的意见之后裁定本院法官排列表。排列表顺序如下:法院院长、副院长、各法庭庭长、法官。对于在商事法院担任院长、副院长、法庭庭长及法官职务至少 12 年的法官,可以被批准使用其曾担任过的职务的荣誉称号。荣誉法官可以参加法院全体大会,享有咨询权。

商事法院院长任期 4 年。商事法院院长因故暂时不能履职时,由其指定的法官替任。未指定替代人或者受指定的法官因故不能任职的,由担任审判职务年限最长的法官替任。无论商事法院院长在任期期间以何种原因停止履职,法院均应在 3 个月内选出新院长。新任院长的任期至原任院长剩余的任职期间届满为止。

商事法官任职期间除特定情形外,不得随意停止履职。《商法典》规定,商事法官出现以下情形时则停止履职:选举任职期满;商事法院被撤销;辞职;丧失权利。值得注意的是,为确保商事法官为业内"精英团体",商事法官必须持续具有良好商业信誉和商事业绩,若商事法官本人或其所代表的公司或机构被实行司法保护、司法重整或司法清算程序,立法规定,自实行此种程序的判决作出之日起该商事法官应停止履职,并视为其辞职。

(四)商事法官身份地位

商事法官与其他普通司法体系法官一样,是国家法官,同等地行使国家司法裁判权,但却与普通司法体系法官具备不同的身份地位。《商法典》第 L.
722—16 条规定:"商事法院经选举产生的法官任职不获取报酬。"据此,除了
法律明文规定的情形,如商事法院全国理事会成员可以按照国家公务员法规
报销差旅费以外,法国商事法官并不具有国家司法类公务员身份,而全部为兼
职法官,即非职业法官。商事法官同时具备商人和国家法官双重身份,既是精
英商人,又是商事法律规范和商业习惯的适用者,专门裁判商事纠纷案件。商
事法官身份地位的规定体现了法国立法对于中世纪以来商事纠纷裁判主体
"商人自治"规则习惯的沿袭。纵观现今世界发达国家商事诉讼制度,包括与
法国有着类似中世纪文化传统和自治历史的,如德国、英国、意大利等西欧国
家,采取完全商人自治商事法官制度的,法国已是绝无仅有的一个国家。

对此,法国理论界与实务界一直不乏有改革呼声,建议废除兼职商事法官
制度,而改为普通司法体系法官担任商事法官。支持这一观点的学者主要有
两大理由:当今各发达国家均摒弃非职业法官制度,法国也应当顺应国际立法
潮流,对传统立法习惯予以改革;非职业法官虽然熟知商事专业技能和商业惯
例,但由于缺乏法律专业系统学习,在基本法规及法律概念的理解、审判技能
掌握、平衡各诉讼价值,以及维持裁判一致性等方面均不如具有法律专业背景
的司法法官。① 对此,持维持现状的学者普遍认为,从几百年的商事纠纷解决
实践来看,法国现行商人自治裁判制度对于商事纠纷解决有无可比拟的优势,
商人自身担任法官不但未表现出对诉讼公平、实体正义等价值目标的忽视,反
而有利于强化商人群体的诚信意识,营造商业信誉至上的行业氛围,有利于良
好商业秩序的建立和维护。同时,由于商事纠纷多发生在商人这类特定主体
之间或一定商事活动范畴之内,并非所有公民均可能会发生,并且裁判纠纷所
适用法律大都为商事特别法而并非基本法,由非法律专业出身的商人裁判商
事纠纷并不会损害公民基本权利和国家司法秩序,没有必要采取司法法官制
度。② 此外,非职业商事法官制度还具备法官行业专业水平高、纠纷解决迅
速、易于实现诉讼效率价值,以及节省国家财政支出和司法资源的优势,这些

---

① Michel-Frédéric Coutant, *Les tribunaux de commerce*, Éditeur:Paris:Presses universitaires de
France,1998,p.36.

② Mairot, Adrien, "Réflexions pour réforme des tribunaux de commerce ", *Les Petites Affiches*,
02,2013,p.15.

均是普通司法体系法官制度无法比拟的。因而有学者认为,法国并不需要跟随其他国家的法律制度,而应当选择其自己认为合理、合适的制度。[1] 法国立法最初确立独立商事法院和商人自主裁判制度可能是一种历史选择,也可能是偶然巧合,但如今却是其应当坚守的独具特色的制度。

二、商事法院书记员

法国《商法典》法律、法规两部分均以第七卷第四编专编规定商事法院书记室及书记员,包括性质、组织机构、职责、职业条件和纪律等,足见商事法院书记员的特殊性和重要性。立法规定,商事法院书记员是在商事法院院长领导下,接受检察院的监督,受相关法规制度的约束,职责是负责商事法院书记室的日常事务工作和法官助理工作。法院日常事务包括:协助院长制定与执行法院内部规章、安排庭审日程、分配案卷、准备预算、管理分配给本法院的拨款、负责保管文书原件并对外提交经认证的副本、制作和更新法院普通文件或资料、准备法院会议并制作会议记录、接待公众,以及对案卷档案、各种印鉴进行整理、保管等。法官助理工作如:按照现行法律、法规设置各种登记簿;及时编制更新本院案卷档案;按照规定的格式将法官作出的说明理由的判决或裁定做成正式法律文书;负责管理有关本院事务的总登记簿;按照司法部的规定呈报各类情况材料等。

商事法院书记员是很特殊的一种职业,按照《商法典》第 L.741—1 条的规定,其性质不属于公务员,而是司法助理人员,其执业方式和组织机构较普通法院体系书记员均有很大不同。同时,为有效规范商事法院司法事务工作,立法还详尽规定了商事法院书记员的任职条件、选任程序和监督机制。

(一)商事法院书记员的选任

商事法院书记员不属于法国公务员体系,因而选任程序与公务员不同;同时也不属于商人自治范畴,其选任条件也不同于商事法官。书记员不是商事纠纷裁判者,因而无须具备商人资格,但由于商事法院书记员为司法助理人员,其工作职责对于商事诉讼活动联系紧密,法国立法仍规定了较为严格的商

---

① Alexandre Faure, *Vers la modernisation des tribunaux de commerce* Éditeur: Aix-en-Provence: Université d'Aix-Marseille 3, 2000, p.109.

事法院书记员任职条件和选任程序,要求商事法院书记员应当具备较高的法学专业能力和人格品质,以确保商事纠纷合法高效地解决。

1. 书记员任职资格

根据《商法典》第 R.742—1 条的规定,商事法院书记员必须具备以下条件:具备法国国籍,已服兵役,没有因违反荣誉、廉洁和公序良俗而受到刑事有罪判决;没有受到撤职、责令退职、撤销认可等纪律惩戒或行政处罚;没有被宣告个人破产,且不存在《商法典》规定的禁止权利处分的情形;取得法学硕士学位,或持有司法部行政规章承认的、可以从事商事法院书记员执业的同等学历的证书;通过商事法规规定的执业资格考试;进入商事法院书记员事务所实习等。

从上述任职资格可以看出,除必须具备的普通条件外,《商法典》对于商事法院书记员的任职要求作出了特殊规定。商事法院书记员不同于商事法官,不需要具备商人身份,但却应当具有法学专业硕士及以上学历。这样的规定无疑与商事法院书记员的工作内容和职责作用有关,作为司法助理的书记员,无论是为民事纠纷还是商事纠纷,均承担准备法律文书和诉讼材料、联系当事人、整理案卷档案,甚至草拟判决等大量具体司法实务工作,必须以具备较强的专业法律知识为基础,才能较好地协助法官裁判案件。对于法官为非职业法官的商事诉讼来说,选任法律专业素质较高、能力较强的书记员对于维护商事审判活动良好秩序和诉讼程序的高效性有至关重要的作用,同时也有利于促进非职业商事法官作出合理裁判。因此,法国立法对于商事法院书记员任职条件提出了较高的要求,即必须具备法学硕士及以上学历,这是对于其他法院书记员要求中所没有的。当然,此要求也有例外,如司法系统原任法官、在律师公会注册且执业超过 5 年的原律师、原公证人、原司法执达员、从事5 年破产财产管理人与司法管理人、从事法律或税收工作至少 5 年的原 A 类公务员等人员,由于其已具备较为丰富的法律从业经验,在结束其原有职务后可以担任商事法院书记员。

为确保商事法院书记员具备熟练的实际操作能力,《商法典》还规定商事法院书记员应当经过一定期限的实习,并通过由司法部举办的统一执业考试方能担任。任职后的书记员还必须定期参加书记员继续教育,考核合格后才能继续任用。商事法院书记员任职实习应当在商事法院书记室或者在有商事案件管辖权的大审法院书记室进行。实习期通常为一年,上述具有法律岗位从业经验的人,实习期可减为6个月。实习期为一年的,其中至少9个月时间应当在商事法院书记室进行,剩余不超过3个月时间,可以跟随1名律师、会计师、司法管理人、司法执达员或公证人进行;或者在公共行政部门或企业法律或税务部门实习。商事法院书记员执业资格考试一年至少举行一次,由司法部负责举行,考试内容包括理论和实践并重的笔试和口试两部分。符合商事法院书记员执业资格者须持法学硕士学位证书或同等学历证明,以及实习合格证明才能报名参加商事法院书记员执业资格考试。准许参加考试的应试人名单由司法部部长确定。任何人经三次考试未通过的,不得再参加考试。

为确保商事法院书记员更新和完善从事职业所必要的知识,《商法典》法规明确要求书记员每年均应当参加为时20小时的继续职业培训。继续职业培训可以通过参加商事法院书记员全国理事会组织的法律或专业培训活动、在大学参加与商事法院书记员职业活动有联系的教学活动、发表法律专业论文等方式进行。书记员最迟需在每年1月31日向商事法院书记员全国理事会申报其在上一年里完成继续职业培训的情况并附证明材料,全国理事会对此进行审核和监督。书记员审核通过后方可继续从事商事法院书记员工作。

2. 选任程序

满足商事法院书记员资格条件的人员欲成为候任者,应以挂号并要求回执的书信方式向商事法院辖区的上诉法院检察长寄送申请书。上诉法院检察长对申请人的道德操守与专业能力进行调查,同时听取商事法院书记员全国理事会的意见,并将候任人的案卷和审查意见一并报送司法部部长。司法部部长按照法规规定组成专门委员会以提名拟任命书记员。专门委员会由以下人员组成:1名司法系统第一级别的法官任主席;司法系统另一名法官;商事法院法官1名;商事法院书记员2名;具备担任商事法院书记员资格的人1名。委员会可提名多名候选人并排列首选顺序,由司法部部长以行政决定的方式任命。同一书记员可以被任命在同一上诉法院辖区内的数家商事法院书记室任职。司法部部长任命后,商事法院书记员即可前往等待任命书记员的商事法院书记员事务所任职。

(二)商事法院书记员执业方式

由于商事法院书记员不属于公务员体系,根据法国最高行政法院颁布的法规,商事法院书记员应当在书记员事务所登记执业。商事法院书记员事务所可采取公司制、合伙制,或个人执业方式,也可以依据 1990 年 12 月 31 日第 90—1258 号法律规定采取"自由执业公司"(société d'exercice libéral)形式。采用公司形式的,此类公司称为"商事法院书记员事务所持有人公司"(société titulaire d'un office de greffier de tribunal de commerce)。"自由执业公司又称专业民事公司"(sociétés civiles professionnelles)、"职业民事合伙"(société d'exercice libéral)①,是法国律师事务所、会计师事务所、司法执达员事务所、公证人事务所等机构通常采取的组织形式。商事法院书记员事务所的创设、运行规则、组织结构和清算解散等均由《商法典》法规部分予以专门规定。总体上这些规则基本遵循了有关商事公司、民事合伙、合伙及自由执业公司的基本规定,但又根据商事法院书记事务所的特点做了特殊规定。其中最重要的便是,无论书记室采取何种执业形式,其设立、撤销,以及事务所内每一名书记员的任命和取消任命均须由司法部部长以行政决定的方式作出。② 据此可见,法国立法对于商事法院书记员的管控力度较普通法院书记员更大,监管更为严格,体现了立法者对于非职业法官商事诉讼司法组织的慎重态度。

商事法院书记员事务所以公司形式设立的,应首先在"商事及公司注册登记簿"上注册登记,并由该公司内执业的持股人集体向司法部部长提出执业申请,并向住所地所在辖区的上诉法院检察长备案。以合伙形式设立的,须由全体股东/合伙人经向其所属地上诉法院检察长申请后,再向司法部部长提交申请,民事合伙要求至少由两名具备商事法院书记员资格的自然人共同组建。符合商事法院书记员任职条件,且不是书记员事务所持有人的自然人之间可以设立自由执业公司,该自由执业公司本身可以被任命为商事法院法人书记员,并依据第 90—1258 号法律规定进行执业。商事法院书记室公司持股情况或合伙人变更情况均须及时报告书记员全国理事会以及所在辖区的上诉法院检察长。

由个人执业的商事法院书记员事务所聘用的薪金雇员书记员不得超过 1

---

① 这种形式是商事法院书记员事务所采取的重要形式,其设立和运作规范由《商法典》第 R.743—81 条至第 R.743—139 条具体规定。见《法国商法典》,罗结珍译,北京大学出版社 2015 年版,第 1523—1535 页。

② 《法国商法典》,罗结珍译,北京大学出版社 2015 年版,第 1531 页。

人;公司或合伙等法人执业的商事法院书记员事务所聘用的薪金雇员书记员人数不得超过在该法人内执业的有书记员身份的合伙人的人数。商事法院书记员作为薪金雇员从事职业,具有独立性,他们通过签订劳动合同的方式与书记员事务所发生雇佣关系。商事法院书记员的劳动合同须遵守法律规定的书记员职业道德规范,在商事法院书记员认为需要完成的任务违背良心或损害其独立性时,可以拒绝完成。司法部就书记员事务所的收费标准及书记员的薪金也进行专项规定。

三、商事法官和书记员纪律

由于商事法官为非职业法官,法国立法对商事法官及其书记员的履职纪律和职业道德进行了严格的规制,并由《商法典》法规部门予以专章规定。

(一)商事法官纪律惩戒程序

法国商事法官履职行为受到严格监督,《商法典》第 L.724—1 条规定,商事法官有任何违反诚实、廉洁、尊严和所负职责的行为,均构成违纪过错(une faute disciplinaire)。国家检察官认为商事法官可能存在违纪过错时,将对其发起惩戒监督程序:检察官将掌握的相关情况和证据向涉嫌违纪法官所属商事法院院长报告,商事法院院长倾听涉嫌违纪法官陈述后将案卷材料移交最高法院纪律委员会审核。委员会受理案卷后由委员会秘书用挂号信通知涉嫌违纪法官,并向其明确告知可以向委员会秘书室了解有关被追诉的事由。委员会主席从委员会成员中指定 1 名调查人负责就案卷涉及的事实进行调查。调查人应听取当事人的辩解与情况说明,以及投诉人与证人的陈述。调查人可以委托上诉法院的坐席法官一同听取陈述。涉嫌违纪商事法官可以由其同行协助,或者由最高法院与最高行政法院的律师协助。违纪调查结束后,纪律委员会将组织违纪裁判庭对涉嫌违纪法官进行开庭审理。裁判庭至少由包括主席在内的 4 名纪律委员会委员组成,裁判庭开庭至少 48 小时前,委员会应将诉讼案卷交由被追诉人及其助理人员,在惩戒程序进行的任何时候,被追诉法官均可提交其认为有用的材料,以供辩论与提出辩护意见。

委员会认为违纪调查和征求意见已经充分后即组织违纪庭审。委员会秘书首先用挂号信传唤受追诉法官在确定的时间出庭,法官本人应当亲自出庭,但其生病或者经认定有正当理由不能亲自出庭的情况下，可以由代理人出庭。庭审由委员会主席主持，以对席审理的方式进行，调查员为控诉方，涉嫌违纪法官及其协助人为被告方。庭审应当首先宣读追诉报告，再先后听取司法部长代表的意见和受追诉法官就追诉事实的解释、辩护意见。之后双方进行辩论，辩论原则上公开进行，但受追诉法官书面提出请求或者公开辩论将损害受法律保护的秘密或个人隐私时，可以不公开进行。辩论终结即进入裁定评议阶段，评审案件须由纪律委员会评审采一人一票，委员会以得票占多数的意见为最终意见并作出受诉法官是否存在违纪行为的事实认定，并据此作出是否给予处罚的决定。根据审查违纪事实成立与否，裁判庭将作出不予处罚和处罚两类决定，持两种意见的票数相等时，以委员会主席的意见为最终意见。处罚决定又分为训戒、暂停职务以及宣告丧失任职资格几类。决定应当在评议结束后 10 日内作出，并附加说明理由，且一经作出立即产生执行效力。决定暂停职务的，暂停期限不得超过 6 个月。委员会可以宣布延长停职期间，但延长的时间也不得超过 6 个月。如商事法官受到刑事追诉，委员会主席可命令暂停该法官职务直到刑事终局判决作出。

裁判庭的决定即为纪律委员会决定，由委员会秘书用挂号信的方式通知被处罚法官及其所在商事法院。被处罚法官若对处罚决定不服，应当在收到通知之日起 10 日内向法国最高法院上诉。该上诉由最高法院全体庭受理和管辖，并按照《民事诉讼法典》有关上诉审的规定进行审理与裁判，上诉审裁定为终局裁定。此外，如商事法官在任职前或任职期间受到任何消极任职条件中的刑罚或丧失权利的处分时，该法官将自动丧失其职务。有关商事法官的惩戒程序不仅适用于商事法院任职法官，也适用于荣誉法官。荣誉法官触犯相应规定受处罚时，将被取消荣誉法官资格。

（二）书记员纪律惩戒程序

法国立法对于商事法院书记员履职进行严格管控，《商法典》法规部分规定了商事法院书记员特别监督程序——巡视检查制度，以及纪律惩戒规定。巡视检查是专门针对商事法院书记员日常履职行为的规范性进行定期或不定期巡检的制度，性质为常规性的。纪律惩戒程序则与商事法官纪律惩戒程序相同，是对于商事法院书记员可能存在的违背诚实信用、廉洁制度的情况进行调查并给予纪律处分的制度。

1. 巡视检查制度

《商法典》第 R.743—1 条规定,商事法院书记员每 4 年至少应接受一次定期巡视检查,还应接受对其职业活动的特别领域或全部职业活动的无事先通知的随机性巡视检查。每一次巡视检查,均由司法部部长依职权指令进行,或由司法部部长应商事法院院长或商事法院书记员全国理事会主席的请求指令进行。巡视检查由国家检察官指挥,并由司法部部长从在职的商事法院书记员或者已经停止履职不到 3 年的荣誉书记员中指定 1 名或数名巡视员具体实施。巡视员对书记员的账目和日常履职规范进行检查,巡视过程中享有整体调查和监督权力。

巡视员可以向受巡视书记员本人或相关工作人员调查了解情况。接受巡视检查的书记员及书记室其他工作人员应当予以配合,如实回答巡视员的提问和提供巡视所需资料信息。必要时,巡视时可以聘请会计师或会计监察人协助调查,相关费用由商事法院书记员全国理事会负担。但如果接受巡视的书记员被查出违纪并受到纪律处分,则相关费用由受处分书记员承担。巡视结果应制作详细的调查报告和调查结论向国家检察官汇报,并同时呈送司法部部长、商事法院书记员全国理事会主席以及书记员所在商事法院院长。

2. 纪律惩戒程序

法国商事法院书记员全国理事会主席可以主动,或者应国家检察官要求,或者因任何利害关系人的投诉,对商事法院书记员履职过程中是否存在违纪行为进行调查。调查由商事法院书记员全国理事会负责进行。调查开始后,理事会主席先指定 1 名调查员负责具体调查事宜,调查人可以听取被调查人及其相关任何人员的陈述意见并制作听证笔录。被调查人员可以聘请律师或者另一名书记员协助。对书记员的调查结束后,全国理事会将根据调查情况作出违纪情形不成立、不予追究,或者提起纪律惩戒诉讼两种结果。结果应当通知国家检察官和投诉人。拟对被审查书记员进行违纪处分的,将由国家检察官经向被审查书记员送达"确定期日开庭"的传唤状向书记员所在地的大审法院起诉,由大审法院依据"依申请作出裁定程序"受理和审查。庭审在大审法院评议时进行,法官在对席审理并听取检察院与被诉书记员的陈述之后,可作出重申纪律、警告、训诫、暂停履职或撤销职务的处罚裁定。该裁定经司法执达员送达即产生执行效力。被处以暂停和撤销职务的书记员,应立即停止商事法院书记员工作,并提交该法院财务登记簿和账簿。此时大审法院将立即为商事法院任命1名或数名书记员作为临时管理员,接管被处罚书记员所有工作和账簿。

对于大审法院作出的惩罚裁定,受诉书记员可以向上诉法院提起上诉,上诉以向大审法院书记室提交简单声明的方式进行。上诉期限为1个月,对于暂停履职的裁定提起上诉的期限为15日。上诉法院审理后作出的裁定为终局裁定,被诉书记员不得再向最高法院进行上告。

第三章　法国商事诉讼的适用范围

　　法国商事诉讼适用范围,也即商事诉讼管辖,是法国商事诉讼基本问题之一,是商事诉讼系属的起点和重要规则,包括级别范围、地域范围以及职权范围三个方面。

　　对于级别范围,法国《商法典》作出明确规定,第 L.721—1 条规定:"商事法院为初审法院,由选举产生的法官和书记员组成"。因而,法国商事法院全部为初审法院。法国诉讼制度适用三审终审制,法国商事纠纷案件由专门法院之商事法院初审,在没有设置商事法院的辖区,商事诉讼案件由大审法院受理。商事纠纷案件的上诉审及终审则适用《民事诉讼法典》中"适用于所有法院的通则"的相关规定,上诉审由上诉法院受理、终审由最高法院商事审判庭裁判。值得注意的是,《商法典》第 R.721—6 条规定了商事诉讼一审终审金额标准:争议标的金额在 4000 欧元以下的诉讼请求,由商事法院一审终审。只有诉讼标的金额在 4000 欧元以上的商事纠纷,才能上诉、上告。

　　对于地域范围,《商法典》没有作出特殊规定,因此也适用《民事诉讼法典》中"适用于所有法院的通则"的相关规定。根据《民事诉讼法典》第 42 条至第 48 条规定,与普通民事诉讼一致,对于商事纠纷案件有地域管辖权的法院为被告所在地法院。被告为数人时,原告可选择被告之一所在地法院起诉。如被告既无住所,也无已知的居所,原告可向自己所在地的商事法院提起诉讼。被告所在地是指,如被告是自然人,为其住所地;无住所地时,为其居所地。如被告是法人,所在地为其机构设立地。值得注意的是,如本书第二章第二节所述,商事诉讼的地域适用范围与普通民事诉讼初审法院地域管辖范围不同,并非按照行政区划范围划定界限,而是法国司法部根据各地经济发展状况、商业发达程度和商事纠纷发案率等情况进行综合考量后予以专门划定,体现了法国基于商事纠纷与商事活动与地区经济水平紧密联系的特殊性而采取的实用主义立法态度。此外,立法还规定了地域范围的例外情形,即当案件当事人是有管辖权法院的法官或司法助理人员,原告应向邻近辖区的法院起诉,邻近辖区的法院应当受理案件。该规则也同样适用于被告,以及上诉案件的当事人。

职权范围是商事诉讼适用范围中最为复杂的一类,也是法国理论界与司法界争议最多、探讨研究最多的一类。职权范围旨在明确商事诉讼受案范围,划分商事法院与普通司法法院职责权限,是商事法官受理案件和商事诉讼纠纷当事人起诉的重要依据和标准。商事诉讼职权适用范围在历史上不同的发展时期有着不同的界限范围,其与普通法院的审判权争夺也一直延续几百年之久。立法者一直试图以抽象准确的表述明确划分二者的权限,受不同时期立法价值取向的影响,立法也经历了数次变革。法国现行《商法典》就商事诉讼职权适用范围确立了原则性规定,但由于立法规定无法全面涵盖多样的商事法律关系和复杂的社会纠纷情形,许多商事纠纷发生后经常出现商事诉讼与民事诉讼管辖冲突的问题,如主体资格混合、纠纷性质混合,以及商事、民事案件管辖权冲突等。对于某项纠纷是否属于商事诉讼范围、是否应当由商事法院受理,应当适用哪项规定,法国司法实践中仍存在许多争议。法国立法部门时常在汇总司法实践问题的基础上出台专项法令,以明确某类纠纷的性质归属和管辖权限。但在立法解释未及之处,法国最高法院的裁判则起到了十分重要的"司法解释"的作用。虽然法国立法并未确定遵循先例原则,但法国最高法院所作的终审裁判依然对下级法院起到非常重要的指导和参考作用。下级法院在解决管辖权争议,甚至进行纠纷实体裁判时经常引用最高法院的司法判例,并以此作为依据。而许多裁判,尤其是经长期司法实践认可的经典判例也被立法者作为范例援引,并收入法典中,具有准立法的效力。因而,司法判例应当作为商事诉讼职权适用范围的重要规则,一并予以考察研究。

由于划分商事诉讼级别范围和地域范围的标准较为简单,且立法规定较为明确,司法适用中争议不大,法国最高法院对此确立的司法判例规则也较少。而职权范围囿于"法律无法穷尽一切可能",其划分标准受多重社会因素影响难以明确界定,司法实践中经常出现争议,需由最高法院司法判例确定,这使得职权范围成为法国商事诉讼适用范围的核心。因此,本章将仅就商事诉讼适用的职权范围,即商事诉讼受案范围进行分析研究。

商事诉讼职权范围规则主要包括原则性规定和特殊规定两大类。原则性规定主要指《商法典》中"商事法院管辖"专章规定的商事诉讼职权范围，以及法国最高法院作出的相关司法判例规则。而特殊性规则是指除该专章规定之外，法国《商法典》其他编章、其他法典中存在的有关扩展或限制商事诉讼职权范围的规定，以及最高法院作出的判例规则。原则性规定是以抽象概括的方式正面描述商事诉讼的受案范围，而特殊性规定则旨在界定某类特殊案件或某特殊情形下案件纠纷是否归属于商事诉讼受案范围。由于法国立法高度分类化的编撰体例，许多有关商人资格、商事行为的认定标准，以及商事诉讼适用范围的规定分散于《商法典》各分编章节和其他各专门法典中，本章将分别从原则性规定和特殊性规定两方面对法国立法和司法解释进行较为全面的归纳解读，以客观真实地反映法国商事诉讼职权管辖范围。

第一节 原则性规定

法国《商法典》第 L.721—1 至第 L.721—3 条以商事法院受案范围的方式就商事诉讼职权管辖范围作了原则性的规定，商事法院受理以下三类案件：一是商人之间、信贷机构之间、融资公司之间或者三者之间有关权利义务的纠纷案件；二是有关商事公司的纠纷案件；三是任何主体之间有关商事行为的纠纷案件。[①] 由上述表述不难看出，法国立法就商事诉讼职权范围采取商主体与商行为相结合的双重标准。前两项是商主体标准，后一项则是商行为标准。同时，《商法典》第 L.721—3 条还规定了例外规则，该条第 3 款规定，当事人在订立合同时可以约定将上述争议提交仲裁。也就是说，当事人之间达成的仲裁约定具有优先效力，可以排除适用商事诉讼职权范围的立法规定。与此相类似，法国立法和司法判例也规定了商事诉讼协议管辖规则，确定了商事诉讼当事人管辖协议效力优先原则。

---

① 有关"融资公司"的规定是法国 2013 年第 544 号法令对该条进行修改并新增的主体内容。见法国立法网：https://www.legifrance.gouv.fr/affichCode.do；jsessionid = F0BB793197BAE 3394485AC3023F8A7EA.tplgfr35s_1？idSectionTA = LEGISCTA000031013337&cidTexte = LEGITEXT 000005634379&dateTexte = 20170415，访问日期：2016 年 8 月 5 日。

一、商人之间、信贷机构之间、融资公司之间，或者三者之间有关权利义务的纠纷案件

此类案件是《商法典》确立的以商主体为标准的第一类商事诉讼职权管辖案件。根据条文表述，凡是商人之间、信贷机构之间、融资公司之间，或者它们三者相互之间发生的有关权利义务的纠纷案件均应为商事诉讼，由商事法院管辖。该项规则适用的关键有两方面：一方面是界定主体范围，即商人、信贷机构以及融资公司的概念和适用范围。对此，《商法典》就该三者的概念内涵进行了明确定义，法国最高法院也通过司法判例作出了许多具体的司法适用解释。另一方面是界定规则的客体，即三者之间有关"权利义务"的纠纷。

（一）主体范围

《商法典》第 L.121—1 条对"商人"的概念作了定义。该条规定："从事商事行为并以此为经常性职业的人是商人"。该表述所称"商人"的外延范围极广且立法并未对其进行分类，为便于理解分析"商人"主体的范围，可将其分为自然人商人主体和法人商人主体两类。

1. 自然人商人主体

自然人商人主体的范围法国立法没有直接定义性规定，理论界普遍依据《商法典》第 L.110—1 条有关商事行为的定义来间接确定。第 L.110—1 条规定："以下行为属商事行为：任何为再卖出而买进动产、不论是按实物原状卖出还是经制作与加工之后再卖出；任何为再卖出而买进不动产，但买受人是为了建造一栋或多动建筑物并将其整体或区分卖出而实施的行为不在此限；为买进、认购或卖出不动产、营业资产、不动产公司的股票或股份而进行的任何中介活动；各种动产租赁业；各种制造业、行纪业、陆路或水路运输业；各种供货、代理、商业事务所、拍卖机构、公众演出业务；各种汇兑、银行、居间业务，电子货币发行与管理活动，以及所有的支付服务活动；公立银行的各种业务；批发商、零售商和银行业者之间的各种债权债务关系；任何人之间的汇票业务。"同时，《商法典》第 L.123—7 条规定，凡是在"商事及公司注册登记簿"上注册登记的自然人推定具有商人资格。因而，从事上述商事行为及在"商事及公司注册登记簿"上注册登记的自然人按照法律规定应属商事法院管辖的主体范畴。但须注意的是，认定自然人为商人须以该自然人以个人名义从事商事行为为前提。例如商人的代理人或行纪商

的委托人自己不能认定为商人,而应认定为民事主体,其纠纷应由民事法院管辖。①

《商法典》第 L.110—2 条还规定了视为商事行为的几类行为:各种海运业;船桅设备、船上设备与给养的任何买卖;船舶的各种租赁、整体借用或出借;与海商贸易有关的各种保险及其他契约;就船员薪金与房租订立的各种协定与协议;为服务于商船的海上人员订立的各种契约。因而,如船长、海上运输商人也属于自然人商人的主体范围。此外,法国《农村法典》(*Code rural*)第 L.931—1 条规定,沿海捕鱼人具有商人性质,只要以沿海捕鱼为职业,并且将其所捕获产品用于商业销售,该捕鱼人应当认定为是商人。但该条也规定了例外情形:若捕鱼行为仅满足个人所需,且使用船只小于 12 米,或者其通常出海时间不超过 24 小时,则不应认定为商人。

除法典明文规定之外,法国最高法院、重要上诉法院以司法判例的方式确立了自然人商事主体司法适用的情形。以下为扩展认定自然人商人的情形:在交易所、证券市场上经常性地从事重大交易,并以此为职业的人也属于商人,应由商事法院管辖。② 商事法院管辖权可以扩展到商人的继承人,只要争议标的权益是从商人遗产处获得,但有关继承人资格的认定属于大审法院的专属管辖范围,商事法院裁判案件需以大审法院先行作出继承人资格的裁判结果为前提。③ 商人的配偶,仅在其实施与其夫或妻分开的商事行为时,才被视为商人。

同时,司法判例也对自然人商人主体进行限制性认定,并非所有从事商事行为的自然人主体均应认定为商人:对于典型的非商人自然人,如农民、手工业者,即使偶尔进行商事活动,亦不得认定为具有商人资格,其纠纷不属于商事法院的管辖范围。例如,Kis 公司诉某手工业自然人 X 支付货款。原告以其在订货单中插入的选择管辖条款已约定由商事法院管辖为由,将

① 法国最高法院商事审判庭 2002 年 6 月 25 日判决。见法国立法网: https://www. legifrance.gouv.fr/affichJuriJudi.do? oldAction = rechJuriJudi&idTexte = JURITEXT000007440455& fastReqId = 357414393&fastPos = 17,访问日期:2016 年 3 月 5 日。
② 法国巴黎上诉法院 1976 年 1 月 13 日判决。见法国立法网:http://www.legifrance.gouv. fr,访问日期:2016 年 3 月 6 日。
③ H. Solus et. R. Perrot, *Droit judiciaire privé*, Paris, Sirey 2012, p.50.

X 诉至其指定的商事法院。被告因该商事法院超出其住所地辖区范围而提出管辖权异议,但被上诉法院驳回。上诉法院理由是 X 已签订的一系列订购票据的行为属商业行为,且应被认定为因从事经常性的手工职业活动需要而订购,因而订货单上有关约定管辖的条款应对其适用。此案经法国最高法院商事审判庭审理后认为,被告 X 的主体性质仍为手工业者,且不因购买商品签订商业票据这单一行为而认为其具备"商人"性质,遂撤销上诉法院判决,并将案件移交另一上诉法院审理。① 此外,司法助理人员以及专业民事公司、自由执业公司人员不受商事法院管辖。例如,最高法院商事审判庭曾作出判决认为,教育行为本身属于自由行为,例如汽车驾校的创办人则不属于商事法院管辖。②

2. 法人商人主体

法国立法虽未明确规定法人商人主体的概念,但最高法院早在 1998 年司法判例中已确定"《商法典》第 L.721—3 条关于'商人'之间有关权利义务的争议由商事法院管辖的规定同样适用于自然人和法人"③。因而,符合法律规定的属于"商人"性质的法人之间的纠纷应为商事诉讼,由商事法院管辖。法人是与自然人相对的概念,其范围除《商法典》第 L.721—3 条第 2 项规定的"商事公司"当然属于"商人"外,还应包括与认定自然人为"商人"性质相同的情形,即按照第 L.110—1 条的规定,以从事商行为为目的的法人,但仍应当以其非手工业者为前提。此外,法国《商法典》第 L.210—1 条明确规定:"公司的商事性质依其形式或目的确定。不论其设置目的,而仅依照形式即可认定为商事性质的法人有:合名公司(société en nom collectif)、普通两合公司(société en commandite simple)、有限责任公司(société à responsabilité limitée)

---

① 法国最高法院商事审判庭 1993 年 5 月 11 日判决。见法国立法网:https://www.legifrance. gouv. fr/affichJuriJudi. do? oldAction = rechJuriJudi&idTexte = JURITEXT000007197862&fastReqId=15199102&fastPos=10,访问日期:2016 年 3 月 6 日。

② 法国最高法院商事审判庭 1986 年 6 月 3 日判决。见法国立法网:https://www.legifrance. gouv. fr/affichJuriJudi. do? oldAction = rechJuriJudi&idTexte = JURITEXT000007016422&fastReqId=1412991464&fastPos=7,访问日期:2016 年 3 月 6 日。

③ 法国最高法院商事审判庭 1998 年 3 月 10 日判决。见法国立法网:https://www.legifrance. gouv. fr/affichJuriJudi. do? oldAction = rechJuriJudi&idTexte = JURITEXT000007384144&fastReqId=1160429821&fastPos=30,访问日期:2016 年 3 月 8 日。

以及股份公司(société par actions)。"①其中,根据法国《商法典》,股份公司指股份有限公司(société anonyme)、简约股份公司(société par actions simplifiée)以及股份两合公司(société en commandite par actions)三类。这些法人即使其成立目的或其争议纠纷为民事性质,均由商事法院管辖。

值得注意的是,法国"公司"的概念和分类与我国不同。我国公司概念的核心含义是指股东承担有限责任。而法国《民法典》《商法典》中使用的"公司"(société)一词则包含股东承担无限连带责任的法人。如"合名公司"是指公司名称中须包含股东名字的公司,也称无限责任公司,属于法国法律规定的与资合公司(société de capitaux)相对的人合公司(société de personnes)的一种。公司名称中的股东必须对公司债务承担连带责任,该类公司类似于我国的普通合伙。两合公司是指由承担有限责任与无限责任的两类股东共同出资成立的公司,类似与我国的有限合伙。两合公司分为普通两合公司和股份两合公司。普通两合公司不能发行股票,而股份两合公司属股份公司类型,可以发行股票。有限责任公司与股份有限公司的含义与我国基本相同,简约股份公司则是比股份有限公司在组织形式、规模及运行规则上更加简易的公司。

除"商人"这一最重要主体外,《商法典》第 L.721—3 条明确规定的商事诉讼职权管辖主体范围还包括信贷公司(établissements de crédit)及融资公司(sociétés de financement)。之所以将"信贷公司"予以单独列举,是因为法国立法规定的"信贷公司"中有一部分属民事性质,即民事信贷公司,为显示与其他民事公司之区别,特将其单列。法国立法根据是否以营利为目的将信贷公司划分为民事信贷公司和商事信贷公司。不以营利为目的的是民事信贷公司,如信用合作银行、农村信用银行以及依照民事公司相关法律设立的公司等。若按照民事公司的普通管辖规定,它们之间发生的争议纠纷不属于商事

---

① 此处需注意的是,本条规定所用"公司"(société)一词,事实上是指所有法人。与我国立法不同,法国立法没有对"société"予以专门定义,而是将其作为一个较为宽泛的概念予以广泛使用。société 不仅包括商事公司,还包括与我国合伙类似的两合公司,还包括法国立法规定的特殊民事公司等。为了统一翻译的需要,我国学者均将"société"一词译为"公司",本书也采取同样方法,以"公司"统称其他性质的法人。但在适用时仍需根据具体情形的不同,判断其指代的不同含义。

纠纷,排除适用商事法院职权管辖。以营利为目的的则是商事信贷公司,如商业银行等,其纠纷由商事法院管辖。《商法典》第 L.721—3 条关于信贷公司的规定系为 2006 年 6 月 8 日第 2006—673 号法令新增规定,结束了这一分而治之的局面,要求信贷机构不论商事或民事性质,它们之间的一切纠纷均由商事法院管辖。民事信贷公司作为民事公司的特殊种类,与商人之间的纠纷不再由民事法院管辖。但需注意的是,若纠纷发生在非商人与民事性质的信贷机构之间,则该纠纷仍然归属民事法院管辖。①

融资公司是由法国 2013 年 6 月 27 日第 2013—544 号法令新增列入《商法典》第 L.721—3 条的规定。但其定义和运用规则则并入《货币金融法典》(*Code monétaire et financier*)。该法典第 L.511—1 条规定了融资公司的定义:是除信贷机构以外的,以在被批准的条件和权限范围内以从事借贷行为(opération de crédit)为主要经营活动的法人。而借贷行为的内涵则由《货币金融法典》第 L.313—1 条规定,是指某主体将或承诺将大量资金置于另一人的掌控之下,或者出于保障另一人利益为目的,以签字方式为其提供担保,如票据担保、提供保证金、作出保证等。此外,借贷行为也包括融资租赁(crédit-bail)在内的各种选择性购买等借贷活动。②

从上述分类可以看出,绝大部分法人均为“商人”性质,其纠纷属商事法院管辖。但立法仍规定了不属于“商人”性质的法人,其纠纷则属于大审法院或初审法院管辖,并遵从民事诉讼一般管辖规则。其中最重要的一类便是民事公司(sociétés civiles)。法国《民法典》第 1845 条规定了民事公司的范围:任何公司,凡法律未因其形式、性质或宗旨而赋予其另一种性质的,均具有民事性质。民事公司也被我国学者译为“民事合伙”,主要适用于共同从事农业或自由职业的主体。自由职业典型如最高法院判例确定的作者公司、音乐出版公司,以及根据《知识产权法典》第 L.132—18 条规定的代理合同管理作者

---

① 法国最高法院商事审判庭 1998 年 3 月 10 日判决。见法国立法网:https://www.legifrance. gouv. fr/affichJuriJudi. do? oldAction = rechJuriJudi&idTexte = JURITEXT000007041075 &fastReqId = 320611430&fastPos = 10,访问日期:2016 年 4 月 18 日。

② Code monétaire et financier,见法国立法网:https://www.legifrance.gouv.fr/affichCode.do; jsessionid = FAF5EB648474FAFA5B2178F77D69096A. tpdila12v _ 2? idSectionTA = LEGISCTA00000 6170506&cidTexte=LEGITEXT000006072026&dateTexte = 20161106,访问日期:2016 年 2 月 5 日。

继承权利的职业经理组织等；①以从事农业生产为目的组建的农业合作公司也为民事公司等，但如农业合作公司与非合作公司进行商事交易，而该交易行为主要是以非合作公司为主导，则其纠纷由商事法院管辖；若交易主要是为着合作公司成员的利益，则仍然由普通法院管辖。② 而职业民事公司是指按照1990年12月31日第 n°90—1258 号关于规范"自由职业公司"的法律及相关法规设置的公司类型，尤其指职业民事公司，如建筑师公司、律师公司、会计师事务所、公证人事务所、商事法院书记员事务所，以及私人财产管理公司等。③《商法典》第 L.721—5 条明确规定，在任何情况下，如诉讼一方当事人是按照上述法律设立的民事公司，则与其有关的争议由民事法院专属管辖；此类公司的各股东（合伙人）之间发生的争议，也仅民事法院具有管辖权。

须注意的是，当民事职业公司采用了《商法典》第 L.210—1 条规定的各类商事公司形式之一时，与该民事公司相关的争议纠纷是由普通法院管辖还是商事法院管辖，法国最高法院民事、商事审判庭之间存在争议。民事法庭认为，应采取公司目的优先主义，民事职业公司应严格适用第 n°90—1258 号法律，由普通法院管辖。④ 商事审判庭却认为，为保护交易安全和善意第三人利益，应以公司外在形式为准判断管辖法院。例如某有限责任公司从事专业会计师执业业务，却并未按相关法律规定在登记机关变更公司经营范围，此情形下发生的纠纷由商事法院管辖。⑤

此外，法国最高法院司法判例认为，根据《保险法典》第 L.322—26—1 条

---

① 法国最高法院民事审判庭第一庭 1987 年 2 月 10 日判决。见法国立法网：https://www. legifrance. gouv. fr/affichJuriJudi. do? oldAction = rechJuriJudi&idTexte = JURITEXT000007017291 &fastReqId = 1000839083&fastPos = 11，访问日期：2016 年 5 月 15 日。

② 法国最高法院商事审判庭 2001 年 12 月 18 日判决。见法国立法网：https://www.legifrance. gouv. fr/affichJuriJudi. do? oldAction = rechJuriJudi&idTexte = JURITEXT000007432108 &fastReqId = 648687966&fastPos = 76，访问日期：2016 年 3 月 12 日。

③ 该类公司在我国均为特殊合伙性质，法国立法没有专门的"合伙"概念，均是采用 société 加相关限定语的方式来定义。

④ 法国最高法院民事审判庭第二庭 1997 年 5 月 6 日判决。见法国立法网：https://www. legifrance.gouv.fr/affichJuriJudi.do? oldAction = rechJuriJudi&idTexte = JURITEXT000007338479&fast ReqId = 1827932102&fastPos = 45，访问日期：2016 年 6 月 8 日。

⑤ 法国最高法院商事审判庭 2004 年 1 月 16 日判决。见 Philipe Guez, "Tribunal de Commerce-compétence des tribunaux de commerce-Régles générales", *Jurisclasseur procédure civile*, 03, 2013, p.22。

设置的保险合作公司（sociétés d'assurances mutuelles）为非商业主体,如无法律特别规定应属普通法院管辖。① 协会组织和工会团体因不具有商业性质,也不属于商事法院管辖的主体范围。② 法国是资产阶级民主革命较彻底的国家,雇员工会及公益协会等社会组织众多,且多具有非营利的民事性质。这类协会与民事主体之间发生的纠纷原则上由普通法院管辖。但需注意的是,协会是否具有"商人"性质应以其从事的活动是否具有营利性来判断,而非以其注册名称判断。倘若某组织以"协会"命名,但其经营却以营利为目的,如以旅游协会之名行旅行社之实;或是某网络协会实际是在网上从事不动产买卖中介服务并收取佣金的商业行为,该类组织性质应被认定为"商人"。他们与会员之间、相互之间发生的纠纷则应由商事法院管辖。③

　　商事法院管辖主体范围还需考虑一类特殊主体,即国家及国家控制的企业。主权国家由于有司法豁免权,当其代表国家和公共利益时不受任何其他国家法庭审判。但倘若某国放弃司法豁免权以取得与法国商人合作从事商事活动的情形下,如发生纠纷,则商事法院享有管辖权。④ 对于由国家控制的企业,如国家垄断公司、国有控股企业或由政府部门直接控制的公司等,无论其采取何种形式,如股份有限公司、国有独资公司或混合所有制公司或私有公司等,相关纠纷均由商事法院管辖。此外,有着工商业性质的公共机关或部门,如若其并未主张其行为是为了完成某项行政公共服务,那么他们则不再代表国家,其行为应受商事法院管辖。⑤ 例如当法国国库从事商业银行业务时,其性质被认

　　① 法国最高法院民事审判庭第一庭 1996 年 10 月 22 日判决。见法国立法网：https://www.legifrance.gouv.fr/affichJuriJudi.do? oldAction = rechJuriJudi&idTexte = JURITEXT000007314514&fastReqId = 804606613&fastPos = 6,访问日期：2016 年 7 月 2 日。

　　② 法国最高法院商事审判庭 1986 年 5 月 20 日判决。见法国立法网：https://www.legifrance. gouv. fr/affichJuriJudi. do? oldAction = rechJuriJudi&idTexte = JURITEXT000007017229&fastReqId = 93177777&fastPos = 3,访问日期：2016 年 5 月 13 日。

　　③ 法国最高法院商事审判庭 2006 年 2 月 14 日判决。见法国立法网：https://www.legifrance. gouv. fr/affichJuriJudi. do? oldAction = rechJuriJudi&idTexte = JURITEXT000007049983&fastReqId = 1322036146&fastPos = 45,访问日期：2016 年 1 月 20 日。

　　④ 法国最高法院 1889 年 7 月 8 日判决。见 H.Solus et R.Perrot, *Droit judiciaire privé*, Paris, Sirey 2012,p.48。

　　⑤ 法国最高法院商事审判庭 2001 年 1 月 6 日判决。见 Philipe Guez, "Tribunal de Commerce-compétence des tribunaux de commerce-Régles générales", *Jurisclasseur procédure civile*, 03, 2013,p.25。

定为是"商人"而非国家机关,其经营活动产生的纠纷则由商事法院管辖。①

法国法院在适用上述商事法院管辖规则时还十分重视对善意第三人和交易安全的保护。当民事公司表面上采取了类似商事公司的外在形式,交易相对方将该公司误认为商事公司而将其诉至商事法院时,商事法院具备管辖权。②相反亦然,如某商事公司因疏忽未在"商事及公司注册登记簿"上注册登记,而导致其交易相对方将其认定为普通民事主体并将纠纷诉至大审法院,则大审法院也具备管辖权。并且此时被告不得再主张纠纷应由商事法院管辖。③

(二)客体范围

除主体范围以外,法国《商法典》第 L.721—3 条第 1 项"商人之间、信贷机构之间、融资公司之间或者三者之间有关权利义务的争议"规定中,就属于商事法院管辖的纠纷客体范围也进行了定义,是指有关"权利义务"(engagement)的争议。"权利义务"规定的核心是确定主体商事交易的实质。只有三者之间或者三者相互之间因商事交易而产生的权利义务关系才属于商事纠纷,如为一般事务性往来活动或侵权行为等产生的纠纷,则不应当属于商事纠纷,从而不由商事法院管辖。但即使为交易活动,也并非所有包含"权利义务"的所有交易行为均应属于商事行为和由商事法院管辖。法国立法规定应当区分商人的职业交易活动与其因私人生活购买产品的消费活动。《商法典》第 L.721—6 条第 1 款规定:"因酿造生产的食品的买卖,针对所有权人、种植人或葡萄种植人提起的诉讼,以及因商人购买供其个人使用的食品与商品的支付而针对商人提起的诉讼,不受商事法院管辖。"因而,在商人为自然人的情形下,虽然具有商人身份,但在其日常生活中也存在大量非职业的个人民事行为,这类民事行为导致的纠纷则当然属于此条规定的情形,并属于民事法院管辖。商事法院只有在商人之间的争议与其所从事的商事职业活动密切相

---

① 法国巴黎上诉法院 1995 年 4 月 6 日判决。见 Philipe Guez, "Tribunal de Commerce-compétence des tribunaux de commerce-Régles générales", *Jurisclasseur procédure civile*, 03, 2013, p.26。

② 法国最高法院商事审判庭 1994 年 5 月 3 日判决。见法国立法网:https://www.legifrance. gouv. fr/affichJuriJudi. do? oldAction = rechJuriJudi&idTexte = JURITEXT000007213841 &fastReqId = 2141387377&fastPos = 3,访问日期:2016 年 4 月 21 日。

③ 如法国最高法院商事审判庭 2009 年 10 月 27 日判决等,见 B. Saintouren, "Tribunaux de commerce", *Revenu sociétés*, 02, 2010, p.30。

关时才具有管辖权。当然,该管辖权不仅限于商事合同义务本身,还及于与该商事合同密切相关的附随义务及商业性质的附带事件。法国司法实践中曾出现一例十分典型的案例:某商人于同一天签订两份内容大致相同的电子监控设备租赁合同,但其中一份是用于商铺以保护其商业资产;另一份则是用于其私人住宅以保护其个人财产。两份合同均发生争议,用于商铺的合同纠纷被认为属于商业承诺范围,由商事法院管辖,而用于个人住宅的合同纠纷则属民事纠纷,由当地初审法院管辖。① 同样地,如一家公司同时具有多重目的,既包括民事性质,也包括商事性质的,那么商事法院仅对其商事性质活动而引起的纠纷有管辖权。

《商法典》还规定了对"权利义务"商业性质的推定规则。其第 L.721—6 条第 2 款规定,商人出具票据的行为视为因其商事活动而为。因而,商业票据将推定为商人作出的义务承诺,由商业票据引发的争议应由商事法院管辖。如当事人一方否认商事法院管辖权,则应由该反方举证证明争议的票据并非为确立商事权利义务关系而设立。②

同时,商事主体因"反竞争行为"引发的纠纷也应属于商事诉讼,由商事法院管辖。法国《商法典》第 L.420—7 条规定:"本法典第四卷第二编规定的有关'各种反竞争行为'的争议根据具体情况由大审法院或商事法院管辖。"具体情况是指纠纷主体情况。商事法院就商事主体因反竞争行为引发的纠纷具有管辖权。而民事主体因反竞争行为引发的争议则由大审法院管辖。法国立法上"反竞争行为"是指各种违反市场竞争规则的行为,法国《商法典》第四卷第二编的规定类似于我国《反不正当竞争法》,旨在规制阻碍、限制竞争,滥用支配地位,歧视性销售等不正当竞争行为。同时,由反竞争行为引发的商事侵权案件,如商业诽谤案件等也由商事法院管辖。③

---

① 法国里昂上诉法院 2001 年 5 月 15 日判决。见法国立法网:https://www.legifrance.gouv.fr/affichJuriJudi. do? oldAction = rechJuriJudi&idTexte = JURITEXT000006937846&fastReqId = 2011231556&fastPos = 2,访问日期:2016 年 5 月 10 日。

② 法国巴黎上诉法院 1995 年 1 月 11 日判决。见 B.Saintouren,"Tribunaux de commerce",*Revenu sociétés*,02,2010,p.32。

③ 法国最高法院民事审判庭第二庭 2000 年 7 月 5 日判决。见法国立法网:https://www.legifrance. gouv. fr/affichJuriJudi. do? oldAction = rechJuriJudi&idTexte = JURITEXT000007043420 &fastReqId=690136157&fastPos=4,访问日期:2016 年 5 月 5 日。

二、与商事公司有关的纠纷案件

此类案件是法国立法确立的以商主体为标准的第二类商事诉讼职权管辖案件。《商法典》第 L.721—3 条第 2 项规定，"有关商事公司的争议由商事法院管辖"。该项规定由 1865 年《商法典》第 631 条演变而来，原表述为商事法院有权裁判合伙人、股东之间因商事公司而产生的纠纷。随着社会经济发展，法国司法界普遍认为股东、合伙人之间的纠纷与商事公司之间的纠纷具有同质性，并且因着商事法院良好的审判运行效果，法国 2001 年 5 月 15 日立法修改了该条规定，去除了合伙人、股东之间这一限制性规定，代之以现行法中规定的与商事公司相关的所有争议，大大扩展了商事法院管辖范围。对于本条规定的具体适用仍可以从主体和客体方面进行分析。

（一）适用的主体范围

根据该条规定，属于商事诉讼职权管辖的核心要件是争议中必须包含商事公司这一重要要素。商事公司的定义，如上文所述，由《商法典》第 L.210—1 条规定：商事公司依其形式或者依其宗旨确定，合名公司、普通两合公司、有限责任公司以及可以发行股票的公司，无论其宗旨如何，均因其形式为商事公司。同时，《商法典》第 L.210—6 条规定，商事公司自其在"商事及公司注册登记簿"上注册登记之日起享有商人法人资格。因此商事公司还应当包括在"商事及公司注册登记簿"上注册登记的公司。商事公司登记由所在地区的商事法院负责，有管辖权限的商事法院书记员按照有关商事公司登记的条件和程序审核之后，为公司履行注册登记。须说明的是，当商事公司与民事公司发生争议时，按照特别法优于一般法的原则，应当适用《商法典》第 L.721—5 条的规则，遵循"任何条件下，与民事公司相关的一切争议均由大审法院管辖"的规则，而不再适用本条款因与商事公司有联系而由商事法院行使管辖权的规则。

与《商法典》第 L.721—3 条第 1 项规定的有关商人之间的纠纷由商事法院管辖的规则不同，从法条"有关商事公司的争议"的表述来看，该项规定并不限于纠纷主体为商事公司，而是对于争议对象、纠纷客体进行界定。凡纠纷涉及"商事公司"的，均应属商事诉讼职权管辖范畴。该规定的主要价值在于将非商人的纠纷主体纳入商事法院管辖范围。仅要求纠纷与商事公司存在一定程度的联系，既不要求纠纷主体具备商人性质，也不要求商事公司须为一方当事人。因而,在法国司法实践中常出现双方当事人均非商人,但纠纷仍由商事法院审判的情形。典型的如,商事公司法定代表人、高级管理人员因为公司活动而以个人身份作为被告时,如其在履职过程中进行了不正当竞争活动,而该个人虽不为商人性质,但纠纷仍由商事法院管辖。① 再如商事股份公司的非商人股东之间因商事公司清算发生争议,纠纷由商事法院管辖;②公司两名非商人股东,其中一人以实物出资,另一人以现金出资,双方因出资额评估而产生的争议亦由商事法院裁判等。③ 同样地,雇员工会、公益协会等社会组织,如商事公司企业委员会、股东权益保护协会等,虽为民事性质,从主体资格上说并不属于商事法院的管辖范围,但当其所涉纠纷与商事公司有联系时,则也应当适用《商法典》第 L.721—3 条第 2 项的规定由商事法院管辖。

"与商事公司有关的争议"规则也可适用于公司与其会计监察人(commissaires aux comptes)之间产生纠纷的情形。法国《商法典》第 L.221—9 条规定,股东可以按照法律规定的形式任命一名或数名会计监察人。现代各国商法均存在公司财务审计制度的规定,法国从事财务审计的专业人员称为会计监察人,是公司外聘的专业审计人员,通常由公司股东大会指定,并对股东大会负责。主要职责是对公司每一个会计年度终结时的会计工作是否符合法律规定和公司真实状况进行监督。会计监察人制度是对公司经营行为进行经常性的自我约束、自我监督的强制性法定制度规定,也是与公司监事会相对应的外部监察制度。法国每家公司里至少有一名会计监察人实施监督。会计监察人如发现公司存在违法行为时可以向检察官披露;发现足以影响公司继续经营的事实时,可以启动警告程序报告公司董事会、监事会及股东会。会计监察人报酬由公司自行承担。

当公司对会计监察人出具的有保留的年度审计报告有争议时,纠纷可能

---

① 法国最高法院商事审判庭 2009 年 10 月 27 日判决。见法国立法网:https://www.legifrance. gouv. fr/affichJuriJudi. do? oldAction = rechJuriJudi&idTexte = JURITEXT000021222203&fastReqId = 949928446&fastPos = 20,访问日期:2016 年 6 月 3 日。

② 法国最高法院商事审判庭 1963 年 7 月 8 日判决。见法国立法网:https://www. legifrance. gouv. fr/affichJuriJudi. do? oldAction = rechJuriJudi&idTexte = JURITEXT000006964496&fastReqId = 2122648934&fastPos = 2,访问日期:2016 年 6 月 3 日。

③ 法国巴黎上诉法院 1965 年 10 月 7 日判决。见 B.Saintouren,"Tribunaux de commerce",*Revenu sociétés*,02,2010,p.35。

存在由普通民事法院管辖和商事法院管辖两种情形。如会计监察人所在事务所采取了 1990 年 12 月 31 日法令规定的自由职业公司形式,则纠纷由民事法院专属管辖;而若会计监察人所在事务所采取了商事公司形式,则争议纠纷应当依据"有关商事公司的争议"的规定由商事法院管辖。但需注意的是,根据法国《商法典》第 L.823—18 条的规定,有关会计监察人酬金的任何争议由地区会计监察人纪律惩戒庭、国家会计监察人最高委员会分别进行初审和上诉审。

(二)适用的纠纷类型

适用"有关商事公司的争议"规定的纠纷情形中最常见、最典型的一类便是商事公司为一方当事人时的情形。也就是说,如果没有法律特殊规定,如《商法典》第 L.721—5 条有关民事公司纠纷管辖权的规定,商事公司为一方当事人时,纠纷应适用该规则而由商事法院管辖。同时,该规则还可以理解为诉讼标的是与商事公司组建、经营活动及注销等自商事公司诞生至消亡整个过程中与所有活动密切相关的纠纷诉讼应当归属商事法院管辖,包括股东之间、股东与公司之间因履行协议产生的纠纷,但相关协议中与商事公司无关的内容除外。此类纠纷案件情形非常多,如因股东之间因履行投资协议发生的纠纷;公司股东要求公司签发股票、确认股东身份之诉;公司股东要求公司分得投资收益、提供账簿、查询资料之诉;小股东诉公司不当转移资产;股东诉公司高管不当经营管理并要求其承担赔偿责任;公司代理人诉公司要求支付代理费;公司债务人要求认定公司无效等,可谓包罗万象,举不胜举。但根据法国《民法典》的规定,如商事公司股东死亡且其继承人为未成年人,只有大审法院有权许可该股东所享有的股权份额进入清算程序。在此情形下,有关清算和债权债务承继的纠纷诉讼也由大审法院管辖。

《商法典》第 L.721—3 条第 2 项规定的重要意义在于可以免去对诉讼主体是否为商人的性质判断,而仅以纠纷涉及商事公司而将其纳入商事法院管辖范围。但须注意的是,与"商事公司有关的纠纷"的判断和运用应以商事公司为中心。法国最高法院商事审判庭于 2009 年 10 月 27 日作出的一项判决提出了"直接联系"原则,为法国司法实务界树立了统一的适用标准:当事人之间的纠纷如与商事公司的经营管理存在直接联系,则属于商事法院管辖。该案中,名为 AE 的中间服务公司与地平线航空公司签订向其提供碳氢燃料的合同,并由 Sarao 为航空公司就支付货款提供担保。后航空公司和 Sarao 公司均因两名高管个人严重过错导致两公司违约,AE 公司遂向当地商事法院起诉两家公司负有过错责任的高管,并要求赔偿经济损失。案件一审中两被告提出因不具备商人资格,且原告并未将公司作为原告,因而商事法院不具有管辖权,该抗辩被一审法院驳回。负责二审的巴黎上诉法院以两责任人并非两公司法定代表人为由,驳回一审法院判决。案件经法国最高法院审理后终审判决撤销了上诉法院判决,支持了一审法院裁判。理由为,两名责任高管本人虽不具备商人资格,但纠纷与其所供职公司经营活动有直接联系,因而纠纷应属商事法院管辖。① 该原则受到法国理论和实务界的广泛认可,并成为适用《商法典》第 L.721—3 条第 2 项的重要规则。

按此规则,如股东转让其所持商事公司股东权利旨在使买方获得该商事公司控制权或协议中有保留卖方对公司控制权的约定,且纠纷与该项约定密切关联时,争议应由商事法院管辖。② 同样地,商事公司股东之间因签订旨在增加、转让或减少一方股东所持股权控制力的协议产生的争议,也应当认为适用"有关商事公司的争议"的规定由商事法院管辖。③ 此外,当股权转让发生在商事公司清算之时,那么相关转让纠纷将因与清算密切相关而被认为与商事公司有直接联系,从而一并由商事法院管辖。④ 其他虽涉及商事公司,但诉讼标的并非与商事公司活动密切相关的争议则不由商事法院管辖。如股东向该商事公司股东以外的其他人转让其所持公司股东权利,且转让方和受让方不是或不全是商人主体,则纠纷应由大审法院管辖。因为原则上,公民所享有的公司权利在性质上为民事权利的一种,公司权利的转让涉及的是私权利的

---

① 法国最高法院商事审判庭 2009 年 10 月 27 日判决。见法国立法网:https://www.legifrance. gouv. fr/affichJuriJudi. do? oldAction = rechJuriJudi&idTexte = JURITEXT000021222203 &fastReqId = 1787351046&fastPos = 2,访问日期:2016 年 6 月 15 日。

② M. Cozian,Fl. Deboissy,*Droit des sociétés*,Paris:LexisNexis,24 éd,2011,p.218.

③ 法国里昂大审法院 1992 年 4 月 10 日判决。见 H. Croze et ch. Laporte,"Décret n° 2010-1165 du 1ᵉʳ octobre 2010 relatif à la conciliation et à la procédure orale en matière civile,commerciale et sociale:modifications des pratiques procédurales devant les différentes juridictions",*procédures*,2011,édude2.,p.193。

④ 法国最高法院商事审判庭 1963 年 7 月 8 日判决。见法国立法网:https://www. legifrance. gouv. fr/affichJuriJudi. do? oldAction = rechJuriJudi&idTexte = JURITEXT000006963934 &fastReqId = 902683054&fastPos = 4,访问日期:2016 年 6 月 12 日。

转让,而不是商事公司的经营性活动,因而由其引发的纠纷应由普通民事法院管辖。①

此外,2009 年 10 月 27 日判决还强调了直接联系原则应适用于商事公司法定代表人。商事公司的法定代表人当然代表该公司,即使法定代表人个人不具备"商人"性质,其从事与商事公司相关的任何行为活动,以及因此产生的任何纠纷或影响,应当被认定为与该商事公司有直接联系。同时,该判决还将与商事公司存在直接联系的主体扩展到公司实际控制人(dirigeant de fait)、高级管理人员或代理人,甚至是表见代理人等从外在形式上可被认为代表公司从事一定经营活动的人。该判决在判决理由中特别阐述:"若他们与该商事公司没有直接关系,又怎么会因其行为影响到商事公司的经营管理活动?此类人员因与公司有关的行为与第三人发生纠纷,应当由商事法院管辖。"因此,法国司法实践无须区分诉讼是针对商事公司还是公司的代理人提起、代理人是否具备商人资格,也无须甄别代理人是否为法定代表人,只需审查争议是否与商事公司经营管理活动具有直接关联性即可。

三、有关商事行为的纠纷案件

《商法典》第 L.721—3 条第 1、2 项法律规定是以商主体为标准确定的商事诉讼职权管辖规则,即有关商人、信贷机构、融资公司之间,及其相互之间有关权利义务的争议;有关商事公司的争议由商事法院管辖。《商法典》第 L.721—3 条第 3 项则是以商行为为标准规定商事诉讼职权管辖:"任何人之间有关商事行为的争议"应由商事法院管辖。事实上,从司法实践来看,绝大部分商行为均是由商人、商事公司等商主体开展,而非商人主体与商人主体之间的商事活动也大都发生在"商事公司"之间,因而《商法典》第 L.721—3 条第 1、2 项规定已涵盖大部分商行为的情形,第 3 项规定可以视为前两项的兜底条款,将其他可能疏漏的因商行为引发的争议纳入商事诉讼管辖范围。尽管商人、信贷机构、融资公司以及商事公司从事的在其合法登记的经营范围内的

---

① 法国最高法院商事审判庭 1966 年 12 月 5 日判决。见法国立法网:https://www. legifrance. gouv. fr/affichJuriJudi. do? oldAction = rechJuriJudi&idTexte = JURITEXT000006974806 &fastReqId = 923046324&fastPos = 4,访问日期:2016 年 3 月 10 日。

活动当然被视为商行为,当其发生了商事诉讼纠纷时,法院均优先援引《商法典》第 L.721—3 条第 1、2 项规定确定商事法院管辖权。而《商法典》第 L.721—3 条第 3 项规定则多用于法律直接规定的客观商行为,也称无因商行为的情形,即无论行为人是否具备商人资格,凡进行相应行为即被认为从事商行为,因此产生的纠纷应由商事法院管辖;或最高法院司法判例确定的适用本条规定的情形。

(一)法律直接规定的情形

法律直接规定属于客观商行为的情形并不多见,最为典型的便是《商法典》第 L.110—1 条第 10 项规定的"任何人之间的汇票"(lettre de change)。在汇票签字为其支付做保证担保的行为人,虽不具有商人资格,但其签字担保行为即被认定为商行为,因该票据支付引发的担保责任纠纷即属于商事法院管辖。① 但需注意的是,《商法典》第 L.110—1 条所指汇票是债权人汇票,与债务人汇票(billet à ordre)应予以区别。债权人汇票是指由债权人出具并交付债务人,指定债务人将一定金额支付给第三人的商业汇票。而债务人汇票是指债务人出具并交付给债权人,以保证其会支付一定金额的凭证,收票人(即债权人)可以背书的形式转让债权。法国《商法典》规定只有债权人汇票具有客观商行为性质,即任何人因在债权人汇票上签字承担相应权利义务产生的纠纷均由商事法院管辖。而对于债务人汇票,法国《商法典》第 L.721—4 条第 2 款规定,商事法院仅对同时由商人与非商人签字的汇票(ordre à ordre)争议享有管辖权。也就是说,如果汇票上仅有非商人签字,且不是因商事、交易、交换、银行或居间活动而签发,在被告提出请求时,商事法院应将有关争议移送大审法院管辖。因而,在债务人汇票上签字的行为人需同时具备商人资格,或是为了完成商事行为而签订的条件,相关争议才属于商事诉讼职权管辖。

法国最高法院确立了对某些情形下的个人担保行为视为商行为并因此援引《商法典》第 L.721—3 条第 3 项规定由商事法院管辖。一般而言,自然人以其个人财产为他人进行担保的行为属民事行为,应由大审法院管辖。但若担保人的个人财产与其担保债务有利益关系,且该债务由商人与第三人之间订

---

① 法国最高法院商事审判庭 1996 年 10 月 1 日判决。见法国立法网:https://www.legifrance. gouv. fr/affichJuriJudi. do? oldAction = rechJuriJudi&idTexte = JURITEXT000007299731&fastReqId =1981548723&fastPos =5,访问日期:2016 年 3 月 11 日。

立,那么担保人即使不具备商人资格,或并不参与债务人的活动,与该担保有关争议仍应由商事法院职权管辖。① 因此,是否与被担保债务存在个人利益关系是认定担保行为是否为商事行为的关键。法国最高法院认为,公司经理、控股股东为其公司债务提供担保的,推定其个人财产与被担保债务存在利益关系。② 但该推定仅为一般推定,公司经理可提出反证证明其个人财产与公司主要经营活动不存在利益关系,则不适用该规则。同时,公司中小股东、实际控制人也适用该项推定。此外,该推定也适用于上述人员的配偶。上述人员的配偶若在该公司经营活动中起到积极作用,那么该配偶为公司提供之担保也应当视为与其个人财产有利益关系,从而属于商事行为,相关担保争议由商事法院管辖。③

(二)司法判例确定的情形

法国最高法院 1991 年判决确定,因转让和受让商业资产的纠纷案件应当适用《商法典》第 L.721—3 条第 3 项规定,由商事法院管辖。④ 商业资产(fonds de commerce)又译作营业资产,是法国商事立法上极具特色的一项较为抽象的概念和制度,起源于 1872 年的《税法》。受法国影响,如今比利时、瑞士、加拿大魁北克以及非洲原法属殖民地国家等引入并沿用该规定。法国立法没有商业资产的直接定义,理论与实务界通说认为,商业资产是商人某个经营地点内用于从事某项经营活动的全部动产和权利的总和。⑤ 商业资产是一个整体的抽象概念,是商人某处全部财产的法律上的拟制,是商人经营活动的核心。该制度基于商事活动的核心要素是针对地理位置的理念而设计的,其认为一定

① 法国最高法院商事审判庭 1993 年 3 月 16 日判决。见法国立法网:https://www. legifrance. gouv. fr/affichJuriJudi. do? oldAction = rechJuriJudi&idTexte = JURITEXT000007163811 &fastReqId=19848037&fastPos=8,访问日期:2016 年 3 月 12 日。

② 法国最高法院商事审判庭 2000 年 1 月 18 日判决。见法国立法网:https://www. legifrance. gouv. fr/affichJuriJudi. do? oldAction = rechJuriJudi&idTexte = JURITEXT00000704183 9&fastReqId=1382238100&fastPos=14,访问日期:2016 年 3 月 19 日。

③ 法国昂热上诉法院 1996 年 1 月 15 日判决。见 D.Cholet,*La réforme de la procédure devant le tribunal de commerce*,JCP E,2010,p.556。

④ 法国最高法院商事审判庭 1991 年 1 月 8 日判决。见法国立法网:https://www. legifrance. gouv. fr/affichJuriJudi. do? oldAction = rechJuriJudi&idTexte = JURITEXT000007024774 &fastReqId=1387833417&fastPos=7,访问日期:2016 年 2 月 15 日。

⑤ 《法国商法典》,罗结珍译,北京大学出版社 2015 年版,第 85 页。

地理位置范围内商人的客户群体、消费习惯是相对稳定的,也是该商人经营活动的关键,因此将以经营地点为基础的、该商人除不动产以外的具有流通性的所有财产和权利的集合确立为其商业资产。由于商业资产对于经营者的重要作用,法国《商法典》以第一卷第四编整编规定了其内容及运用规范。从具体构成上看,商业资产包括有形动产和无形权利两部分。有形动产如商品货物、经营所需设施设备、货柜货架等;无形权利如商事租约权(bail commerciale)、商业名称、商标、专利权、相关特定职业资质、经营许可等。一个商事主体,无论商事自然人或商法人,都具有至少一项商业资产,同一商人可以有多项商业资产,且原则上不存在没有商业资产的商人。由于商业资产是商人拥有的具有流通性的财产和权利,其转让和受让被视为商事行为。实践中,商人转让其商业资产通常是整体转让,但也不排除当事人自主确定包含其中转让的财产要素。

鉴于商业资产对于商人经营的极其重要作用,甚至是商人全部经营财产的总和,转让商业资产往往意味着转让商人身份和实际经营权,买受人时常通过购买商业资产成为商人。法国《商法典》规定受让商业资产的主体是非商人的,应当自受让商业资产之日起 15 日内到当地商事法院办理注册登记,从而取得商人资格。无行为能力人不得购买商业资产。买卖商业资产是一种典型的商事行为,由于立法没有明确规定,法国最高法院司法判例将相关纠纷确定为应适用《商法典》第 L.721—3 条第 3 项的规定,由商事法院管辖。与此相关的,法国最高法院判例还将此项规则扩展适用至《商法典》第 L.144—7 条规定的"商业资产租赁合同"纠纷:承租人虽不为商人,但因租用商业资产经营产生的债权债务纠纷,如商业资产的出租人对承租人缔结的债务承担连带责任纠纷,也应由商事法院管辖。①

此外,法国最高法院司法判例也存在对立法规定的商事行为进行限制解释的情形。《商法典》第 L.110—1 条规定,因商业活动所需为卖出而买入不动产的行为属商业行为,且商事法院因此就不动产所有权转让纠纷享有管辖权,但鉴于不动产所涉法律关系重大,为谨慎起见,法国最高法院司法判例对该法律规定作了缩小解释。如争议标的不动产涉及非商人共有权的,尽管卖方进

---

① 法国最高法院商事审判庭 2011 年 6 月 21 日判决。见法国立法网:https://www. legifrance. gouv. fr/affichJuriJudi. do? oldAction = rechJuriJudi&idTexte = JURITEXT000024256916 &fastReqId=12893328&fastPos=116,访问日期:2016 年 4 月 10 日。

行交易时为商人、买卖也属商业行为,但纠纷仍归属大审法院管辖;①对于不动产扣押纠纷以及不动产司法拍卖也应由不动产所在地的大审法院专属管辖。②

第二节 商事诉讼适用范围特殊规定

除《商法典》第 L.721—3 条规定的商事诉讼适用范围原则性规定以外,法国立法和司法判例还涉及许多其他有关商事诉讼适用范围的规定,或扩展,或限制商事诉讼适用范围。

一、扩展商事诉讼适用范围的情形

法国立法扩展商事诉讼职权管辖范围的重要情形便是《商法典》规定的集体程序。与典型的解决争议纠纷的诉讼程序不同,集体程序是包含诉讼与非讼程序的特别程序,与我国破产重整制度类似。因该程序不属于前述原则性规定中三类纠纷情形的任何一类,又由《商法典》明确规定,故将其作为扩展商事法院管辖案件的特殊情形之一。同时,《商法典》在除商事诉讼专门规定以外的其他章节中,也存在一些扩展商事诉讼职权管辖的规定。此外,由于法国立法极具专业化分类及法典化的特点,各专门领域法典设置众多,《商法典》之外的其他法典如《劳动法典》《交通法典》中也包含与商人、商事公司及商事行为密切联系的法律关系,以及相关纠纷解决管辖权的规定。其中一部分则明确应由商事法院管辖,从而亦扩展了商事诉讼职权管辖范围。

（一）**集体程序**(Procédures collectives)

《商法典》第 L.621—2 条第 1 款规定,"如果债务人从事的是'商业或手工业活动',在保障程序中有管辖权的法院是商事法院,其他情况下,有管辖

① 法国最高法院商事审判庭 2000 年 4 月 18 日判决。见法国立法网:https://www. legifrance. gouv. fr/affichJuriJudi. do? oldAction = rechJuriJudi&idTexte = JURITEXT000007042839 &fastReqId=349862077&fastPos=13,访问日期:2016 年 4 月 11 日。

② 法国最高法院商事审判庭 2004 年 5 月 19 日判决。见法国立法网:https://www. legifrance. gouv. fr/affichJuriJudi. do? oldAction = rechJuriJudi&idTexte = JURITEXT000007467280 &fastReqId=203452992&fastPos=7,访问日期:2016 年 4 月 10 日。

权的法院是大审法院"。同时,该法典第 L.631—7 条规定司法重整程序、第 L.641—1 条规定司法清算程序也适用与第 L.621—2 条相同的规则。保障程序、重整程序及清算程序在法国法上统称为"集体程序",是指"将面临偿债困难的企业的经营置于司法控制之下,并集中该企业的所有债权人统一行使权利的程序"。① 在法国,当工商业企业面临偿债困难的时候,债权人可以依据其严重程度的不同,申请对困难企业或主体实施集体程序。集体程序类似于我国的破产程序,根据企业的状况和还债的前景不同,集体程序分为三个步骤:保障程序(la procédure de sauvegarde)、重整程序(le redressement judiciaire)和清算程序(la liquidation judiciaire)。首先,若债务人还未出现中断支付,而只是存在将来无法支付的可能,那么集体程序将进入第一步"保障程序"。该程序只能依债权人申请进行,其主要目的在于使困难企业在法院介入、债权人的支持下开展经营活动,以维持正常的业务活动,保证其资金来源和基本收入。其次,若债务企业的经济和财务状况经保障程序后仍未得到改善,且出现了中断支付欠款的情况,那么企业将进入第二步"重整程序",被债权人和法院进一步实施监督管控。重整程序可由债务人、债权人或者检察官提起。若企业经重整程序仍持续经营困难的局面且无法归还欠款,重整程序被显示无效,那么企业将进入旨在解散企业且清算所有债务的"司法清算程序"。②《商法典》第 L.621—4 条规定,法庭在宣告实施集体程序的判决中应指定一名监察法官(juge-commissaire),负责决定集体程序中的相关程序性事项,裁决非实质性争议,以保护各方利益和监督债务企业的经营。例如,监察法官有权建议原法庭指定、更换司法管理人,司法代理人;裁定在重整程序中是否延长正在履行的合同期限;裁定债务人董事提出的旨在延长正在履行合同期限的申请;确认合同自始无效;收回商品和动产所有权等;监察法官还可以根据情况指定技术人员就某些问题进行鉴定。③

集体程序是广泛运用于民事主体与商事主体的特别程序,由于其关涉到

---

①　法律词汇法典:*Lexique des termes juridique*,Paris,Dalloz,2011,p.731。

②　法国法律概念网:http://droit-finances.commentcamarche.net/contents/1451-les-procedures-collectives,访问日期:2016 年 4 月 13 日。

③　D. Voinot,"Quelles compétences pour les tribunaux de commerce en matière de procédre collectives?",*Procédure* 2011,dossier 12,p.12.

诸多债权人的利益保障和债务人经营活动的存续发展等重大事项,法国立法规定集体程序应当由大审法院管辖,以及法律有特殊规定的情形下由特殊法院管辖。《商法典》第 L.621—2 条第 1 款"如债务人从事商业或手工业活动,适用集体程序时应当由商事法院管辖"便是法律规定的特殊情形。根据该条款表述可知,由商事法院管辖的集体程序采商行为标准,其适用范围将大于以商主体标准确定的管辖权。对于从事商业活动的认定,根据前述《商法典》第 L.721—3 条第 1、2 项确定的商事主体,无论是自然人商人主体或法人商人主体,其经营活动应当包括在内,属本条款规定的商业活动自不待言。而非商人主体,即某法人设置目的为民事目的,其采取的组织形式也不属于法律规定的应当认定为商人的形式,但因其从事商业活动在适用集体程序时也由商事法院管辖,事实上扩大了商事法院管辖范围。如某农业合作组织从事农业生产经营的同时也租用商业资产开展商品买卖、提供服务等商事活动,虽不具有商人资格但在适用集体程序时仍由商事法院管辖。①

对于从事手工业活动的认定,可认为绝大部分手工业者从事的是手工业行为。原《商法典》曾规定,在"手工业职业目录"上登记注册的自然人为手工业者。2008 年 12 月 18 日第 2008—1345 号法令删除了需在"手工业职业目录"登记注册这一条件,即凡从事手工业职业的主体均应认定为手工业者。但 2012 年 12 月 28 日第 2012—1515 号法规修订的《司法组织法典》第 R.211—4 条规定的由大审法院专属管辖的 14 种情形中的第 8 项规定,凡不具备商人资格,也或未在"手工业职业目录"上登记注册的债务人适用司法保障、重整、清算程序时,应由大审法院管辖。由于该条规定新于前者,应优先适用该条规定,即商事法院在集体程序中只能受理债务人为商人和经登记确定的手工业者的案件。②

此外,法国 2010 年 6 月 15 日第 2010—658 号法令创设的"有限责任个体

---

① 巴黎上诉法院 1995 年 2 月 3 日判决。见 D. Voinot, "Quelles compétences pour les tribunaux de commerce en matière de procédre collectives?", *Procédure* 2011, dossier 12, p.15.

② 《司法组织法典》(Code de l'organisation judiciaire) 第 R.211—4 条,见法国立法网:https://www.legifrance.gouv.fr/affichCode.do;jsessionid = 1F64AB9EDA1BEAFA2A0A54E0BE47697D. tpdila12v _ 2? idSectionTA = LEGISCTA000018923003&cidTexte = LEGITEXT000006071164&date Texte=20161106,访问日期:2016 年 2 月 13 日。

企业主"(entreprise unipersonnelle à résponsabilit limité)制度使得集体程序也可以适用于既未在"商事及公司注册登记簿",也未在"手工业职业目录"上注册登记的自然人。该法令编入《商法典》第 L.526—6 条至第 L.526—21 条,规定任何有限责任个体企业主均可将其本人的概括财产分开一部分专门用于从事职业活动,且无须设立法人。指定专门用于从事职业活动的概括财产,由个体企业主作为持有人的财产、权利、债务或担保构成。同一项财产、权利、债务或担保只能属于一项"有指定用途的概括财产"。根据该制度,个体企业主虽然不具有商人资格,也没有设置公司,但其可以将个人财产分出一部分或几部分,分别作为其从事一项或几项商业、手工业职业活动的专门财产。当发生因经营不善等导致的财务危机时,其个人财产适用个人资不抵债程序(surend-ettement)而由大审法院管辖;其指定用于商业或手工业活动的财产则应适用集体程序,并由商事法院管辖。因此,同一个人利用其不同财产所作的不同性质的行为可能由不同法院管辖。

《商法典》第 L.621—2 条第 2—5 款还规定了集体程序的扩张,包括主体的扩张和客体财产的扩张。主体扩张是指,已经开始实行的集体程序应当扩张至其概括财产与集体程序债务人的财产发生混同的一人或数人,或者在法人为虚拟性质的情况下,扩张至其他一人或数人。客体财产的扩张则是指当债务人的其他财产与作为程序客体的财产发生混同,或有限责任个体企业主债务人严重违反有关利用专门财产从事执业活动应当编制独立财务账目、区别个人财产与经营活动财产的义务,或对债权人作出欺诈行为时,可以将该财产或债务人的其他财产并入该客体财产。主体扩张可以使原本集体程序以外的第三人因财产与程序客体财产发生混同而被卷入集体程序,客体财产的扩张则可使原本不属于程序客体财产的债务人的其他财产被视为客体财产一并处理。

主体扩张需满足两个法人主体之财产相互混同的条件,或在法人性质虚拟的情况下,集体程序才能扩张至另一法人。财产混同的主要认定标准是两家以上公司或经营主体间,如母子公司或同一集团所属各公司之间在财务管理和债权债务关系方面存在混同,不易区分。以一则案例为例:某商业资产租赁公司替该公司创立人清偿债务,且不向该创立人支付租赁租金或转让货品价款,该承租人公司与出资商业资产的创立人之间则视为财产混同。① 性质虚拟是指表面看似独立的两个不同法人,但实际上是同一法人的情形。认定某公司性质虚拟,除两公司财产混同外,还需考虑经营活动、聘用人员具有同一性。例如某公司长期处于没有任何资产、经营活动的"休眠"状态,其控股股东同时是另一家公司的董事长、总经理。当另一家公司开始进入集体程序时,该休眠公司在短期内启动与另一家公司相同的经营活动,目的是为了结清另一公司的债务,以便保护其商业资产,使之不被清算。此时针对另一家公司的集体程序当然扩张至因在登记机构注册而表面独立,但实质上为同一主体的"休眠"公司。②

当两公司财产发生混同或性质虚拟时,或公司经理与公司发生财产混同时,适用集体程序具有单一性。即两家"混同"的公司(或公司与其混同的管理人)应在同一法院进行程度相同的集体程序。如法院对其中一家公司履行清算程序,则应当将该清算程序同时适用于另一家公司,而无须再进行重整程序。两家公司的资产、负债和收益应当合并计算和统一处理,禁止各公司就各自债务进行部分清偿。③ 程序扩张后,某债权对其中一家公司的优先性同时及于其他公司,债权人在最先开始的集体程序中因逾期申报已经丧失的相应权利,可以在程序扩张后的程序中申报并享有;而在扩张前已经被认定不享有原债务人债权的,程序扩张后仍不得享有。④

商事法院集体程序管辖权也存在限制。一般地,在集体程序的管辖法院可以受理和裁判集体程序中涉及的争议纠纷,但应当以一定范围为限,商事法院也不例外。法国最高法院1995年判例确定了商事法院管辖集体程序之纠纷裁判规则:商事法院只能受理集体程序中发生的,或受到集体程序司法影响的纠纷。基于集体程序开始之前的事实引发的纠纷,以及并未受到集体程序

---

① 法国最高法院商事审判庭 2000 年 3 月 14 日判决。见法国立法网:https://www. legifrance. gouv. fr/affichJuriJudi. do? oldAction = rechJuriJudi&idTexte = JURITEXT000007042030 &fastReqId = 948765818&fastPos = 5,访问日期:2016 年 6 月 10 日。

② 法国凡尔赛法院 1997 年 3 月 6 日判决。见 D. Voinot, "Quelles compétences pour les tribunaux de commerce en matière de procédre collectives?", *Procédure* 2011, dossier 12, p.13。

③ 法国最高法院商事审判庭 1995 年 12 月 5 日判决。见法国立法网: https://www. legifrance. gouv. fr/affichJuriJudi. do? oldAction = rechJuriJudi&idTexte = JURITEXT000007292045 &fastReqId = 1133253700&fastPos = 8,访问日期:2016 年 6 月 12 日。

④ 由于集体程序内容复杂,程序扩张造成的效果也非常多,本书不以集体程序为主要研究对象,也不对此进行过多展开。

司法影响的纠纷则不属于商事法院管辖。① 此外,法国《商法典》第 R.662—3
条规定,就管理人、司法代理人及会计监察人在重整、清算程序中的不当行为
要求民事损害赔偿责任的纠纷由大审法院管辖;第 L.642—18 条第 5 款规定,
清算程序中,就变卖债务人财产所得款项进行分配及确定各债权人之间的清
偿顺位发生的纠纷,应由执行法官(juge de l'exécution),也就是债务人所在地
大审法院院长受理并裁判;依据《商法典》第 L.721—5 条关于民事公司法律法
规规定设置的民事职业公司适用集体程序,仍然专属大审法院管辖。②

(二)其他情形

1. 启动"企业困境预防"

法国《商法典》第六卷名为"企业困境",旨在对已经陷入或即将陷入困境
的企业予以帮助、管理、监督和清算。该卷除上述"集体程序"的规定之外,还
确立了"企业困境预防"制度。该制度包括"困境预防、专门委任及和解程序"
三项内容和程序。在法国,凡在"商事及公司注册登记簿"或在"手工业职
业目录"上注册登记的个人、个体企业主、私法人等都可以参加由国家派驻各
行政大区的长官发布条例认可的预防性组织。该组织负责为企业提供咨询、
分析和建议,便于其及时发现经营中存在的困难和采取适当的措施,避免经营
状况恶化,此称为"企业困境预防"。当工商企业初步出现经营和财务困境以
后,经债务人申请,商事法庭庭长可指定法院一名法官为专门委任人
(mandataire ad hoc),并授权其协助困境企业摆脱困境,此为"专门委任"。若
企业进一步出现困境,并在法律、经济或财务方面已经发生或者可预见将会发
生逾期不超过 45 日的支付困难时,债务人可以向法院申请发起和解程序(une
procédure de conciliation),以促成债务人与其主要债权人,以及与其有经常合
同关系的缔约人,订立一项旨在终止企业困难的协议。和解程序由商事法庭
庭长裁定作出,并指定该院一名法官担任和解人。和解人将促成困境企业与

---

① 法国最高法院商事审判庭 1995 年 1 月 17 日判决。见法国立法网: https://www.
legifrance. gouv. fr/affichJuriJudi. do? oldAction = rechJuriJudi&idTexte = JURITEXT000007243979
&fastReqId = 1208210228&fastPos = 3,访问日期:2016 年 6 月 13 日。

② 法国瓦朗谢讷商事法院 2011 年 8 月 22 日判决则遵照此规定,宣布其无管辖权。见 D.
Voinot, "Quelles compétences pour les tribunaux de commerce en matière de procédre collectives?",
Procédure 2011,dossier 12,p.15。

债权人协商,并就债务的减免和分期履行等事项达成一致。和解人可以提出有关保护与挽救企业、使企业经营活动得以继续的各种建议。和解程序十分灵活,且秘密进行,这有利于困难企业缓解债务危机、渡过难关。如果和解程序失败,而企业的困难状况存续,那么企业将很可能进入集体程序。

法国《商法典》第 L.611—3 条至 L.611—7 条规定,有权对从事商业活动或手工业活动的债务人指定专门委任人以及决定启动和解程序的是债务人所在地的商事法院及其审判庭。但按照《商法典》第八卷等专门立法或条例规范设立的私法法人、从事独立职业活动的自然人,以及民事职业公司等特殊主体适用专门委任及和解程序时,由大审法院管辖。

2. 非领薪管理人纠纷

一般情况下,法国领薪劳动者与企业法人之间的劳动争议纠纷应由劳资纠纷法庭(conseils de prud'hommes)管辖,但《劳动法典》(Code du travail)第七卷第三编第二章第二节规定了当劳动者为"非领薪管理人"时应由商事法院管辖的特殊规则。其第 L.7322—2 条规定,与企业达成协议按照卖出产品数量的一定比例提成的方式获取报酬的劳动者被称为"非领薪管理人"。他们多从事食品零售业或消费品销售业。企业大多通过与非领薪管理人签订协议,约定商业模式、工作量和提成比例的方式对非领薪管理人进行管理和收益分配,而基本不对其设置固定和具体的工作要求。非领薪管理人通常也拥有较多的自由,他们可以选择自行完成工作量或者雇员工作。其第 L.7322—5 条规定,非领薪管理人与企业之间因商业模式发生的争议应视为与商事有关的争议,应由商事法院管辖。而非领薪管理人与企业之间发生的因工作场所、劳动条件或解除非领薪管理合同等问题引发的传统劳动争议,仍由劳资纠纷法庭管辖。

3. 航海报酬纠纷

法国《交通法典》(Code des transports)专章设置了海运及港口作业的规定。其第 L.5341 条规定,有领航责任的船长有义务向本次航行的驾驶员支付报酬,只要船舶驾驶员能够证明其为了航行已做相应的准备,无论该驾驶员是否实际驾驶船舶。船舶驾驶员除应履行法律规定的职责以外,还有义务在航行遇到危险时不经任何人要求率先进行救助,遭遇不可抗力的情形除外。若船舶驾驶员在船舶航行遇到危险时给予了救助,船舶驾驶员享有获取特别救助报酬的权利。由于船长、船舶代理人在很长一段时间里被法国立法视为商人,因而《交通法典》第 L.5341—6 条规定对于船舶驾驶员与船长之间、船舶驾驶员与船舶代理人之间发生因航行报酬、航行特别救助报酬,或损害赔偿产生的争议,应由商事法院管辖。

需注意的是,由于船舶和航空器经营运行涉及公共安全,直接影响社会公众利益,法国最新立法限制了该领域内商事法院管辖权。法国《交通法典》第 L.5542—48 条原规定船东与船长之间发生的纠纷,以及《民用航空法典》第 L.422—4 条原规定航空器经营者与机长在委托合同约定的飞行期间发生的纠纷应由商事法院管辖。但立法分别于 2010 年、2016 年以第 2010—1307 号、第 2016—816 号法令作了变更。立法者认为,虽然船长和机长在其委托合同期间的航行、飞机行为具有独立性,但仍不能改变其职员性质,其与飞行器经营者、船长之间仍为雇佣关系;并且船长、机长既非商人,其职务行为也非商事活动,因此他们之间的纠纷争议应当改由民事法院及其司法法官(juge judiciaire)管辖。① 这样的转变体现了近年来法国立法对于船舶、航空器经营加强管控力度的趋势。

4. 商事法院特别管辖情形

法国 2015 年 8 月 6 日第 2015—990 号法令在法国《商法典》第七卷第二编第一章"商事法院"管辖设置中新设"商事法院特别管辖权"一节,即第 L.721—8 条,就特定情形下商事法院获得管辖权的情形作出规定。该规定为法国立法有关商事法院管辖的最新修订,于 2016 年 3 月 1 日起生效。该条规定,当债务人从事商业或手工业活动时,商事法院对以下情形有特别管辖权。

(1)在法典第六卷规定的关于司法保障程序、重整程序、清算程序中,当债务人为:

a. 员工人数大于或等于 250 人并且营业净收入至少为 2000 万欧元的企业;

b. 营业净收入至少为 4000 万欧元的企业;

c. 掌握或者控制另外一家企业,并根据条款第 L.233—1 条和第 L.233—3

---

① 在法国,由于初审法院和大审法院属于普通司法法院体系,法官均为国家财政供养的司法法官,所以常用司法法官代称司法法院,即初审、大审法院。

条,涉及的全部企业的员工人数等于或者大于 250 人,并且这些企业的营业净收入至少为 2000 万欧元;

d. 一家企业掌握或者控制另外一家企业,根据条款第 L.233—1 条和第 L.233—3 条,全部企业的净收入至少为 4000 万欧元。

(2)为执行欧盟有关个人破产程序的法律而对国际性案件进行审理的。

(3)国际性案件债务人的主要财产所在地在其管辖范围内的。

(4)当债务人为企业或符合本条第(1)项 a—d 规定的公司集团,依据共和国检察官或商事法院院长要求,按照第六卷第一编的规定,履行和解程序的;第(1)项 c 和 d,及第(4)项中有管辖权的商事法院指的是按照法典第 L.233—1 条和第 L.233—3 条的规定,公司或其控制的公司所在地属于其管辖范围的商事法院。

对于第(2)项,有管辖权的商事法院是其管辖地为债务人主要财产所在地的商事法院;对于法人,除非提供相反的证据,主要财产所在地是其住所地。

国家行政法院颁布具体实施细则后,由行政法令在考虑到管辖区人数及经济活动程度的前提下对商事法院特殊管辖权进行划分并制定特殊商事法院的名单。

企业主要财产所在地的商事法院院长,或者他委托的法官可代表该商事法院。

显而易见,符合上述情形的公司均为大、中型商业公司或企业。这类企业规模大、影响的范围广,经营管理技术要求高、难度较大。当其适用集体程序时,为达到在短期内恢复正常经营、实现收益的目的,程序指挥者必须具备十分丰富的商业经管经验和极高的专业化素质,而这样的人员只有商业领域中的精英人士,并且有着天然制度约束的商事法官才能胜任。因此,虽然《商法典》第 L.621—2 条已经规定从事商业或手工业活动的债务人适用集体程序,应由商事法院管辖,但立法者仍以特别列举的方式强调将大型商业企业及国际性案件的集体程序管辖权授予商事法院,足见其对商事法院及商事法官专业能力和办案效率的肯定。

二、限制商事诉讼适用范围的情形

法国司法制度较其他西方国家的独特之处在于分为普通法院系统、行政法院系统及特殊法院三类。商事法院作为特殊法院之一,因其高效、商业职业水平高而著称,但由于商事法官全部为非职业法官,时而受到部分学者以欠缺法律专业素质为由的质疑。事实上,法国立法者和理论界普遍认为商事法院裁判纠纷在当事人权利保障,尤其是非商人主体实体权利保障方面略显不足,而由法律专业人员担任法官的法国普通法院则一直被认为是公民基本权利和当事人财产利益的守护者。诉讼公平与效率本是一对存在矛盾的诉讼价值,当两种价值在同一案件中发生冲突时,不同价值倾向将往往导致不同的裁判结果。法国司法制度将公平与效率价值分别赋予大审法院和商事法院在裁判过程中予以侧重考量,立法则根据案件性质和纠纷主体的需要划分案件管辖范围,体现了对不同案件注重不同价值目标的立法理念。对于专业技术性强、诉讼效率高,且纠纷所涉权利义务多为当事人可处分的私权利、与公共利益和社会影响较小的案件,以商事纠纷案件为典型,通常交由商事法院管辖;而将涉及公民重大、基本权利,或对社会公共利益产生较大影响的纠纷则规定由普通司法体系法院,主要由大审法院管辖。例如,有关设置或转让不动产产权纠纷的案件自 19 世纪末即由法国最高法院确立由大审法院管辖,该规则一直沿用至今。除此之外,法国立法还在其认为必要时设置了限制商事法院管辖权的规定情形。也就是说,按照《商法典》有关商事法院职权管辖的原则性规定,本应由商事法院管辖的案件,由于特别法的规定而由大审法院管辖。

　　法国《司法组织法典》第 L.211—3 条规定,大审法院受理所有民商事纠纷,但法律有特别规定的除外。对于《商法典》第 L.721 条规定由商事法院管辖的纠纷则属此处的"特别规定"。因而原则上只要属于商事法院管辖范围的商事纠纷均应优先适用《商法典》的规定。但须注意的是,《司法组织法典》中还规定了一类特殊纠纷须由大审法院(或称"司法法官")排除性专属管辖(compétence exclusive)。凡属此类专属管辖情形的,则排除其他法律的特别规定,由司法法院专属管辖。

(一)知识产权类纠纷

　　由于知识产权类纠纷较普通民商事纠纷往往涉及数额较大,且与社会公共利益联系紧密,对社会大众生产生活影响较大,法国立法很早就对许多知识产权类纠纷管辖权进行了特殊规定,由大审法院管辖。如《知识产权法典》(Code de la propriété intellectuelle)第 L.615—17 条规定,有关发明专利权的纠纷,包括职务发明、不正当竞争等情形的争议,由大审法院专属管辖,但诉讼是由当事人针对知识产权管理机关的行政管理行为而提起时,纠纷应由行政法院(juridiction administrative)管辖;其第 L.615—19 条进一步规定,对于发明专利当事人向法院提出的认定行为人侵犯专利权并作出旨在停止侵害、消除影响的整体或部分禁止令的申请,仅大审法院享有专属管辖权;其第 L.716—3条规定有关商品或服务商标的争议和请求、第 L.623—31 条规定有关植物获取的争议和请求包括涉及不正当竞争情形的,应由大审法院管辖;消费者法典(code de consommation)第 L.115—10 条规定,有关地理标识、原产地认证的纠纷也由大审法院管辖等。值得一提的是,上述规定中之所以将不正当竞争情形专门列出,是因为法国《商法典》规定有关不正当竞争行为的争议应根据具体情况由大审法院或商事法院管辖,而按照商事法院管辖的普通规则,具备商人资格的主体之间发生的,或由商事公司作出的由不正当竞争行为引发的争议应由商事法院管辖,知识产权纠纷案件主体为商人的情形非常多见,为避免法律冲突和突出大审法院知识产权案件的专属管辖权,立法将其作为应注意事项予以特别提示。

尽管法国立法对知识产权案件管辖采取较为谨慎、严格的态度,但在较长一段时间的司法实践中,法国司法界更倾向于由商事法院管辖立法未明确规定专属管辖的知识产权纠纷,只要该类纠纷满足商事法院管辖的基本要求。例如不属于专利权附带事项的技术开发合同,包括商标权在内的知识产权权益转让纠纷、因争议客体为公众资源而不属于商标权保护范围的侵权纠纷,以及没有被立法明确规定属于大审法院管辖的有关著作权纠纷、图形和立体模型商标纠纷等,均被司法判例认为应由商事法院管辖。[1] 不过这样的情形因2011 年 12 月 13 日第 2011—1862 号法令得到根本转变。该法令修改了《司法组织法典》第 L.211—10 条的规定:大审法院对于有关文学艺术产权、图形和立体模型、发明专利、实用认证、补充保护认证、半导体地图测绘、植物获取、地理标示、商标、电子数据库开发以及相邻权等由《知识产权法典》规定的知识产权类纠纷适用专属特别管辖权规定。该条将几乎全部知识产权案件纠纷

---

① 法国最高法院商事审判庭 1994 年 12 月 13 日判决;法国巴黎上诉法院 1996 年 3 月 20日判决等。见法国立法网:https://www.legifrance.gouv.fr/affichJuriJudi.do? oldAction = rechJuriJudi&idTexte = JURITEXT000007249840&fastReqId = 1454514545&fastPos = 7,访问日期:2015 年 3月 10 日。

均收归普通司法法院管辖,从此之后,由商事法院管辖的知识产权类纠纷便非常少见了。法国立法规定的变化显示出立法者对于知识产权案件及其涉及权利义务所持十分谨慎的态度。由大审法院审判知识产权纠纷更关注纠纷的真实状态和裁判的公允性,相对地减少了当事人自由处分权,如此可以增加判决的权威性,有利于判决的执行和社会公众的接受。

(二)商事租约类纠纷

诚如上文所述,商人从事商事活动的商业资产(fonds de commerce)是其某项经营活动的全部动产和权利,而用于其经营活动的场地、铺面等不动产则不包含在其中。法国立法对于商人因商事经营活动而租赁场所、铺面等不动产时发生的与该场地所有者之间的租赁关系称为商业租约(bail commerciale)。商业租约有双重性质——因涉及房屋等不动产租赁而属于《民法典》规定的重要民事行为;同时又因其承租人为商人且其用途商业经营活动为典型的商事行为,应受商事法律规范的调整。然而商事租约是商人因为其商业经营而缔结,与普通民事主体以居住为主要目的签订的租赁类协议有较大不同。商人的经营场所对于其经营活动有着至关重要的作用,某些商业经营还会十分依赖其所在地的地缘环境,两者之间较普通民事居住有更为紧密重要的联系。商人通过在一地的长期经营,往往能培育出自己固定的商业形象和一批顾客消费群体,甚至形成该地商业或文化习惯,有些老字号的商业品牌在某地经营可能长达数十年、上百年。如果商人在某地经营时间较短或经常变换,势必会直接影响其客源和经营收益。因此,商事租约除了适用《民法典》关于不动产出租人与承租人各自权利义务的规定,如房屋维修、装修、大修等以外,还适用法国《商法典》第一卷第四编第五章的专门规定。如商事租约的出租人,即不动产所有人可以是任何自然人或法人,但承租人必须是商人;商事租约期限一般为2年以上,且不少于9年,承租人每三年终了前提前6个月提出退租或者续租请求,如未提出则视为延展租约,延展期默认为9年;租约到期后承租人享有延展租约的权利,出租人拒绝延展租约的应向承租人支付赔偿金;出租人享有每三年可以提出变更租金的要求。不难看出,由于商事租约的固定性和长期性,《商法典》对商事租约采取了明显的保护承租人权益的立法态度,以维护商事交易安全和商业市场的稳定,促进商业发展。

由于商事租约性质的双重性,对于与商事租约有关纠纷管辖权的归属,法国理论与司法实务界一直以来存在争议①。法国立法也几经修改,将"有关商事租约的纠纷"管辖权或是全部授予大审法院,或是视情形授予初审法院或商事法院。法国现行立法规定是由 2012 年第 1515 号法令修订的《司法组织法典》第 R.211—4,11 条:除有关商事租约租金更改或续约租金确定、职业租约以及非固定商业占有合同纠纷以外的其他商事租约类纠纷应由大审法院专属管辖。换言之,例外规定中列举的几类纠纷才可由其他法院管辖。从司法实务上看,符合法国《商法典》规定的由商事法院管辖情形的由商事法院管辖,其他则由初审法院管辖。

(三)裁判执行过程中的纠纷

法国《民事诉讼法典》第 877 条规定,商事法院对于裁判强制执行过程中的纠纷无管辖权。《司法组织法典》第 L.213—6 条对此作了更明确的规定:执行法官(le juge de l'exécution)对于有关执行令的纠纷,以及发生在强制执行过程中的纠纷有专属管辖权,即使该纠纷涉及当事人的实体权利,不属于司法管辖的情形除外。按照《司法组织法典》第 L.213—5 条的规定,执行法官的职权由大审法院院长行使,大审法院院长可将其权力委托给一名或多名法官行使,并确定每位受托法官的职权范围和时限。因此,商事法院对其所作裁判执行过程中的争议原则上应由大审法院院长专属管辖,商事法院无管辖权。但该原则也有例外,即商事法院院长在法律规定的特殊情形下对裁判执行过程中产生的纠纷有管辖权。

---

① 法国立法分别于 1953 年、1998 年、2006 年及 2009 年就商事租约纠纷管辖权作出不同规定。1953 年、1998 年立法将管辖权授予大审法院专属管辖。2006 年的司法组织法修订将该专属管辖权删除,使得法国理论和实务界认为该修改是赋予初审法院和商事法院管辖权的依据。2009 年立法则明确除因改变商事租约价格和续租商事租约的纠纷以外的与商事纠纷相关的争议应由大审法院专属管辖。见 Philipe Guez, "Tribunal de Commerce-compétence des tribunaux de commerce-Régles générales", *Jurisclasseur procédure civile*, 03, 2013, p.24。

第四章　法国商事诉讼的审判程序

在法国,民事法院体系是指除刑事、行政法院之外的所有初审法院,负责广义民事纠纷案件的一审裁判。法国民事法院体系包括大审法院、小审法院、近民法院、商事法院、劳资纠纷法院、社会保障法院、农村租约对等法院。法国司法界又将民事诉讼体系分为普通民事诉讼体系和特殊民事诉讼体系。① 普通民事诉讼体系包括大审法院、小审法院、近民法院诉讼体系,负责审判传统的、除特殊民事纠纷案件以外的民事案件。普通民事诉讼体系中,大审法院分布最广、受案范围最全,是最为重要的民事一审法院。法国每个省原则上都设有一个大审法院,位于该省的首府,在人口较多的省份也设有多个大审法院。小审法院是为分流大审法院诉讼案件而设置的简易民事法院,仅对立法特别规定的争议标的额较小、法律关系相对简单的部分民事纠纷案件有管辖权,如争议标的额 4000 欧元以上 1 万欧元以下的动产纠纷案件等。而近民法院则是对争议数额更小,即 4000 欧元以下、案情更为简单的民事诉讼案件,由非职业法官进行快速简易裁判。

特殊民事诉讼体系包括商事法院、劳资纠纷法院、社会保障法院和农村租约对等法院,分别受理商事案件、劳动争议、社会保障和农村租约纠纷几类不同性质的案件。商事法院属民事法院体系的重要组成部分,商事诉讼程序也是民事诉讼程序的特殊程序,适用的立法规定主要集中于法国《民事诉讼法典》第二卷"各种法院之特别规定"、第三编"商事法院的特别规定"之中。法律条文自第 853 条至第 878—1 条,共约 30 条。虽然条文数量较少,但由于商事诉讼程序属于广义民事诉讼范畴,除了适用商事法院特殊规则,以及《商法典》《民法典》等法律中有关商事诉讼的规定外,在法律未

---

① 金邦贵主编:《法国司法制度》,法律出版社 2008 年版,第 113 页。

有明确规定或相反规定之处也适用第一卷"适用所有法院的通则",也就是普通民事诉讼程序规则,同时还应遵守法国最高法院作出的大量司法判例规则。由于普通民事诉讼中程序规则最完整、管辖范围最广泛、地位最重要的是大审法院民事诉讼程序,小审法院、近民法院实质上是大审法院程序经简化某方面诉讼规则后的"简要民事诉讼程序",本章仅以大审法院为例对法国商事法院与普通民事法院进行比较分析。如无特殊说明,下文所称普通民事审判程序即指大审法院审判程序。由于商事审判程序进程和基本规则与民事诉讼总体类似,将商事诉讼审判程序每个环节予以全面介绍既无可能也无必要,本章仅以"商事法院特别规定"为主,结合其他相关立法规定和司法判例,重点就法国商事诉讼审判程序的特点,即与普通民事诉讼审判程序之区别进行研究。

法国1563年法令设置了法国商事法院及商事审判制度的基本原则和制度规范,其中大部分一直沿用至今。商事法院在之后的几个世纪中亦不断完善演变,最终形成了现行商事诉讼审判程序。法国商事诉讼审判程序应当遵循一定的诉讼原则。较普通民事审判程序而言,商事审判程序既适用普通民事诉讼通行基本原则,作为特殊审判程序之一,也适用商事审判特殊原则。通行的基本原则的适用是为了保证商事审判符合广义民事诉讼普适性价值,而特殊原则则体现了以案件分类理念为基础的商事纠纷专门审判的特点。在商事诉讼审判原则的统领下,法国立法还规定了商事审判程序规则。按照立法逻辑和功能作用,商事审判程序可分为普通程序和临时性救济程序两部分,分别由《民事诉讼法典》第二卷、第三编之第一章"商事法院诉讼程序"和第二章"院长的权力"予以规定。普通程序是指商事法院管辖范围内纠纷案件的起诉、审前程序、庭审辩论、裁判及救济等几个阶段,程序内容与普通民事诉讼大体一致,但同时也具备其独有特点,如程序简便、高效,规则灵活、非要式等,是商事诉讼较普通民事诉讼程序的优势所在,也是法国商事审判多年承袭的传统,受到世人广泛推崇和效法,这充分体现在其适用原则及各项具体程序的制度设计上。

临时性救济程序是指当发生法律明确规定的特殊情形时,商事法院院长依当事人申请或依职权行使法律赋予的旨在作出临时性救济措施决定或将利益相关方迅速引入商事诉讼的特别程序。需要注意的是,临时性救济程序并非某些学者所称的"快速审理程序"。① 因为临时性救济程序虽然具备"快速"的特点且与诉讼相关联,但实质上并非作出商事审判和裁决,也并不以解决当事人之间的纠纷为目的,而是法国立法授予法院院长在情况紧急或法律规定的特殊情形下实现诉讼效率、安全,维护公民、商事主体合法利益的特殊程序机制,是法国民商事诉讼制度中共有的一项颇具特色的机制,也是法国立法的创举。普通程序与临时性救济程序互为主辅、各具功能,相辅相成,共同构成商事诉讼审判程序这一有机整体,为其良好运转发挥不可忽视的作用。

第一节　商事诉讼的原则

法国商事审判原则包括与普通民事审判程序相同的普通基本原则和商事审判特殊原则。法国商事诉讼虽是专门解决商事类纠纷案件的特殊程序,但由于当事人双方仍是平等市场主体,在不违背特殊原则的前提下,商事诉讼仍应当适用广义民事诉讼基本原则。法国《民事诉讼法典》并未对诉讼原则予以总结性规定,而是将其寓于第一章有关民事诉讼各项基本制度规定之中。通过简单归并,可以将其归纳为五项基本原则。商事审判特殊原则则是体现法国商事诉讼基本特点、统领和指导商事审判程序规则的重要准则,包括较为抽象的、体现商事诉讼主要价值追求的效率原则;也包括具体的、由商事诉讼特别法直接规定的、具有准则性作用的诉讼原则,主要指非律师强制代理原则和口头程序原则。

一、商事诉讼普通原则

法国《民事诉讼法典》第一卷"适用所有法院的通则"部分专列第一章"诉讼的指导原则"(principes directeurs du procès),包含第 1 条至第 24 条规定。这些规定内容较为详细,以规定民事诉讼基本制度的方式确立民事诉讼指导原则,但总体可归结为五项基本原则,即处分原则、积极诉讼原则、程序引导原则、平等原则、辩论原则。商事诉讼为特殊民事诉讼程序,优先适用《民事诉

---

① 代杰:《试论我国商事诉讼程序制度的构建——从比较法国商事诉讼程序视角的思考》,西南政法大学 2013 年硕士学位论文。

讼法典》中"各种法院之特别规定",但因其属广义民事诉讼范畴,应当适用与其特殊规定并不冲突的民事诉讼基本原则。

(一)处分原则

《民事诉讼法典》第1、2、4、12条规定可归纳为处分原则。除法律另有规定外,当事人有权按照自己的意志起诉、撤诉、开展诉讼和引导诉讼进程。该原则包括当事人可以自由处分其诉讼权利和实体权利两部分内容,是民法"意思自治"原则在诉讼法上的体现,显示出法国立法对"私权"的尊重,也是民商事诉讼与行政诉讼和刑事诉讼的根本区别。该原则还要求,诉讼标的由当事人提出的诉讼请求确定,而该诉讼请求则以原告之诉讼书状和被告之答辩意见书确定。此外,双方当事人还可以提前明文约定,就其可自由处分的权利,限制辩论中涉及的事实和法律问题,并且该约定可以约束法官,法官不得在当事人约定的事实和法律依据以外进行裁判。

(二)积极诉讼原则

《民事诉讼法典》第6、9、11条规定了诉讼中各方当事人应当积极推进诉讼进程、不得无故拖延诉讼的原则。当事人为支持其诉讼请求,有责任援引和提出旨在支持其诉讼请求的事实;每一方当事人对其主张的事实和为获得胜诉判决均有提供证据予以证明的义务。当事人还有义务对审前预备措施给予协助,如根据法官要求提供证据,如不提交将可能受到罚款、获得不利判决等不利后果。

(三)程序引导原则

该原则主要强调法官诉讼中的引导作用,要求法官应当承担保障诉讼正常进展的职责,同时也享有规定期限和命令各项必要措施的权力。例如《民事诉讼法典》第3、5、8、10、12、13、20—24条规定,法官为推进诉讼进程、裁判纠纷,应当听取当事人陈述、为当事人组织和解、有权要求各方当事人提供其认为解决争议所必要的事实上、法律上的说明;有权命令采取各项审前预备措施;有职责和义务适用恰当的法律规则对争议作出裁判;有职责捍卫法律的尊严、禁止和惩罚相关人员制作毁谤性文字材料。

(四)平等原则

该原则是欧洲人权公约"公民在法律面前一律平等"原则在民事诉讼中的体现。各方当事人在民商事法律关系中享有平等的主体地位,必然要求在解决因这一法律关系而产生的纠纷的诉讼活动中,给予当事人平等的诉讼地位,平等地享有诉讼权利和公平地承担诉讼义务。《民事诉讼法典》第15条规定,当事人双方均有权在有效时间内准备和提交证据材料,并组织攻击、防御便是该原则的体现。

(五)辩论原则

《民事诉讼法典》第7、10、12条规定了辩论原则。辩论原则首先要求诉讼裁判应当经对席审理而作出,任何当事人未经合法传唤和听取陈述不能受判决,法官未听取当事人陈述意见,不得依职权直接以法律上的理由作为裁判依据。同时,当事人在诉讼活动中,有权就案件所争议的事实和法律问题在法官主持下进行辩论,各自陈述自己的主张和依据、相互进行反驳和答辩,以查明案件事实和维护自己的合法权益。此外,辩论原则还要求法官裁判权受到当事人处分权之限制。首先,当事人提出的事实和理由只有经过当事人对席辩论,法官才能在其裁判中引用;其次,法官不得以在法庭辩论中未涉及的事实、当事人未主张的理由及证据作为裁判依据。

二、商事诉讼特殊原则

商事诉讼特殊原则是与普通民事诉讼审判原则不同的、具有独特价值作用、对于商事审判程序具有重要指导意义和特殊适用范围的原则,可分为抽象原则与具体原则两类。抽象原则即诉讼效益原则,并非由法国立法条文明文规定,而是从具体商事审判规则中提炼总结,具有代表性、统领性和概括性的原则,也是商事诉讼审判程序区别于民事诉讼大审法院审判程序的重要基础。而具体原则,则是法国《民事诉讼法典》明文确立的原则规定,包括诉讼效益原则和口头原则。与普通民事诉讼强调诉讼公平正义相区别,商事审判程序更注重诉讼效益;与传统民事诉讼以当事人提交的书面材料为准相区别,商事审判实行独特的口头规则。两项具体原则的适用,尤其是口头原则的适用对于商事审判程序具体规则的设置具有重要意义。

(一)诉讼效益原则

由于商事诉讼当事人大都为商人,而商人是以追求经济利益最大化为目标的市场主体。市场商机瞬息万变,时间价值是商人群体追求商业利益过程中最重要的价值因素,因为"时间就是金钱""时间就是商机"。当商人因商事活动发生纠纷之后,其较普通民事纠纷主体最突出的需求则是要求其诉讼纠纷在最短的时间内获得最有利的结果,即诉讼效益。法国商事审判程序为满足诉讼主体和纠纷本身对时间效率和经济价值的特别需求,确立了诉讼效益原则。该原则以诉讼效率价值为核心,以便捷、灵活为基本理念设置商事诉讼具体程序规则,同时,在追求纠纷高效解决的同时也应当兼顾保证诉讼公平正义和裁判合理性,以获得纠纷解决的最大效益。

(二)口头程序原则

法国《民事诉讼法典》(2007 年版)第 871 条规定:"商事诉讼程序实行口头程序。各方当事人的诉讼请求或者对其书面提出的诉讼请求的说明,均记录于案卷,或者写入笔录。"①该条规定了商事审判应适用口头审理原则。法国 2010 年 10 月 1 日颁布的第 2010—1165 号法令补充完善了口头程序规则,涉及对《民事诉讼法典》多项条文制度的修改补充(以下简称"口头程序改革")。法令在原《民事诉讼法典》第一卷"适用于所有法院的通则"第十四编"判决"第一章"一般规定"第一节"法庭辩论、评议与判决"第一目"法庭辩论"中新增"适用于口头程序的条款"部分,新增法条第 446—1 条至第 446—4 条,将该目划分为"一般规定"和"适用于口头程序重要的条款"两部分。在此之前,口头程序只在《民事诉讼法典》第二卷"各种法院的特别规定"中由适用口头程序的各特殊法院规则分别规定,并未在民事诉讼法典通则中进行专门规定。2010 年法令将口头程序规则不仅在通则中予以提纲挈领的专门规定,还相应地修改了各特殊法院原口头程序规则。对于商事法院口头程序规则的第 871 条则被修改为现行第 860—1 条"程序实行口头程序",删除了原第二款,进一步强化了商事诉讼口头程序原则。

1.口头程序原则内涵

口头程序改革就《民事诉讼法典》新设第 446—1 条规定了口头程序原则的定义及内容:"当事人应当在法庭口头陈述其诉讼请求及答辩理由,当事人(在法庭上的陈述)可援引和参照其可能向法庭提交的有关诉讼请求和答辩理由的书面材料。当事人的说明应被记录入案卷或录入笔录。如法律有特殊规定,当事人可被许可无需出庭,而只提供诉讼请求和答辩理由的书面材料,

---

① 罗结珍译:《法国新民事诉讼法典》,法律出版社 2008 年版,第 858 页。

此情形下的判决仍被认为是对席判决,但法官总是拥有命令当事人双方出庭的权力"①。从该法条表述可以看出,口头程序原则主要要求当事人在整个诉讼过程中均应实际出庭,出庭可由当事人亲自出庭也可由其代理人出庭。当事人的诉讼请求和理由应以口头形式提出为原则,书面方式为补充,商事法官庭审和裁判案件也着重主持和审查口头陈述。② 在此原则之下,当事人双方出庭显得十分重要。法国司法实务中曾一度强制要求当事人出庭,否则其书面陈述将不被受理。法国最高司法法院商事审判庭曾判决未出庭一方当事人所提交的书状无效。③ 在审理时没有出庭的当事人,因没有出庭向一审法官提出任何诉讼主张或理由,当一审法院作出对其不利的判决而向上诉法院提出上诉时,则不被受理。④ 2010 年法令较原法律规定更加明确提出了口头程序的实质内涵即为当事人出庭义务。同时,鉴于口头程序也不能排除书面材料的使用,甚至有时书面材料还起着十分重要的作用,法令将当事人提交书面材料也作出规定,但明显分清地位主次,即在口头程序中,言辞陈述较书面材料更为重要。庭审过程中,在当事人同时提交书面材料又作出口头陈述时,法官应当以当事人口头陈述为准。当事人口头陈述不受到已提交的书面陈述的限制,可以在法庭调查程序终结前随时更改其书面陈述内容,法庭也应当以当事人的口头陈述而非提交的书面材料作为其最终陈述。这是以书面审查为原则的普通民事诉讼庭审规则与口头程序重要的不同点之一。

口头程序原则突出了庭审笔录的重要性。由于庭审以口头审理为原则,当事人提交书状仅为补充性的资料,庭审笔录则成为据以证明商事诉讼当事人提出诉讼请求、抗辩理由、进行举证和辩论过程的重要载体和依据,当事人必须十分认真地检查庭审笔录以确保其没有疏漏,尤其是书状中没有提及的

① 见法国立法网:https://www.legifrance.gouv.fr/affichCode.do;jsessionid = B023C3874E44 69FC8E009BB7508762A3.tpdila22v_3? idSectionTA = LEGISCTA000022890006 &cidTexte = LEGITE-XT000006070716&dateTexte = 20161204,访问日期:2016 年 7 月 10 日。

② Hervé Croze, "Tribunaux de commerce-procédure", *Juris Classeur Commercial*, 04, 2008, p.7.

③ 法国最高司法法院商事庭 1982 年 11 月 23 日判决。见法国立法网:https://www.legi-france.gouv.fr/affichJuriJudi.do? oldAction = rechJuriJudi&idTexte = JURITEXT000007010618 &fast ReqId = 146829534&fastPos = 6,访问日期:2016 年 7 月 11 日。

④ 巴黎法院 2002 年 6 月 26 日判决。见 ervé Croze, "Tribunaux de commerce-procédure", *Juris Classeur Commercial*, 04, 2008, p.13。

内容应全部记载于笔录中。在法国多年的司法实践中,商事案件当事人,尤其是律师代理人经常使用书状。他们通过交换书面材料来交换证据、进行事实和法律上的辩论等,法官裁判案件也参考其书状。此情形下庭审书记员无须将当事人的书状内容誊抄至笔录,而只需记载双方的补充内容,并且多采取表格形式简要列举以供当事人在上面添加或删减。

2. 口头程序原则例外

第446—1条还规定了不适用口头程序出庭义务的例外情形,即法律有特殊规定时当事人可无须出庭,但此情形下当事人同时负有提交诉讼请求和答辩理由的书面材料的义务,且即便如此,法官仍拥有命令当事人双方出庭的权力。同时,口头程序原则虽然强调当庭口头陈述的重要性,但也并不意味着整个诉讼过程中均不需要由当事人递交或由法院制作书面材料。相反,在许多场合书面材料的适用甚至起着非常重要的作用,尤其法律规定必须以书面形式作出诉讼行为的规定则属于口头程序的例外情形。例外情形非常多,最典型的如为起诉而制作的传唤状或共同诉状应为书面形式,该要求是法国民事诉讼最基本的普适性要求,无论是普通程序还是口头程序均须遵守,不得例外。其次,由于法官应当遵守诉讼对审原则这一民事诉讼基本原则以保障当事人诉讼权利,口头程序也将受到一定的限制。如《民事诉讼法典》第68条的规定,当参与之诉是向未出庭的当事人或第三人所提出时,申请人应当采用传唤状即书面形式提出申请。同理,最高法院判决认为口头程序中,被告向未出庭的原告口头提出反诉,而并未通知原告违反了对审原则。[①] 此外,法国最高法院司法判例还规定对于资金利息的请求,须以当事人在出庭之日提交书状为必要前提。[②] 因而,可以说法国民事诉讼规则中没有绝对的"口头程序"。

口头程序原则的适用对于商事诉讼程序规则设置和当事人诉讼行为规范有着极其重要的意义,意味着普通民事诉讼中的许多确定期日规则应以当事

---

① 法国最高司法法院民事审判庭第一庭2007年5月24日判决。见法国立法网:https://www.legifrance.gouv.fr/affichJuriJudi.do? oldAction = rechJuriJudi&idTexte = JURITEXT000017830666&fastReqId = 1391649525&fastPos = 34,访问日期:2016年7月12日。

② 法国最高司法法院商事审判庭2007年9月18日判决。见法国立法网:https://www.legifrance.gouv.fr/affichJuriJudi.do? oldAction = rechJuriJudi&idTexte = JURITEXT000007621690 &fastReqId = 284203598&fastPos = 120,访问日期:2016年7月12日。

人出庭进行口头陈述之日起算,同时,普通民事诉讼中规定的应以书面形式作出的诉讼行为在口头程序中也存在广泛的例外,如当事人一方的承诺、同意、认诺可以口头方式作出等。这使得商事诉讼程序在适用《民事诉讼法典》通则普通规则时也有较大的特殊性。总之,口头程序原则贯穿整个商事诉讼活动始末,体现在各诉讼环节规则的具体适用上,本章将在其他相关小节予以详述。

第二节　商事诉讼的起诉制度

法国《民事诉讼法典》第 54 条规定了五种起诉方式:传唤状、共同诉状、提出诉状、向法院书记室提交诉之申明,以及当事人自愿出庭方式。法国立法对每种起诉方式规定的诉讼程序不同,适用的效力也不一样。商事诉讼特殊规则《民事诉讼法典》第 854 条规定,"起诉经传唤状或者向法院书记员送交共同诉状提出,或者当事人双方自愿共同出庭提起",即立法排除了司法实践中运用较少的提出诉状和提交诉之声明两种方式,仅保留了传唤状、共同诉状和当事人自愿出庭三种起诉方式。传唤状是法国民商事诉讼中运用最广泛、最普遍的起诉方式,商事诉讼也不例外。但由于采效率价值优先和适用口头程序原则,商事诉讼在普通起诉方式的具体运用上与普通民事诉讼程序也存在许多不同,更加强调时效性和灵活性。共同诉状和自愿出庭的起诉方式原本即是法国立法基于加快诉讼进程、简化起诉程序而设置的起诉方式,与商事诉讼基本原则和价值目标相吻合,因而予以了保留。除上述三种通行起诉方式外,法国立法还规定了商事诉讼加速起诉规则,对于进一步提高商事诉讼效率有重要作用。

一、通行起诉方式

法国《民事诉讼法典》有关商事法院诉讼程序的特殊规则中,第 854—860 条规定了商事诉讼通行起诉方式,即传唤状、共同诉状和当事人自愿出庭三种。

(一)传唤状

传唤状是指执达员根据原告的请求发出的用以传唤对方当事人在规定

的时间前往确定的法院出庭进行诉讼的执达员文书。在法国,司法文书的送达由司法执达员负责。原告意图起诉并拟好传唤状后,应将传唤状以符合执达员文书相关规定的方式送至司法执达员处。执达员则负责把传唤状送达至对方当事人。传唤状应在庭审前发放和接收,其内容由法律明确规定。

1. 传唤状法定内容

法国《民事诉讼法典》第 855 条规定,向商事法院起诉的传唤状应该包含以下事项,否则无效:案件开庭审理的地点、日期和时间;如果原告居住在国外,应写明其在法国选定住所的业主姓名和地址;被告可以由他人助理或代理的条件;以及原告代理人的姓名。2011 年第 2011—1043 号法令对该条进行了修改,增加了一款内容,即当原告诉讼请求包含要求支付偿还债务时,应列明《民事诉讼法典》第 861—2 条的内容。第 861—2 条经 2016 年第 2016—1278 号法令最新修改,是就原告提出的支付债务的附带请求的规定:"以不违反第 68 条有关附带之诉传唤状的规定为前提,当事人依据《民法典》第 1343—5 条的规定提出希望授予一定期限支付偿还债务的附带请求,应以书面申请的形式送交或邮寄给其辖区内的司法执达员。该项申请的行为人应当在开庭前证明对方当事人已经由带回执的挂号信知晓该事项。作为其申请支付期限理由的说明材料应作为附件附于申请文件之后。行为人的此项附带申请即属于第 446—1 条第 2 款规定的法律特殊规定的情形,可不必到庭。在此情形下,法官仅在认为申请符合法律规定、合情合理且符合其实体权利时方予批准。"

法国 2016 年 2 月 10 日第 2016—131 号法令对法国《民法典》作出重大修订,对原法典的部分逻辑体系、编章结构和具体法律规范内容进行大量增减删改。① 第 1343—5 条即为本次修订的新增条款。该条规定,法官可综合考虑债务人的情况和债权人的需求,命令债务人在两年期限内,延迟或分期支付金额确定的债务。法官可以通过专门的说理判决命令所涉债务金额延迟到期,并确定减少或与法定利率相同的利息,或者支付款首先偿还本金。法

---

① 例如,修改了原"人证""推定"专节,将大部分条款删除,而仅保留第 1381 条"证人证言由法官根据情形裁量"、第 1382 条有关推定适用原则规定等。

官可根据债务人还款或担保还款情况酌情适用上述措施。法官该项裁判可中止由债权人发起的执行程序。在法官裁决确定的延迟期限内,有关利息增长和其他处罚条款不得适用。第1343—5条还规定,本规定不得由当事人以任何形式协商排除适用,但本条不适用于债务为支付生活费、抚养费、赡养费的情形。

同时普通民事诉讼传唤状的一般规则也适用于商事诉讼程序,即《民事诉讼法典》第54条至第56条的规定:除法律规定执达员文书规范应列明事项之外,传唤状应写明起诉的具体法院;诉讼主张和案件事实;其法律上与事实上的理由;指明如被告不出庭,将可能受到仅依原告当事人提供的材料作出判决的不利后果;以及根据具体情况所需在不动产登记簿公告时对不动产作出相关说明。此外,传唤状还可以包括支持其诉讼请求的书证材料,并以附件清单的形式逐一列举。传唤状等于起诉状。

2. 传唤状其他有效条件

传唤状有效除需满足法定内容外,还须不得存在因实质性不符合规定而无效的情形,即《法国民法典》第117条规定的当事人没有进行诉讼的行为能力;没有作为一方当事人的资格;没有法律规定代理诉讼的能力,或没有作为当事人代理人进行诉讼的权利等情形。也就是说,提交传唤状的主体必须是根据实体法的规定具备诉讼主体资格的人。法律规定的有权主体如《法国商法典》第225—51条与第225—56条规定的商事公司或其他经济利益合作组织的董事长。法律规定董事长代表公司,全面负责公司的领导工作,除法律明文规定专属于股东大会、董事会的权力外,在公司章程规定的范围内拥有一切场合代表公司开展活动的最广泛的权力。董事长具备代表公司提交传唤状、参与诉讼的权利。相应地,该权利还可扩展至享有授权的公司总经理、副总经理,他们对于第三人在其授权范围内亦享有代表公司开展经营活动及参与诉讼的权利。不具备法律规定诉讼资格的主体,如隐名合伙人提起的诉讼不被受理;[1]进入清算程序之后,由原法定代表人提出的传唤状无效;[2]公司清算

[1]　法国最高司法法院民事审判庭第二庭1997年3月26日判决。见法国立法网:https://www.legifrance.gouv.fr/affichJuriJudi.do? oldAction=rechJuriJudi&idTexte=JURITEXT000000 7343688&fastReqId=865572373&fastPos=14,访问日期:2016年7月15日。

[2]　巴黎法院1988年2月11日判决。

人权力终止后送达的传唤状无效;①由不具备法人资格的机构如证券交易所业务委员会提起的传唤状无效;②以及当公司章程中规定了限制公司经理权力的条款的情形时,公司经理的传唤状无效③等。此外,若原告在传唤状中指明的出庭日期为法院不开庭的日期,如节假日等,该传唤状亦无效。

传唤状有效还须满足法律对于提交传唤状期间的规定。法国《民事诉讼法典》第856条规定,传唤状至少应当在开庭前15日提出。也就是说,传唤状期间应从开庭之日起往回倒推15日作为最低期限,原告应当在开庭前15日通过司法执达员向对方当事人提交传唤状,开庭当日以及传唤状发出之日不计算在内。对于违反上述规定的传唤状,根据法国最高司法法院判例"将不仅构成简单形式上的不合法,若被告因此没有出庭,传唤状以及由此作出的判决均无效"④。同时,原告送交的传唤状上确定的开庭时间还应当是法院正常工作日,如果原告因失误将时间确定为休息日,则该传唤状也无效。⑤ 原告还应将传唤状副本最迟在开庭前8日内送交法院书记室,否则审判长或者预审法官将依一方当事人的申请或依职权裁定传唤状无效。传唤状被认定无效将不产生中断时效的效果。

开庭前15日的期间为可变期间,可根据法律规定延长或缩短。延长的情形应满足法国《民事诉讼法典》第643、644条有关期间的规定;期限可缩短的情形则适用法国《民事诉讼法典》第858条有关情况紧急可经法院院长批准而缩短的规定。

---

① 法国最高司法法院民事审判庭第二庭1985年3月10日判决。见Hervé Croze,"Tribunaux de commerce-procédure",*Juris Classeur Commercial*,04,2008,p.10。

② 法国最高司法法院商事审判庭1993年10月26日判决。见法国立法网:https://www.legifrance.gouv.fr/affichJuriJudi.do? oldAction = rechJuriJudi&idTexte = JURITEXT000007210760&fastReqId=679858541&fastPos=7,访问日期:2016年7月16日。

③ 法国最高司法法院民事审判庭第二庭2000年7月13日判决。见法国立法网:https://www.legifrance.gouv.fr/affichJuriJudi.do? oldAction = rechJuriJudi&idTexte = JURITEXT000007043590 &fastReqId=1008427845&fastPos=1,访问日期:2016年7月16日。

④ 法国最高司法法院民事审判庭第二庭2003年6月12日判决。见法国立法网:https://www.legifrance.gouv.fr/affichJuriJudi.do? oldAction = rechJuriJudi&idTexte = JURITEXT000007464035&fastReqId=58147332&fastPos=9,访问日期:2016年7月18日。

⑤ 法国凡尔赛法院2003年9月25日判决。见法国立法网:https://www.legifrance.gouv.fr/affichJuriJudi.do? oldAction = rechJuriJudi&idTexte = JURITEXT000006942250&fastReqId = 459586297&fastPos=2,访问日期:2016年7月18日。

（二）共同诉状

除最经常使用的传唤状以外，诉讼的提起还可通过共同诉状的方式。法国《民事诉讼法典》第859条规定，"各方当事人得以共同诉状陈述其诉讼请求"。商事诉讼共同诉状的适用相较普通民事诉讼而言没有特殊性，直接适用《民事诉讼法典》通则第57条规定，共同诉状是指诸当事人双方用以向法官提出他们之间存在的争议、各自的诉讼请求及理由，并要求法院予以裁判的共同书状。也就是说，共同诉状是当事人双方共同制作完成并共同递交法院的、旨在提请法院就纠纷予以审查裁判的书状。由于为当事人双方共同制作，共同诉状既包括起诉状又包括答辩状。

按照法律规定，共同诉状应当载明以下事项：第一，当事人基本情况。当事人如为自然人，应当载明姓名、职业、住所、国籍，身份证明等；如为法人，则应当载明法人性质、形式、名称、住所地、代表诉讼的机构。第二，受诉的商事法院。第三，按照法律规定需对相关不动产予以说明的事项。第四，支持诉讼请求的各项书证。第五，日期以及当事人的签字。在司法实践中，为维护当事人诉讼权利和有利于诉讼效率，对于欠缺上述内容的共同诉状，商事法官一般不会直接宣布不予受理，而是给与当事人一定的时间随后补正。

此外，法国《民事诉讼法典》第12条关于当事人协议约定法官审理范围的规则即是适用于共同诉状的情形。当事人对于其可以自由处分的权利，经双方协商一致，可在向法院提交的共同诉状中明确案件事实和适用的法律以限制辩论范围，该协议对法官有约束力。同时，当事人双方还可以协议委托法官作为其纠纷的调解人（amiable compositeur）调解纠纷。经调解所作的判决具有与普通判决相同的效力，当事人没有明确放弃上诉的，对调解后的判决仍可以上诉。可以看出，共同诉状是法国立法充分尊重当事人处分权而设置的规则，带有一定的当事人主义色彩。但是出于对维护公序良俗和避免当事人恶意串通、滥诉并损害第三人合法利益等考虑，法国司法实践中仍严格限制共同诉状的使用。法院司法判例多次重申共同诉状仅可适用于各方当事人可以自由处分其权利的诉讼案件。例如非婚生子女改姓的请求不得经共同诉状提出。[①]

---

① 伊维里科尔贝伊法院1975年2月19日判决。见 Hervé Croze，"Tribunaux de commerce-procédure"，*Juris Classeur Commercial*，04，2008，p.12。

（三）当事人自愿出庭

当事人自愿出庭是法国民诉法规定的既适用于普通初审法院，也适用于实行口头程序的特殊法院的起诉方式。这种方式是指当事人双方无须事先向法院提交任何诉讼文书或申请，只是在诉讼当日共同出庭并签署确认自愿出庭笔录(procès-verbal)以起诉或应诉。这无疑是最快捷的起诉方式，为注重效率优先的商事诉讼起到了重要促进作用。一般情况下，采用这种方式起诉往往因为商事主体之间事先达成了协议。当纠纷发生后，为使纠纷迅速解决，双方依照协议共同出庭请求法院裁判。如当事人为普通个体商户，则由商人本人亲自出庭，若为法人企业，则由其法定代表人出庭诉讼。对于当事人是否可以仅委托代理人，如律师或其他人出庭，法国最高司法法院尚无明确意见。法国理论界认为法条并未区分两者且未强制要求纠纷当事人须"本人"出庭，出于方便诉讼的考虑，实践中应予准许。①

二、加速起诉情形

商事诉讼起诉除适用与普通民事诉讼起诉相同的有关传唤状、共同诉状及当事人自愿出庭三种方式的普通规则外，法国立法及司法判例还根据商事诉讼当事人对于诉讼效率有更高要求的特殊性规定几类快速启动商事诉讼程序的特殊情形。主要有院长批准、"搭桥"规则及海商、航空案件特殊规则三类。

（一）院长批准

法国《民事诉讼法典》第858条授权商事法院院长可以批准当事人在"紧急情况"时缩短送交传唤状的期间。法律对当事人的请求方式没有任何要求，实践中多为书面申请方式，但当事人须证明确实存在紧急情况并说服法官。商事法院院长对于批准或驳回缩短期间申请有绝对权威，其决定为终局决定，当事人不能提出异议或上诉。实践中，法院院长的这项权力较立法规定有所扩张，既可以决定缩短传唤状期间，也可决定缩短诉讼进程期间。

（二）"搭桥"规则

"搭桥"(la passerelle)规则是法国学术界的一种形象的称谓，指当事人在

---

① Hervé Croze, "Tribunaux de commerce-procédure", *Juris Classeur Commercial*, 04, 2008, p.17.

法律规定的特殊情形下无须向对方当事人和法院送交传唤状,而是通过向法院提出申请、由法官裁定案件进入实体审判的方式间接启动诉讼的特殊方式。[①] 该规则由法国 2006 年 3 月实行的《民事诉讼法典》第 873—1 条规定,即若情况紧急且应一方当事人的请求,受理紧急审理裁定申请的商事法院院长有权将案件移送至合议庭,在其确定的期日开庭审理,以便对实体问题作出裁判。对于是否属于紧急情况,由法院院长自主裁量。法国立法规定,商事法院院长也是紧急审理裁定法官,有权在紧急情况下,根据案件客观情况或当事人的申请命令采取不会遇到严重争议的措施,但不对实体纠纷进行审理。[②] 而法院院长在紧急审理裁定过程中发现案件存在严重争议,不能继续紧急审理程序时,有权裁定将案件移送合议庭实体裁判。开庭期日由院长一并裁定确定。该规定与法国《民事诉讼法典》第 811 条规定的大审法院院长享有的确定期日程序权力如出一辙。但与大审法院确定期日程序不同的是,商事法院院长作出裁定即告法庭受理诉讼,当事人无须再向对方当事人递交传唤状,而大审法院确定期日程序仍要求原告当事人递交传唤状。值得注意的是,由于"搭桥"规则的使用是依当事人一方申请,法院院长行使其司法行政权的行为,未免使另一方当事人的权利受到损害,法国立法规定,适用"搭桥"规则时,法院院长应当注意保障被告有充分的时间准备防御。

(三)海事与航空案件特殊规定

由于海事和航空案件的特殊性,法国《民事诉讼法典》第 858 条第 2 款专门规定,在海事案件以及有关空运的诉讼案件中,如有当事人没有住所地,或者涉及的是紧急情况和临时措施事项,提出传唤状的时间可以按小时计算,且无须经法院院长批准。对于该项规定的适用,法国司法实践认为,没有住所地不仅指在法国境内没有住所地,还指在该海事或航空案件当事人处于法院的管辖范围外,例如正在河船上航行的船长、正在航空器上飞行的机长的情形。此外,紧急情况与临时措施是应当同时满足的两项条件。[③] 紧急情况即指商

---

① Ph. Benezra, "La passerelle devant le tribunal de commerce", Gaz.Pal.1990.2, doctr, p.400.

② 紧急审理裁定是由商事法院院长行使的权力,是商事诉讼特别程序的一部分,详细论述见本章第三节,此处不赘述。

③ 此处需注意的是,罗结珍老师译著将其翻译为两项条件任意满足一项,与法国现行法律内容略有出入。

事法院院长行使的特殊程序——紧急审理程序时认定属于情况紧急的情形；而临时措施则不仅指紧急审理程序中法院院长命令作出的临时措施,还应当包括如海事保险措施在内的其他法律规定的专门临时措施。①

三、非律师强制代理

法国《民事诉讼法典》第 751 条,即有关大审法院的规定中要求,除法律另有规定外,当事人应当选任律师。也就是说,在普通民事诉讼中,律师代理为原则,自己代理为例外。而在适用于商事法院特殊规定中,即法国《民事诉讼法典》第 853 条规定:各当事人应当自行辩论,当事人有权选择任何人担任其诉讼代理人或助理,如代理人不是律师,应当证明其得到了专门授权。该条确定了商事诉讼自己代理及自由代理规则。

(一)自己代理

"各当事人自行辩论"的规定源自商事法院的古老传统。自中世纪时期开始,由于商人流动性大且集市交易活动的临时性,当争议发生时,商人们更愿意通过当事人双方亲自到场、在法官面前当场辩论的方式迅速解决纠纷,以免去聘请专业律师参与诉讼导致的诉讼拖延,以维护自己的时间利益。这项自行辩论、自己代理的传统一直延续至今,并演变为商事诉讼非律师强制代理原则,即当事人在商事诉讼过程中可自行进行证据交换、辩论、和解等诉讼行为,并非必须由律师代理,这也是法国商事诉讼与普通民事诉讼截然不同的制度之一。

(二)自由代理

上述第 853 条的规定还确立了有条件的自由代理原则。当事人可选择的商事诉讼代理人范围是很大的,不仅可以委托律师代理其进行诉讼,同样也可以委托其他任何人帮助自己进行诉讼。例如其父母、朋友、企业职员等,但该非律师代理人应当证明其已得到了专门授权。"专门授权"是指当事人向代理人出具的代理人参与、协助被代理人诉讼活动、行使被代理人诉讼权利的授权,对案件争议产生实质性影响的授权,还应在授权书中有明确表述。专门授

---

① Hervé Croze,"Tribunaux de commerce-procédure", *Juris Classeur Commercial*, 04, 2008, p.19.

权原则上应以书面形式在开庭前呈交书记员。专门授权排除了普通代理授权,即没有专门授权的代理人将被拒绝履行代理行为和协助当事人诉讼。由不具备专门授权的代理人实施的诉讼行为将被认为属法国《民事诉讼法典》第117条规定的实质不合法情形而被撤销。值得注意的是,关于专门授权的规定没有任何例外情形,对于司法执达员代理诉讼的情形也同样适用。法国原《商法典》第627条规定禁止司法执达员在商事法院担当代理人或协助当事人诉讼,但该规定被法国第87—550号法律第25条废除。商事诉讼当事人可自由选择代理人的权利即扩展至司法执达员。

相反地,律师作为诉讼代理人则无须当事人出具专门书面授权委托书。法国立法传统认为,律师不需要证明自己被专门授权即被推定已经取得当事人专门授权,包括代为履行一切诉讼行为、实质性处分实体权利等。律师到场即推定其享有代理权,除非当事人反对或撤销该律师的代理权。律师推定代理权是对《民事诉讼法典》第416条第2款一般条款的回应,法官不应要求律师证明其具有代理权,也不能禁止其参与诉讼和发言,否则将被认为是权力滥用并是对当事人权利的损害。同时,与大审法院相同,商事法院没有诉讼代理的地域要求。律师可以在全国所有商事法院接受委托代理案件,而无须寻找当地律师代理。当然,实践中最常使用的有效办法还是到诉讼当地的律师协会聘请律师,以便于随时关注诉讼的进展和庭审。此外,律师推定代理权的规定同样适用于欧盟范围内的国外律师。如律师具有欧盟国家的居住权,其代理活动的条件和范围则与法国律师协会登记的律师相同,也无须证明具有专门代理权。至于不具有欧盟国家居住权的律师是否能享有同等权利,在法国司法界还有争议。实践中他们通常被视为普通代理人而被要求提供专门授权委托书。

代理自由也有限制。即依据《商法典》第R.662—2条,大审法院专属审理保护程序或困难企业管理等特殊程序时,所有不能自行代理的相关方只能由律师代理。即当事人自行代理或自由选择代理人的权利不能违反法律有关律师强制代理的规定,当纠纷案件属于法律规定只能由律师专职代理的情形时,不得委托其他人或自己代理。

四、起诉制度的特殊情形

法国民事诉讼立法规定的起诉制度存在诉讼时效中断、撤诉、程序上的抗辩以及附带诉讼等几种特殊情形规定。在商事诉讼中,由于适用口头程序原则,对这几类特殊情形规则适用均存在与普通民事诉讼不同之处,亦是商事诉讼特点。

(一)诉讼时效中断

对于确定日期非常重要的诉讼时效中断,由于适用口头程序,法国司法判例很早便确定商事诉讼以当事人或其代理人出庭之日为起诉日期,从而确定时效中止日,至于时效期间经过之后再向法庭呈交的诉讼书状则不会对此产生任何影响。[①] 此外,口头程序还适用于法国《民事诉讼法典》第386条规定的诉讼失效制度(péremption)。该制度是指当事人(通常是原告)向法院书记室递交传唤状开始的2年时间内,不进行任何诉讼努力、不实施任何诉讼行为而导致的本次诉讼失效。诉讼失效制度与旨在规制当事人实体权利不受司法保护的诉讼时效制度不同,目的在于敦促诉讼当事人积极努力推动诉讼进程,且本次诉讼失效并不排除当事人重新提起诉讼。口头程序中,当事人出庭并口头陈述即构成法律规定的"诉讼努力",可避免诉讼失效。

(二)撤诉

对于普通民事诉讼而言,法国《民事诉讼法典》第395条规定:"撤回起诉须经被告接受方能有效。但如在原告撤诉时被告尚未提出任何实体上的辩护,或者没有提出诉讼不受理,被告的接受则并非必要。"法国民诉法规定只要案件已经系属法院,撤诉须被对方当事人接受,否则法官不能免除对诉讼请求进行审理裁判。但在商事诉讼程序中,由于口头程序的适用,原告撤诉可不经对方同意。甚至被告在开庭前已经就案件实体争议作出书面答辩或陈述的情况下,仍不能认定为已否定了原告开庭时口头提出撤诉的有效性。[②]

(三)程序上的抗辩

法国《民事诉讼法典》第74条规定:"各种程序上的抗辩均应当同时并且在任何实体上的辩护或者诉讼不受理之前提出,否则不予受理,即使为支持抗

[①] 法国最高司法法院商事审判庭1982年10月24日判决。见 D. Cholet, *La réforme de la procédure devant le tribunal de commerce*, JCP E, 2010, p.557.

[②] 最高司法法院民事审判庭第二庭2006年10月12日判决。见法国立法网: https://www.legifrance.gouv.fr/affichJuriJudi.do? oldAction = rechJuriJudi&idTexte = JURITEXT000007510907&fastReqId = 541525166&fastPos = 48, 访问日期:2016年7月20日。

辩而援引的规则具有公共秩序的性质。"法国《民事诉讼法典》规定,被告防御方法包括实体上的防御、程序上的抗辩以及诉讼不受理三类。该条所指程序上的抗辩包括《民事诉讼法典》第一卷第五编第二章规定的几类程序上的抗辩,具体为无管辖权抗辩、诉讼系属与诉讼关联抗辩、程序延期抗辩及无效事由抗辩等,须在实体上的防御抗辩及"诉不受理"的请求之前提出。但由于商事法院实行口头程序,各方当事人提出的程序上的抗辩可以在庭审过程中提出,因而即使被告在庭审之前已经向法庭递交了实体答辩状,只要还未在庭审时正式地、口头地提出,被告均可以提出程序性抗辩。[1] 当然,需注意的是被告在庭审中提出程序性抗辩时仍须遵循《民事诉讼法典》第74、75条的规定,即应在口头提出任何实体抗辩和诉讼不受理之前提出并说明理由,且所有程序抗辩应当同时一并提出,不得逐个提出,否则将被视为故意造成诉讼拖延的"滥诉",可能被处以惩罚。

(四)附带诉讼

法国《民事诉讼法典》第一卷第四编第二章规定了附带之诉(demande incidente)。其第63条规定,附带之诉包括反诉、参加之诉(第三人)两类。口头程序中,本诉被告提起反诉以及第三人参加之诉,无论是本诉当事人要求第三人参与或是第三人自愿参与诉讼均由口头方式提出申请。第三人自愿参加诉讼的,只需要在开庭当日出庭,并当庭口头陈述其诉讼请求,无须向本诉双方当事人提交书面起诉书。

第三节　商事诉讼的审前程序

商事法院根据起诉条件受理案件后,根据《民事诉讼法典》第一卷第十九编的规定,将由法院书记室对案件在总登记簿上进行登记。书记员将对每个案件建立案卷,在案卷中登记受理案件的日期、登记号、各当事人姓名,以及案件分配具体审理的法庭。案件裁判结束后,还应载入裁判性质,主审法官姓名、诉讼过程中代理人及协助人姓名,与案件相关的证据材料、庭审笔录等文

---

① 法国最高司法法院民事审判庭第二庭2003年10月16日判决。见法国立法网:https://www. legifrance. gouv. fr/affichJuriJudi. do? oldAction = rechJuriJudi&idTexte = JURITEXT000007461052&fastReqId = 532195034&fastPos = 12,访问日期:2016年7月25日。

件材料,法院判决副本、发出的通知与信件等与案件有关的尽可能全面的文件。商事诉讼为口头程序,案卷还应保存当事人可能提供的书面陈述。案卷是法院有关诉讼案件的官方记录,是再现与证明案件整个诉讼审判过程的重要的档案资料,也是当事人未来可能进行的上诉、重新起诉等诉讼活动的重要依据。

传唤状上确定的日期即为开庭日,双方当事人及其代理人应当在这一天前往法院并出庭将其纠纷提交合议庭(formation de jugement/formation collégiale)审理。法国《商法典》第 L.722—1 条规定,除有关由独任法官审判案件的各项情形之外,商事法院审理案件纠纷由商事法官组成的合议庭进行合议审理并作出判决。合议庭由商事法庭庭长,或具备 3 年以上审判经验的法官主持。按照现行法律规定,商事诉讼系属后,则相应地进入案件纠纷实体审理程序,包括预审、庭审评议、裁判和救济,以及裁判执行几个阶段。

一、审前强制和解制度

法国 2015 年 3 月 11 日颁布的第 2015—282 条法令在原商事诉讼制度中增加了和解(conciliation)前置程序规则,并将其列入《民事诉讼法典》第860—2 条及第 861 条。即法庭受理案件后,法官应当主持当事人双方就其纠纷试行和解。需要说明的是,和解"conciliation"一词在法国立法上是指诉讼进行过程中由法官主持的当事人双方的和解,因此又称"司法和解"(conciliation judiciaire),类似于我国的民事调解。和解需与另一司法概念即调解(médiation)相区别。调解是指诉讼开始后,由法官委托诉讼以外的其他人,如法庭之友等司法助理人员或专职调解人员从事调解。鉴于 2015 年改革涉及的是法官主持下,当事人和解,且调解实质上并非诉讼行为,本书就调解不作更多探讨。

法国商事诉讼司法实践中历来十分重视和解的作用,因为和解是商事诉讼快捷解决的重要途径。[1] 商事诉讼中,由于当事人较普通民事诉讼对时间效率有更高的追求,法官和当事人往往均倾向于采取和解这一最快速便捷的

---

① [英]阿德里安 A. S. 朱克曼主编:《危机中的民事司法:民事诉讼程序的比较视角》,傅郁林等译,中国政法大学出版社 2005 年版,第 307 页。

途径解决其纠纷,并获得具有国家公权力的司法文书。同时,由于商事纠纷具有专业化程度较高、技术性较强的特点,当事人双方大多为同行业内的经营主体,其所具有的相同或类似的知识背景和从业经验也为和解协商和协议的达成提供了极大的可能。因此,法国商事诉讼中和解运用非常广泛,尤其是在医疗纠纷、困难企业的重整以及保险纠纷等领域。[①] 2015 年法令将司法实践中多年来的成熟经验予以确定并正式纳入《民事诉讼法典》商事诉讼特别程序中,并作为必须履行的前置程序,契合了商事诉讼活动的特征和实际需要,对于诉讼进程快捷高效起到了较大的推动作用,可以说是法国立法的一次完善与进步。

《民事诉讼法典》新设第 860—2 条规定:"如当事人双方有和解意图,合议庭可指定一名法官担任和解员主持当事人双方进行和解。该项指定应当简要记录在案。"因此,商事诉讼开始后,合议庭将首先听取当事人双方的陈述并组织其进行磋商,如双方均具备和解意愿,合议庭则指定本院或本庭一名法官主持和解。根据《民事诉讼法典》第 129—6 条规定,该项指定性质为司法行政行为,当事人无选择权。和解由单个法官独立主持,和解程序则与普通民事诉讼相同,适用《民事诉讼法典》的一般规定。值得一提的是,法国 2015 年第 2015—282 号法令、2016 年第 2016—514 号法令就原法典第一卷第六编"和解"制度也进行了重大修订,在原法律规定基础上增加或修改了许多细节规定,使得原编共五条较为简陋的法律规定扩展至现行十一条规定。法律修订前,《民事诉讼法典》对于"和解"的规定较粗糙,只规定了当事人可于整个诉讼过程中的任何阶段要求和解,法官也可以在其认为合适的时间地点提议和解,以及和解协议的确认和效力。上述两次法令补充规定了和解程序基本规则,完善了和解制度。

根据最新法律规定,现行和解制度较之前首先增加了和解的意义,即根据《民事诉讼法典》第 56、58 条确定的努力促进诉讼原则,并为使诉讼纠纷能够友好地解决,法官可以建议当事人双方进行司法和解或调解。其次,增加了和解程序规则,填补了原立法空缺。包括:法官(商事诉讼中应为合议庭或预审法官,下同)确定进行和解后,应要求当事人双方与其指定的和解法官会面,

---

并告知和解解决纠纷以及和解程序进行均由该法官主持;法官委托其他法官进行和解,应当确定和解开始日期以及期限,和解期限不得超过三个月,但可经和解法官的请求申请延续一次,期限也为三个月。和解过程中,当事人可以经由具备和解帮助资格的第三人协助进行;经当事人同意,和解法官可在其认为必要时,前往案件相关人员处了解案件情况;若非当事人双方同意,和解法官对案件所作确认和声明均不得在之后诉讼中提出或引用,且在任何情况下均不得在有可能的其他诉讼中引用;和解法官应当将和解进程、和解中遇到的问题及和解成功与否的结果通告原审法官,并由原审法官决定在和解的任何阶段经一方当事人申请或和解法官提议宣告终止和解程序;如和解程序进展良好且当事人双方可达成协议,法官可以依职权终止和解程序并由执达员通知和解法官和各方当事人。

《民事诉讼法典》第 130 条规定,当事人各方达成和解的,即使是部分和解,应根据情况或将内容记入笔录并由当事人各方和法官签字;或记入确认书并由当事人各方与和解法官签字确认。① 当事人各方达成和解后,根据第 131条第 1 款规定,和解法官可制作笔录摘要(extraits du procès-verbal) ,并送交各方当事人。笔录摘要即具有执行根据的效力(titre exécutoire) 。对于和解确认书,2016 年法令新增第 131 条第 2 款规定:当事人各方,或其中最积极的一方可在任何时候将由和解法官制作的和解确认书提交原审法官批准。原审法官除认为仍有必要开庭听取当事人陈述外,可不经庭审辩论直接对和解协议作出批准。但该批准裁判的性质不属诉讼程序性质,而属于非讼程序。由于此情形下,法官所作确认裁判性质为非讼性质,即不具有诉讼判决效力。当事人一方若事后反悔,仍可就纠纷再次提起诉讼。

和解前置程序的适用为商事诉讼案件分流发挥了较大作用。司法实践中,部分商事纠纷尤其是争议金额较小、法律关系不复杂的纠纷在和解程序中即可被解决。对于无法达成和解协议、需进入普通审判程序的纠纷,和解程序甚至还起到了一定的审前准备和争点整理的作用,为案件在开庭当日得以裁决奠定了基础。

---

① 该条法律规定的后半部分,即第二种情形为 2016 年法令新增内容。

二、当事人主导的预审程序

当事人之间纠纷经诉前和解程序后,如能达成和解协议,并经法官确认,则可告诉讼终结。但若和解失败,那么案件纠纷将被退回到(renvoie)原审合议庭,以继续按照法律规定的既定程序进行审判。当案件回到合议庭审理后,若法庭认为案件较为简单,或纠纷已达到"准备就绪"可供庭审辩论的状态(法语原文为"mise en état")时,可立即或确定日期开庭以启动庭审辩论程序。合议庭可在第一次辩论终结后当庭作出判决。如需对案件进行评议,判决可由庭长决定于之后的某日进行宣告,判决书于判决宣告日当场送达或由司法执达员送达。合议庭若认为纠纷尚未达到可供审理的状态,根据《民事诉讼法典》第 861 条第 1 款规定:"法庭应当将案件推延至下一期日庭审或指定由本庭一名法官成员负责对案件进行预审。"例如在被告提出程序性抗辩或诉不受理的情形时,法庭通常会作出此项决定,以便原告组织防御。① 对于可推延开庭的次数,由于该项法律规定用语为"des audiences ultérieures"即采取复数形式,因此可以认为推延次数并非仅为一次,而可以进行数次。

按照该条规定,如果案件在第一次开庭后被认为尚未准备就绪,还不能进入庭审辩论阶段时,将被引入预审阶段。预审程序与大审法院审前准备程序职能作用相同,均是通过组织当事人交换主张和证据、进行证据调查等审前准备措施整理当事人各方争点,使案件达到适合辩论的程度。由于商事诉讼预审法官职权与大审法院审前准备法官职权不完全相同,为示以区别,本书对商事法院"审前准备程序"称为"预审程序",对原报告法官,更名后法语直译为"负责预审程序的法官",简称为"预审法官"。预审要么由合议庭以继续开庭的方式进行;要么由合议庭指定合议庭成员之一的法官作为预审法官,负责对案件进行预审。对于两种可能情形的适用立法并未作出明确规定,而是交由法庭自主选择。无论是合议庭或预审法官主持预审,均有权按照商事诉讼预审程序规则行使预审职权。同时,作为合议庭授权代表的预审法官,也享有与普通民事诉讼大审法院审前准备法官类似的、法国民事诉讼法专门规定的职权。

---

① 法国最高司法法院商事审判庭 1991 年 4 月 9 日判决。见法国立法网:https://www.legi-france.gouv.fr/affichJuriJudi.do? oldAction = rechJuriJudi&idTexte = JURITEXT000007026455 &fast-ReqId = 1373183390&fastPos = 5,访问日期:2016 年 8 月 10 日。

（一）商事预审程序规则

商事诉讼预审程序的功能作用与普通民事诉讼大审法院审前准备程序功能相同,即通过当事人交换各自诉讼主张及理由、证据材料,实施证据调查等以整理当事人的主张及证据关系、厘清案件基本情况,使案件达到适合辩论程度,并为之后的庭审辩论程序做准备。[①] 然而,由于商事诉讼较之普通民事诉讼更加快捷、简便的程序价值特点,并且适用口头程序,商事预审程序比审前准备程序在预审规则上更具有弱形式化、程序灵活的特殊性。这在近年来法国立法数次修订中体现得十分明显。例如,按照《民事诉讼法典》第861条第2款的规定,案件纠纷若被合议庭推延至下一次庭审,司法执达员应当以任何方式(tout moyens)通知在第一次开庭之日未到场进行口头陈述的当事人之后开庭的时间。该项规定是由2010年12月1日第2010—1165号法令新设的条款,当时的规定是执达员应当以平信(simple lettre)方式通知当事人。但2015年3月11日第2015—282号法令就该条进行了修订,将书信通知方式变更为任何方式,即包括口头方式。该规定是商事诉讼预审程序的特有规定,大审法院审前准备程序无此规定,体现了法国新近立法对于商事诉讼程序进一步弱化形式要求的意图。无论是合议庭或是预审法官,均应当根据法律规定行使预审职权,以指挥预审程序顺利进行。商事诉讼预审程序既适用《民事诉讼法典》第一卷"适用所有法院的通则"中有关预审的规定,同时也适用商事法院诉讼程序的特殊预审规定。

1. 普通预审规则

与普通民事诉讼审前程序相同,商事诉讼预审程序适用《民事诉讼法典》通则有关规定:根据通则第368、537条及商事诉讼特殊规定第864条,商事诉讼预审可以决定诉讼分离与合并。该决定属于司法行政措施,不准提出任何不服申请。根据通则第20条及商事诉讼特殊规定第862条,法官应当听取当事人本人陈述。即根据民事诉讼对席审理原则和直接审理原则,法官应当履行听审的职权,并且应当通知当事人双方及其代理人在开庭时到庭。根据通则第七章"提出证据"第一副编"书证"第一章"当事人证据交换"(communication de pièces)第133—136条及商事诉讼特殊规定第865条第2款,法官可责

---

① 张卫平、陈刚编著:《法国民事诉讼法导论》,中国政法大学出版社1997年版,第142页。

令当事人向对方当事人提交证据,进行证据交换,法官可为证据交换确定期限,如不是在有效期间内提交的证据,法官可以将其排除出辩论(此项规定普通民事诉讼与商事诉讼存在一定的差异,详见下文),对于逾期提交书证的,法官可在必要时对逾期提交人员处以罚款,并由法官收缴。

根据通则第七章"提出证据"第一副编"书证"第二、三章第 138 条至第 142 条,以及商事诉讼特殊规定第 862 条第 2 款(即通则口头原则第 446—3 条),法官可在一方当事人或第三人持有另一方当事人拟援用证据时,命令该方当事人或第三人提交其持有的书证(production de pièces)。该命令无须遵守任何形式,法官可命令按照其确定的条件和保证提交文书,并且可对逾期提交人员处以罚款。但通则第 142 条与口头程序商事诉讼特殊规则仍有不同,即商事预审程序法官可依职权提出要求,而通则规定应当以当事人提出申请为前提。

根据通则第七章"提出证据"第二副编"预审措施"①,商事诉讼特殊规定第 865 条第 1 款,商事预审法官可以命令实施所有预审措施。预审措施法律依据为第 143 条至第 284 条。包括作出命令证据调查裁定,法官亲自审查,要求当事人亲自出庭接受询问,审核第三方证人出具的证据,委托鉴定、勘验、咨询人员实施专业证据调查措施等。

可见,《民事诉讼法典》明文规定商事诉讼与普通民事诉讼一样,共同适用法典通则绝大部分有关预审措施、证据调查的规定。鉴于该部分内容繁多、涉及面广,相关法律条文多达 150 余条,且并非属于商事诉讼预审程序区别于其他民事诉讼的特有规则,亦非商事诉讼新增规则,而本书限于篇幅所限不可能涉及包含普通程序在内的全部商事诉讼程序内容,仅以其与普通民事诉讼不同的特殊规则为重点进行研究,因而本书不再深入阐释适用《民事诉讼法典》通则的商事诉讼具体预审措施、证据调查制度等普通民事诉讼规则内容。

2. 商事诉讼特殊预审规则

法国立法 2010 年口头程序改革赋予了商事诉讼预审程序新的规则,重点体现在 2010 年法令新增立法,即《民事诉讼法典》第 446—2 条确定的交换日

① 也译作证据调查。见罗结珍译:《法国新民事诉讼法典》,法律出版社 2008 年版,第 255 页。

程、免除出庭义务两方面及相应具体措施中。由于规则大多以当事人双方同意为要件,因而又被法国学术界称为"契约性程序",体现了适用口头程序的商事诉讼庭审程序的灵活性和非要式性,以及对当事人处分权的充分尊重。无论主持预审的是合议庭或是预审法官,均有行使特殊预审规则的职权。

(1)交换日程规则

法国《民事诉讼法典》第446—2条第1款规定,"当法庭辩论被推延至下次开庭进行,合议庭可组织到庭的当事人进行证据交换。如当事人各方同意,法庭可为当事人进行诉讼请求、理由及证据交换确定一定期限和一定条件"。该条规定进行交换的客体应当是书面形式,虽然商事诉讼适用口头程序,但按照法国法律规定也不排除当事人递交书面材料。事实上,通常情况下只有证人、书面证据等非以口头陈述为表现形式的证据材料及陈述才需要法庭推延至下次开庭进行,因为若法庭仅要求当事人于下次开庭进行口头辩论将是非常滑稽的事情(口头陈述无须推延开庭)。① 该条法律规定确立了口头程序中适用书面程序的特殊规则,法国学术界将其称为确定"交换日程"(calendrier des échanges),该规则的适用实际上构成了口头程序的限制。

a. 交换日程的内容

组织当事人进行证据交换是法庭的职权之一,根据法国民事诉讼法基本规则,由法庭主持的截至法庭辩论前的证据交换属诉讼预审阶段。当合议庭认为当事人证据交换已进行完毕,案件纠纷已经准备就绪后可随时决定开始法庭辩论。由于适用口头程序,法庭在预审阶段的权力较普通民事诉讼审前准备程序中审前准备法官的权力弱化许多。根据本条规定,为使当事人之间诉讼证据理由交换顺利进行,法庭可设置一定的期限和交换条件并要求当事人按照既定安排进行,交换日程的确定应当以当事人双方同意为前提条件,因而又被称为"契约性程序"。而《民事诉讼法典》第764条规定,大审法院审前准备法官可根据案件的性质、紧急程度与复杂性,在提请律师提出意见之后,随时确定案件审前准备所必要的期限,即无须以当事人双方同意为前提条件。因而适用口头程序的商事诉讼较普通民事诉讼更注重当事人处分自由,职权

① H. Croze et ch. Laporte,"Décret n°2010-1165 du 1er octobre 2010 relatif à la conciliation et àla procédure orale en matière civile,commerciale et sociale:modifications des pratiques procédurales devant les différentes juridictions",*procédures*,2011,étude 2.,p.193.

主义色彩更弱。

商事诉讼庭审程序以口头陈述为原则,书面审查为补充,书面诉讼理由和证据交换并非是必经程序。但如当事人双方一致同意,可以在共同确定的规则安排下进行书面材料交换,即设置"交换日程"规则。当事人同意交换日程后,法庭即应要求当事人依照日程中约定的时限和条件执行。此时的交换日程也就具备司法契约性质,一方当事人的违约将引发不利后果。交换日程的达成实际上是在商事口头诉讼程序中引入了书面预审程序,庭审重点由双方口头陈述转化为书面证据交换。① 此外,根据《民事诉讼法典》第446—3条第2款规定,商事法庭按照交换日程向当事人提出相应要求时,通知方法不限于书面形式,而可以是包括口头、电子邮件在内的任何形式,法庭也可以要求当事人在非开庭日进行交换。

值得注意的是,电子邮件形式是法国立法近十年来新增的通知方式。法国《民事诉讼法典》第一卷"通则"第二十一编专门就电子通信方式进行沟通联络和文书送达作出了规定。② 其第748—1条规定,对于诉讼过程中需邮寄、递交或告知当事人的证据、通知、传唤令、笔录、报告、警告,以及作出的具有执行力的裁判文书副本等诉讼文书,只要不违反法律特殊规定,均可通过该编规定的条件以电子的方式发出。案件移交、送达可以通过电子形式进行,包括电子邮件或传真等方式。伴随着电子技术和通信设备的迅猛发展以及信息时代的到来,大量电子产品及电子信息进入人们的日常生活,快捷方便的电子沟通手段大大改变了人们的传统通信习惯。作为社会生活一部分的诉讼活动相应地也受到了影响,为适应当代人大量运用电子方式交换信息的习惯,提高诉讼效率,法国立法自2005年起开始制定和完善诉讼文书电子送达的法律法规。法国立法分别于2005年、2008年、2009年及2015年陆续增加了《民事诉讼法典》第748—1条至第748—9条共九条规定,确立了电子送达的基本原则和具体规定。概括起来,其规定主要是:电子送达应当以当事人双方同意为前

---

① Philippe Guez,"Tribunal de commerce-procédure ordinaire.-Déroulement de la procédure", *Juris Classeur Procédure civile*,2013,1.2,p.18.

② 2005年以前《民事诉讼法典》第二十一编题目为"最后条款",仅有第749条规定"所有特殊法院均适用通则规定"这一项。2005年12月28日第2005—1678号法令将该编更名为"通过电子形式通知",专章对电子邮件方式送达诉讼文书进行规定。

提,当事人应当就此签订专门协议以免除适用民事诉讼普通送达有关材料份数、资料送还等规定。电子送达收件方同样需要签署送达回执,并且当文件原件是以书面方式订立的,法官仍有权要求当事人提供原件。电子送达并不排除当事人要求送达书面文件的权利。然而,对于口头程序中适用的电子送达规则,2015 年第 2015—282 号法令修改和新增的第 748—2 条及第 748—8 条规定,若法律特殊规定送达可以"任何方式"的,当事人只需在开庭前表示其可以接受电子文件并留下其电子邮箱地址或传真号码即可。因而,适用口头程序的商事诉讼当事人若事先同意,即可根据该例外规定以电子送达方式进行诉讼文书交换。

b. 违反交换日程的惩罚

若一方当事人未遵守日程安排,按照《民事诉讼法典》第 446—2 条第 3 款的规定,法庭可以对案件径行判决或驳回起诉,未按照约定履行交换义务的当事方将承担不利的后果。若违约一方为被告,那么法庭将依其违约行为驳回起诉,案件将被自始撤销。此处需注意的是,法庭是驳回原告起诉(radier),而非驳回诉讼请求,原告起诉被驳回后符合起诉条件的还可另行起诉。若违约一方为被告,法庭则依据原告提交的证据进行缺席裁判。该项规定是法国民诉法对于当事人处分原则的限制性规定,是坚持诚实信用原则和维护司法权威的需要。

第 446—2 条第 4 款规定,当事人无合法原因延迟提交的诉讼请求、答辩理由及证据材料,并因此损害对方诉讼权利的,法庭可以在法庭辩论中予以排除。该项规定是口头程序原则的限制。口头程序是为了使得程序更加快捷而将普通民事诉讼程序予以简化设置的庭审程序,但仍应当遵守民事诉讼诚实信用原则。因而一旦当事人双方基于尽快完结诉讼的考虑就交换日程达成一致,则显示出其自愿接受约束,交换日程便构成"司法契约",应当被严格遵守。因此,当事人应当根据交换日程提交诉讼理由和证据,而不再适用口头程序原则下可以在辩论终结前随时提出新的主张、请求和证据,且不受在先提交的书面材料限制的规定。相反,当事人只能在交换日程确定的时限和条件下提交材料,否则法庭将依据该条规定否认其效力,并排除在法庭辩论之外。然而,法庭是否行使该项权力,法庭拥有自由裁量权。法庭可根据当事人违反日程的情形,在听取当事人的解释说明后裁量是否适用该项处罚。这是与普通民事诉讼大审法院规则的不同点。《民事诉讼法典》第 783 条规定,除提出的陈述或证据是有关住房租金、已到期尚未支付的年金、债券、利息等处在不断变化状态且不会造成严重争议的资金支付请求时,或法律规定的如任意参加之诉、撤销审前准备裁定的请求等情形下,当事人可以在审前准备裁定终结后仍提交书面陈述及证据以外,当事人于预审程序结束后出具的任何证据或书面陈述均不得提交,对此大审法院审前准备法官应当依职权认定无效,并作出预审终结命令(l'ordonnance de clôture)。须注意的是,按照对审原则要求,法庭应当开庭作出此项惩罚性裁定,尤其在根据第 861—1 条规定法庭免除当事人出庭义务、当事人证据交换以带回执的挂号信或者律师间通知函的形式进行的情形时,以为当事人双方提供当庭陈述和辩解的机会。① 如当事人希望其延迟提交的交换材料不被法庭排除在法庭辩论之外,则应当出庭并证明其延迟提交有合法理由,或者并未对对方当事人的防御权利造成损害。

如果当事人双方未能就交换日程达成一致,法庭仍然可以确定证据交换日程安排,但由于该安排未经当事人双方同意,不具有强制力。当事人未按照日程规定提交交换材料的,法庭不得作出径行判决、驳回起诉的裁判,也不得排除当事人延期提出证据的效力。此情形下,法庭只能通过推延至下次开庭的方式组织当事人进行交换各自诉讼理由和证据。但为避免当事人拖延诉讼,致使证据交换及预审程序迟迟未能完结,法国口头程序改革中也设置了加强法官预审职权的兜底条款,即第 446—3 条。交换日程是法国 2010 年法令创设的旨在将法官一部分庭审组织权力让渡给当事人双方协商一致后履行的一项制度设计,体现了对民事诉讼口头程序中当事人自由处分权的尊重。但这并不排除法国民事诉讼法强化口头程序法官庭审组织权。事实上,无论当事人是否同意设置交换日程,也无论是否实际出庭,根据《民事诉讼法典》第446—3 条第 1 款规定,法庭均可在其认为必要的任何时候要求当事人对案件事实和法律问题作出解释,或者责令当事人在其规定的期限内提出用以支持其诉讼请求或理由的证据。当事人未按要求及时提交的,法庭可根据情况认定当事人弃权或拒绝履行,并可不顾其行为而径行裁判。该项规定赋予商事

① C. Bléry, "conciliation et procédure orale en matière civile, commerciale et sociale, a propos du décret du 1ᵉʳ octobre 2010", *JCP G*, 2010, p.1045.

诉讼法庭普通民事诉讼法官相同的广泛职权,即《民事诉讼法典》第8条至第13条规定的法官基本职权。对于形式灵活、当事人对庭审程序有着主导地位的口头程序而言,该兜底性规定无疑确保了法官对庭审的控制权,为防止当事人拖延诉讼、浪费司法资源、维护司法秩序起到了重要作用。对于当事人恶意拖延诉讼的,法官还可适用法国民事诉讼法有关滥诉的规定予以规制。

(2)免除出庭义务

口头程序要求当事人双方在开庭之日实际出庭,但法律特别规定可以不出庭的,当事人可采取提交书面陈述材料的方式替代出庭。对于适用口头程序的商事诉讼程序而言,法律也规定了当事人双方可不出庭的情形,即《民事诉讼法典》第861—1条规定的当事人可不出庭的一般情形,即"法庭可根据一方当事人的申请免除其之后的出庭义务"。此情形下,当事人之间的证据交换将通过带回执的挂号信或律师之间通知函的形式作出,但须在法庭确定的期限内由法庭作出确认。法庭允许当事人一方或双方不出庭之后,庭审口头程序转换为书面审查程序,因而适用《民事诉讼法典》第761条大审法院审前准备程序的规定,即法庭以当事人最后一次递交的准备书证为准,若认为案件已经准备妥当,法庭将确定日期将案件提交庭审(辩论)程序。值得注意的是,法律规定的是可以免除当事人之后的出庭义务,并未明确规定限制在预审阶段,或可以免除当事人辩论阶段出庭义务。事实上,如主持预审的是合议庭,由于主持辩论程序的是同一合议庭,那么预审与辩论阶段界限并不十分明显。当事人可以在任何时候提出免于出庭的要求,包括辩论阶段的出庭。但如主持预审的是预审法官,预审结束后预审法官将把案件移交合议庭主持辩论,因此法国司法实践中通常仅支持预审法官在许可当事人在预审阶段免于出庭,在辩论阶段仍应当出庭。但由预审法官独任主持辩论的情形除外。由于当事人不出庭,按照第446—4条的规定,当事人相互之间诉讼文书的交换日应视为其向法庭依法提交诉讼请求、理由的提交日。因而其最后一次交换的诉讼文书和证据也作为辩论依据。

同时,按《民事诉讼法典》第446—2条第2款规定,当事人以书面形式提交其诉讼请求和理由的,如当事人同意,法官可认定未记入双方当事人最终书面交换诉讼文书的主张与证据视为当事人放弃提交。如当事人不同意,由于第446—3条的规定,法庭仍可在任何情形下要求当事人出庭补充提交证据并进行最后陈述。该项关于"当事人同意"的规定也是口头程序特殊规定。《民事诉讼法典》第 753 条第 2 款大审法院规则以及第 954 条上诉法院规则均要求,各方当事人在提出的最后准备书状中应当重述其之前提交的书状(上诉状)中提出的所有诉讼请求与理由;没有重述的则视为放弃,受诉法院则仅以当事人提交的最后准备书状为依据进行审理裁判。也就是说,法国普通民事诉讼庭审及裁判以当事人提交的书面陈述为依据,当事人未在书面陈述中提及的,法官应当依职权认定为当事人弃权,且当事人不能予以补救。而口头程序中,由于最后陈述以录入笔录的口头陈述为准,因而法律特别规定在法庭拟作出认定当事人弃权的决定前需征得当事人的同意。由于当事人不会作出对自己不利的决定,该项立法规定被部分法国学者认为没有意义。司法实践中,当事人往往对于其权利影响不大的事项同意弃权。

由于当事人一方或双方不出庭,文书与证据交换的及时性和安全性显得尤为重要。因此,法律规定当事人应当以带回执的挂号信(lettre recommandée avec d'avis de réception)或律师通知函形式交换文书和证据。带回执的挂号信为法国国家邮政安全等级最高的一类邮寄形式,回执即可作为收件方收到材料的证明。《民事诉讼法典》通则对于文书通知作出了规定:其第 668 条规定,采用邮寄方式的,对于发件人而言,通知日期为其投寄邮件的日期;对于收件人而言,通知日期为其收到邮件的日期。对于律师通知函则适用通则的相关规定。第 672、673 条规定,律师作出或接受通知可通过司法执达员送达,也可以通过律师相互之间直接送达进行。若采取执达员送达,执达员应在文书上签字、加盖印记,并注明收件律师姓名和送达日期;如直接送达,则由送达一方律师向接收方律师送交一式两份的文书,收件方律师在文书上签字并注明日期后返还寄送方律师。

通常情况下,免除当事人出庭义务的决定应当由法庭在庭审过程中作出。因而,希望获得该项许可的当事人至少应当实际到庭一次,并向法庭提出申请。当然,法庭作出该决定不一定是在第一次开庭之时,而可以是数次开庭之后的某次开庭时,甚至可能是预审结束之时。[1] 也就是说,当事人可以根据庭审情况随时评估之后双方证据交换的进展。当其认为恰当的时候,如不存在重

---

[1]　S. Guinchard, *Droit et pratique de la procédure civile*, Dalloz, 2012, 7ᵉ édition, p.42.

大证据交换时,为免除出庭负担,当事人可随时提出免于出庭的申请。法官已批准当事人免于出庭的申请后,当事人是否还能因情势变化而申请回到法庭、继续适用口头程序,法国理论界对此尚有争议,持主流观点的法国民诉法教授Guinchard 认为,鉴于口头程序的宗旨是当事人实际出庭并口头陈述,加之民事诉讼对席审理原则,因而当事人提出返回法庭、继续适用口头程序的应予支持。[①] 但也有法学学者认为,法庭作出的免于出庭程序引发了书面审查程序的适用,为维护司法秩序和维护对方当事人的诉讼权利,当事人的此项选择原则上是不可回转的,除非其能证明有合法理由或不对对方当事人的诉讼权利造成侵害。[②] 在法国司法实务中,法官对此有裁量权,是否准许由法官决定。

（3）证明方式

口头程序原则也直接影响到商事诉讼证据制度。法国《商法典》第 110—3 条规定了诉讼证据自由原则,即"针对商人、商事行为可以以任何方法（par tous moyens）证明,法律另有规定的除外"。法国民事证据制度由《民法典》予以规定,2016 年 2 月 10 日法令对法国《民法典》进行了较大幅度的修订,其中许多证据规则乃是进行了自 1804 年以来最大幅度的一次修订。此次修订主要调整了证据制度的立法结构和逻辑顺序,对原有制度进行了归纳提炼,删除了许多原有条文,但仍保留了民事诉讼书证优先原则,将其从原第 1341 条,即原属于第六章第二节"人证"部分的书证优先主义原则规定调整为现行第 1359 条。书证优先主义原则要求,当事人对于超过法令规定确定数额或价值的法律行为,应当在公证人前做成证书或者做成经各方签名的私证书,而不能采取其他形式证明。但在商事诉讼中,由于口头程序和证据自由原则的适用,证据种类和提出证据的方式不受限制,因此成为书证优先主义要求的例外。商事诉讼中不论争议标的数额多大,证人证言即可证明,而且在商事诉讼中书证也不是必须的,除非法律有例外规定,并不一定要制作书面文书,公司法与运输法尤其如此。[③]

同时,2016 年民法修订也修改了民事诉讼证据推定制度,将原一节、两目

---

① S. Guinchard, *Droit et pratique de la procédure civile*, Dalloz, 2012, 7ᵉ édition, p.43.

② N. Fricero, "le décret du 1ᵉʳ octobre 2010: l'oralité dans tous ses états!", *Dr.et proc.*, 2010, p. 282.

③ ［法］伊夫·居荣:《法国商法》第 1 卷,罗结珍、赵海峰译,法律出版社 2004 年版,第 71 页。

共五条的规定缩减为仅一条规定,即第 1382 条规定,"并非由法律确定的推定,由法官据情形裁量,但法官仅能承认重大的、明确具体的,前后一致的推定,且仅能在法律允许的可以以任何方式提出证据时(par tous moyens)才能作此推定",删除了原"由法律确定的推定"的三条规定。也将原法律规定只有在"以证人为证的情形下作此推定"改为"以任何方式提出证据时",也就形成了商事诉讼证据专门适用的证据推定规则。因为此处规定适用非法律确定的推定的情形为"任何方式",与《商法典》规定的商事诉讼可以"以任何方式"予以证明的用词——par tous moyens 完全一致,因此可以认为 2016 年民事证据法改革,将非法律规定的推定明确、严格用于商事诉讼。至于推定的规则,则完全由法官自行裁量。充分体现商事诉讼法官拥有较大自由裁量权、可以依据商业行业惯例裁判案件的立法理念。

(二)强化预审法官职权

按照《民事诉讼法典》第 861 条规定,如案件未达到可供审理的状态,法庭除了将案件推延至下一期日庭审外,还可指定由本合议庭一名法官成员负责对案件进行预审。负责案件预审的法官称为"负责对案件进行预审的法官"(le juge chargé d'instruire l'affaire),简称"预审法官"。值得注意的是,"预审法官"的称谓是源于法国 2012 年 12 月 24 日第 2012—1451 号法令对《民事诉讼法典》原"报告法官"(juge rapporteur)相关制度的修改而来的。① 商事诉讼中报告法官依据《民事诉讼法典》原第 861 条规定设置,其职权是对案件进行审前准备。审前准备程序是法国民事诉讼普通程序的重要组成部分,是以组织案件纠纷当事人进行诉状和证据交换,实施证据调查、整理争点、要求当事人提交最终陈述书等为法庭审理和辩论做准备为主要功能的诉讼阶段。普通民事诉讼程序中,在大审法院进行审前准备的法官为审前准备法官(juge de mise en état),在商事诉讼中,2012 年法令以前则是由报告法官履行审前准备相关职责,但原报告法官职权范围较审前准备法官较小,且限制较多。因此,

---

① 该法令为"Décret n° 2012–1451 du 24 décembre 2012 relatif à l'expertise et à l'instruction des affaires devant les juridictions judiciaires",旨在对民事诉讼预审措施个别条款和商事法院预审程序进行修订。见 https://www.legifrance.gouv.fr/affichTexte.do;jsessionid = 263515B8E31DE1 BF2024EC28414CC729.tpdila22v_3? cidTexte = JORFTEXT000026834747&dateTexte = 20121228,访问日期:2016 年 8 月 15 日。

有的法国学者戏称,人们会以为报告法官的作用仅是就审前准备的结果向合议庭作出报告,因而称其为"报告法官"。[1]

伴随着 2010 年法国民事诉讼口头程序在立法通则中的确定,普通民事诉讼中原审前准备法官的许多职权被调整列入口头程序规定中。由于商事诉讼适用口头程序原则,原立法规定报告法官的职权则随之被扩大,并与普通程序中属审前准备法官的职权相同。法国理论界认为,2010 年立法无论从立法者意图上还是从实际效果上,均拉近了报告法官与审前准备法官的职权距离,使得两者更加相近,为契合这样的立法改变,2012 年法令正式将"报告法官"改为"预审法官"。[2] 至此,商事法院审前准备程序法官给人造成的其功能仅为"报告"的错觉将不复存在,取而代之的是与其职能定位更加匹配的"预审法官"称谓。

商事诉讼中,法庭通常于第一次开庭时即对案件情况和复杂程度有初步判断。对于案情较为简单的,除可当庭评议判决的以外,多决定通过延迟开庭的方式进行预审;对于案情较为复杂、预审时间较长的案件,例如预见到案件需要启动专家鉴定等证据调查方法的,法庭多倾向于指定一位法官作为预审法官的方式进行预审。当然,法律与司法实务也不排除法庭经过几次开庭预审后再决定应当指定一名法官进行预审的情形。对于指定预审法官的时机、指定的决定的作出,法律没有明确规定,均由法庭决定。需注意的是,指定预审法官并非当然由合议庭庭长或商事法庭庭长决定,而多由合议庭评议、各法官协商确定。该指定行为属司法行政行为,并简要记载入案卷中。当事人不得对法庭指定预审法官的行为提出异议。

商事诉讼预审法官职权与普通民事诉讼中审前准备法官的职权类似,但其职权内容和范围仍不如审前准备法官丰富广泛。[3] 主要区别除前述预审法官不具备审前准备法官命令审前准备程序终结的权力外,根据《民事诉讼法典》第 771 条规定,预审法官也不能行使审前准备法官就临时措施及绝

---

[1]　C. Bléry et J.-P. Teboul, *Instruction des affaires devant le tribunal de commerce. À propos du décret du 24 décembre 2012*, JPC G, 2013, p.67.

[2]　Philippe Guez, "Tribunal de commerce-procédure ordinaire.-Déroulement de la procédure", *Juris Classeur Procédure civile*, 2013, 1.2, p.14.

[3]　D. Cholet, *La réforme de la procédure devant le tribunal de commerce*, JCP E, 2010, p.558.

大部分程序性抗辩作出裁定的职权。该条规定,如相应请求是在已经指定审前准备法官之后才作出的,仅审前准备法官有权对请求进行裁判,排除其他法官或组织的管辖权。规定的具体情形包括:对程序上的抗辩以及"终止诉讼的附带事件"作出审理裁判,各方当事人在此之后不得再提出这些抗辩与附带事件,但如抗辩与附带事件是在审前准备法官停止管辖之后才发生或发现的,不在此限;要求当事人为诉讼进程支付预付款项;在对债务的存在没有严重争议的情况下,裁定债务人给予债权人以预付款项;裁定当事人按照《民事诉讼法典》第517条至第522条的规定提供担保;命令采取其他一切临时措施,如保全措施等,但保全性扣押措施、不动产抵押与先行质押除外。在发生新的事实的情况下,审前准备法官还可以变更或补充其已经命令采取的措施。但商事诉讼程序由于适用口头程序,在2010年口头程序改革的影响下预审法官职权得到强化,而2012年第2012—1451号法令更是在将"报告法官"改为"预审法官"的基础上赋予了预审法官较之前更多的职能。该法令将原报告法官第862条至第869条共8条规定扩充为第861—1条至第871条共11条规定,新增3条规定,同时对原有规定进行了修订。

1. 提出报告

预审法官作为合议庭授权负责组织预审的法官,在预审程序完结之后可以将案件预审情况向合议庭进行报告,以便庭中其他两名法官对案件情况以及预审进展有充分的了解,有利于法庭组织辩论。该项职能是商事法院报告法官一直以来的传统职能,在司法实践中运用非常广泛,但却并未由法国《民事诉讼法典》明文确定。2012年法令采纳了司法实务中的做法并将其作为新增的第870条列入法典。该条第1款规定:"经法庭庭长要求,预审法官应在法庭辩论前向法庭进行口头报告。报告也可以由庭长作出或法庭指定的其他法官作出"。可见,法律规定秉承了口头程序原则的要求,为简化诉讼流程和提高诉讼效率,规定预审法官作出报告的形式原则上应当以口头方式进行,并且,在预审法官因故缺席之时也规定了变通的办法,即由法庭庭长或法庭指派的其他法官进行报告。当然,此情形应当以预审法官事先将预审情况向庭长或其他法官进行报告为前提。对于报告的内容,第870条第2款规定:"报告应指明诉讼标的和原告具体诉讼请求,以及各方当事人的诉讼理由,并说明由争议引起的法律上与事实上的问题,并对与法庭辩论厘清案件情况有关的各种因素予以说明,但不得提出预审法官自己的意见。"该条规定与法典第785条规定的大审法院审前准备法官的报告职权内容基本相同,可见法令将商事诉讼预审法官职权逐渐接近审前准备法官职权的立法意图。

2. 独任主持辩论

为加速诉讼进程,法国现行《民事诉讼法典》第871条规定:"如果当事人各方不反对,预审法官可以独任主持法庭辩论。预审法官将案件情况及庭审辩论情况在法庭评议前向法庭做出报告。"该项规定在原报告法官职权中业已存在,事实上由预审法官独任主持庭审辩论的做法在法国司法实践中已有上百年历史,并且最初是由巴黎商事法院开始适用,随后被立法者确立并列入商事诉讼规则,之后再由普通民事诉讼规则吸纳并列入审前准备法官职权范围中。① 当事人各方同意是预审法官取得独任主持庭审辩论的前提,在司法实践中,当事人由于对诉讼效率的追求,反对的情形十分少见,并且通常没有明确表示反对则视为默认同意。② 预审法官独任主持辩论应当遵守《民事诉讼法典》通则第433条公开辩论原则,以及第430条至第446条规定的辩论规则。法庭辩论结束后,预审法官则宣布辩论终结,并将案件移交合议庭以与法庭另外两名法官共同评议。实践中,预审法官可以就案件提出裁判方案(projet de jugement)。由于预审法官独立主持了预审、辩论程序,对案件有了全面深入的了解,为使得诉讼程序快速推进,预审法官可在向法庭另外两名法官报告案情后、进行评议时向法庭提出其裁判建议。但需注意的是,法庭评议应当是集体评议,法庭并非一定会采纳预审法官的裁判建议。司法实践中也不乏法庭作出与预审法官裁判建议相反判决的情形。

此外,预审法官独任主持辩论在实践中还经常演变为一种由两名法官共同主持的模式。即当预审法官认为其独立主持辩论有一定困难或不便时,可邀请另一名法官与其共同主持,并在辩论终结后,由该两名法官共同将案件情

---

① B. Geisenberger, *Le déroulement du procès devant le tribunal de commerce de Paris*, RTD com., 1970, p.317.

② B. Geisenberger, *Le déroulement du procès devant le tribunal de commerce de Paris*, RTD com., 1970, p.14.

况向合议庭报告。① 另一名法官可以是原合议庭的成员,也可以不是。② 此变通做法的意义在于当法庭某位法官缺席时,可以由两位法官主持法庭辩论而不至于造成诉讼拖延。

3.作出预审裁定

预审法官在预审过程中为查清案件事实和推进诉讼进程,有权命令作出任何预审措施和程序性裁定。《民事诉讼法典》第 865 条至第 868 条规定了所作的裁定的适用范围、形式、效力及救济。

(1)裁定适用范围

由于法律规定预审法官与审前准备法官一样,可以依职权命令一切预审措施,因而其可以作出实施一切预审措施的裁定。《民事诉讼法典》第 865 条明确规定预审法官可裁定证据交换过程中遇到的争议;可以裁定确认诉讼消灭,并且在此情况下,如有必要,可根据第 700 条的规定对诉讼费用作出裁判。预审措施与证据交换裁定诚如上文所述,适用《民事诉讼法典》通则预审措施部分的规定。预审法官确认诉讼消灭则是指当案件发生法定消灭事由,如第 384 条规定的原告撤诉、当事人和解、当事人死亡的,以及其他诸如当传唤状失效等情形时,预审法官可依职权确认诉讼消灭。在预审法官确认诉讼消灭后,还有权根据第 700 条规定命令当事人支付相应诉讼费用。第 700 条规定经 2013 年 12 月 31 日法令修改,包括以下内容:法官可以判处应当负担费用的一方当事人或败诉当事人支付以下费用:向对方当事人支付其确定的未包含在诉讼费之内的其他费用;一定情况下,除诉讼费之外,向享受部分或全部司法救助资金的律师支付酬劳,以及在其未享受救助资金的情况下向其支付其(为诉讼)已支付的费用。所有情况下,法官均应当考虑公平原则以及被判处支付人的经济状况。法官可以基于上述考虑而裁定免除其缴纳费用。事实上,第 700 条规定的诉讼费用及其他费用承担应当是实体审理法官在对案件作出实体判决的同时一并作出,且2010 年口头程序改革之前,原第 865 条规定,商事诉讼报告法官职权仅仅是在确认诉讼消灭的场合,如有必要可对费用作出裁定。但 2010 年口头程序改革法

---

① 法国最高司法法院商事审判庭 1993 年 7 月 6 日判决。见法国立法网:https://www.legi-france.gouv.fr/affichJuriJudi.do? oldAction = rechJuriJudi&idTexte = JURITEXT000007197407 &fastReqId=617631607&fastPos=16,访问日期:2016 年 8 月 20 日。

② R. Perrot, *Note de Cass.1re civ.*, 3 *févr.*2004,Procédure,2004,p.48.

令同时将预审法官这一职权与法典通则中普通民事诉讼实体裁判法官诉讼费用裁判权力完全等同,无疑强化了预审法官的职权。

(2)裁定形式要求

对于预审法官裁定形式,《民事诉讼法典》第 866 条规定:"预审法官采取的各项措施均在案卷中加以简单记述,并通知当事人。但是,在前条所指情况下,预审法官应当作出说明理由的裁定,有关预审措施的特殊规定除外。"该规则规定了预审法官作出各项措施应采用形式的基本原则,即以在案卷中加以简单记述为原则,但同时立法紧接着在第 2 款规定,在前条即第 865 条规定的情形下,预审法官应以附理由的裁定(ordonnance)形式作出。第 865 条规定预审法官可作出裁定的情形主要是以下三类:裁定证据交换中的争议;裁定诉讼消灭;以及裁定诉讼消灭情形下诉讼费用的承担。[①] 该条规定为原《民事诉讼法典》既有规定。立法者认为预审法官作出有关此三类事项裁决意义重大,因而要求应当采取附理由的裁定形式作出。

此外,《民事诉讼法典》通则第 151 条规定,"在不准许对某种裁判决定独立于实体判决提起不服的申请的情况下,此种裁判决定可采用在案卷中或庭审记录中简单载述的形式"。因此,从该条规定可以推知,对于可以独立于实体判决提起不服申请的裁定,则不可以在案卷或庭审记录中简单记述,而应当以第 866 条规定的附理由的裁定形式作出。对于预审法官而言,根据法典第 868 条规定,在其可依职权作出的所有措施中,对于作出鉴定以及确认诉讼终结之裁定,当事人可以向上诉法院提出上诉。因此,预审法官作出该两项裁定时应当以附理由的裁定形式作出。除此之外,预审法官采取的其他各项旨在推进案件纠纷进展、调查案件事实、要求当事人传达、提出书证,以及促使当事人和解等措施则无须以正式形式作出。这不同于普通民事诉讼大审法院审前准备法官规则。相较而言,商事预审法官可以采取记入案卷和庭审笔录形式作出裁定的范围较审前准备法官更广。例如,根据法典第 773 条第 2 款规定,审前准备法官依据法典第 769 条至第 772 条规定的情形作出命令的,均需以附理由的裁定形式作出。例如,审前准备法官按照第 770 条规定要求当事人

---

① B. Geisenberger, *Le déroulement du procès devant le tribunal de commerce de Paris*, RTD com., 1970, p.17.

传达、提出书证的命令则需要作出附理由的裁定。无疑体现了商事诉讼程序较普通民事诉讼更加灵活和弱化形式的特征,对于提高诉讼效率有积极作用。

（3）裁定效力及救济

《民事诉讼法典》第 867 条规定,预审法官的裁定对本诉不具有既判力（l'autorité de la chose jugée）。该条含义是指,一方面由于预审法官所作命令各项措施的裁定并非对当事人争议的实体问题作出判决,因而不具有判决既判力;另一方面,预审法官命令作出的措施,在法庭辩论阶段,合议庭依然有权力决定再次作出。此外,预审法官的裁定对本诉不具有既判力需以合议庭在预审法官预审后对案件进行实体裁判为前提。如预审法官作出诉讼消灭的裁定,该裁定效力等同于合议庭作出诉讼消灭判决,具有既判力,因而可以被提起上诉。①

对于预审法官所作裁定的救济,适用与大审法院审前准备法官所作裁定相同的救济原则:由于裁定并非是实体裁定,为加速诉讼进程,避免当事人诉讼拖延,《民事诉讼法典》第 776 条第 2 款规定:"仅在与实体判决一起,才能对审前准备法官的裁定向上诉法院提出上诉,或者向最高司法法院提出上告。"第 868 条第 1 款规定:"对预审法官的裁定不允许独立于实体判决提起任何上诉"。法国学术界称之为"延期救济"原则（recours différé）。也就是说,对于预审法官作出的附理由的裁定,除法律明确规定可以独立提出上诉外,当事人不得立即就裁定本身提出上诉,而需要等到一审判决结束后,连同一审判决一并向上诉法院提出上诉,以及向最高法院提出上告。但法国《民事诉讼法典》第 537 条规定,对于司法行政措施,不准提起任何不服申请。因而预审法官所作裁定中属于司法行政命令性质的,也就不得提出延期上诉。最典型的就是法典第 368 条规定的诉讼合并与分离的裁定,属于司法行政措施,不得给予救济。此外,对于预审法官作出的非附理由裁定,如记录入案卷与庭审笔录中的其他预审措施,是否可以给予救济,法国立法没有明确规定,司法实践认为,以记录入案卷和庭审笔录为表现形式的裁定,应当认定为司法行政措施,因而不得接受救济。② 据此,审前准备法官与预审法官所作裁定的

---

① M. Jeantin,*Le juge rapporteur*,JCP E.1977 II,p.2495.

② B. Geisenberger,*Le déroulement du procès devant le tribunal de commerce de Paris*,RTD com.,1970,p.18.

救济情形则不尽相同。例如,对于要求当事人提供材料的命令,由于大审法院审前准备法官应当以附理由的裁定形式作出,该裁定可以通过延迟上诉的方式得到救济;而商事法院预审法官由于采取记入案卷和庭审笔录的形式作出命令,该命令将被认为属司法行政措施而不接受救济。而预审法官错误作出的确认传票时效的裁定,也不适用于上诉救济,而是按照《民事诉讼法典》第407条的规定,由作出该裁定的法官将其撤回。

根据法国立法规定可以及时提出上诉的裁定为延期救济原则的例外。《民事诉讼法典》第868条第2款规定:"对于预审法官作出的有关鉴定的裁定可以接受上诉;对于确认诉讼终结之裁定,当事人可以自裁定作出之日起15日内向上诉法院申请上诉。"有关鉴定裁定的上诉规则应适用法典通则第272条规定,如经证明有重大的与正当的理由,经上诉法院院长批准,对命令进行鉴定的裁定可独立于实体判决向上诉法院提出上诉,上诉的传唤状应当在命令进行鉴定的裁判决定作出起1个月内提出。对于该上诉申请需先由上诉法院第一院长审查并依紧急审理程序作出裁定。如第一院长认为上诉理由成立,将另行确定上诉审查的期日,上诉法院再按照确定期日程序受理上诉并进行裁判。

此外,与其他法官相同,预审法官也具有组织当事人和解的职能。在商事诉讼中,和解显得更为频繁和重要。《民事诉讼法典》第863条第1款规定,预审法官可对当事人之间的和解进行确认,即使是部分和解。该项规定为原法典既有规定。同时,2012年法令新增第863条第2款规定,即预审法官与合议庭相同,也可根据第860—2条的规定指定一名法官担任司法和解人组织当事人和解。和解确认应当记入笔录并由当事人和法官签字。实践中,当事人达成和解后,预审法官通常将案件移交合议庭,由合议庭按照第130条的规定制作笔录摘要或批准和解确认书。

第四节　商事诉讼的审理程序

一、简约化的庭审程序

商事纠纷案件经预审程序后,将进入庭审辩论阶段。由于预审可由预审法官或合议庭主持,庭审辩论可能存在三种情形:一是合议庭未指定预审法官,案件预审由合议庭通过一次或数次开庭的方式进行的,由合议庭宣布预审结束,案件进入庭审辩论阶段,庭审辩论自然由合议庭继续主持;二是合议庭指定了预审法官,则由预审法官负责预审并宣布预审程序结束,预审法官将案卷材料提交合议庭并以书面或口头形式向合议庭报告预审情况,合议庭听取报告后确定日期通知当事人各方到场开展法庭辩论;三是合议庭指定了预审法官,并由预审法官负责预审和宣布预审程序结束后,在当事人各方同意的前提下,预审法官独任主持法庭辩论。为加快诉讼进程、提高诉讼效率,商事诉讼司法实践对于法律规定进行了变通,即将第一种和第三种情形相结合,形成了一种"判决前的合议模式"。① 该模式由法国巴黎商事法院自一个世纪以前开始运用,至今已被法国各地许多商事法院效仿,也获得了法国学术界的认可。该模式下由合议庭主持预审,预审结束后合议庭将案件交由其中一名法官在其办公室主持辩论。此时的辩论多不再具有强烈对抗性,而更像是法官会同当事人各方就案件纠纷解决进行协商讨论。辩论结束后,主持法官负责起草判决书并将其提交合议庭另两名法官共同评议和作出判决。② 该模式是商事诉讼司法实践中的特有模式,增强了当事人之间、当事人与法官之间的互动,使得当事人能部分参与和影响裁判结果,提高了法官审理案件的效率,同时也增加了法官对纠纷的协调机会,有利于促成当事人的和解。

法国立法就商事法院法庭辩论程序较普通民事诉讼程序没有更多特殊规定,因而商事诉讼庭审辩论应适用《民事诉讼法典》第一卷"适用所有法院的通则"的规定。即根据法典第433条规定,法庭辩论应当公开进行,以及按照法典第430条至第446条规定的规则进行辩论。但在司法实践中,商事诉讼辩论程序与普通民事诉讼不尽相同。商事诉讼辩论没有严格地区分辩论的开始、进行和结束,其形式更为灵活。同时,由于口头程序免于出庭例外的适用,当事人不到庭的情形增多,使得对席辩论多演变为书面辩论,或者由代理人重述拟好的意见书,言辞对抗性逐渐减弱。③

由于适用口头程序,商事诉讼当事人只能在记入预审庭审笔录的主张、理由及提出的证据范围内进行辩论,当事人被许可免于出庭的,则应在预审程序

---

① 张卫平、陈刚编著:《法国民事诉讼法导论》,中国政法大学出版社1997年版,第255页。
② G. Borgo,"Juge civil, Juge consulaire:Esprit et méthodes",*colloque du 28 mars*,2005,p.715.
③ 饶艾主编:《比较司法制度》,西南交通大学出版社2003年版,第161页。

终结前最后一次寄送并经法院确认的书面材料范围内进行辩论,而法庭也只能以当事人经交换确定的文书为依据对案件纠纷进行裁判。对于预审法官或合议庭在免除当事人出庭义务后,法庭是否仍应当要求当事人出庭以进行庭审辩论,或者若当事人在预审程序结束之际提出免于出庭申请,合议庭或预审法官是否还可以准许的问题,法国立法没有明确规定。法国一部分学者认为此情形下,当事人双方已不再具有对抗性,鉴于民事诉讼当事人权利处分原则,当其认为法庭辩论已无必要时,法庭应予支持,并可根据双方交换的证据和诉讼文书径行判决。① 但从法国司法判例来看,司法实务仍倾向于保持诉讼程序的完整性,认为按照民事诉讼一般程序,法庭辩论是必经程序,并且辩论当日日期将作为法庭评议日期。因而,即使当事人认为已无必要,法庭仍应当按照法律规定通知当事人到庭辩论,并据此进行评议和裁判。② 当然,当事人拒不到庭或申请和解的情形除外。

主审法官如认为案件事实已经清晰,可以及时宣布辩论终结。辩论终结产生以下法律效果:当事人不能再对案件发表自己的意见,或对诉讼主张、理由和证据进行解释说明;对辩论的过程不得再提出异议;辩论中涉及的事实约束法官,法官只能根据辩论终结前所获取的资料和信息裁判案件。

二、商事诉讼的裁判与救济

法庭辩论终结后,合议庭即进行案件评议(delibéré)。根据《商法典》第L.722—1 条规定,除有关由独任法官审判案件的各项规定之外,商事法院的判决由以合议庭进行审理的诸法官作出。值得注意的是,无论辩论是由合议庭主持还是预审法官独任主持,案件评议应当由以商事法官组成的合议庭集体进行。商事法院在审理有关司法保护,司法重整或司法、财产清算案件时,组成合议庭的法官中,担任审判职务 2 年以上的法官应占多数。

商事诉讼案件评议及判决适用《民事诉讼法典》第一卷"适用所有法院的通则"第 447 条至第 481 条的规定。评议秘密进行,判决依合议庭多数观点作出。判决可以当庭作出的,由合议庭法官之一当庭宣判,宣判仅宣告判决主

---

① S. Guinchard,"Droit et pratique de la procédure civile",Dalloz,2012,7ᵉ édition,p.43.
② 法国司法部 2011 年 1 月 24 日通报,载 BOMJL:28.2.2011,p.2.

文。如合议庭需对案件进行更充分的评议,判决不能立即作出的,则可推迟至审判长指定的期日另行宣判。推迟宣告判决的日期,庭长可以以任何方式通知各方当事人,该项通知应当包含延期的理由及作出裁判的日期。判决应当简要表述各方当事人的诉讼请求及理由,而此项表述可以采取参照各方当事人提出的准备书状的形式,并且应指明该准备书状的日期。判决书中必须载明当事人曾亲自出庭或者其代理人出庭参与诉讼,并应当说明判决理由,以及注明当事人应支付的费用。判决书须由审判长和书记员签字。

　　法国《商法典》第 R.721—6 条规定,诉讼请求为价值 4000 欧元及以下数额的,由商事法院一审终审。商事法院作出一审判决后,标的额价值大于 4000 欧元的,若当事人不服判决,可在判决作出之日起 1 个月内向作出判决的商事法院所在地上诉法院提起上诉。案件经上诉后当事人若仍不服的,则可按照《民事诉讼法典》规定向法国最高司法法院提出上告(pourvoi en cassation)。

第五节　商事诉讼的临时性救济程序

　　商事诉讼除普通程序之外,法国《民事诉讼法典》商事法院之特别程序规定部分还确立了商事诉讼临时性救济程序,即第 872 条至第 876 条共 6 项条文规定的商事法院"院长权力":紧急审理裁定(l'ordonnance de référé)和依申请作出裁定(l'ordonnance sur requête)。但此两项职权并非是商事法院院长独有的权力,而是包括大审法院长、初审法院院长在内的几乎每类法院院长均享有的权力。因而对于紧急审理裁定程序、依申请作出裁定程序的定义内涵则由《民事诉讼法典》通则第 484、493 条规定。第 484 条规定,紧急裁定(l'ordonnance de référé)是指,在法律规定的有必要立即采取紧急措施的情形下,经一方当事人申请,另一方当事人到场或对其进行传唤后,由非受理案件实体争议的法官作出的临时性裁定。第 493 条规定,依申请作出的裁定是指,在申请人根据法律规定有理由不经传唤对方当事人的情况下,由有权法官不经对席审理作出的临时性裁定。同时,对于该两项制度的适用,商事法院院长也应当遵守法典第一卷"适用所有法院的通则"有关紧急审理裁定程序、依申请作出裁定程序部分的一般规定,即第 484 条至第 498 条的规定。就法典第二卷"各种法院之特别规定"来看,商事法院院长的权力与普通民事诉讼大审法院院长的职权基本相同。事实上,法国立法是先在大审法院特别规定中确立院长享有两项职权,再将相关规定同样适用于商事法院院长。① 因而,商事法院院长权力并非其区别于普通民事诉讼程序的特别程序,而是一项普遍适用于所有民事诉讼程序的制度设计。鉴于法典仍将其专章列入商事法院特别程序部分,以作为商事法院院长与其他法院院长同样享有的权力,为全面完整展现商事法院诉讼制度并与商事诉讼立法保持一致,本书仍将此部分内容纳入研究范畴。

法国立法上紧急审理程序与依申请作出裁定程序虽然具有快速的特点,且紧急审理程序还需法官对双方当事人进行对席审理,因而我国许多学者将其定义为"快速审理程序"。该表述容易让人产生误解,即紧急审理程序和依申请作出裁定程序是法国立法为解决案件实体纠纷的快速诉讼程序。而事实上,上述两项程序是为保护当事人的合法权益,在法律规定特定条件下由具有法律特殊授权的法官(通常是法院院长)命令实施一定措施的临时性救济程序制度。从法官适用两项程序所作裁定内容来看,多为我国立法规定的诉讼前或诉讼中财产保全、行为禁令、证据保全、先予执行等活动,因而可以认为法国临时性救济程序的基本功能类似于我国和其他大陆法系民事诉讼法中的保全制度,但法国临时性救济程序适用范围更广。只不过法国立法没有采取以保全对象为立法逻辑的民事保全分类体系,也没有像有着精密立法传统和抽象法律思维的如德、日两国那样设置明确的民事保全的立法概念,而是以司法实践出发,采取易于操作的"各项措施""一切措施"的描述、赋予法官宽泛的自由裁量权的方式实现其他国家民事保全制度的目的。同时,由于法官立法回避了制造概念的立法模式,并代之以具体适用条件和情形的表述,也就使其立法的适用范围不会局限于法律规定的情形,对于变化万千的社会关系和纠纷情形有更大的适应性。由于紧急审理程序与依申请作出裁定程序均是以实现作出临时性措施以维护公民或当事人合法利益为目的,且在立法规定中基本上如影相随,司法实践中也联系紧密,是两项既相类似又相区别的程序,某

---

① 仅以紧急审理程序"搭桥"规则为例,法国立法1998年即确定大审法院院长紧急裁定可适用"搭桥"规则,而对于商事法院院长,立法则于2005年才确定适用。

些情况下甚至可以相互转换适用,因而本书以下将二者进行对比分析,同时结合德、日及我国民事诉讼法中的保全制度进行研究,以深入分析两项制度的适用。

一、临时性救济程序的内涵

商事诉讼临时性救济程序包括商事紧急审理程序和依申请作出裁判程序。对于商事紧急审理程序,《民事诉讼法典》第872条规定,在紧急情况下,商事法院院长可裁定作出不存在严重争议的措施,或者根据案件争议实际情况看属必要的一切措施。第873条规定,为防止即将发生的损害,或者为制止明显的侵害,商事法院院长可依据法律规定的权限,紧急命令采取保全措施或者恢复原状的必要措施,即使案件存在严重争议。如双方对债务的存在没有严重争议,商事法院院长可作出要求债务人向债权人支付预付款项或履行债务的裁定,即使涉及的债务是作为之债。第145条规定,在诉讼启动之前,如申请人有正当理由表明有必要对解决纠纷可能依赖的证据进行保全和收集,法官可依任何利害关系人的申请,适用依申请作出裁定程序或紧急审理程序裁定作出法律规定的证据调查措施。对于商事依申请作出裁定程序,《民事诉讼法典》第874条规定:"商事法院院长在法律有专门规定的情况下依申请受理案件";第875条规定:"如因案情要求,商事法院院长可在法律规定的权限内不经对席审理裁定采取紧急措施"。

从上述法条定义表述可以看出,紧急审理程序和依申请作出裁定程序是在紧急情况、存在非法侵害,或案件情况较为明确、存在法律有明确规定的条件下,经法官迅速、简便审理或不经审理径行作出必要临时性措施的救济程序,类似于我国法律上的广义民事保全。但二者性质却存在不同。以是否适用对席审理为标准,紧急审理程序因适用对审程序而属于诉讼程序,由于审理对象多具有紧急性特征,紧急审理程序较普通诉讼程序更具有简易的特点。依申请作出裁定程序是由法官依据一方当事人申请,经审查后即作出裁定的程序,是法律专门为特殊情况下不经对席审理即作出裁定而设置的程序,参照适用法国新《民事诉讼法典》非诉讼程序规则。① 就适用两种程序的界限,法

---

① Xavier VUITTON,"Ordonnances sur requête",*Juris Classeur Procédure*,01,2008,p.19.

国新《民事诉讼法典》并未作出详细的规定。因此,法官除在法律有专门规定的情况下应依申请作出裁定外,对于申请是适用对审制的紧急审理程序还是适用非讼程序,原则上属于法官自由裁量的范围。

对于专门规定适用依申请作出裁定程序的法律,与商事诉讼程序密切相关的,应为法国《民事执行法典》规定的,与德、日等其他大陆法系民事保全制度中重要部分相同的,金钱或可转换为金钱请求保全的适用程序。《民事执行法典》第一卷第五编第 L.511—1 条规定:"债权在原则上有依据的任何人,如能证明具体情形有可能威胁到其债权的收取,可以请求法官批准,不经实现送达催告令,就其债务人的财产采取保全措施。保全措施采取'保全扣押'的形式,或者采取经法院裁判设置担保的形式"。第二卷第五编第 R.511—1 条规定:"依据第 L.511—1 条的规定提出保全请求,应以'申请'(requête)提出……"①据此,金钱或可转换为金钱的保全申请一般适用非对审的"依申请作出裁定程序",而非紧急审理程序。法官将根据申请一方提供的证据以及说明的理由审查保全请求的合理性并作出裁定。然而,即使金钱民事保全裁定按照非对审程序规则作出,却不能当然认为金钱民事保全程序属非讼程序,因为依申请作出裁定程序实际上包含了适用对审制及诉讼程序审查的极大可能。法国《民事诉讼法典》第 496 条第 3 款规定,如法官支持提出的申请,任何利害关系人均可向作出裁定的法官提出紧急审理申请,学术界称其为"撤销紧急审理裁定"异议(référé-rétractation),该异议一经提出将产生"引入对审"的效果,法官将适用紧急审理程序对席审理异议。该规则又被称为"反向对审规则"(contentieux est inversé),②是法国保护被申请人防御权、合理衔接诉讼与非讼程序、协调程序公正与效率价值冲突的一项有益机制。实践中,被保全财产的所有人几乎均会提出异议,所以金钱保全请求裁判实质上也适用诉讼程序。

---

① 该条经法国执行法 2012 年修改,修改后的条文突出了以"申请"这一方式提出请求的规定。见法国《民事执行法典》,Code des procédures civiles d'exécution,法国立法网:http://www.legifrance. gouv. fr/affichCode. do? idArticle = LEGIARTI000025939391&idSectionTA = LEGISCTA000025939389&cidTexte = LEGITEXT000025024948&dateTexte = 20131129,访问日期:2016 年 8 月 20 日。

② Xavier VUITTON,"Ordonnances sur requête",*Juris Classeur Procédure*,01,2008,p.25.

除作出金钱请求民事保全临时性措施外,依申请作出的裁定程序作为法国非讼程序之一,还具有专门处理法律特别规定的不存在争议相对方的民事非讼事务的重要职责。实体法律基础涉及知识产权法、金融法、社会保障法、公共卫生法以及道路交通法等诸多法律。由于本书以商事争讼程序为主题,非讼程序此处不再展开。①

金钱请求民事保全临时性措施由当事人按照依申请作出裁定程序申请,并由法官不经对席审理即作出裁定;非金钱请求民事保全临时性措施及法国立法上较德、日民事保全立法上更广泛的其他临时措施,如证据保全、义务履行等,则可由法官根据案件具体情况选择采取紧急审理程序抑或依申请作出裁定程序作出。司法实践中,出于保护被申请人基本权利的考虑,法官更多选择适用紧急审理程序,而将依申请作出裁定程序作为紧急审理程序的例外和补充。② 因此,从德、日立法上民事保全制度的角度来看,法国绝大多数保全措施基本都适用对审的诉讼程序,采用非诉讼的依申请作出裁定程序的情形较为少见。

二、临时性救济程序的适用
(一)法律规定的适用情形

德国、日本等有关国家和地区的立法将民事保全按照保全对象区分为"假扣押"和"假处分"两类,假扣押的对象为金钱或可转换为金钱请求的债权,假处分以非金钱请求保全为目的。假处分一般可分为以特定物、其他行为的假处分,以及确定临时状态的假处分。③ 法国《民事诉讼法典》规定的临时性救济程序列举了不同情形下法官适用临时性救济程序应作出的不同的临时性措施,与德、日等民事保全制度功能基本类似。对于紧急审理程序,根据上述法条规定,归纳起来,紧急审理程序适用情形及可采取的临时性措施有五类:第一,紧急情况下采取不存在严重争议的紧急措施;第二,为防止侵害,裁定采取保全措施或恢复原状措施;第三,裁定债务人履行不存在严重争议的义

---

① Xavier VUITTON,"Ordonnances sur requête",*Juris Classeur Procédure*,01,2008,p.20.
② 张卫平、陈刚编著:《法国民事诉讼法导论》,中国政法大学出版社 1997 年版,第 259 页。
③ 黄文艺:《比较法视域下我国民事保全制度的修改与完善》,《比较法研究》2012 年第 5 期。

务;第四,裁定对债务没有严重争议的债务人向债权人给付预付款项;第五,诉前命令对关键证据进行保全或固定。① 从法律规定的适用范围和情形可以看出,紧急审理程序适用非金钱民事保全请求,并且基本包括德、日民事诉讼保全制度中"假处分"程序所有措施。两者的不同点在于,德、日立法进一步以保全措施对象为标准将"假处分"做了再次分类,如特定物的扣押和临时状态确定等,而法国立法则以保全情形的"紧急性"为标准,将可能实施的除金钱保全以外的所有保全措施全部涵盖在内,并且还包括"假处分"未包含的证据保全措施。②

而依申请作出裁定程序,如前述法国《民事执行法典》第 A.511—1 条的规定,主要适用于金钱和可转换为金钱请求民事保全的情形。此处法国民法典中金钱请求民事保全的含义与德、日以及我国台湾地区"假扣押"规定的情形基本一致,即为原告的金钱请求提供将来执行的担保,法院依债权人申请暂时限制债务人对责任财产进行处分。法国《民事执行法典》第一、二卷第五编"保全措施"就金钱请求民事保全进行了详尽的规定。该编首先区别保全措施对象为动产、不动产及特殊资产并分别规定不同的保全措施:"保全扣押""经法院裁判设置担保"。其次针对两类财产的不同表现形式,又将"保全扣押"进一步区分为"对有形动产实施保全扣押""对债权实施保全扣押""公司权益与有价证券的保全扣押";以及针对不动产、商业营业资产、公司股份或有价证券各自特点设置"经法院裁判设置担保"的不同适用规则。③

除此之外,与紧急审理程序相同,依申请作出裁定程序还适用于非金钱民事保全的情形。因此,除金钱保全请求按照法律规定应适用依申请作出裁定程序外,对于非金钱保全请求,法官可根据案件实际情况自由裁量适用紧急审理程序或依申请作出裁定程序。一般而言,申请人若希望法官依申请作出裁定,需要证明案件存在"因案情要求"必须为之的情形。在具体适用范围上,法国立法并没有规定依申请作出裁定程序适用情形,因而法国学术界通说认

---

① Jean Beauchard,"Tribunal de commerce-Président",*Juris Classeur Fasc.*30,2.5.,2000,p.15.

② 法国立法没有单独规定特定物的保全,但由于其不属于对金钱请求的保全措施范围,则应将其列入非金钱请求保全措施适用的紧急程序之"一切措施"情形之中。

③ 法国《民事执行法典》第 L.511—1 条至第 L.533—1 条,第 R.511—1 条至第 R.534—1 条规定。

为依申请作出裁定程序与紧急审理程序基本一致,但在适用频率上,由于法国十分强调当事人基本权利的保护,尤其是被告方防御权的保护,紧急审理程序的适用率远高于依申请作出裁定程序。① 因此法国非金钱请求保全多经由紧急审理程序作出的临时性措施实现,非金钱请求保全措施与紧急审理程序绝大部分适用情形类型相重合。

(二)实践中具体适用

由于法国《民事诉讼法典》对于临时性救济程序适用规则规定得较为原则,具体适用多由法官自由裁量,考察临时性救济程序的司法适用情形对于理解临时性救济程序有重要意义。鉴于金钱请求保全主要由法国《民事执行法典》规制,且较为详尽,此处不再深入研究。同时,由于法国《民事诉讼法典》规定的临时性救济程序是以作出临时措施,即非金钱民事保全为主要内容,本书着重就商事诉讼司法实践中商事法院院长依据紧急审理程序作出临时措施情形进行列举分析。

1. 紧急措施

根据《民事诉讼法典》第 872 条规定,商事法院院长可以在"紧急"情况下作出采取不会遇到严重争议的,或对于存在的争议来说必要的各项措施的裁定。例如,在一起破产清算案件中,车库经营者对破产企业车辆行使留置权。紧急审理法官可批准破产企业的债权人代表团公开拍卖争议的车辆,同时命令拍卖应以车库经营者提出的价格为底价,且拍卖所得价款应予提存。② 再如,在某公司因股东之间不和导致公司管理人缺位、公司无法正常运转之时,紧急审理法官可任命公司临时管理人;③或在认为对保护当事人双方权利有利时命令将争议财产提交司法保管;④以及因等待裁判结果而命令公司延迟

---

① Xavier VUITTON,"Ordonnances sur requête",*Juris Classeur Procédure*,01,2008,p.20.

② 法国最高司法法院商事审判庭 1986 年 6 月 24 日判决。见法国立法网:https://www.legifrance. gouv. fr/affichJuriJudi. do? oldAction = rechJuriJudi&idTexte = JURITEXT000007017208&fastReqId=1689777009&fastPos=5,访问日期:2016 年 8 月 21 日。

③ 法国最高司法法院商事审判庭 1986 年 11 月 26 日判决。见 Xavier VUITTON,"Ordonnances sur requête",*Juris Classeur Procédure*,01,2008,p.19。

④ 法国最高司法法院商事审判庭,1983 年 2 月 15 日判决。见法国立法网:https://www.legifrance. gouv. fr/affichJuriJudi. do? oldAction = rechJuriJudi&idTexte = JURITEXT000007011334&fastReqId=236507199&fastPos=9,访问日期:2016 年 8 月 25 日。

召开董事会①;等等。

2. 保全措施及恢复原状措施

《民事诉讼法典》第 873 条第 1 款规定,商事法院院长为防止即将发生的损害,或制止明显非法的侵害,即使在有严重争议的情况下,可作出保全措施及恢复原状措施。关于保全措施,由于执行法上规定的有关金钱请求的狭义"保全措施"通常经"依申请作出裁定"程序非对席审理作出,紧急审理法官不能直接裁定采取"保全措施",而只能通过对"依申请作出裁定"程序的特殊救济途径——"紧急撤销"申请(référé-rétractation)进行裁定而间接作出保全措施。② 对于广义的保全措施,则完全由紧急审理法官自由裁量。其适用情形与紧急措施情形没有明显界限,例如裁定暂缓合同解除条款的发生影响;③当公司的正常经营受到损害或不再有保障时,指定公司临时管理者;④裁定合同继续履行并为之指定一定的期限;⑤或者裁定将争议财产提存等。

"恢复原状措施"则与大陆法系其他国家"假处分"即我国"行为保全制度"相类似,法官多作出命令行为人作出或禁止作出某项行为、维持某种法律关系的裁定。商事行为纷繁复杂,适用保全措施及恢复原状措施的情形也丰富多样,以下以法国司法判例中经常发生的情形为例,解读"保全措施及恢复原状措施"的适用。

(1)损害正常经营利益行为

商事行为人违反契约义务使得正常经营利益受到损害的相对人可申请紧急审理法官作出临时性措施。例如,某银行协议承诺给予某企业长期银行信用服务,但银行因与该企业在其他合作事项上发生争议而停止履行信

---

① 法国南希上诉庭 1987 年 11 月 27 日判决。见 C. Bléry, "conciliation et procédure orale en matière civile, commerciale et sociale, a propos du décret du 1ᵉʳ octobre 2010", JCP G 2010, p.1045。

② Pascal Lehuédé, "Référé-Référé commercial", *Juris Classeur*, *Fasc.41*, p.12.

③ 巴黎上诉法院 1965 年 5 月 22 日判决。

④ 图卢兹上诉法院 1998 年 10 月 1 日判决。见 Xavier VUITTON, "Ordonnances sur requête", *Juris Classeur Procédure*, 01, 2008, p.20。

⑤ 法国最高司法法院民事审判庭 2000 年 11 月 7 日判决。见法国立法网:https://www.legifrance. gouv. fr/affichJuriJudi. do? oldAction = rechJuriJudi&idTexte = JURITEXT000007042228 &fastReqId = 86878382&fastPos = 14, 访问日期:2016 年 8 月 23 日。

用服务,导致企业因资金链中断而面临破产的危险。为防止即将发生的损害,紧急审理法官裁定银行恢复对该企业的信用服务。① 对于违反法律法规规定的行为,紧急法官可作出紧急审理裁定。例如,商品供货商未履行商法典中有关商品质量、价格条款等说明义务,商事紧急审理法官裁定命令该供货商向买受者明确说明情况;②命令撤销针对支票支付的非法异议;③命令违反有关商品打折规范的商家停止打折。④ 此外,商事紧急审理法官可对于怀有不正当目的非诚信行为进行规制。如命令某公司股票的受让人暂停支付受让款项,原因是这笔款项很有可能会使得有利于该买受人的债务担保的生效,而对其他债权人实现债权造成损害;⑤禁止滥用优势地位的丧葬公司不当收费;命令商品销售公司撤销其歧视性限制购买行为(référé-concurrence)等。

(2)不正当竞争行为

商事活动中多发的不正当竞争行为属典型的"明显非法的侵害",适用商事紧急审理。不正当竞争行为种类多样,此处列举两类典型行为。第一类为商业诋毁行为。例如,某公司在进行商事宣传的过程中张贴了含有贬低某些药品的广告图片,商事紧急审理法官可依申请作出紧急审理裁定,要求该公司立即停止侵害行为;⑥又如某公司在推广产品的广告中将一名服务员命名为"Albert",而该名称为法国名牌咖啡"Albert"的注册名称。公司的广告行为明显贬低了咖啡生产公司的形象,损害了其合法商标权及企业名称权,商事紧急

---

① Boulogne 商事法院 1982 年 9 月 24 日判决。见 Pascal Lehuédé, "Référé-Référé commercial", *Juris Classeur*, *Fasc.41*, p.12。

② 法国最高司法法院商事审判庭 1992 年 10 月 27 日判决。见法国立法网:https://www. legifrance. gouv. fr/affichJuriJudi. do? oldAction = rechJuriJudi&idTexte = JURITEXT000007160129 &fastReqId = 977218082&fastPos = 8,访问日期:2016 年 9 月 1 日。

③ 法国安纳西大审法院 1989 年 1 月 12 日判决。见 Jean-Luc Vallens, "JURIDICTIONS COMMERCIALES", *Juris Classeur Procédure civile*, *Fasc.64*, 2009.p.251。

④ 法国最高司法法院商事审判庭 1993 年 5 月 7 日判决。

⑤ 法国最高司法法院商事审判庭 1993 年 2 月 2 日判决。见法国立法网:https://www.legi-france.gouv.fr/affichJuriJudi. do? oldAction = rechJuriJudi&idTexte = JURITEXT000007169639 &fastReqId = 1729156060&fastPos = 3,访问日期:2016 年 9 月 5 日。

⑥ 法国巴黎大审法院 1987 年紧急审判裁定。见 Jean-Luc Vallens, "JURIDICTIONS COMMERCIALES", *Juris Classeur Procédure civile*, *Fasc.64*, 2009, p.253。

审理法官则裁定该公司立即停止播放广告①。类似的情形还有禁止张贴含有明显中伤某香烟品牌的禁烟广告②等。第二类为虚假广告行为。虚假广告除了对受其影响的消费者利益造成损害以外,也往往构成"明显非法的侵害"。例如,某地邮政对发放信贷的条件进行虚假宣传,这对其他银行类金融机构来说无疑是"明显非法侵害"。对此,商事法院院长作出紧急审理裁定,要求邮政停止不实宣传。③ 此外,对于比较性广告,虽不似虚假广告一样对竞争者带来明显损害,但因其极易造成对竞争对手的贬低和引起消费者产生错误认识而被法国法律严格限制,商事法院院长也可命令商事主体停止比较广告的发布。

(3)违反竞业限制条款行为(clause de non-concurrence)

商事活动中雇主常常要求雇员与其签订竞业限制协议,禁止或限制雇员从事与其业务有竞争关系的活动。司法实践中由竞业限制条款引发的争议十分常见,雇主常以存在明显非法侵害为由向商事紧急审理法官申请保全措施。此时商事法院院长可禁止雇员为新雇主工作;④或命令雇主停止雇佣违反竞业限制条款的义务人;⑤再或者在竞业限制条款义务人违反协议已经开设竞业公司但尚未开始业务之前,以"防止即将发生的损害"为由禁止该义务人在竞业条款范围内开展业务。⑥ 当然,商事法院院长作出裁定应以事先审查认为竞业限制条款有效为前提。

---

① 法国普瓦提埃上诉法院 2002 年 1 月 25 日判决。见法国立法网:https://www.legifrance. gouv.fr/affichJuriJudi.do? oldAction = rechJuriJudi&idTexte = JURITEXT000006939320&fastReqId = 315847963&fastPos = 24,访问日期:2016 年 9 月 5 日。

② 法国最高司法法院商事审判庭 2002 年 1 月 15 日判决。见法国立法网:https://www.legifrance.gouv.fr/affichJuriJudi.do? oldAction = rechJuriJudi&idTexte = JURITEXT000007046297 &fastReqId = 315847963&fastPos = 71,访问日期:2016 年 9 月 7 日。

③ 法国凡尔赛上诉法院 1996 年 4 月 10 日判决。见 Pascal Lehuédé , " Référé-Référé commercial" , *Jurisclasseur*, *Fasc.41* , p.13。

④ 法国最高司法法院商事审判庭 1980 年 3 月 11 日判决。见法国立法网:https://www.legifrance.gouv.fr/affichJuriJudi.do? oldAction = rechJuriJudi&idTexte = JURITEXT000007005629 &fastReqId = 1439056808&fastPos = 1,访问日期:2016 年 9 月 10 日。

⑤ 法国最高司法法院社会法庭 1990 年 10 月 25 日判决。见法国立法网:https://www.legifrance. gouv. fr/affichJuriJudi.do? oldAction = rechJuriJudi&idTexte = JURITEXT000007024780 &fastReqId = 987119656&fastPos = 6,访问日期:2016 年 9 月 15 日。

⑥ Y. Serra CA Aix-en-provence , 14° ch.Soc. , 2 mai 1990 , D.1990 , somm. , p.80。

3. 证据保全紧急措施

根据《民事诉讼法典》第 145 条,商事主体可在实体诉讼前(in futurum)向商事紧急审理法官申请证据保全措施。证据保全措施适用于《民事诉讼法典》第七编第五章第 232 条至第 284—1 条有关"由技术人员执行的证据调查措施"的规定,主要包括证据调查、勘验、咨询、鉴定几类。典型如申请鉴定人。商事法院院长作出有关证据调查的紧急审理措施称为"鉴定紧急审理"(référé-expertise),申请人提出建立、保全证据的措施因案件具体情况的不同而种类不一,商事法院院长可根据情形认定当事人的申请是否具有合理性,其裁定应当说明理由。"原则上,经认定提出请求的人所做的说明并非凭空想象,并且此种说明具有肯定的利益时,从这一认定中即可以推到请求人提出的申请具有正当性"①。例如,紧急审理法官可命令提出书证,但只有在即使不能肯定某一书证确实存在,至少也应是"看来有存在之可能时,才能提出此种命令"。同时,紧急审理法官不得命令没收或者扣押书证。② 又如,某公司增资将使公司小股东持有股份占比减少一半,小股东可在诉讼之前申请对公司及其子公司资产以公允价值进行评估③等。

需注意的是,证据保全措施不应以获取商事主体的商业秘密为目的。例如,某公司产品销量减少,怀疑由其两名离职员工开设的另一家公司之竞业行为所致,于是向商事紧急审理法官申请对所疑公司生产经营情况进行鉴定,以便确定该公司行为构成不正当竞争。但紧急审理法官审查后发现,销量减少是发生在被申请公司开展业务之前,申请缺乏合理性,并且若实施鉴定势必导致被申请公司商业秘密被获取。为平衡商事主体间合法权益、维护市场秩序,商事法院拒绝了该申请。④

4. 给付预付款或履行债务措施

《民事诉讼法典》第 873 条第 2 款规定,若当事人双方对债务的存在没有

---

① 法国最高司法法院商事审判庭 1985 年 11 月 5 日判决。见法国立法网:https://www.legifrance.gouv.fr/affichJuriJudi.do? oldAction = rechJuriJudi&idTexte = JURITEXT000007014868 &fastReqId = 38834567&fastPos = 8,访问日期:2016 年 5 月 30 日。

② 都埃法院 2000 年 5 月 11 日判决。见 Xavier VUITTON,"Ordonnances sur requête",*Juris Classeur Procédure*,01,2008,p.21。

③ Michelin-Finielz.T.com.Paris,27 juin 2002,JPC E2002,n° 36,p.1390.

④ Virassamy,Cass.com.,2ᵉ civ.,7 janv.1999,D.1999,inf.rap.,p.334.

严重争议,商事法院院长可命令债务人支付预付款或履行债务。"没有严重争议"多指存在合同明确约定的情形,以两起案件为例。某公司向商事法院院长申请依据其与员工签订的竞业禁止协议之违约条款,命令违反竞业限制约定的雇员向其支付赔偿金。根据最高司法法院判例,竞业限制协议有效、不存在严重争议应有三项条件:法官依案件具体情况认为雇主为保护其合法利益确有签订竞业限制协议的必要;协议中约定了适用时限、具体情形;协议中明确了雇主应给予雇员的对等的补偿。① 由于案件申请人满足了以上三项条件,商事法院院长接受了其申请并裁定协议义务人预付使用费。又如,某夜总会未经著作权人授权擅自播放使用了其音乐作品,法国音乐版权组织(SACEM)遂申请商事法院院长命令侵权人支付与普通授权使用合同确定的使用费等额的损害赔偿预付款。法国最高司法法院认为,侵犯知识产权案件的权利人有权要求侵权人支付合理使用费,并且紧急审理法官可裁定支付预付款,除非侵权人能够证明费用数额明显超出正常收费范围。据此,商事法院院长命令侵权者夜总会支付赔偿款。

对于裁定提前履行债务的情形,如命令立即运送商品、对受损物品回复原状、立即给付某项服务等。为确保裁定的履行,紧急审理法官还可在其裁定中附加逾期履行罚款等。

综上所述,可以看出法国紧急审理程序与依申请作出裁定程序的适用范围不仅涵盖了德、日以"假扣押""假处分"分类为内容的传统民事保全程序,还超过了其固有适用范围。因此,虽然法国立法并没有设置和使用民事保全的概念,并且其适用规范相对比较零散,但通过临时性救济程序的制度设计仍然达到了对民事保全制度功能"全覆盖"的实际效果。可以认为,法国紧急审理程序与依申请作出裁定程序是法国民事保全程序,也超越传统保全程序,是范围更广的临时性救济程序。正如李仕春教授所言,法国该种制度设计"可以弥补德国、日本等各种保全程序和保全措施'条块分割'的缺陷,可以满足各种保全措施的需求"②。

---

① 法国最高司法法院社会庭 2002 年 7 月 10 日判决。见法国立法网:https://www.legifrance.gouv.fr/affichJuriJudi.do? oldAction=rechJuriJudi&idTexte=JURITEXT000007444421 &fastReqId=397660741&fastPos=11,访问日期:2016 年 5 月 19 日。

② 李仕春:《民事保全程序基本问题研究》,《中外法学》2005 年第 1 期。

三、审查及救济程序

法国商事紧急审理程序和依申请作出裁判程序虽均为法国立法规定的、法官在法定情形下作出临时性救济措施的程序,但由于其性质分属诉讼和非讼程序,法国立法分别规定了不同的审理程序和救济程序。

(一)紧急审理程序

紧急审理程序在性质上属于诉讼程序,主要包括提交传唤状、庭审、裁决三个阶段,除法律特殊规定以外均适用普通民事诉讼程序的一般规则。法国《民事诉讼法典》明确规定紧急审理由申请人向被申请人送达传唤状而启动,同时争议双方也可采取自愿共同出庭的方式向法院提出裁判申请。传唤状适用普通诉讼程序提交传唤状的规则,例如需载明已向哪一法院提出申请;申请的事由及理由;开庭的时间、地点;指明如被告不出庭应诉,将受到仅依起诉方提供的材料作出裁定的约束以及其他相关文书、说明;等等。

提交传唤状产生中断时效的效力。对紧急审理有管辖权的法院适用法国《民事诉讼法典》有关管辖的一般规定,即被告居住地法院,而享有紧急审理审判权的法官则为对案件享有实体审判权的法院院长。同时,这一原则并不排除附带事件发生地和临时措施执行地紧急审理法官的管辖权。①

紧急审理程序以对席审理为原则,缺席裁定为例外,法国立法强调充分保障被告的防御权。在被申请人缺席的情况下,申请人须事先对被申请人依法传唤,案件情况特殊时法官可决定再次传唤被申请人。"紧急审理法官应确保在任何情况下,被传唤的一方当事人在得到传唤状至参与庭审之间有足够的时间组织、准备防御。若法官认为提交传唤状的一方当事人(即原告)指定的开庭日期不足以让被告准备防御,那么法官可以延长时间"②。紧急审理没有预审程序,但法官可在认为有必要时命令作出预审措施(mesure d'instruction),以便了解案情。紧急审理法官需对被申请人提交的答辩理由进行充分审查才能作出裁定。

---

①　法国最高司法法院民事审判庭第二庭 1991 年 7 月 10 日判决。见法国立法网:https://www.legifrance.gouv.fr/affichJuriJudi.do? oldAction = rechJuriJudi&idTexte = JURITEXT000007026743&fastReqId = 767950199&fastPos = 7,访问日期:2016 年 10 月 20 日。

②　法国新《民事诉讼法典》第 486 条。见罗结珍译:《法国新民事诉讼法典》,法律出版社2008 年版,第 513—514 页。

紧急审理程序虽然适用普通民事诉讼程序的基本规则,但也具备其独有特点,即临时性、简便性。首先,紧急审理裁定不能对实体权利义务作出裁决,不具有既判力。倘若案件经紧急审理裁定后仍进入实体裁判程序,裁定对于承担案件实体审理的法官没有约束力,即使该裁定是由合议庭作出或经过上诉法院二审作出。紧急审理裁定所依据的事实可能在案件实体审理中被重新审查。若实体审理法官经审理发现新情况或认为紧急措施不当,可变更或撤销之前的紧急审理裁定。此时,正在实施的紧急措施应当立即停止,根据裁定已经支付的预付款项应予返还。其次,由于紧急审理程序多用于裁决紧急事项,其程序具有简便、快捷的特点。若案情要求对紧急事项作出迅速处理,紧急审理法官可要求当事人在其指定的任意时间开庭,而不受法定节假日或休息日的限制;甚至可以允许申请人将被申请人传唤至自己的住所进行紧急审理,且无须书记员到场。紧急审理程序通常在传唤状送达后三日至两周时间内开庭,庭审适用口头程序,即当事人双方到庭当场辩论。实践中大多数案件都是在当事人辩论结束后法官当庭宣布紧急裁决令。①

法国立法对紧急审理裁定的救济适用全面救济原则。具体救济途径为:上诉、异议以及上告。首先,当事人对紧急审理裁定不服,可向该裁定作出法院所在地区的上诉法院提出上诉。但由上诉法院第一院长作出的裁定,以及依照法律对于诉讼标的和争议金额的规定,裁定为终局裁定的情形除外。②紧急审理裁定上诉期限为 15 日,自裁定送达之日起计算。上诉审法官只能在紧急审理程序规则下审理案件。上诉的二审裁判同样只具有临时性,而没有既判力。③ 其次,对于一方当事人缺席时所作的裁定,为保护被申请人的程序救济权,适用上诉"反向对审"规则,即被申请人应先行向作出裁定的法官提出异议,法官对异议经对席审理后作出裁定。当事人对异议裁定不服时再向上诉法院提起上诉。第三,对于上诉审裁定不服的当事人可以向法国最高司法法院提起上告。最高司法法院可作出驳回上告、撤销原裁定,撤销原裁定并

---

① 张卫平、陈刚编著:《法国民事诉讼法导论》,中国政法大学出版社 1997 年版,第 261 页。

② 例如商事法院对于数额不超过 4000 欧元的起诉(申请),商事法院一审终审(裁)。

③ 法国最高司法法院民事审判庭第三庭 1974 年 6 月 25 日判决。见法国立法网:https://www.legifrance.gouv.fr/affichJuriJudi.do? oldAction = rechJuriJudi&idTexte = JURITEXT00000 6993221&fastReqId = 1802131641&fastPos = 9,访问日期:2016 年 10 月 5 日。

发回另行裁判等几种裁判。因此,当事人若不服经过上诉的紧急审理裁定,可向最高司法法院提出上告,由最高司法法院作出最终裁决。最后,紧急审理程序适用非常上诉途径之第三人异议程序,即我国通常所说的"第三人异议之诉"。① 因此,对于紧急审理裁定有利害关系的任何人均可以提出撤销裁定的异议,异议请求应向作出原裁定法院提出,并由原审法官审理。

(二)依申请作出裁定程序

依申请作出裁定程序性质上属非诉讼程序,由商事法院院长独任审理。由于程序无须经过对审,申请人无须向被告人送达传唤状,只需向法院提交申请和理由,并附之以各项证据材料和说明即可。如申请是在诉讼进行之时提出,还应当指出受诉法院。需注意的是,诉前提出申请的,不能产生中断时效的效果。由于依申请作出裁定程序适用于金钱请求保全的情形,而金钱请求保全多具有紧急性和隐蔽性,申请可送至法官的住所。对申请的审查通常在法官办公室进行。由于审查申请不存在相对方,依申请作出裁定程序也适用《民事诉讼法典》第 25 条至第 29 条非讼案件特有规则:法官依据申请人提供的书面申请和证明材料进行审查;法官享有广泛的调查权,可以为了解案件情况依职权进行法律规定的一切调查。例如,听取可能了解案件事实真相的任何人的意见,以及被申请人以外其他利益相关人或可能受到裁判影响的第三人的意见等。法官采取调查措施可不受诉讼程序中有关预审措施规则的约束,但应谨慎进行以免损害申请人的利益和影响保全措施的效果。法官经审理后如认为申请人符合《民事执行法典》有关金钱请求保全规定的"享有原则上有根据的债权,且具体情形可能威胁到债权的收取"的条件时,则可作出命令保全措施的裁定。而对于当事人的"申请",法官无论支持与否,根据《民事诉讼法典》第 495 条规定,均应当作出"裁定"并说明理由。依申请作出的保全裁定具有临时性,不对承担案件实体裁判的法官审理案件、认定事实产生影响,实体审理法官可以作出与保全裁定认定的事项不一致的裁判。

由于依申请作出裁定未经对审审理作出,法国立法规定了颇具特色的救济程序。首先,对于申请人一方,如法官作出驳回申请的裁定,申请人可向上

---

① 根据法国新《民事诉讼法典》第 582、583 条的规定,第三人提出取消判决的异议是指,攻击判决的第三人为其本人利益,请求撤销判决或请为改判之。第三人异议,对提出该异议的第三人,是指对其攻击的已判争点提出异议,使之在法律上与事实上重作裁判。

级法院提出上诉,但裁定是由上诉法院第一院长作出的,即一裁终局的情形除外。上诉也按照非讼案件提出、审理和裁判,申请人提出上诉期限为 15 日,较普通民事诉讼上诉期限缩短一半。经上诉审作出的裁定与原裁定具有相同的效力,对于上诉审裁定不能提起上告。其次,对于保全裁定的相对方或与保全措施有利害关系的第三人,法国《民事诉讼法典》第 496 条第 2 款规定"任何利害关系人均可向作出裁定的法官提出紧急审理申请",又被称为"紧急审理撤销异议"(référé-rétractation),是指相对方或第三方若就保全裁定向法官提出异议,法官应采用紧急审理程序对席审查异议。由于欧洲人权公约要求裁判应当经对席审理作出,法国立法规定诉讼程序以对席审判为原则,并且十分注重对被告防御权给予充分的保障。依申请作出裁定程序未经对审程序即作出,若裁定相对方在不服裁定时仅能享有与申请方相同的、提起上诉的救济途径,相对方则实际上丧失了初审对席审判的机会,不符合程序正义的要求。因此,法国立法规定了由相对方提出异议而对保全申请恢复对席审理的"反向对审规则"(contentieux est inversé)。法国司法判例认为,该规则不应认为是对保全请求的重新审查和对被申请人的上诉救济,而仅仅是引入和恢复在本该进行却尚未进行的对席辩论。① 异议与上诉的最大区别在于,立法规定了上诉期限而没有规定提出异议的期限。保全措施相对人可在保全措施持续期间内任何时间提出撤销异议。撤销保全措施的异议应向作出裁定的原法官提出并由其审理,即使案件实体争议已经被其他法官受理或该法官所在法院对实体争议没有管辖权。异议审理程序被视为恢复原言辞辩论程序规则,仍由保全措施申请人证明其申请有理由,而不是由撤销异议的一方证明保全措施没有理由。"异议审理法官应根据异议审理时的情况来衡量在法律上和事实上是否存在作出保全措施的必要,而不是以异议裁定作出当日的情形来判定"②。异议审查期间不停止保全措施的执行。

_____

① 法国最高司法法院民事审判庭第二庭 2005 年 7 月 13 日判决。见法国立法网:https://www.legifrance.gouv.fr/affichJuriJudi.do? oldAction = rechJuriJudi&idTexte = JURITEXT000007504055&fastReqId = 1279157422&fastPos = 58,访问日期:2016 年 10 月 10 日。

② Xavier VUITTON,"Ordonnances sur requête",*Juris Classeur Procédure*,01,2008,p.23.

第五章　我国商事诉讼的历史、现状、
　　　　 存在的问题及原因

　　法国商事诉讼的产生有其独特的经济、政治及法律基础,其中最为核心的要素即是自治意识和自治制度的作用。商人以"自由"为本,只有资本自由流动、自由贸易才能追逐到最重要的商业"利益"。因此,不论是调整商事活动的商事习惯,还是解决商人、商事活动纠纷,均强调以"自由"为基础。自治则是对自由需求的抽象和进一步深化。自治意味着自由裁量、自主裁决,是商事诉讼的精髓。以法国为代表的西欧绝大多数国家,均存在自治传统,并且都不同程度和范围地实行过商人自治和商事纠纷自主裁判。这与西欧封建社会分散的小农经济制度、弱化的君主王权以及教俗两级统治的政治制度和多重法律制度密不可分,也是与东方的封建中国显著区别之处。在中国长达 2000 多年的封建社会中,虽然也存在为时不短的战争时期,但占主导地位的仍是单一君主专制统治。我国自秦始皇废除分封制、实行郡县制之后,便形成了中央集权的大一统君主专制统治格局并一直延续到整个封建时期。长期的大一统专制统治使得与专制相矛盾的"自由"需求很难立足,以自由为基础的"自治"更是难以实现。由于不存在类似西欧的因政权分散而形成的封建专制"缝隙",也就很难出现产生可以与西欧大陆自由商人阶层相比肩的商人群体以及繁荣的商事活动。

　　此外,相较于西欧受到基督教平等、民主教义的影响,中国则长期受到以"重农抑商"的专制思想和儒家文化的挟制,人民被长期限制自由流动和固定在土地之上求得生存,很难形成西欧"重商主义"的传统和产生促进商业发展的治国方略和法律政策。因此,尽管中国封建社会本土也产生了商业和资本主义萌芽,但在强大的君主专制统治下,很难形成可与封建王权相抗衡的商人阶层和自由活跃的商业场面。我国历史上也出现了商人行会等类似行业"自治"组织,但多是行业内部管理机构,而非与封建王权"分权制衡"的机构。尽管如此,随着我国封建社会晚期资本主义兴起和帝国主义列强强行入侵带来的商品流通加剧的"副产品",晚期的清王朝被迫适应"世界的需要"而设立了专门的商事纠纷裁判主体——商事公断处,并一直延续至新中国成立,成为我国商事仲裁制度的前身。新中国成立后至今,随着商事活动日益国际化,我国作为重要经济体已经以积极的姿态参与到了国际商业往来中,为应对商业空前繁荣带来的大量商事纠纷,我国理论界与司法实务界均确立了商事诉讼。

由于存在历史和政治背景的"先天不足",以及立法制度和司法实践等因素的制约,我国现今商事诉讼制度体现出程序设计无法满足商事主体对于商事纠纷高效、公平解决需要的缺陷,影响了商事诉讼制度促进商业活动、规范交易秩序作用的发挥。设置科学合理的商事诉讼制度成为我国司法应当迫切应对的问题。对于不具备商业传统和商事纠纷解决经验的我国,借鉴典型的西欧国家,尤其是独具特色的法国商事诉讼制度显得十分必要。

第一节　我国商事诉讼的历史沿革

我国自古以来就是农业大国,加之长期实施的"重农抑商"政策,使得我国商业并不发达。但伴随着经济的发展,商事贸易开始萌芽,并不断走向繁荣。而自唐代中期开始,各地也不断出现以"行会"为代表的商业组织,社会上也形成了较为稳定的商人团体。不过,从功能上看,此时的行会组织的目的在于服务官府,并不具有自治功能。而宋代以后,伴随着城市工商业的发展,专业化的工商业行会也随之开始出现,至明清时期,专业化的行会组织得以发展,并逐渐出现了"商事公断处"等商会组织以履行行业管理和纠纷裁判职能。新中国成立后,我国商事诉讼又经历了从经济审判到大一统民事审判,再到商事审判的发展历程。

一、近现代商事公断处的产生及发展

一般而言,行会组织在经济社会发展过程中具有经济功能、文化功能和社会功能。其中,所谓的经济功能主要是指,行会通过制定严格的行会制度,维护同业商户的合法权益,同时对相应的计量单位等予以统一,并对发生的商业

纠纷予以调解,以构建和维护正常的商业秩序。例如,1904年清政府颁行的《商会简明章程》中规定:"凡华商遇纠葛可赴商会告知总理,以定期邀集各董秉公理论,以众公断。如两造尚不折服,任其具禀地方官核办。"①因此,至清代,官方已经通过法律的形式鼓励各地设置商会,并允许商会解决商事纠纷。此后,成都商务总会成立了商事公断处,成为我国商事公断处的起源,而各地商会也纷纷效仿成立商事裁判机构。为便于商事纠纷的专门化解决,一些商会还积极成立了诸如理案件处、评议处等专门的纠纷解决机构,争议双方当事人推选或者商会聘请为人正派的会员担任评议员。

通常意义上,司法机构即中国传统意义上的"官府"具有"定分止争"的功能,"行业组织"作为民间机构无权行使作为国家权力具体表现形式的"审判权",但行业组织获得商事纠纷的解决权力有着多重历史背景,具体而谈:第一,商品经济的发展及其商事案件解决的需求。明清时期,我国农耕经济得到了快速发展,而农业的发展也直接带动了手工业的发展与繁荣,并最终促进了资本主义萌芽的产生和商业贸易的发展。正所谓"哪里有利益哪里就有纷争",商业的发展也使得商事纠纷日趋增多。而由于商事纠纷相比于以往农业社会的田地纠纷、家事纠纷等有着更为复杂的特征,传统的宗族难以应对。在此背景下,商人自然转向较为专业而便捷的行业组织解决彼此的纠纷,而行业协会也顺理成章地承担起商事纠纷的解决功能。第二,受传统儒家"和"思想的影响。儒家思想的核心价值在于"和",而这种思想也恰好契合了商人"和气生财"的经营理念。在"和"思想下,一旦民众之间发生矛盾或者纠纷,往往会选择宗族长老或者乡绅等民间力量作为纠纷解决的主体。受此影响,商人之间在发生纠纷时,往往会选择自主协商或者寻求权威第三方作为纠纷解决主体。此时,维护商人利益的行业组织显然是一个较好的选择。第三,熟人社会的影响。就我国早期的商业贸易而言,交易之间多为熟人朋友关系,甚至有些具有亲缘关系。因此,交易各方在纠纷发生后也往往不会选择对簿公堂,而是采取自我协商或者行会调处的方式。此外,行会作为纠纷解决机构还与地方政府衙门在商事纠纷解决上的弊病有着密切的关联。由于商事纠纷往往较为复杂和专业,在作为行业组织的商会成立前,享有审判权的各地衙门要

①　《商会简明章程》,《东方杂志》1904年第1期。

么视其为细故敷衍了事,要么就是久拖不决,也在客观上需要较为专业和中立的主体对此类纠纷予以处理。

商业行会成立后,伴随着商事纠纷越来越多,各地商业行会对纠纷解决的主体、程序等也逐渐进行完善,并在其内部逐渐形成了专门解决纠纷的机构——商事公断处。有学者认为,商事公断处实质上是官方章程颁布之后设立在商会的仲裁组织。① 为确保对商事纠纷的公正裁决,各商会或者商事公断处也陆续制定了一些涉及商事纠纷解决的规则。例如,上海商会颁布的《上海商务总会享定详细章程》中规定:"维持公益,改正行规,调息纷难,代诉冤抑,以和协商情"②。《奉天商务总章程》则规定:"凡即经入会各商送商务总局存案,如有钱财纠葛之事,查照商诉章程办理"③。对商事纠纷的范围做了更为清晰的规定,包括个人因商事活动纠纷,如买卖贸易、商品交换,以及当事人已向地方衙门起诉,但又自愿撤诉的案件纠纷。事实上,根据当时司法部编写的《考核商事公断处情形报告书》,全国 1915 年至 1925 年间在京师、苏州、四川、上海、河南、湖南等地共建立 178 个商事公断处,具体分布如下表所示。④

1915—1925 年商事公断处统计表

年份 地区	1915	1916	1917	1918	1919	1920	1921	1922	1923	1924	1925
京兆	2	—	1					1	1		
河南	1	—	2	1	1	3	1	—	—	1	3
山东	1	1	1	1	—	1		1	—	—	—
广西	3	—	—	—						1	
奉天	4	—	—	—	1	—			—	1	
吉林	2	—	—	—					2	—	—

---

① 付海晏:《民初苏州商事公断处研究》,《近代史学刊》第 1 辑。

② 上海市工商业联合会、复旦大学历史系:《上海总商会组织史资料汇编》(上),上海古籍出版社 2004 年版,第 81 页。

③ 辽宁省档案馆编:《奉系军阀档案史料汇编》(1),江苏古籍出版社 1990 年版,第 182 页。

④ 孟慧敏:《民初奉天商事公断处研究》,辽宁大学 2012 年硕士学位论文。

续表

年份 地区	1915	1916	1917	1918	1919	1920	1921	1922	1923	1924	1925
广东	1	—	1	1	—	—	—	—	—	—	—
湖北	2	—	3	1	—	1	—	1	—	1	—
四川	15	3	6	—	—	—	—	—	3	—	1
江苏	14	4	1	—	4	1	1	3	2	3	—
湖南	4	3	6	1	2	—	—	—	—	—	—
直隶	1	—	—	1	—	—	—	1	2	—	1
浙江	4	2	1	—	1	1	—	2	2	—	1
福建	4	2	1	1	1	3	1	—	—	—	—
安徽		1	—	1	—	—	—	—	—	1	—
甘肃	—	—	1	—	—	1	—	—	—	—	—
黑龙江	—	—	—	1	—	1	1	—	—	—	—
陕西	—	—	—	1	—	—	—	—	—	—	—
贵州	—	—	—	3	—	—	—	—	—	—	—
江西	—	—	—	—	2	—	—	—	—	—	1
热河	—	—	—	—	—	—	—	1	—	2	—
合计	58	16	24	13	12	12	4	10	12	10	7

就商事公断处与司法审判机构的关系而言,商事公断处主动从司法机构手中争取商事纠纷的受理权,但其并不能替代司法机构的审判权。例如,《奉天省商事公断处办事规则》规定,"评议审查之际如有一造无故拒不到场,至二次以上即将该案件送请管辖法院审判"①。同时,当时的官方司法机构也允许商事纠纷双方当事人将案件提交到商事公断处申请公断处置,并且即使当事人意图就商事纠纷向司法机构起诉,审判庭也大都将案件移交至公断处受理。正式的审判过程中司法机构的审判也往往倾向于认可甚至依赖商事公断处的处理结果。可以看出,作为民间的商事公断处与作为官方的审判机构之

① 孟慧敏:《民初奉天商事公断处研究》,辽宁大学 2012 年硕士学位论文。

间在商事纠纷的处理上是一种相互认可和接纳的关系,而这种关系也有助于商事纠纷的快速、专业的处理。

至民国时期,政府对商会进行了改组,并明确规定各商会必须设立商事公断处,对商事纠纷进行仲裁,以减轻官方的司法压力。1913 年至 1914 年间,北洋政府司法、农商两部又先后三次对《商事公断处章程》进行修订。将商事公断处的商事纠纷解决权限限定于两方面:一是双方当事人自行申请由商事公断处解决的;二是由法院委托其进行解决的。据此,商事公断处也成为合法的商事裁判专门机构,直至新中国成立才退出历史舞台。

二、新中国成立后的商事诉讼制度

新中国成立后,废除了以往的立法体制和司法制度,逐步建立起了新中国法律制度和司法体系。商事诉讼经历了新中国成立之初无商事诉讼到改革开放后的"经济审判",再到"大民事"审判格局下的民商事审判,以至今日普遍使用的"商事审判"的变化历程。商事审判应当作为民事诉讼中具有独立特点的一类特殊诉讼的地位越来越多地得到理论界和司法实务界的认同,设置商事诉讼专门受案范围和程序制度的需要也日渐成为当前民事诉讼改革的必要内容之一。

(一)新中国成立之初到"经济审判"

新中国成立初期,由于国有经济一体独大、商品经济发展滞后,诸如加工订购、统购包销等为数不多的经济类合同也限制在城市计划经济之内,少量纠纷适用传统民法和由民事诉讼解决已经足够,而全国大部分农村地区则实行小农经济,基本不存在自由市场主体间专门的贸易活动,当时也不存在独立的商事主体和市场化的商业活动,因而也不会产生商事纠纷以及专门解决此类纠纷的商事诉讼。党的十一届三中全会以后,国家确定了以经济建设为重点的发展方针,采取对外开放、对内改革的经济体制改革,以市场为主要调控手段的商品经济得到蓬勃发展。伴随着经济快速发展,与传统民事纠纷有显著区别的商事纠纷开始广泛出现,司法实务界开始对这类纠纷予以特别关注,并尝试以专门审判庭的方式对其进行区分处理。

1979 年 2 月,重庆中级人民法院创设了我国第一个专门解决经济领域内纠纷案件的审判庭——经济法庭。1979 年 7 月,我国修订了《人民法院组织法》,该法规定在最高人民法院、高级人民法院,直辖市和省、自治区所辖市的中级人民法院中建立经济审判庭。四年后的 1983 年 9 月,我国再次修改了法院组织法,修改后的法律要求全国各个法院内部均设立经济审判庭,负责审理经济类的纠纷案件,调整生产和流通领域内的经济关系,维护经济秩序。① 紧接着,1984 年召开的第一次全国经济审判工作会议明确了经济纠纷案件的范围:法人之间,法人与个体经营户、农村社员之间的合同纠纷;农村承包合同纠纷;法人之间,或一方当事人为法人的,在生产、流通领域因侵权行为发生的损害赔偿纠纷;以及涉外的和涉港澳的经济、贸易、运输及海事纠纷等。② 在当时的全民所有制和集体所有制为主体的经济体制下,由于国家干预色彩浓烈,自主经营、自负盈亏的商事主体还没有形成,上述经济纠纷案件还不能认定为现代商事纠纷,全国范围内设置的经济审判庭也不能担负起现今商事诉讼审判职能,但有关经济纠纷案件范围的界定却是新中国成立后首次将经营活动类纠纷与普通民事纠纷相区别、将改革开放之初的以经营活动为主业的市场主体与普通自然人民事主体相区分,因此,可以认为是我国商事诉讼的最初定义,经济审判庭也是新中国成立后最早的商事审判组织。

(二)"大民事"审判格局下的民商事审判

我国最高人民法院自 2000 年 8 月起开始了司法机构改革,改革以"大民事"为主要特征,将"经济审判庭"更名为"民事审判庭第二庭",简称"民二庭",同时还撤销了原有知识产权庭、交通庭,将其审判职能纳入民三庭、民四庭,同时将民事审判改称为"民商事审判"。然而,由于忽略了"大民事"诉讼范畴内各相对独立的专业化诉讼的特点和独立性,以建立统一的法律适用机制、诉讼及管理机制和队伍建设机制为目标的大民事审判格局事实上并未形成。各地法院,除了民一庭以外的其他民事审判庭都纷纷树起了自己的旗帜:负责审理知识产权案件的民三庭和负责审理海事海商案件的民四庭很快采用了"知识产权审判庭""涉外海商事审判庭"的称谓,而放弃经济审判庭称谓的民二庭经过一番考量后最终确定了"民商事审判

---

① 《当代中国》丛书编辑部编辑:《当代中国的审判工作》(下),当代中国出版社 1993 年版,第 296 页。

② 李志刚、张颖:《从经济审判到商事审判——名称、制度及理念之变》,《法律适用》2010 年第 11 期。

庭"的名称。① 而在大民事审判格局下的所谓民商事审判,其中一大部分内容就是商事审判。②

紧接着,最高人民法院在发布的《最高人民法院机关内设机构及新设事业单位职能》中确定,民一庭负责审理传统民事案件,如婚姻家庭、不动产纠纷、劳动争议、无因管理以及自然人之间的侵权赔偿纠纷等;民二庭负责审理有关公司、证券、票据、期货、破产的纠纷案件,以及法人之间、法人与其他组织之间的合同、侵权纠纷案件。③ 该规定构成了我国法院民一庭与民二庭的分工依据,也大体区分了民、商事诉讼的界限,并一直沿用至今,成为现今民商事审判庭职责划分的依据。从上述表述可以看出,虽然经济审判庭被撤销,但接替其职能的民二庭的受案范围界定却较15年前更加科学和清晰,民二庭与民一庭之间有关现代商事纠纷案件与传统民事案件之间的泾渭更加分明。随着现代商法理念的确立和实体商事单行法的不断出台,商事诉讼概念及其特征界定越来越清晰。如果说20世纪80年代经济审判庭的设置和经济纠纷范围的确立是在国家干预经济原则下我国商事诉讼诞生的标志,那么民二庭及其受案范围的确立则是在改革开放继续深化、市场经济体制不断完善、私权保护得到重视、自治意识得到充分尊重的时代背景下商事诉讼从初生走向发展的重要一步。

(三)"商事审判"的确立

我国司法实务界第一次提出商事审判概念的是山东省临邑县法院,该院于2008年7月将民二庭改称为"商事审判庭",随后,北京、上海、深圳、浙江等地也陆续效仿。2010年8月,全国第一次商事审判工作会议在济南召开,在这次会议上"商事审判"称谓被正式、明确地提出。自此以后,随着商事纠纷案件的持续增加,商事诉讼在全国各地得到了广泛发展,许多法院纷纷开始以"商事审判"来诠释和代表民二庭的审判职责。其中,以山东省最为典型,山东省高级人民法院民二庭自2011年起已连续5年出版《山东商事审判》,

① 《最高人民法院关于本院民事审判第三庭对外称"知识产权审判庭"的通知》,《中华人民共和国最高人民法院公报》2006年第7期。
② 李后龙:《中国商事审判的演进》,《南京大学法律评论》2006年第1期。
③ 李志刚、张颖:《从经济审判到商事审判——名称、制度及理念之变》,《法律适用》2010年第11期。

专门就商事诉讼实践数据进行收集、归纳,对审判过程中遇到的问题进行探讨和研究。此外,北京、上海、浙江、深圳等地也不同程度地采用了此概念。对于"商事审判"概念的界定,最高人民法院至今尚未出台统一的司法解释,但某些地方高级人民法院对此颁布了适用规则,以列举案件范围的方式予以界定。典型如前述北京市高院颁布的《关于贯彻执行〈规范民、商事审判庭案件管辖分工的规定(试行)〉的通知》,以案由作为划分民、商事诉讼案件的标准等。①

商事审判名称的确立意味着我国司法实践最终承认并确立与传统民事诉讼相区别的商事诉讼的相对独立的地位。商事审判实际上是人民法院对商事纠纷进行审判活动的描述,属于商事诉讼的重要方面。我国法院承认商事审判相较于普通民事审判的特殊性,实际上也是承认商事诉讼为独立于普通民事诉讼的专门诉讼类型,对于确立专门商事审判理念和程序规则有较大意义。我国自 2010 年以后进入了商事诉讼大发展时期,设置合理程序规则对于商事诉讼良好运行和司法商事纠纷解决功能的发挥具有重要作用。

第二节　我国商事诉讼的现实状况

近年来,随着国际经济一体化趋势的不断加强和我国改革开放不断深化,商事主体已成为我国社会主义经济活动中最重要的参与者和实践者。伴随着我国经济的持续增长和商业活动的繁荣,商事纠纷的产生量也在与日俱增,并日渐成为人民法院审判工作中的"重头戏"。据统计,2002 年到 2007 年 2 月,5 年多的时间内,我国法院共审结商事纠纷一审案件 800 余万件,诉讼标的额达 16398 余亿元,而 2007 年 7 月到 2010 年 6 月,3 年不到的时间内,共新收商事纠纷案件 480 余万件,审结约 470 万件,诉讼标的额已达 15877.4 亿元。②而在之后的 3 年内,截至 2013 年 6 月,全国法院共新收一审商事纠纷案件 557 万件,审结 548 万件,结案标的额达 18238 亿元,与前 3 年相比分别上升 17.46%、16.69% 和 53.62%。2014 年,我国民商事案件收案数量突破 900 万件,商事权益纠纷案件增幅明显:新发生公司股权类纠纷 25992 件,较上年上

---

① 李路:《商事审判独立化研究》,西南政法大学 2015 年硕士学位论文。

② 曹志勋:《商事审判组织的专业化及其模式》,《国家检察官学院学报》2015 年第 1 期。

升 36.69%;票据纠纷 4803 件,较上年上升 15.46%;证券类纠纷 179 件,较上年上升 1.36 倍。① 从地方上来看,以山东省为例,该省 2010 年一审新收民事案件 303987 件,新收商事案件 274384 件,新收行政案件 29362 件,共受理一审刑事犯罪案件 44885 件,商事案件已成为除民事案件以外的第二大诉讼类案件,且收案数量与民事诉讼已趋于接近。② 就上海自贸区的民商事案件统计情况来看,2014 年 11 月至 2015 年 10 月,上海自贸区的民商事案件数量从 680 件增长至 4947 件,其中金融商事案件为 1637 件,占比最高,达到 31%。③ 以上不完全的统计数据已经从一个侧面反映出,随着我国经济发展、商业活动增加,我国商事诉讼纠纷数量呈快速上升趋势,并且已与其他所有类型民事诉讼总量相当,甚至在某些地区已经超过民事案件量,而涉案金额则出现激增翻倍的特点。为有效应对我国商事案件的逐年激增,我国民事审判实践在“商事审判的独立化”领域已经作出了多项探索与改革,目前商事诉讼现状和较为核心的制度建设主要体现为以下几个层面。

一、商事纠纷处理的程序制度

商事主体的不断发展不仅要求具有差异化审判理念的专门性审判组织予以审理,更要求由适当的商事诉讼程序来保障商事主体实体权利和程序权利的实现。可以关注到的是,随着司法实务中新型商事纠纷的不断涌现,《民事诉讼法》在不断修改和发展过程中为商事纠纷的处理和解决确立了相应的条款。一是为部分商事案件确立了管辖原则,现行《民事诉讼法》第二十四条规定,对于保险合同纠纷,由被告住所地或者保险标的物所在地人民法院管辖;第二十五条规定,票据纠纷由票据支付地或者被告住所地人民法院管辖;第二十六条规定,对于涉及公司的纠纷,如有关设立、确认股东资格、利润分配、解散清算等,由公司住所地人民法院管辖。二是为涉外商事案件规定了仲裁有限条款,《民事诉讼法》第二百七十一条规定,在涉外经济贸易、运输和海商事活动中发生的纠纷,如当事人双方约定了仲裁条款或者达成了书面仲裁协议,不得向人民法院起诉。三是为票据纠纷的处理建立了专门的公示催告程序,并予以专章规定①。然而,就我国现行《民事诉讼法》而言,并未就商事诉讼建立统一的适用范围和专门的诉讼程序,现有商事案件仍然依照《民事诉讼法》中的普通民事诉讼程序和特殊程序来进行审理,这两种程序相比,特殊程序的适用具有"优先性",通常适用纠纷不存在实体争议的情形且裁判程序多采取一审终审或一裁终局,由审判员独任审理,审限较短。但如果在适用特殊程序时发现所裁事项涉及相关方面实体权利义务争议,法官将终结特殊程序并告知利害关系人就案件纠纷向法院另行提起诉讼,以对纠纷进行实体审理。②但遗憾的是,现行临时性救济程序的规定中关于特殊商事纠纷案件的适用空间非常狭小,就商事案件而言,仅针对票据纠纷进行了公示催告的程序规定。除此之外,《民事诉讼法》并未为商事诉讼设立其他专门性的诉讼程序。

由于《民事诉讼法》的现有诉讼制度无法解决"商事程序法难以与实体法相互匹配"的问题,为解决这一矛盾,我国各法院商事审判庭近年来积极开展了调研,最高人民法院于2012年发布了《关于人民法院为防范化解金融风险和推进金融改革发展提供司法保障的指导意见》(法发〔2012〕3号),以依法规范金融秩序,维护金融安全。同年,最高人民法院还发布了《关于审理中央级财政资金转为部分中央企业国家资本金有关纠纷案件的通知》(法〔2012〕295号),为涉及中央级财政资金转为部分中央企业国家资本金的纠纷处理提供指引。2015年12月24日,最高人民法院民事审判第二庭庭长又专门针对我国商事审判工作中存在的问题作出指示,分别针对《公司法》修改后有关公司类、证券投资经营类、金融类、票据类纠纷;保险合同、保理合同、以物抵债合同纠纷案件;企业破产案件;银行卡、保兑仓纠纷案件的审理问题以及商事审判与刑事、行政诉讼等交叉的正当法律程序等十余个问题提出了专门性的指导意见③,以便于下级法

---

① 《民事诉讼法》第二百一十八条规定,按照规定可以背书转让的票据持有人,因票据被盗、遗失或者灭失,可以向票据支付地的基层人民法院申请公示催告。依照法律规定可以申请公示催告的其他事项,适用本章规定。

② 潘勇锋:《试论建立我国商事纠纷特殊程序制度》,《人民司法》2011年第7期。

③ 杨临萍:《最高人民法院关于当前商事审判工作中的若干具体问题》,见 http://www.pkulaw.cn/fulltext_form.aspx? Db = chl&Gid = 262008&keyword = 商事 &EncodingName = &Search_Mode＝accurate,访问日期:2017年5月1日。

院参照执行。据不完全统计,最高人民法院针对商事案件的裁判所作出的司法解释已经超过了 200 个(见下表)。与此同时,全国各地法院也考虑到商事案件的特殊性,采取多种方法致力于合理解决复杂的商事问题。例如,广东、江苏、江西、贵州等地法院就金融类纠纷、商事审判服务实体经济、国有企业破产等问题开展专项调研,以力求增强商事审判服务经济建设的针对性和有效性。① 山东省则对全省范围内的商事审判新情况新问题加强了调查研究和业务指导,并编撰了《山东商事审判》一书,为全省商事审判工作提供参考,以统一商事裁判标准。② 同时,山东省还就规范小额贷款公司、保险行业运营等问题提出司法建议,并与地方金融监管机构建立协同机制积极维护金融秩序和防止金融纠纷案件发生。③

此外,由于商人的逐利本质和商事活动的专业性,绝大多数商人都希望对于商事纠纷能够根据他们在长期实践中逐渐形成的商事习惯、商事惯例来协调处理。④ 也正因为此,近年来我国在司法判例制度建设过程中也注重研究商事判例,从判例中提炼"活法"来健全商事纠纷处理机制。例如,2015 年四川省高院就曾在全省法院系统发布了 6 件商事审判典型案例,通过"以案释法"宣示裁判规则,强化商事交易主体的风险意识。⑤

近年最高人民法院发布的部分商事案件司法解释

商事领域	文件名称	时间
票据纠纷	《最高人民法院关于审理票据纠纷案件若干问题的规定》	2000 年 11 月 14 日发布,2000 年 11 月 21 日实施

---

① 黄晓云、曹永斌:《充分发挥商事审判职能作用 不断拓展服务经济社会发展的广度和深度——访最高人民法院副院长奚晓明》,《中国审判新闻月刊》2013 年第 93 期。

② 孙英主编:《山东商事审判 2014》,山东大学出版社 2015 年版,第 4—5 页。

③ 黄晓云、曹永斌:《充分发挥商事审判职能作用 不断拓展服务经济社会发展的广度和深度——访最高人民法院副院长奚晓明》,《中国审判新闻月刊》2013 年第 93 期。

④ 赵万一:《商法的独立性与商事审判的独立化》,《法律科学(西北政法大学学报)》2012 年第 1 期。

⑤ 开永丽、牟新红:《76 选 6 商事审判典型案例首次发布——省高院建立商事审判年度典型案例评选制度》,《四川法制报》2015 年 4 月 22 日。

续表

商事领域	文件名称	时间
保险纠纷	《最高人民法院、中国保险监督管理委员会关于全面推进保险纠纷诉讼与调解对接机制建设的意见》	2016年11月4日发布，2016年11月4日实施
保险纠纷	《最高人民法院关于审理海上保险纠纷案件若干问题的规定》	2006年11月2日发布，2007年1月1日实施

二、商事纠纷的多元化解决机制

就商事纠纷的处理途径而言，既可通过诉讼的方式进行，也可以运用ADR(非诉讼纠纷解决机制)的方式。近年来，我国商事纠纷大量出现，为了更好地实现商事主体对商事活动效益的追求，我国在商事纠纷的处理过程中，既注重对传统的商事诉讼程序进行优化，也合理地吸收和运用了具有灵活性和高效性的 ADR 机制，商事调解和商事仲裁在商事案件处理中的作用日趋显要。

一是注重"专家型"法官制度的建设。我国近年来商事案件的审理主要依托的是由职业法官依普通程序审理，但由于社会经济转型、利益冲突加剧、各类纠纷频发，商事审判不断出现新情况、新问题，给法官审理案件带来了新的挑战。因此，为加强法官对知识的专门性掌握和应用，使案件得到更为专业化的处理，我们在商事诉讼中逐步引入了"专家型法官"的做法，通过对现有法官的专业化培训，使其专门致力于审理某一类案件，并在必要时辅以鉴定人的协助。例如，河南法院就建立了"金融专家型法官"制度，由相对固定的法官群体通过到金融机构进行专业学习的方式组成专业性金融法庭甚至金融法院来进行保理产品、货币掉期业务、票据贴现回购等案件的审判，通过专业化的分工来提高金融案件的审判质效。①

二是重视商事调解的制度功能。一般认为，判决和调解对于民商事案件的功能是不一样的，商事案件更应该侧重于判决的运用而非调解。理由是民事纠纷多发生在"熟人社会"，调解有利于从"讲情不讲理"的角度解决个案纠

---

① 赵强:《金融专家型法官遍布河南法院，每年去银行学习"充电"》,《河南商报》2014年1月13日。

纷、修复受到损害的权利义务关系,促使纠纷双方握手言和,以彰显道德品行和维护社会稳定和谐。而商事诉讼当事人之间仅以利益为纽带,更强调交易规则和市场法则的遵守,往往"讲理不讲情",诉讼中更加注重时间的经济价值,甚至可以接受以牺牲一定的金钱为代价换取纠纷及时解决,因此及时判决似更有利于明确责任、维护市场秩序和商事主体合法利益。尤其是对于试图以调解方式逃避减轻责任的违法商事主体,应当依法及时判决和追究违约、失信方的法律责任,以保障守约方的合法权益。① 然而,这也不能一概而论,在许多情形下商事诉讼当事人同样非常希望以调解方式解决纠纷。例如,在重复性商事活动和知识产权类纠纷案件中,以裁判方式解决纠纷会带来司法机会成本过高,且有时提起诉讼可能仅是为迫使对方谈判,因此为了在较短的时间内以最低的成本获得纠纷解决,双方当事人往往可能主张调解以达成彼此妥协,通过"侃价"协商,彼此让步达成纠纷解决方案。② 也正因为此,目前我国正充分挖掘商事调解的制度功能。第一,充分调动行业组织在商事案件调解中的作用。如最高人民法院出台的《关于建立健全诉讼与非诉讼相衔接的矛盾纠纷解决机制的若干意见》规定,人民法院鼓励和支持行业协会、社会组织、企事业单位建立调解纠纷的职能和机制。经商事、行业调解组织调解后达成的具有民事权利义务内容的调解协议具有民事合同性质。在推进商事调解方面,我国在保险业、证券业领域积极引入了商事调解制度。例如,北京市朝阳区法院自2008年5月开始与北京保险行业协会建立"商事纠纷联动调解机制",即保险行业协会依托自身的专业优势对保险纠纷提出合法、合理的调解方案,以促使纠纷的彻底解决,同时也有助于监督保险经营者规范经营、强化风险防控,有效预防纠纷的产生,从而实现优势互补和资源共享。③ 2011年,中国证券业协会成立了证券调解专业委员会、设立了证券纠纷调解中心,各地法院也相应地加强与证监会、各地证监局等部门的沟通协作,建立上市公司破产重整事项的合作协调机制。2012年起,许多法院、仲裁机构内部也设立了专门的调解组织,负责对商事纠纷案件实行专门的调解程序,并逐步

---

① 奚晓明:《深化商事理念、维护公平正义,为经济社会持续健康发展提供有力司法保障》,《法律适用》2013年第11期。

② 苏力:《关于能动司法》,《法律适用》2010年第Z1期。

③ 孙明娟:《探索商事纠纷的司法调解制度》,《理论观察》2011年第4期。

建立了法院和相关商事管理部门的诉调对接制度。第二,具有商业背景的人民陪审员逐步为基层法院的商事调解机制所吸收。商事特邀调解制度就是一项有力的举措,它主要由法院选聘在商界有一定影响力和丰富行业从业经验的企业家作为特约调解员,对诉讼中的商事案件提出调解方案并主持调解。当事人经调解后可选择接受调解方案、撤回诉讼,或者双方在法院的确认下达成调解协议。达成的调解协议属法院调解,与判决书有同等效力,从而建立了行业调解与司法调解的紧密关联。① 例如,北京海淀法院就曾聘请北京民营科技实业家协会的陪审员担任商事特邀调解员,对中关村地区的商事纠纷进行调解②,厦门法院就在涉台案件中吸纳台籍商人参加案件的审理③,做到"商事纠纷商人解"。第三,积极推进商事案件处理的"联席会商"制度。例如,在金融案件的处理方面,重庆、浙江等地法院创设了由地方金融监管机构、地方国资委及行业协会等部门或机构共同组成的金融审判联席会议制度和金融债权处置督办会商制度,共同对金融类商事纠纷案件进行分析研判和提出解决方案,以整合多方社会资源,充分发挥各部门、机构组织职能,实现预防和合理解决商事纠纷。

　　三是大力推广商事仲裁制度的适用范围。商事仲裁是指商事主体在发生纠纷、争议之前或之后达成协议,将争议相关商事权利和义务事项提交第三人进行居中裁决,从而解决商事纠纷的一项制度。由于商事仲裁的当事人均可以自由选择具有相关专业知识和业务经验的仲裁员进行居中裁判,因此其对于仲裁结果也容易接受和信服。近年来,我国在商事纠纷的处理过程中不断推广商事仲裁的范围,取得了相当好的成效。据统计,2015年我国 244 家仲裁委员会共受理案件 136924 件,案件标的总额达到4112 亿元,同比分别增长 20% 和 55%。尤其是在国际商事仲裁领域,我国涉外商事仲裁纠纷不仅涉及传统的一般货物买卖、中外合资和中外合作经营合同纠纷,也涉及了较为新型的金融纠纷,股权投资、知识产权、保

---

① 黄婉瑜:《商事纠纷的特征分析及解决对策》,《法制博览》2016 年第 7 期。

② 李欣:《厦门首次任命台商担当人民陪审员可参与案件审理》,见 http://www.chinanews.com/tw/2012/02-15/3670549.shtml。

③ 张敏:《海淀法院从五个方面加强人民陪审员队伍建设》,见 http://bjgy.chinacourt.org/article/detail/2013/09/id/1095705.shtml,访问日期:2016 年 9 月 5 日。

险合同等争议。① 同时,为更柔和、彻底地解决商事纠纷,我国的商事仲裁机构还逐渐探索设置了独立的调解机构,并制定专门的调解规则、收费标准等,以开展商事纠纷调解业务。例如,中国国际贸易促进委员会、中国国际商会及许多分会设置了常设调解机构——调解中心,以专门调解国内外商事、海事纠纷案件。

第三节　我国商事诉讼存在的主要问题

目前来看,尽管我国民事司法实践已在商事案件的"重压"之下启动了部分改革举措,但这些临时性的举措对于独立性越来越强的商事案件而言仍然是"捉襟见肘"的。诚如学者所言,"没有商事审判的独立化就没有真正意义上的商法独立"②,然而,与我国商事案件激增形成鲜明对比的是,我国司法组织体制当中仍然缺乏专门性的商事审判组织,难以对商事案件作出及时、准确、专业化的解决,而现有《民事诉讼法》也难以为商事案件的审理提供有效的制度供给,进而无法满足商人对诉讼效率和经济效益的追求。

一、商事法律制度尚未形成统一完整的体系

伴随着我国市场经济的发展,尤其是互联网的广泛应用,网购、微商等新兴经济事物不断涌现,各种商事主体和商事活动也在不断出现和发展,而这也在客观上要求相应的商事法律制度不断完善。目前而言,我国商事法律制度采取的是单行立法的模式,这就造成虽然我国已经制定实施了诸如《公司法》《证券法》《票据法》等法律制度,但某些新型商事行为仍然难以为现行的法律制度所涵涉。目前,法院在某些商事纠纷进行审理裁决时,往往适用的仍是民事法律规范以及政府制定的行政规章或者"红头文件",而基于调整对象的不同、政策实施的地域性等因素的存在,相应的裁判结果显然也难以保证公平。事实上,由于现代社会经济交往的复杂性,即便是有专

---

① 《2015 年我国商事仲裁案件标的额增长 55%》,见 http://www.cankaoxiaoxi.com/society/20160926/1318775.shtml,访问日期:2016 年 6 月 29 日。

② 赵万一:《商法的独立性与商事审判的独立化》,《法律科学(西北政法大学学报)》2012年第 1 期。

门立法的商事行为,也会存在现行法律难以适应商事贸易发展和变化的现象。例如,某些网络游戏账号、游戏币等无形财产权利在交易过程中,就有可能面临无法可依的情形。对此,有学者指出,商事活动的扩张性决定了商事法律关系的变动性和时势性比其他社会关系更强,也决定了调整商事关系的商法具有较强的变动性。①

由于我国实行单行法的法律制度体系,但各种商事活动并非仅涉及某一商事法律关系,这就需要将各商事法律制度进行有效衔接。但问题是,单行立法模式使得立法者将目光仅仅聚焦于某一领域,难免会造成各法律制度内容设计上的"顾此失彼",从而造成各种商事法律制度上的冲突。例如,我国现行的《公司法》对于有限责任公司和股份有限公司的注册资本最低限额已经取消,但《保险法》中依然要求注册保险公司注册资本最低应当为人民币两亿元,而《融资性担保公司管理暂行办法》则要求从事担保业务的融资担保公司资本应当不低于人民币一亿元。这就造成了同一位阶的商事法律制度之间存在内容上相互矛盾的问题,一定程度上造成了适用上的混乱。

此外,由于部分法官对于商事法律制度了解较少,司法实践中还会产生法官缺少"优先适用特别商事法"的理念。目前,我国虽然制定了不少商事法律的单行本,但总体上我国民商事立法仍然奉行的是"民商合一"的模式。不过,根据"特别法优先于一般法"的法律适用原则,在具体的司法实践中,当案件既涉及商事特别法又涉及一般民事法律制度时,显然应当优先使用商事法律。但由于商事法律制度本身较为专业和复杂,部分法官对于相关商事制度了解较少,加之民商事审判工作较为繁重,其在具体的案件审理过程中往往倾向于适用传统的民事法律制度,造成法律适用上的不准确,进而造成实体处理结果的不当。

二、民事纠纷与商事纠纷的划分标准尚不清晰

长期以来,我国的民事诉讼立法体例遵循的是"大一统"的程序设置,即:我国在民事诉讼程序设置上,并未考虑"所要解决的纠纷在特点和性质上是否存在不同,也不论不同的程序在适用的诉讼法理上是否存在差异,而将解决

---

① 李后龙:《中国商事审判的演进》,《南京大学法律评论》2006 年第 1 期。

所有平等主体间纠纷的诉讼程序纳入同一部《民事诉讼法》中一并设计和编纂"①。事实上,在民商事审判活动中,无论是涉及财产纠纷和身份争议的民事诉讼,还是涉及个人合伙以及企业纠纷的商事诉讼,我国均统一适用民事诉讼程序法律制度予以解决。对此,虽然学界有观点认为我国应当针对部分特殊民事案件设置专门性的诉讼程序,以实现案件的类型化、专业化审理,但对于商事诉讼而言,其专门化审理遇到的前提性问题尚未解决,即:如何对民事纠纷和商事纠纷进行划分。理论上看,有关民事案件与商事案件的区分标准主要有两种:一种是主体论,即以诉讼当事人的主体类型为标准对案件性质进行区分,如果案件当事人均为普通的民事主体,则该案件属于民事案件,而如果案件当事人为商人,则案件属于商事案件。另一种为案由论,即根据《民事案件案由规定》对案件性质进行的划分。不过这两种民商事案件的划分方式也存在一定的缺陷,主要表现为以下两点。

第一,单纯的主体论难以涵盖全部商事纠纷。例如,就自然人与法人之间的纠纷而言,自然人从企业购买商品的行为与自然人向企业借款并约定按照同期银行利率四倍计息的行为,两者的性质显然并不相同。因为,对于自然人而言,前者属于消费行为,如果因此发生纠纷应当属于民事行为;而对于后者而言,则有着商事纠纷的意味。事实上,伴随着我国经济的发展,作为自然人的居民可支配的财产也逐渐增多,其财产也不仅仅再用于消费,而是通过创业、投资等形式将财产更多地投向市场。例如,目前社会上颇为流行的开设网店和投资股票、证券等行为在普通民众甚至在校学生中间都已经相当普遍。在此背景下,即便是自然人之间的纠纷,也很难一概而论地归结为民事纠纷。因此,以纠纷的主体为自然人还是商人对纠纷进行区分显然并不妥当。

第二,以民事案由区分民商事纠纷也难言合理。为提升诉讼效率,准确地对纷繁复杂的民商事纠纷进行分类审理,2008年,我国出台了《民事案件案由规定》,共10部分30类361个案由。总体上看,《民事案件案由规定》主要是以民法中的民事法律关系为标准进行的分类,其中,涉及商事案件的案由主要

---

① 廖中洪主编:《民事诉讼立法体例及法典编纂比较研究》,中国检察出版社2010年版,第493页。

规定于《民事案件案由规定》的第七部分"海事商事纠纷"以及第九部分"与公司、证券、票据有关的民事纠纷"之中。就实践情况看,各地法院审理《民事案件案由规定》中的第七部分与第九部分的案件与审理其他民事案件的审判庭并不相同,这也意味着法院内部对于民事与商事案件不同有着较为明确的认识。尽管这种区分对于民事与商事案件的区别审理的确有着重要的意义,毕竟二者案件审理的难易程度、相关诉讼主体对于案件追求的价值大都有着区别,也就并不意味着《民事案件案由规定》对于民商事案件的划分必然科学合理。例如,物权纠纷以及债权纠纷等案件也未必属于单纯的民事案件。有学者以债权纠纷为例进行论述,其认为在改革开放之初,借款合同主要有两种类型:一种是自然人之间的借款合同,其特点是金额小而散,且通常为熟人之间的无息借贷;另一种是银行与企业之间的金融贷款,其特点是资金量较大且通常须根据国家规定支付贷款利息。显然,两者虽同为借款合同,但性质上存在明显差别,一概地归为民事案件并不妥当。而发展至今,自然人之间、法人之间以及自然人与法人之间的借款合同,在借款用途、借款金额以及利率计算上与改革开放初期更是不可同日而语。① 在此情况下,以《民事案件案由规定》对民事案件和商事案件进行划分显然并不完全合理。

三、我国缺乏专门的商事诉讼审判组织

基于历史的原因,我国从计划经济进入市场经济之后,由于当时的商事纠纷相对较少,我国在法院或者法庭等审判组织的设置上并没有考虑商事纠纷的特殊性而设置专门的商事法院或者商事法庭,相关审判职能通常是由法院的民事审判庭统一或者分散行使。此后,虽然我国商事贸易逐渐增多,尤其是伴随着 2001 年我国加入世界贸易组织后,对外贸易和投资等呈现迅猛发展态势,但令人遗憾的是,尽管我国《民事诉讼法》《人民法院组织法》及其司法解释等相关法律制度几经修改和完善,但并没有对商事审判组织进行规定。就实践而言,我国有关商事审判组织的模式主要有四种:其一,专门的海事法院,主要由具有专业审判经验的法官负责审理海事海商案件。目前,我国分别在

---

① 李志刚、徐式媛:《民、商案件之区分:反思与重构》,奚晓明主编:《商事审判指导》,人民法院出版社 2014 年版,第 141—142 页。

北京、大连、天津、青岛、上海、宁波、武汉、广州、厦门和海口 10 个城市设置专门的海事法院。其二,专门的商事法庭,主要是以 20 世纪 90 年代设立的经济审判庭或者民商事审判庭(通常为各法院民二庭)为代表。就职能而言,经济审判庭也经历了从审判与经济有关的民事以及刑事案件,转为专门审理商事案件,其审理案件类型主要包括涉及证券、期货、票据、公司、破产以及企业间的合同与侵权案件。其三,主要是根据长期的审判实践,选派审理商事案件能力较强的法官组成商事案件审理的审判小组,专门负责对诉至法院的商事案件进行审理。实践中,各级法院会根据法官在审判实践中的表现,通过明确成立审判小组或者默示将案件分配至相关法官的方式,实现对商事案件的专门审理。其四,通过吸纳具有专业知识的社会人士担任"人民陪审员",与法官共同组成合议庭,在审理商事案件中,积极发挥人民陪审员的作用,帮助法官对商事案件准确、及时地进行审理。

表面上看,我国实践中在对商事案件的审判组织的组成上已经有了前述较多的可参考模式,且其在实践中在商事案件的审理上也发挥了较为重要的作用。不过,也应当看到以上四种模式均非常态化、专门化的商事审判组织,而是临时性或者相关审判组织在审理商事案件的同时也附带审理其他案件。事实上,上述四种情形除第一种海事法院自成立以来即以专业法院形式存在和审判案件,完全独立于普通民事司法裁判体系以外,其他三种都是在我国现有的以民事审判为主体的审判体制下进行,仍然存在弊端。第二种商事法庭是一种理想化的商事审判机构,但在全国范围内而言,这种审判组织并未完全实现。而对于第三类商事审判组织而言,相关法官并非专职负责审理商事案件,事实上在法院"案多人少"的压力之下,其同样需要审理部分民事纠纷。况且,在我国多年"大民事"格局审判模式影响下,法官多缺乏商法思维,忽视商法特性的传统民事审判习惯,在并未严格区分受案范围的情形下,法官很容易将惯有的民法审判理念用于商事审判过程中,不利于商事纠纷的妥善解决。第四种情形的做法无疑是对商事法官进行职业培训,对于提高其商业意识、培养商事审判理念有积极作用,但毕竟并非商事审判活动的常态。

而纵观其他域外国家,对商事案件进行专门化的审理是世界各国普遍采用的模式。根据学者的考察,目前世界上专门性的商事审判组织主要有纯职业法官、纯商事法官以及混合制等三种模式。其中,英国和美国主要采用的是职业法官独任审理的模式;而法国基本是由商人担任商事法官,且对于商事法官的任职资格有着严格的限定;而德国则是采用了职业法官与非职业法官相结合的模式。显然,与国外较为专门化的商事审判组织相比,我国目前对于商事案件的审判组织在专业化或者专门化上亟待改进。

四、我国缺乏特殊的商事诉讼程序规则

有学者认为,商事纠纷的数量与经济社会发展的形势有着密切的联系。根据对 1979 年至 2001 年我国经济社会发展形势与商事诉讼数量变化的统计,可以发现二者主要呈现以下关系:"在经济发展高峰期,商事纠纷案件数量也随之上升,而在每一个经济发展过热、出现通货膨胀、经济秩序较为混乱的交替年份,商事纠纷案件数量总有显著的提高,如 1988 年、1989 年和 1996年,而后,在经济发展进入低潮期后,商事纠纷案件数量又会随之下降。"①这表明,经济的发展促进了市场交易的活跃,而越活跃的交易行为则越容易产生商事纠纷,商事纠纷与经济发展水平呈正相关关系,经济越发达,商事纠纷案件数量越多,反之,经济越低迷,商事纠纷案件数量也就越少。近年来,在中国经济在较长时期内保持的中高速发展趋势后,伴随着世界经济的低迷,中国经济发展也进入了"新常态",商事纠纷的数量也稳步提升。然而,与之对应的是中国商事诉讼的效率不高,甚至出现了迟延的现象。这主要是因为:在某些地区,尤其是经济发达地区案件数量已经远远超过了法院的负重,进而造成延期审理、超越审限的案件越来越多,降低了当事人将纠纷诉至法院的意愿。申言之,现行的司法审判制度针对民商事纠纷是以统一的诉讼程序进行审理,难以为商事纠纷的解决提供恰当合理的解决方案。

有学者指出:"经验表明,商事审判工作需要刚柔结合,善于运用调解和判决两种手段,定分止争。"②事实上,就民事案件与商事案件的处理而言,民事案件的处理主要是围绕相关诉讼主体产生的矛盾争议而进行,通过对案件的审理和裁判,实现矛盾的化解和公正的实现,其通常将公正作为纠纷解决的首要考量因素;而对于商事案件而言,尽管公正同样是案件处理的基本要素,

---

① 陈胜蓝:《商事审判与中国经济发展》,北京大学出版社 2014 年版,第 71 页。
② 朱深远主编:《商事审判实务技能》,人民法院出版社 2013 年版,第 8 页。

但其对于诉讼效率的追求相对于普通民事诉讼而言表现得更为明显。甚至,在部分商事案件中,相关纠纷主体更加愿意通过相互妥协和让步,实现案件的及时、快速处理。普通民事案件和商事案件的这种差异,也意味着统一的民事诉讼程序难以应对商事纠纷的复杂性,具体而言:第一,现行的民事诉讼证据制度难以适应商事纠纷解决的需要。对于普通民事诉讼的当事人,尤其是原告,其追求的是通过证据的展示实现对客观事实的还原,以期能够获得胜诉结果。例如,我国《民事诉讼法》及其司法解释规定了相对较长的举证时限制度,以实现证据的全面客观收集和裁判结果的合法公正。但对于商事诉讼当事人而言,诉讼结果的公正性固然是其追求的结果,但当事人对于诉讼结果公正的追求并非绝对,甚至为了实现商事交易的高效和利润实现的迅速,其往往会作出部分让步,而现行的举证时限等证据制度显然不利于这种追求结果的发生。第二,现行的诉讼程序制度设计无法满足商事诉讼的专业性。与普通的民事纠纷相比,公司股权纠纷、证券纠纷、保险纠纷、破产纠纷等显然具有较强的专业性,其解决也必然需要更为专业化的程序制度设计,以便于商事纠纷的当事人能够充分准确地表达自己的诉讼请求以及举示证据所欲说明的问题。据此,在商事诉讼的程序设计以及审判组织的构成、审判人员的安排等方面,都应当给予充分的考量,以确保商事纠纷解决的合法性与专业性。第三,现行再审制度不能满足商事诉讼效益的要求。现行的再审制度追求的是实质正义,但其代价是诉讼进程的延迟。显然,对于商事纠纷而言,过分延长的诉讼将会浪费当事人较多的人力、物力。尤其是,一旦再审程序启动,相应的商事诉讼裁判结果将有可能被撤销或者变更,这也不利于商事交易的稳定性,甚至会造成当事人双方甚至案外人的损失。

然而问题是,在我国现行的民事诉讼法律框架下,我国没有为商事案件的处理设置单独的诉讼程序。在我国多年"大民事"格局审判模式影响下,法官多缺乏商法思维,忽视商法特性的传统民事审判习惯,在并未严格区分受案范围的情形下,法官很容易将惯有的民法审判理念用于商事审判过程中,不利于商事纠纷的妥善解决。而反观国外,无论是法国还是德国,在普通的民事诉讼的基础上,均针对商事案件的审理设置了不同程度的专门化的诉讼程序。在法国,商事诉讼是一套完全独立于民事诉讼的程序体系,其在审判原则、审前程序、预审法官职权等方面均作出较普通民事诉讼更注重诉讼效率的规定。

例如法国《商法典》中便规定了自由证据规则,即在商事诉讼中不必遵循普通民事诉讼中"书证优先主义"规则,而是采用一切便利的、可以证明案件的方法即可。同时,法国商事临时性救济程序中的紧急审理程序和依申请作出裁定也为商事主体提供了在情况紧急或争议不大情况下,迅速作出保全措施乃至解决实体纠纷的渠道。而德国《民事诉讼法》也存在专门适用商事诉讼的简便程序规则。该法第五编专门规定了证书诉讼和票据诉讼,有学者称之为"略式诉讼程序",也就是说,在该类诉讼中,法官不必按照通常的诉讼程序规则对案件事实进行充分调查,而只需根据原告的申请及理由即可作出裁判的简易、迅速的诉讼程序。① 此类诉讼主要适用于基于一定证据证明存在较为明确的权利义务关系时,申请人提出支付一定金额、有价证券或一定的代替物的请求,因而比普通程序更快捷地为债权人创造执行名义。② 如此一来,即便是相关商事案件能够为相关具有专业知识的法官或者人民陪审员进行审理,但由于缺乏专门的诉讼程序,商事诉讼长期适用过于严谨的民事诉讼程序,很难实现商事诉讼主体对于诉讼效率以及审理专业化的追求。

第四节　制约我国商事诉讼程序发展的原因

从目前我国商事诉讼程序运行效果来看,制约其纠纷解决功能发挥和制度发展的主要因素可归于相关法律对商事纠纷特殊性回应不足、基层法院对商事诉讼的差异性重视不够以及我国商事审判思维理念尚未完全确立等三方面。

一、相关法律对商事纠纷特殊性的回应不足

纵观英美法系和大陆法系国家,虽其商事诉讼概念和规则制度不尽相同,但大都不同程度地对民、商事案件审判采取了区别对待,设置了一定的特殊诉讼规则。而在我国当前民商事审判司法实务中,尽管"商事审判"的称谓已得

---

① 廖中洪主编:《民事诉讼立法体例及法典编纂比较研究》,中国检察出版社2010年版,第136页。

② [德]奥特马·尧厄尼希:《民事诉讼法》(第27版),周翠译,法律出版社2003年版,第446页。

到正式和普遍的认同,但商事诉讼程序应当作为特殊一类民事诉讼程序来对待的独立性并未获得正式认可,实践中大部分的商事案件仍然采用的是传统民事诉讼的规则来进行审判的,以至于在商事纠纷案件具体审理过程中时常出现实体法上规定的诉讼权利无法在现有程序制度中予以实现的问题。① 究其原因,这在一定程度上跟我国《民事诉讼法》立法的滞后性不无关系。历史地看,我国现代意义上的大部分的单行商事立法均是在确立市场经济体制后颁布的,而现行的《民事诉讼法》虽然几经修改,却是以 1991 年制定的《民事诉讼法》为蓝本的,其制定之初尚处于我国市场经济和商事活动的不繁荣时期,难以对多发的新型商事案件的特殊性进行经验性立法。也正因如此,发展至今,尽管我国的《民事诉讼法》当中不乏商事诉讼的特殊条款,但与频繁发生的商事纠纷相比,仍然存在多重不适应症,反映为:第一,传统的民事诉讼程序无法应对新型的商事纠纷在程序上的需求。随着公司法、证券法等商事法律规范相继出台和修订,实体法律关系主体被赋予越来越多的诉讼权利,但在如何给予这些诉权以特殊保护的制度设计层面,我国仍缺乏有效的供给。例如,在相当长的时期内,抵押权人虽有申请法院拍卖、变卖抵押财产的实体权利,但在《民事诉讼法》上却无相应的对应程序。又如,在公司治理和股权类纠纷诉讼中,诉讼主体并不容易确定:在请求撤销股东会、董事会决议或认定上述决议无效的诉讼中,被告应当列为公司还是对决议投赞成票的股东或董事暂无定论;在股东代表诉讼中公司的诉讼地位是原告抑或第三人尚无明确规定;司法解散申请应当以股东为被告还是以公司为被告等问题,现行《民事诉讼法》并无明确规定,也缺乏专门性的诉讼指引。② 再如,公司股东的知情权诉讼相比一般公民的知情权诉讼在其性质特点上有相当大的差异,若根据传统民事诉讼程序规则行使请求权,将难以保障当事人实体权利和诉讼权利。第二,就我国的民事诉讼证据制度而言,其虽然强化了双方当事人在诉辩过程中的"对抗性",但也容易因为过于强调当事人在证据采集、举证责任、举证时限领域的"竞争性"而破坏了当事人之间的和气,带来了"和谈息诉"的难度。而从商人的立场进行评价,这样的民事诉讼证据规则并不

① 潘勇锋:《试论建立我国商事纠纷特殊程序制度》,《人民司法》2011 年第 7 期。
② 樊涛:《我国商事诉讼制度的解析与重构》,《当代法学》2008 年第 6 期。

利于商人利益的最大化。第三,一些商事诉讼案件如通过普通诉讼程序来进行审理会带来诉讼的不公平和非效率。例如,我国目前票据纠纷案件依据现行民诉法的规定应通过普通程序审理裁判,但普通程序并未根据票据纠纷的时效性和复杂性设置专门的程序规则,使得司法实践中法官对票据纠纷的审理往往耗时较长、程序拖延,与实体法上对票据流通、支付以及信用融资的高效能设计的立法初衷相违背,甚至阻碍了良好票据关系的建立,进而影响到我国票据市场的发展。第四,从我国民事诉讼审判监督制度来看,随着普通民事诉讼再审事由的增加,当事人申请再审的期限也从过去的6个月上升为2年,但就现有再审事由的确立来看,也并未对民事案件与商事案件区分对待,这必然会在很大程度上冲击商事裁判的既判力,进而破坏商事交易程序的安全性和稳定性。

可以看出,我国现有民事诉讼程序的设计目的主要并不在于解决商事纠纷,而在于解决传统民事纠纷,是一种以"民事型"为主导的诉讼程序。① 在商业交往飞速发展、商事纠纷数量不断增长的今天,我国民事诉讼程序立法总体上看较为滞后,立法导向上也存在较为明显的局限性,这必然使得现有诉讼程序制度难以应对不断多发、新型的商事诉讼案件以及商事诉讼处理的特殊性要求。

二、基层法院对商事诉讼的差异性重视不够

长期以来,由于我国所采取的是由《民法通则》统领,民、商事部门法合一的立法模式,"大民事"的审判格局也自此生成。随着经济社会的发展,我国审判实践中有很多法官开始认识到商事审判与传统民事审判存在着理念上、价值追求上的差异,但必须看到的是,由于缺乏统一的立法规范和实践指引,不同的法官群体对商事诉讼的特殊性的认知也不尽相同。有学者的调查发现,不同地区的法官对民商事案件的理念认知看法不一,越是经济发达地区的法官对民商事审判理念之间的差异性有着更为直接的感受,而越是欠发达、偏远地区的法官则不太容易感知到这一点。况且,即便是法官们能够体会到民商事案件办理理念上的差异,但对何为商事审判理念的内容仍缺乏统一认知,

---

① 江伟主编:《民事诉讼法专论》,中国人民大学出版社 2005 年版,第 359 页。

法官们将商事审判理念落实到实践的比例更是少之又少。① 究其原因,一是我国经济社会发展的不平衡带来了认知上的差异。我国各地社会经济发展水平不一,既有"一带一路""长江经济带""自由贸易区"等覆盖到的与国际发展接轨、发展较快的地区和城市,也有相对闭塞的传统民族村、自然村和贫困县等地区,就不同地区的发展而言,商事主体的重要性参差不齐,这就给全国范围内"一盘棋"法商事审判格式带来了困境。二是商事活动的客观发展规律给一体化的商事诉讼程序带来了困境。随着社会经济发展的日新月异,商事主体的种类日趋多样、商业活动的模式也难以被定型。但我国现有的商事审判活动与不断推陈出新的商业活动相比,也呈现出滞后性和不适应性。加上我国理论界缺乏对商事审判发展规律的探究,使得当面对新型的商事纠纷时,裁判依据往往出现真空,也难以满足商主体对案件的便捷性和效率性要求,带来了商事审判理念的发展落后。三是专业化商事审判机构和人员的缺失制约了商事审判理念的发展。长期以来,在中国"大民事"审判格局的主导下,我国的司法人员习惯了用民法意识和民事审判思维裁判商事纠纷,加上"人少案多"的矛盾一直存在,大部分法官疏于对商事案件特殊性的研判,也缺乏在商事案件专业能力方面的培养,因此当真正面对商事纠纷之时,法官们往往因为存在对商事纠纷特征把握不准、商事审判经验不足而对纠纷进行同一化的处理。

三、我国商事审判思维理念未完全确立

商事实体法较传统民法更注重维护效益价值和交易安全,这就必然要求人民法院对商事案件的处理也相应地尊重诉讼主体、案件本身的特殊性,并与实体法理念保持一致,形成较普通民事诉讼独立的商事审判的理念和思维。然而,由于我国不具备商事诉讼的历史传统和应用基础,最初立法设置时并未将商事诉讼作为特殊的诉讼程序,近年来开展的就商事诉讼的专门研究也起步较晚,这就在一定程度上影响了商事审判规律的探索和弘扬商事审判理念。诚如全国法院商事审判工作会议指出的情形:我国商事审判中存在对商事纠

① 彭春、孙国荣:《大民事审判格局下商事审判理念的反思与实践——以基层法院为调查对象》,《法律适用》2012 年第 12 期。

纷案件特点分析、对商事审判规律探索研究不够的情况。我国商事法官时常忽视商事审判内在规律,固守传统民法思维模式处理商事纠纷案件,对于商事案件审理的法律效果和社会效果带来不利的影响。① 当前,我国各级法院在商事案件的审理裁判过程中仍不可避免地带有民法思维惯性和烙印,商事司法实践存在着背离商法思维的现象,突出体现为营利保护机制的欠缺、企业自治理念的偏离以及利益均衡保护的不足等。②

也正是基于此,近年来,学者们纷纷致力于对商事审判思维的探索,并已经取得了阶段性的进展。例如,学者王保树认为,商事诉讼应当树立以下基本理念:一是承认和尊重商人及商事交易相较于传统民事诉讼的特殊性;二是要尊重商人协议、公司章程等商人自治规则;三是应当尽可能地促进交易,方便交易;四是要注意外观主义的适用,保护善意相对人的利益;五是要注意企业维持原则,即保护企业合法经营权和经营收益;六是要尊重和优先适用商事特别法的规定。③ 学者李长兵认为,作为商事纠纷解决机制的重要途径,商事审判中应当运用维护市场秩序和商人营利并重、尊重企业自治和协调公平效益价值兼顾的商法思维,以现代商法思维主导商事司法适用。④ 学者李后龙认为,商法的特征和原则要求审判中要引进商法理念,将重视对经营主体的资格审查,重视维持企业的稳定,重视保障商事合同自由,重视商主体和商行为的营利性特点,重视保障交易简便、迅捷、安全的技术性规范等作为基本的商法意识。⑤ 比较这些学者的观点可以发现,学者们对于商人营利、商人自治以及交易便捷的理念和思维已有了较为统一的认识,然而有关企业维持、利益均衡是否应当成为商事诉讼的一般性理念,学者并未达成统一认识。当前,由于对于何为一致认可的商事审判思维,理论界标准并不统一,这也给商事审判思维的实践化带来了难题。加上这些理念和思维尚未以实定法的方式予以明确下来,使得各级司法机关在审理商事案件中仍然是按照固有的民法思维和逻辑进行裁判的,商事司法实践背离商法思维的现象时有发生。

---

① 余冬爱:《民、商区分原则下的商事审判理念探析》,《人民司法》2011 年第 3 期。
② 李长兵:《商法思维及其司法适用》,《湖北经济学院学报》2017 年第 2 期。
③ 王保树:《商事审判的理念与思维》,《山东审判》2010 年第 2 期。
④ 李长兵:《商法思维及其司法适用》,《湖北经济学院学报》2017 年第 2 期。
⑤ 李后龙:《商法思维与商事审判》,《南京社会科学》2004 年第 11 期。

第六章　法国商事诉讼程序对完善
我国程序立法的启示

法国商事诉讼作为法国一项有着悠久历史渊源、几百年立法传统的制度一直是法国人为之骄傲的立法制度。在浩瀚的历史长河中，在经历了无数风云变幻的大事件后，法国商事诉讼制度始终屹立不倒。无论是推翻君主专制的法国大革命，抑或是政权更迭频繁的动荡岁月，再或是第五共和国成立后的民主繁荣，均对商事诉讼程序青睐有加，即便在其他老旧制度被废除之时，执政者也对其予以保留肯定，甚至发展壮大。时至今日，在世界大多数国家均采取职业法官审判商事纠纷的立法模式下，法国人仍然坚守其传统，在各国立法体例中独树一帜，将法兰西民族特有的立法理念和司法习惯贯彻到底。

对于法国商事诉讼这样一项独具特色的纠纷解决程序，作为旁观者的中国而言，在研习的基础上进行归纳总结，"他山之玉，可以攻石"，可以为我国立法完善拓展思路，为司法实践提供经验。

第一节　法国商事诉讼程序优势

综合本书对法国商事诉讼程序分析，不难看出，法国商事诉讼较其普通民事诉讼程序有着显著的区别和独有的特点，其中不乏其多年经验积累形成的制度优势，值得我国借鉴。总结起来大致有独立的立法模式、非职业的专业法官构成、灵活方便的程序规则几方面。

一、程序分类的程序设计

所谓程序分类，是指在诉讼程序设计时，应当根据各类案件的不同特征分别匹配不同的程序类型，并在不同类型的程序中设置不同的具体程序规则，以使其能够满足不同类型纠纷合理解决的需求。① 廖中洪教授也提出了"程序设置的分类化与立法规定的个别化"概念：民事诉讼应当根据诉讼纠纷的不同性质和特征，分别设置相应的程序制度，并以独立的立法形式予以确定。②之所以要对民事诉讼程序进行类型化设置，主要是由于民事诉讼程序制度是以解决平等主体间纠纷为目的，以保障裁判公正、效率为目标，为此需要根据广义民事纠纷的各种细分类型的不同特点和司法救济的客观需要设置不同的程序制度，并从立法体例上予以分类确立。③ 申言之，程序类型化理论旨在为不同的案件类型设置不同的程序，进而使每个案件能够根据其自身特征得到公正合理的处理。

事实上，与传统的民事纠纷相比较，商事纠纷有着诸多鲜明的特征，主要表现为：第一，商事纠纷的弱对抗性。对于商事纠纷的当事人而言，其往往具有多次博弈的需求，而在诉讼过程中，诉讼双方当事人往往考虑其与对方再次开展商业合作的可能性，而当双方再次合作可能性较大且能为其带来更为可观的收益时，其会考虑和评估系属于法院的当前商事纠纷可能带来的收益以及造成的损失。因而，在诉讼相对方表现出一定的"诚意"时，商事纠纷双方当事人更有可能达成妥协，进而通过调解的方式解决纠纷。在我国实践中，部分企业之间争议标的额较大的案件有时反而更容易解决，这种情况的发生并不是因为此类案件本身事实比较清楚、双方争议不大，而是因为争议双方当事人基于今后合作及自身发展的角度考虑而达成的妥协；相反，对于某些普通的民事纠纷而言，尽管双方争议的标的额较小，但当事人双方的矛盾较大，反而不容易解决。在此需要说明的是，商事纠纷的弱对抗性是相对于普通的民事诉讼而言的，并不意味着商事纠纷没有对抗性。第二，商事诉讼更注重诉讼效率。"时间就是金钱"，追求利益是商人经营活动的主要目的，作为规范商人营利行为和营业活动的法律规范，各国商法均以维护市场秩序和商人正当利益为基本理念。同样是财产案件，对于普通民事案件而言，双方当事人更加注

---

① 张旭东：《民事诉讼程序类型化研究》，厦门大学出版社 2012 年版，第 68 页。
② 廖中洪主编：《民事诉讼立法体例及法典编纂比较研究》，中国检察出版社 2010 年版，第545—546 页。
③ 廖中洪主编：《民事诉讼立法体例及法典编纂比较研究》，中国检察出版社 2010 年版，第80 页。

重的是案件能否得到公正的处理,以及自身的合法权益能够得以依法维护,因而,普通民事诉讼的当事人通常将"诉讼公正"价值放在首要位置;相较而言,商事纠纷的当事人同样也注重自身合法权益的维护,但因为商事诉讼涉及商事主体发展的持续性、商业信誉、资金流动性等因素,某些纠纷当事人更加重视的是纠纷能否得以快速、彻底地解决,其甚至愿意牺牲部分利益换取对方当事人的妥协,进而实现纠纷的快速解决。事实上,对于企业等商事主体而言,诉讼的发生不仅涉及相关利益能否得到有效的维护,同时还对企业的经济效益、资金的流转等产生重要的影响,尤其是对于上市公司而言,还会对公司二级市场的股票价格、公司市值等产生重大影响。正是因为商事诉讼所具有的牵一发而动全身的效果,当事人迫切需要及时、快速、低成本地解决争议。第三,商事纠纷解决具有较强的专业性。相比普通的民事纠纷,商事纠纷涉及信用证、票据、提单以及国际贸易等诸多事项和法律规则,这种复杂性也决定了商事纠纷的解决应当具有专业性特征。这种专业性又可分为两个层面:其一,商事案件审理的专业性。作为商事案件的审理法官而言,其需要掌握更加复杂和专业的法律知识,并且对商事交易习惯等有一定的认知,以便更加有效、流畅地推进诉讼进程。其二,商事诉讼技巧的专业性。不同于普通的民事诉讼,商事诉讼涉及的环节较多、商事法律关系也相对繁杂,如果没有相关专业人员的协助,当事人自身很难掌握相应的诉讼技巧和诉讼策略。可以看出,商事诉讼的这种专业性特点,在客观上要求审理商事案件的法官以及参与诉讼的当事人必须要有一定的商事法律知识。

正是基于商事诉讼所具有的特殊性,法国对于商事诉讼也设置了有别于一般民事诉讼的特殊程序规则。根据法国新《民事诉讼法典》的立法体例,整个法典共分为四个部分,分别为:适用于一切法院的通则、各种法院的特别规定、某些案件的特别规定、关于仲裁的规定。其中,就"各种法院的特别规定"而言,主要包括大审法院的特别规定、初审法院的特别规定、商事法院的特别规定、劳资纠纷调解法庭的特别规定、农村租约对等法庭的特别规定、最高司法法院的特别规定以及适用于最高司法法院撤销原判后受移送法院的特别规定等内容。而就具体的案件管辖而言,商事法院、劳资争议法院、社会保障法院以及农村租约对等法院四类,分别受理商事纠纷、劳动争议、社会保障类纠纷和农村租约纠纷。理论上看,商事纠纷等四类纠纷亦属于广义的民事纠纷范畴,但由于其依据的实体法律、纠纷案件发生的频率、造成的影响、当事人的社会背景、从事行业等有较大的特殊性,因而,法国立法者认为对于该几类纠纷应当作出区别于普通民事诉讼规则的特别设计。换言之,对于商事纠纷等几类特殊案件,法国新《民事诉讼法典》采用的是"一般+特殊"的"统分结构"规则设计。这种立法制度设计,也较好地满足了民事纠纷解决的一般性,同时根据不同纠纷案件特点设置专门特别法院,有助于司法资源的专业化配置和审判效率的提高。

法国新《民事诉讼法典》对于商事诉讼程序规则的这种设置,也恰当地兼顾了民事诉讼的程序公正与程序效益价值。就程序公正和程序效益两者关系而言,程序公正主要体现民事诉讼发现真实的正义性要求,而程序效益更着重于加快推进诉讼进程的经济性要求,二者经常处于矛盾关系。① 程序公正要求对当事人诉讼权利进行充分保障,例如:各方当事人应得到公平的机会来对另一方提出的辩论和证据作出反应;法官应当听取双方的辩论和证据;法官应当在另一方当事人在场的情况下听取对方的意见等,主要围绕法官中立、当事人平等、程序公开与公正以及程序参与等几个方面。而程序效益则强调以最少的诉讼成本换取最大的诉讼收益。诉讼成本主要以国家、当事人为诉讼投入的人力、物力、财力及时间等有限资源来体现;诉讼收益则是经过国家公权力诉讼程序的运作,给当事人和社会公众带来的、以经济利益为主要体现的收益。由于程序公正与效益是一对并生又矛盾的价值,在诉讼程序中只能倾向于其中一项,而很难达到两者兼顾,那么根据案件纠纷的不同特征适用不同的价值,以契合不同类型纠纷以不同方式解决的需要则应当是立法者应当关注的问题。在商事诉讼过程中,通常当事人均为平等商事主体,相互之间以经常性、职业化的商事经营活动相联系。同时,商事职业活动的显著特点则是以营利为目的,商人以时间效率和经济价值为其追求的最高目标。商事主体之间发生纠纷时,更加关注的是纠纷能被快速地解决,以及交易规则能被维护和认可。商事诉讼发挥更多的是维护交易安全和交易规则以保护商人的合法经营利益和信赖利益;以商事行为的外观效力和公示主义为重点规范商事主体行

---

① 肖建国:《民事诉讼程序价值论》,中国人民大学出版社 2000 年版,第 456 页。

为,从而合理解决纠纷和促进社会经济发展的功能。① 因而商事诉讼更以程序效益优先。

二、非职业法官参审制度

就法律性质而言,商人作为非职业法官裁判商事案件属于参审的性质。所谓参审制,是指由作为法律"门外汉"的普通公民与职业法官一同组成法庭审理、裁判案件的制度。根据参审员身份的不同,参审法官可分为公众代表、具有专门性知识的外行法官以及特定利益代表人,相应的参审类型也表现为平民参审、专家参审和团体代表参审三种类型。法国商事法官即属于专家参审的性质,即从具有较高商人资格条件、丰富专业知识和行业经验的商人中选任审判员,以对商事案件进行审理的参审形式。事实上,法国商事诉讼"参审"制规定得更为彻底,即全部由非职业法官担任商事法官。由于商事案件具有专业性、复杂性以及紧迫性等特点,需要熟悉商事活动规则的人士进行评判,以确保商事纠纷解决的正确、高效,非职业商事法官制度由此产生。法国商事法官制度的确立,对于节省国家司法资源和提高审判效率有极大的积极作用。一方面,商事法官全部为非具有国家司法法官身份的普通商人公民。由于其不属于司法法官编制、不适用法官晋级制度,并且其审判工作是无偿的,无须国家财政支付工资,因而大大节省了国家财力,减少了有限司法资源的占用。另一方面,更重要的是,法国商事法官任职条件严格,必须是具备一定实力和经验的商人或商事法人主要负责人,经过两轮选举才能当选。这决定了商事法官必须是其行业领域中经验丰富、专业素质高的精英人士。由商事主体自主裁判纠纷有其十分明显的优势。

首先,商事法官商人身份可增强纠纷当事人对裁判的心理接受度。商事纠纷案件主体大多为商事主体,即符合法律规定的条件,并办理相应核准登记的以从事商业经营活动为主要职业的主体,其范围较普通民事主体范围窄许多。普通民事主体只要具备民事权利能力均可作为民事诉讼主体,而只有很少一部分民事主体具有商事主体资格。由商事业内精英人士主持审判商事纠纷可以增加当事人对裁判案件的可接受度,避免产生由普通民事主体法官审

---

① 余冬爱:《民、商区分原则下的商事审判理念探析》,《人民司法》2011 年第 3 期。

判案件带来的"外界人士审理"的排斥感。根据法国司法部 2016 年《司法年鉴》数据,法国基层法院裁判上诉率如下图:大审法院(Tribunaux de grande instance)一审案件裁判上诉率为 21.4%;小审法院(Tribunaux d'instance)裁判上诉率为 5.9%;劳资纠纷法院(Conseils de prud'hommes)裁判上诉率为 68.3%;商事法院(Tribunauxe de commerce)裁判上诉率为 14.7%。[①] 商事法院裁判案件上诉率虽不为最低,但也远低于大审法院和农村租约对等法院,表明绝大多数商事案件的当事人能够自觉地履行判决。还有学者研究显示,商事案件上诉否决率仅为 3%。[②]

Taux d'appel sur les jugements au fond prononcés en 2014	
Tribunaux de grande instance en 1er ressort	21,4 %
Tribunaux d'instance	5,9 %
Conseils de prud'hommes en 1er ressort	68,3 %
Tribunaux de commerce en 1er ressort	14,7 %

其次,商事主体法官具有的专业性更有利于商事纠纷解决。从商事活动的特点来看,商业行为与传统民事交易相比,具有更强的专业性和技术性,正如有的学者所言:"更体现出主体从自然人到法人,客体从特定物到种类物,交易目的从对标的物的实际利用到转卖经营,交易特点从随机性到重复性和营利性,交易条件从任意性到定型化的特点。"[③]譬如,法国《商法典》规定法人的形式有合名公司、普通两合公司、有限责任公司、股份有限公司、股份两合公司、简化的可以发行股票的公司六大类型,每一类型公司组织结构,股东间权利义务规定以及运作模式均不相同;商事类型涵盖商品销售、居间、

---

① 见法国司法部网站:http://www.justice.gouv.fr/art_pix/stat_CC%202016.pdf,访问日期:2016 年 3 月 15 日。

② 见海事仲裁委员会研究:http://www.chinawuliu.com.cn/xsyj/200504/14/133586.shtml,访问日期:2012 年 7 月 28 日。

③ 奚晓明:《充分发挥民商事审判职能作用,为构建社会主义和谐社会提供司法保障》,《民商事审判指导》2007 年第 1 辑(总第 11 辑),人民法院出版社 2007 年版。

行纪、承运、证券、担保、保险、融资、商业租赁等;交易对象又包含现货交易,期货、期权以及其他金融衍生品交易;交易工具和方式也具有较强的要式性和无因性,如格式合同、交易证券化、商业票据的广泛使用、股票上市等。这些商事活动规则涉及的行业领域非常广泛,且大多经常年行业惯例总结归纳形成法律规范和行业规则,内容复杂丰富,操作技术性强,专业水平高,要求从业人员接受专门技能培训和经过多年实践经验才能掌握。非经专业训练,又无从业经验的民事主体无法了解和运用。商事主体从事商业经营活动,必须了解与其行业有关的商业法规,并规范熟练地运用商业习惯,才能在竞争激烈的商事市场中立于不败之地。对于审判商事纠纷的商事法官而言,也必须具备商事活动某个领域的专业知识和实操经验,才可能对该领域商事纠纷有深刻的了解和认识,才能担当起主持当事人调解、裁判当事人是非对错的职责。因此,由商事主体自己选举出其认可的商业精英和行业领袖来裁判其经营纠纷,不仅可以实现"由专业人员审判专业纠纷",既比普通非商人职业法官更加恰当地裁判案件纠纷,而且还因为选举出的法官在行业中有一定的影响力,对于商业专业问题和交易习惯的解释说明有一定的权威性,更容易提出当事人各方均能接受的和解方案,其裁判也更能获得当事人各方接受,有益于裁判的执行。

再次,商事诉讼效益优先价值理念为商事主体法官提供了合理性基础。鉴于现代商事纠纷与传统民事纠纷的巨大区别,商事诉讼并非以普通民事诉讼查明案件事实、保障当事人实体权利和程序权利,实现程序公正为首要目标,而是以维护交易安全和交易规则、维持市场良好秩序为首要目的。同时,商事主体趋利的特性,也促使其要求以最小的时间和财务成本实现最大的诉讼效益。由于商业市场竞争激烈,商事机会转瞬即逝,商事诉讼主体普遍希望不受诉讼所累,尽可能减少诉讼对其商事营利活动带来的负面影响,通常要求法官尽快解决纠纷。因而,由商人主体担任的法官既具备短时间内审查、裁判案件的专业能力,又包含与纠纷当事人同样的从业习惯和价值追求,可以最大化地提高诉讼效率,实现商事诉讼程序效益价值目标。

在当今世界经济发展迅速、商业活动无处不在的社会现实环境下,商事纠纷发案率不在少数,根据法国司法部 2016 年《司法年鉴》最新统计,法国2015 年共 134 所商事法院共审结案件 165272 件,比 2014 年同期增长

1.2%(详见表 1)。① 而根据法国司法部 2013 年至 2016 年连续四年《司法年鉴》统计显示,自 2011 年起至 2015 年底的五年间,以大审法院为代表的普通民事诉讼案件审结周期为 6.9—7.1 个月;而商事法院审理商事纠纷案件的结案周期为平均 5.3 个月左右,较民事诉讼节省了约 2 个月(详见表 2)。

表 1　法国 2015 年各法院审结案件数量统计表

项　目	案件总量	其中,紧急审理程序裁判案件量	2014—2015 年变化比(%)
审结案件总量	2674878	259948	+2.2
最高法院	17923	——	-8.7
上诉法院	236441	5811	0
大审法院	963646	112505	+1.7
大审法院依申请作出裁判量	122760	——	-0.6
小审法院	656148	86350	+3.3
邻近法院	81944	——	+6.4
未成年人法院	352337	——	+2.2
商事法院	165272	22005	+1.2
劳资纠纷法院	88880	——	+3.9
农村租约法院	194231	33277	+3.2

资料来源:法国司法部发布 2016 年司法年鉴(Les chiffre-clé de la Justice 2016)。②

表 2　各法院结案时间对比表　　　　　　　(单位:月)

年份 / 法院	2011	2012	2013	2014	2015
上诉法院	11.4	11.7	11.7	11.8	12.2
大审法院	7.0	7.1	6.9	6.9	7.0
小审及邻近法院	5.8	4.7	4.8	4.7	4.8

---

①　Secretariat général Service support et moyens du ministère Sous-direction de la statistique et des Études, "Les chiffres-clés de la Justice 2016", ISBN 978-2-11-151736-3,见 http://www.justice.gouv.fr/art_pix/stat_CC%202016.pdf,访问日期:2017 年 6 月 1 日。

②　见法国司法部网站:http://www.justice.gouv.fr/art_pix/stat_CC%202016.pdf,访问日期:2016 年 5 月 20 日。

续表

年份 法院	2011	2012	2013	2014	2015
农村租约法院	11.9	13.3	13.6	13.0	14.0
商事法院	5.4	5.4	5.2	5.3	5.3

资料来源:法国司法部发布 2013—2016 年司法年鉴(Les chiffre-clé de la Justice 2016)。①

三、科学合理的适用范围

法国商事诉讼适用范围,即商事法院职权管辖范围是判断案件是否纳入商事诉讼系属的依据,也是法国区分民事与商事诉讼案件性质的标准。从涵盖的范围来看,法国现行立法规定不仅同时采取了商主体,即"与商人、信贷机构和融资机构之间,及其相互之间的纠纷"和商行为,即"有关商事活动的纠纷"的双重标准;还规定纠纷联结点"与商事公司有关的纠纷"规则;并且对于与商事活动密切相关的、专业性较强的重整、破产清算案件和类商事活动纠纷,专门规定了管辖权扩展的例外原则,使得商事诉讼适用范围涵盖十分广泛,绝大部分商事纠纷均可根据上述规则由商事法院管辖。从法国新近三年来立法修改来看,典型如 2014 年新增融资机构纠纷由商事法院管辖、2016 年法令新增大型商事主体集体程序由商事法院专属管辖规则,体现了法国立法强化商事诉讼职权管辖权限、扩展商事法院管辖范围的立法趋势。从法国司法实务界来看,虽然各地商事法院和普通法院就具体适用商事诉讼管辖立法规定、确定个案管辖权限莫衷一是,但从法国最高法院、上诉法院大量司法判例和司法年鉴数据已不难看出,法国商事诉讼承担了大量经济纠纷案件的裁判,在民商事审判体系中占据了重要、关键的地位。②

从立法技术上看,相对于列举具体纠纷类型,法国立法对于商事诉讼适用范围界定采取的是以认定商事性质为中心的抽象式立法。由于商事活动纷繁复杂且处在不断变化发展过程中,商事纠纷种类相应地也多种多样,如通过列举纠纷类型的方式界定商事诉讼范围势必无法穷尽所有的商事纠纷,极易造

---

① 见法国司法部网站:http://www.justice.gouv.fr/art_pix/1_stat_livret_final_HD.pdf,访问日期:2016 年 6 月 25 日。

② 见法国司法部网站:http://www.justice.gouv.fr/art_pix/1_stat_livret_final_HD.pdf,访问日期:2016 年 6 月 25 日。

成立法上的遗漏。因此,法国立法首先以"商主体"为核心界定商事诉讼范围,即明确"商事"的性质定义,简言之,为在"商事登记簿"上注册登记的自然人和法人从事的经营活动,并在此基础上明确商主体之间有关商事权利义务纠纷属商事诉讼范围;继而再以"与商事公司有关的纠纷"为标准将不属于商主体的市场主体进入商事诉讼的最常见的情形进行界定;最后又以"商行为"为标准,将其他不属于商主体但同时又与商事活动密切联系、应当列入商事诉讼范畴的纠纷进行兜底规定。这样三个层次实现商事诉讼适用范围的"全覆盖",既将所有商事主体因经营行为产生的商事纠纷涵盖其中,又将非商事主体与商事活动密切相关的纠纷情形予以包含,还为商事活动的变化发展以及立法规定、司法解释的随时更新预留了余地,不失为对商事诉讼范围较为科学合理的界定方式。

同时,法国立法在强调商事诉讼具有较为广泛的适用范围的同时,也十分注意对适用范围予以一定的限制。因为注重司法效率的同时也不能过多地牺牲司法公正。在涉及公民基本权利、国家和社会公共利益方面的纠纷案件,例如知识产权案件以及法国法上"商事租约",即涉及商业不动产的纠纷案件则被排除在商事诉讼范围之外。体现了法国对公序良俗和商业利益、公平正义与诉讼效率予以平衡协调的立法精神。此外,法国立法对于商事活动和纠纷类型一直保持高度关注,并适时出台法令调整商事诉讼范围,以适应不断变化着的纠纷解决的需求,维护当事人权利和社会公共利益。

四、灵活便利的诉讼规则

一直以来,法国商事诉讼程序制度较普通民事诉讼具有灵活便利、快捷高效的特点,而近年来的几次立法修订,更是体现了立法者强化商事诉讼当事人处分权、尊重其意思自治、提高诉讼效率、实现程序效益价值的立法意图。综合本书前述制度分析,结合法国最新立法改革,对商事诉讼高效、发挥其制度优势的重要规则主要体现在确立口头程序、强化预审作用、设置调解前置程序等方面。

(一)确立口头程序

商事诉讼程序适用口头程序是法国商事诉讼一直以来的规定,但2010年口头程序改革前,由于口头程序并非民事诉讼主体程序,《民事诉讼法典》并未明确规定口头程序适用规则,多由主审法官根据案件情况自主裁量。2010年法令将口头程序专节列入法典,一方面表明了法国立法对多年来适用于商事诉讼司法实践的口头程序予以充分肯定,并最终将其以法典的形式进行抽象和归纳;另一方面也为口头程序适用制定了统一的规则。纵观其具体规则,无不体现赋予当事人程序主导地位、强化当事人处分自由及程序选择权的特点,契合了以商事诉讼为典型的特殊民事诉讼效率优先的民事诉讼价值观。

1. 简便快捷的起诉方式

口头程序的基本要求"当事人应当在法庭口头陈述其诉讼请求及答辩理由",既减轻了普通民事诉讼当事人参加诉讼准备诉状、答辩状等书面文书的讼累;也简化了商事诉讼起诉方式。《民事诉讼法典》第54条规定诉讼提起可以经传唤状、当事人自愿到庭、向法院书记室提交诉状、提交共同申请以及声明共五种方式。因为口头程序的适用,商事诉讼选取了除传唤状这一基本方式外最为简易方便的起诉方式,即当事人自愿到庭和提交共同申请。因为该两种方式均以双方共同表达纠纷解决愿望为前提,以这种方式起诉符合口头原则双方共同亲自出庭的要求,有利于提高诉讼效率。而将向法院书记室提交诉状、声明这两种对于加快诉讼进程无益的起诉方式排除在外。同时,不同于普通民事诉讼要求当事人应在提出传唤状之后4个月内向法院书记室送交传唤状副本的要求,商事诉讼则规定了提交传唤状最短时限,即应当在开庭前15天提出,而传唤状副本也最迟须在开庭前8日提交。而在海上或航空案件中,提出传唤状的时间还可以继续缩短,甚至以小时计算,充分体现了商事诉讼追求时间价值和强调诉讼效率的特点。

2. 舍弃律师强制代理

法国普通民事诉讼实行律师强制代理制度。即在大审法院,根据《民事诉讼法典》第755条规定,被告应当自传唤状之日起15日期限内选任律师。此处应当是必要条件之意,当事人必须聘请律师作为自己的代理人。① 但是在商事诉讼中,由于口头程序强调当事人亲自到庭,不实行律师强制代理,而主要由当事人本人出庭口头陈述意见。此外,在商事诉讼中,律师也不是当事

---

① [法]洛伊克·卡迪耶:《法国民事司法法》(原书第三版),杨艺宁译,中国政法大学出版社2010年版,第371页。

人委托代理人的唯一人选。《民事诉讼法典》第853条规定,商事诉讼当事人可以委托由其选择的任何人,只要该人得到其专门授权,作为其诉讼助理或代理人。由于要求当事人亲自出庭,且案件涉及专业商事活动,法国立法预设商事诉讼当事人均具备其所从事行业专业知识和技能,对于纠纷事实和法律问题都有高于普通民事诉讼当事人的认识能力和处理能力,加之商事案件诉讼效率的需要,法律规定无须对诉讼当事人施加特别的保护,而赋予当事人较大自主权,可以委托其认可任意人员协助,而非仅限于律师。该项规定显示出与民事诉讼着重保护当事人权利不同,商事诉讼更加注重当事人处分自由。

3. 新设"交换日程"规则

2010年,口头程序改革新设置的"交换日程"规则赋予了商事诉讼当事人预审阶段主导地位。在大审法院进行的普通民事诉讼程序中,当事人提出书状、交换证据、申请证据调查措施均在审前准备法官主导和安排下进行。审前准备法官根据案件情况可以随时设置时限要求当事人提供案件所需材料和进行证据交换。审前准备程序基本由审前准备法官掌控进度和流程,当事人及其律师没有改变的余地,职权主义色彩较浓烈。而商事诉讼中,当事人可以在衡量自己和对方当事人证据掌握情况,与对方当事人协商自主确定书状和证据交换的内容、条件和时限,并且设置的"交换日程"规则可以约束预审法官,法官不得再按照自己的意愿,而应当尊重当事人的协商结果监督当事人实施交换程序。"交换日程"规则将私法契约精神引入了商事审判活动中,赋予当事人预审主导权,对于加强当事人意思自治,以及强化其诉讼权利和实体权利的处分自由起到了积极推动作用。

4. 灵活的"不出庭"规则

口头程序以当事人出庭为原则,但该原则也规定了不出庭的例外情形。该情形以尊重当事人意思自治为原则,由当事人主动提出而发起,由法官批准。值得注意的是,此处并非以法官审查后认为合理为前提,也就是说,当事人对于出庭陈述可以由其决定放弃,只是在此情况下,应当承担由此带来的可能的不利后果。商事诉讼中,由于适用口头程序,当事人对其纠纷的解决和程序进程有主导作用,当其认为根据诉讼进展和双方所持证据、所陈述的理由,其已经没有必要继续进行完毕整套诉讼流程,抑或是其需要处理更重大紧急事件无法到庭,则可自主选择申请"免于出庭",由提交书面意见代替其当庭陈述。并且除最终陈述外,当事人还可在最后一次开庭之时口头更新和变更之前提交的书面陈述。这种灵活便利的出庭方式仅在口头程序中才能实现,在由大审法院法官主持的普通民事诉讼中,当事人如未出庭,法庭将以当事人最后提交的书面陈述为其最终陈述,未在书面陈述中提及的请求或理由,法官将依职权认定为当事人弃权。

(二)强化预审作用

法国 2012 年法令修订和扩大商事诉讼原报告法官职权之前,报告法官的职权较大审法院审前准备法官少许多,并且法国商事诉讼案件由报告法官负责进行预审的情形并不多见。司法实践中,基于对独任法官的不信任,庭审开始后,法庭都倾向于通过不断开庭的方式进行预审,而很少将案件交由其中一名法官单独就案件进行预审。[①] 2012 年"关于修订商事法院预审的法令"旨在改变这种状况,强化预审功能。2012 年法令首先变更了报告法官的称谓,将其代之以"负责预审的法官"(简称"预审法官"),提高了预审法官的立法地位。继而通过修订和增加立法规定强化了预审法官职能,即通过夯实肯定原报告法官的基本既有职权,如要求提供信息、禁令权、预审裁决、独立主持辩论等;赋予预审法官新设口头程序中所有预审职权,包括主持当事人履行交换程序,组织当事人达成"交换日程"等;新增商事预审法官委托和解法官权力;明文规定实践中长期存在的提出"报告"的职能等。

商事诉讼预审程序与大审法院审前准备程序功能相同。法国大审法院严格执行审前程序和辩论程序相独立的制度。审前程序是以整理当事人的主张和证据为目的实施的,旨在使纠纷案件达到适合辩论程度的程序。当事人通过在审前程序中交换主张和证据,审前准备法官实施证据调查措施等方式使得案件事实问题基本查明,争点整理基本到位,案件达到可以辩论的程度。审前准备程序对当事人的主张和证据有"冻结"功能,法官确定程序终结后,双方当事人不得再提出新的证据材料或主张,法庭辩论只能在审前准备程序确定的当事人最后陈述范围内进行,合议庭也在此范围内进行裁判。审前准备程序是法官对案件进行集中审理的基础,也有利于保障当事人诉讼权利、防止

---

① G. Borgo, "Juge civil, Juge consulaire: Esprit et méthodes", colloque du 28 mars 2005, p.714.

"证据突袭"破坏当事人之间的攻防平等,维护诚实信用和程序公正。①然而在以往商事诉讼中,由于报告法官职权较弱,司法实践中由报告法官独自主持预审的情形较少,预审程序没有受到足够重视,远未发挥民事诉讼审前准备程序那样的重要作用。

2012年法令通过强化预审法官职权,使得预审法官与大审法院审前准备法官职权趋于接近,实际上起到了强化商事诉讼独立法官预审的法律效果。此项改革对于商事诉讼有着很大积极意义。其一,有利于加强商事诉讼的规范性,提高商事裁判公信力。强化商事法院预审法官职权意味着将商事诉讼预审程序向大审法院审前准备程序靠近,审前准备程序是经过法国多年司法实践检验并予以肯定的基本诉讼规则,是提高诉讼效率、保障诉讼公平的制度基石。商事法院由于其法官为非职业法官,且使用灵活的口头程序,一直以来被部分法律人士认为缺少专业法律素养,其裁判权威性较司法法院更弱。强化预审法官职责规定,有利于规范预审程序规则,将其向审前准备程序规则靠近,有利于提高预审程序规范性和严肃性。其二,有利于发挥预审制度优势,提高诉讼效率。预审制度优势主要应当通过预审法官独任主持预审体现。以往商事诉讼规则虽然规定了报告法官独立主持预审的规定,但却未在司法实践中得到大量实际运用,制度设计有落空之嫌。2012年法令强化预审法官职权有助于落实预审法官独立组织预审,可以实现案件根据难易复杂程度进行分流,由预审法官独立主持相对简单的案件,可以节省有限的商事法官资源,提高诉讼效率。其三,有利于促使当事人达成和解,快速解决纠纷。2012年法令新增赋予预审法官与审判庭相同的委托和解权力,2015年和解程序改革法令增加了和解法官职权,也相应地强化了预审法官作为和解人的职权,使得预审法官独任组织当事人达成和解的概率大大提高,为加快诉讼进程、快速解决争议起到积极作用。

(三)强化和解程序

2010年法令在确立口头程序规范的同时也在《民事诉讼法典》商事法院临时性救济程序中新增第860—2条,引入了一项重要规则——和解前置规则。和解前置规则要求案件进入预审前即由审判庭负责询问当事人是否具有

---

① 张卫平、陈刚编著:《法国民事诉讼法导论》,中国政法大学出版社1997年版,第142页。

和解的意愿。如果当事人各方均有和解意愿则由其指定的法官主持和解。长期以来,司法实践中和解在商事诉讼中都起到非常重要的作用,许多案件经法官主持和解即告结案,无须进入审判程序,因而和解是使得商事诉讼快捷解决的重要途径之一。[①] 法国民事诉讼立法规定当事人在诉讼的任何时候均可提出和解请求,吸纳于多年司法实践经验,2010 年法令明确将和解设置为庭审前置程序,并将其作为商事诉讼法官审前必经首先履行的职责,是从立法角度倡导商事诉讼当事人和解解决争议纠纷,并且在制度规则上予以支持,无疑将加大当事人诉讼和解的机会,从而提高诉讼效率。法令仅将和解前置规则规定在商事诉讼程序中,而未设置在其他普通民事诉讼程序中,体现出以程序效益为价值导向的商事诉讼案件比普通民事诉讼案件更有和解的必要和可能。

此外,2015 年和解制度改革新增诉讼和解的具体规定,加强了和解制度的可操作性,强化了和解法官的作用和地位,为司法实践中法官和当事人注重和解、运用和解起到了有力的导向作用。

(四)限制上诉

法国《商法典》第 R.721—6 规定,诉讼请求为价值 4000 欧元及以下数额的,由商事法院一审终审。商事法院作出一审判决后,标的额价值大于 4000 欧元的,若当事人不服判决,可在判决作出之日起 1 个月内向作出判决的商事法院所在地上诉法院提起上诉。该项规则体现了法国商事诉讼限制上诉的立法思想。由于商事活动多按照固有操作规程进行,具有重复性的特点,其复杂程度、专业性程度往往与标的金额成正相关,因此商事纠纷案件的重要性往往可以根据争议标的金额的大小来衡量,标的金额较小的商事纠纷往往案件事实较为简单,反之亦然。同时,商事主体的营利性和经营性也决定了当其发生商事纠纷时以一定经济利益换取时间利益和秩序利益的价值选择规则。也就是说,商事主体自其从事经营行为的那一刻起,就应当作好因适用商事交易规则、享有商事高效收益而放弃一定的程序救济利益的准备。为适应商事活动的时效性和诉讼效率价值优先的理念,法国商事诉讼立法规定仅对一定金额以上的纠纷诉讼给予上诉救济,既可以加快诉讼进程、维护商事主体时间利

---

① [英]阿德里安 A.S.朱克曼主编:《危机中的民事司法:民事诉讼程序的比较视角》,傅郁林等译,中国政法大学出版社 2005 年版,第 307 页。

益,又可以节约商事审判司法资源,使有限的审判力量集中在解决复杂、疑难和影响较大的案件上。该规则充分体现了以解决商事纠纷为目的的商事诉讼特点。

第二节　我国商事审判理念之明确

我国现行立法对于民、商事诉讼采取的是大一统的立法模式,对于商事纠纷没有设置专门的程序规则,而是一并适用民事诉讼普通程序规则。这样的立法结构在经济飞速发展、商事活动极大繁荣的今天已经显得不利于商事纠纷的快速、有效、合理的解决。尤其是在全球经济一体化日益突出、我国目前加深对外联系、加强国际商贸往来的形势背景下,建立、健全专业、高效的商事纠纷解决机制不仅是作为权利保障底线的诉讼程序维护商事主体基本权利的需要,也是维护市场秩序交易规则的内在要求,以及树立我国良好国际商誉、促进经济发展的题中应有之义。因此,我国有必要立足实际国情,合理借鉴国外立法经验和司法经验,完善我国商事诉讼制度。结合法国几百年商事诉讼程序立法经验,我国首先应当确立不同于民事审判的商事审判理念。

自 2010 年 8 月召开的全国第一次商事审判工作会议明确提出了"人民法院商事审判应该尊重商事审判自身的客观规律,坚持符合商事审判要求的裁判理念"之后,商事审判理念得到了我国司法界的普遍认同和重视。① 2013年 9 月 17 日,全国法院第二次商事审判工作会议在江西南昌召开,周强院长指出,党的十八大对全面建成小康社会作出了重大战略部署,商事审判工作在维护社会主义市场经济秩序的任务更加繁重,要求人民法院高度重视和加强商事审判工作,进一步拓展商事审判服务经济社会发展的广度和深度,为维护和保障经济社会持续健康发展作出新的更大贡献。此次大会报告还提出,民事审判可以概括为以人为本,侧重对公民生存和发展相关基本权益的保护;商事审判却侧重于鼓励交易、维持市场秩序和保护交易的便捷性和安全性。在诉讼价值的取舍上,民事诉讼注重公平价值优先,商事诉讼则强调二者并重或

---

① 奚晓明:《积极推进三项重点工作保障经济发展方式转变,能动回应经济社会发展对商事审判工作的新要求——在全国法院商事审判工作会议上的讲话》,《商事审判指导》2010 年第3 辑(总第 23 辑),人民法院出版社 2011 年版,第 17 页。

效率价值优先。在我国目前民商合一的立法体例下，虽然绝大多数商事单行法已完全接受和体现了商事理念，但在与商事活动密切相关的基本法律制度规范中，如合同法、物权法、侵权责任法方面，并没有对于"民事"与"商事"案件在适用时的区别，因而要求我国法院在司法实践中"更有进一步区分的必要。①商事纠纷和商事审判的特性决定了商事裁判理念的不同，而不同的裁判理念则直接影响到商事审判活动，以及对实体法的适用。详言之，确立我国商事审判理念应当包含强化尊重当事人意思自治、促进交易便利与维护交易规则、优先适用商事特别法和商业惯例三方面。

一、强化尊重当事人意思自治

意思自治是私法的核心要求，而商法是社会发展到商品经济时期出现的以商事交易和商事关系为主要调整对象的私法分支。作为私法领域的一种，商法应当以当事人意思自治为基本原则，同时，由于商事活动较民事活动的特殊性，商法及商事纠纷审判应当较民法和民事纠纷审判更加强化当事人自治理念。由于商事活动较高的专业技术性，以及职业性和频繁性，商事主体通常被看作理性的经济主体，对其从事行业的交易规则和交易习惯有熟悉的掌握，对于交易风险也有合理预期和控制，因而商事审判无须像民事审判一样对交易行为的公平性进行严格维护，也不应对交易主体的主观善意予以较高的要求。以一则案例为例：2007年10月，苏州工业园区某投资公司A与甘肃某公司B签订了投资协议。A公司以现金2000万元入股，以持有B公司3.85%的股份。双方签订股权转让协议约定对赌条款，B公司2008年净利润不应低于3000万元，否则将向A公司提供补偿，金额为（1－2008年实际净利润÷3000万元）×2000万元，而2008年B公司实现净利润仅约2.5万元，根据双方合同约定，B公司应当补偿A公司，金额高达约2000万元。B公司不肯履行合同约定，A公司将其告上法庭。法院经一审、二审审理后均认为，"对赌条款"约定过于保护某一股东利益，违反股权平等原则和投资风险共担规则，同时，双方协议对其他利益相关人，尤其是小股东和其他债权人的利益带来损

---

① 孙晓光：《深化商事审判理念、探索商事审判规律，为经济社会持续健康发展提供司法保障》，《人民司法》2013年第21期。

害,有违法律强制性规定,判决该协议无效。

　　该案为我国首例私募股权基金对赌协议无效案件,私募股权基金是典型的商事行为,该案件是典型的商事案件。法官按照民事审判理念,忽视法律背后的市场规则和行业惯例,"机械"适用法律所作判决在商事审判理念下,则可能是另外一种结果。虽然"对赌"协议表面上是对 A 公司一方投资人投资利益的保护,似乎违反同股同权原则,但是却忽略了 A 公司作为私募股权基金入股 B 公司时,该公司股权价格已经高于内部股东的入股价格,基金公司 A 提前承担了风险的事实。对于 A 公司而言,其溢价提前购买的就是 B 公司未来的收益和发展,因而不存在违反风险共担原则的问题;对于原股东和其他债权人而言,由于 A 公司基金高价入股,既享受了公司现金流增加的现实利益,又获得了公司偿债能力提高、信用评级增加,以及由此而来的在金融机构或其他资本市场上获取融资的有利条件等隐性利益。因而对既有股东和债权人而言是"既得利益",对于 A 公司来说,才是一种"不利益"和风险,而非法院认为的损害了其他利益相关方的权益。为平衡投资者的"不利益"和减少风险,双方约定由受益方向投资方给予一定的利润兜底,在商事活动中既是一种常用操作,也符合公平原则。事实上,与标的公司未来预期的资本增值相比,对赌协议中涉及的价值补偿并不足以满足投资方的期望。[①] 此外,协议条款名为"对赌",是因协议事项发生在未来、是否成就尚未可知而引用的一种形象比喻,并非指通常民事活动中所指的"赌博"行为,应当认定协议有效。

　　事实上,对赌协议性质上属附生效条件的协议,也称"估值调整机制",是融投资方持股比例或股权收益与企业未来一定条件下的价值相关联的一种可能性约定安排。是私募股权经营活动的核心和惯常操作,也是促进新兴企业,如以高科技为核心的经营企业借助证券市场获得融资、实现快速发展的有效途径。在发达的西方资本主义国家,私募股权基金及其运作已发展了几十年,而对赌协议也是股权投资活动中频繁使用的商业模式,体现了当事人对于市场环境、行业发展,以及标的公司未来预期收益的一种大胆预判和对实际结果无条件承受的承诺和保证,是一种风险较高的商业选择。但是高风险往往伴随着高

---

　　① 孙晓光:《深化商事审判理念、探索商事审判规律,为经济社会持续健康发展提供司法保障》,《人民司法》2013 年第 21 期。

收益,对于以营利为目的的商人和以资本运作为常态化职业的商事公司来说,这种选择通常是其基于对自身、交易对手及市场的判断,在与合作方进行反复商务谈判后所作,是经过了充分专业论证和公司内部决策程序后的一种价值选择。这种选择是为了追求利润最大化而进行的一种"交易",是对资本工具的正常使用。而适用这种工具的当事人各方均是有机会、有条件了解和研究其风险机制的平等的商事主体,也对是否选取有选择权。这与普通民间交易、民事行为往往会涉及公民基本权利、社会公序良俗,甚至有时交易主体地位并不对等、交易一方不具备选择权等可能会影响到公共利益情形不同,商事行为只要在法律禁止性规定范围内,符合国家宏观调控经济政策,即使具有较大风险,也仅只是交易主体风险识别和风险自负的问题,通常不但不会对交易以外其他市场主体造成任何影响和不利,只要按照市场通行规则和行业惯例适当运用,反而还有利于激发市场活力和带来商业繁荣。因而有学者认为,没有对赌协议,就没有华尔街的繁荣,也就没有美国科技与金融的世界霸主地位。①

可以看出,当以普通民事审判理念裁判商事案件时会出现与真正站在商事活动角度、以商事审判理念裁判案件截然相反的结果。类似的案件还有认定违约金约定较高、以情势变更为由变更商事合同,以及法人人格否定等。在目前我国商事审判理念未有效建立的情况下,不排除商人利用司法审判的缺陷和法官的非专业性通过法院判决掩盖和转嫁正常商业风险,对应当承担的正常商业后果反悔耍赖的可能。因此,法院审判商事案件应当树立尊重当事人自治的理念,谨慎介入商事活动自治领域,充分尊重市场主体在法律强制性规定框架内对经营活动的自主权,以及作为主要商事主体的法人的治理规则,尽可能尊重公司章程和股东之间的内部约定,而非简单轻率地以民事固有理念及思维惯性取代商业判断。对商事活动中出现的新型合同以及商事主体在传统合同形式中采取的新型约定,不轻易否定效力,注重维护公司经营自主权和交易的稳定性。

二、促进交易便利与维护交易规则

商事活动目标在于以最少的成本追求最大的效益,而交易的快速、简便和

---

① 范健:《商事审判独立性研究》,《南京师大学报(社会科学版)》2013年第3期。

灵活,可以促使交易成本的降低和利润率的提高。为适应商事活动的逐利、高效的特点,商事实体法设置了各种客体定型化、权利证券化的交易形式,如商业票据、提单、仓单、保险单、股票、债券、交割单等,分别表示不同的权利义务规则和适用不同的交易场合;以及规定各种简短快速的期限制度,如票据的行权期、商事交易异议期、股东会决议撤销权行使期间等。因而商事审判应当树立效率意识,配合商事活动的高效特点,以专业化为基础,以商业规则为标准,弱化传统民事诉讼审判中对发现案件真实的追求,执行短期时效内容,严格审限管理,严格中断、终止事由的审查。优化商事审判程序,大量适用多元化的商事纠纷化解机制,促进商事纠纷快速解决。注重维持交易的稳定,例如在保障原有股东优先购买权的同时兼顾维持交易稳定;当公司存在设立瑕疵情形时,允许当事人采取补救措施,不轻易否定企业成立;对公司解散纠纷多采用当事人调解,避免企业终结等,尽可能维持商事主体内外部法律关系的相对稳定,维护交易安全。

同时,商事审判还应当树立交易规则与交易安全的维护意识,区别强制性规范和任意性规范,按照商事活动主体法定、商事行为公示主义、外观主义和严格责任等原则适用法律。① 首先,商主体的设立须经法定程序,组织形式应当符合法律规定的标准要求。如有限责任公司与股份公司的设立要符合法定人数、出资额、公司章程的法定条款等强制性规定。其次,依照国家对市场经济活动的规制规范及交易规则裁判当事人之间权利义务。如根据国家税法、会计法的相关规定审查公司税款解缴、会计记账规则是否按照相关强制性规定进行;基于对商行为主体意思自治的尊重、既有交易的维持,及第三人利益市场交易规则的维护,合理适用反不正当竞争法、反垄断法等法律规定,谨慎认定并严格规制假冒注册商标、虚假广告、商业贿赂等不正当竞争行为,及股东滥用公司有限责任行为。第三,根据商事法律规定的商行为外观公示要求,如票据记载事项及效力规定、公司登记制度及上市公司信息披露规则等,以交易主体的外观行为为衡量标准裁判当事人权利义务及相关法律效果和法律责任。② 此外,注重企业责任的变化,严格判断企业法定义务、公司高管责任和

---

① 王保树:《商事审判的理念与思维》,《山东审判》2010 年第 2 期。
② 俞秋玮、贺幸:《商事裁判理念对审判实践影响之探析》,《法律适用》2014 年第 2 期。

财务管理行为,从轻把握损害保险、共同海损、公司僵局中的企业责任。①

三、优先适用商事特别法和商业惯例

我国商事审判长期以来一直混同适用民法基本原则和制度,容易忽略具有极强规则性和专业性设计的商事特别法。如《票据法》对票据效力和票据行为的规定、《保险法》对保险法律关系和保险当事人权利义务的规定就不同于民法对民事法律行为效力和民事法律关系的规定;《海商法》对船舶抵押权、留置权的特殊规定与民事普通法《物权法》《担保法》中有关抵押权、留置权的规定不同。因而当商法规范与民法规范存在冲突时,应优先适用商法规范,坚持特别法优于普通法原则。同时,随着经济飞速发展和科学技术日新月异,新型交易模式和规则在丰富多样的商事实践活动中不断出现,许多交易规则先在交易活动中自发形成,之后经多数商事主体确认成为行业惯例,之后又经行业协会、第三方交易机构采纳成为市场通行规则,最后再经立法机构认定制定国家法律。在制定国家立法前,许多交易行为通常由非政府、行业间组织规定和商事团体的自治规范进行约束,是业内商人普遍承认和遵守的交易规则,是商事规范的重要部分。因此,商事审判除了依据商法原则和特殊法律规范外,还需尊重交易机构、行业组织章程、会计师协会等中介组织的业务规则、商会规约,并作为裁判案件的重要依据。尤其是经过长期国际商事活动实践证明合理有效、得到商事主体普遍认同且业内良好运行多年的行业惯例,如国际贸易中形成的《托收统一规则》《跟单信用证统一惯例》《共同海损规则》等。对此,我国《合同法》对交易习惯作为法律渊源之一予以了支持。该法第六十一条规定:"合同生效后,当事人……可以协议补充;不能达成补充协议的,按照合同有关条款或者交易习惯确定。"以一则案例为例:某地机场 D 集团于 2005 年 12 月 31 日发布《认沽权证上市公告书》,载明该机场认沽权证将上市交易,存续期至 2006 年 12 月 22 日止,行权期间为 2006 年 3 月 23 日起至 2006 年 12 月 22 日。次年 3 月,D 集团发布提示公告称根据《上海证券交易所权证管理暂行办法》,权证存续期满前 5 个交易日终止交易,权证交易截

---

① 宋晓明:《在全国法院民商事审判工作会议上的总结讲话》(2007 年 5 月 30 日),见 http://law.baidu.com/pages/chinalawinfo/11/7/,访问日期:2015 年 2 月 20 日。

止日期调整为 2006 年 12 月 15 日。截止期满前两日,D 集团又两次公告说明 12 月 15 日为权证的最后交易日。某投资者 C 自 2006 年 4 月起开始对认沽权证进行购买和交易直至 2006 年 12 月 15 日。后 C 因在最后交易日买入权证,而此时行权已无意义,受到利益损失,于是以 D 集团、上交所对最后交易日未作任何提示、D 集团未严格按照《证券法》规定履行信息披露义务、上交所制定的权证规则不够完善且未尽监管职责为由,将 D 集团和上交所告上法庭,要求 D 集团和上交所对其投资损失承担赔偿责任。[①] 法院判决认为,D 集团按照上交所《权证管理暂行办法》履行了信息披露义务且公告的内容明确指定了最后交易日期;且 D 集团按照《权证管理暂行办法》的规定仅为标的证券上市公司,并非权证信息披露主体,且《证券法》中上市公司应披露的法定事项中也未规定权证信息为必须披露事项,D 集团已按照交易规则履行了信息告知义务,上交所亦尽到了监管责任,遂驳回 C 的诉讼请求。

本案中法院对该案的处理反映了对商事交易特别规则的适用。案件中的交易对象权证是近年来证券市场交易的衍生品种,现行《证券法》尚未将其纳入规范调整的范畴,目前仅上海、深圳证券交易所制定的《权证管理暂行办法》对权证发行、上市、交易等进行了规范。由于权证交易活动必须在交易所进行,因而发行主体及投资人在从事权证投资商业活动时应按照《权证管理暂行办法》规定的规则进行,而非《证券法》规定的一般原则。法院审判该案时,对《权证管理暂行办法》规定的信息提示规则予以了承认和适用,体现了在国家立法规定空缺的领域,司法审判根据交易规则和行业惯例裁判交易主体间权利义务关系、维持交易秩序和交易安全的必要性和合理性。

第三节 我国商事诉讼立法模式的选择

我国现行诉讼程序被称为"民事型主导的诉讼程序""大一统的民事诉讼程序"。[②] 究其原因,是因为我国现行民事诉讼程序是以解决传统、简单的民事纠纷为主要功能,程序设计单一、粗糙,缺乏针对性,程序价值强调以"公

---

① 《陈伟诉广东省机场管理集团公司、广州白云国际机场股份有限公司、上海证券交易所侵权纠纷案》,《中华人民共和国最高人民法院公报》2008 年第 12 期。

② 江伟主编:《民事诉讼法专论》,中国人民大学出版社 2005 年版,第 359 页。

正"为主,快捷、经济、效益等多元化价值理念体现不足。① 同时,我国民事诉讼程序一贯以来强调的法官职权探知、当事人间激烈的对抗、严格的证明规则、固定的程序进程、宽松的期间制度和上诉条件等规则都难以高效、快捷地为商事纠纷提供救济。此外,商事诉讼程序混同在民事诉讼程序中,使得法官在审理案件时既要考虑民事纠纷的一般特征,又要兼顾商事诉讼的特质,程序公正与效率两种价值在选择适用上存在较大的冲突,既影响了普通民事审判程序的正常运行,也阻碍了商事纠纷的解决。

由于商事主体、商事行为和商事纠纷具备的特殊性,以及商事诉讼程序效益优先的价值取向,商事诉讼不仅应当确立不同于传统民事诉讼的审判理念,还应当建立区别于普通民事审判体系的商事诉讼立法模式,以顺应商业经济发展对司法纠纷解决的需要,契合诉讼程序价值多元化的要求。

一、我国商事诉讼立法模式的理论观点

对于我国如何完善商事诉讼程序规则,理论界和实务部门在对外国相关商事诉讼程序制度研究的基础上,形成了以下几种理论观点。

第一,独立法典说,主张我国应当设置专门的商事诉讼法典。持该观点的学者们认为,建立专门性诉讼程序制度的前提是存在大量的相关实体法律规范,而我国目前立法已经制定了大量的商事实体法律规范,具备了设置专门商事诉讼法典的法律基础。② 而从实体法与程序法的关系而言,一个独立的实体法律部门往往设置有专门的程序性法律制度以保障其实施,在此意义上,我国也应当设立单独的商事诉讼程序法典。③

第二,单行实体程序法律合一说,认为我国应当在单行的商事实体法律规范中设置相应的诉讼程序规定。持该观点的学者认为,鉴于我国目前民事诉讼程序制度规定较为基础和原则,短期内难以满足各类特殊纠纷案件对诉讼机制的特殊性要求,若对其进行大幅度修订将耗时较长且工程量也巨大。相

---

① 廖中洪:《中国民事诉讼程序制度研究》,中国检察出版社 2004 年版,第 153 页。

② 代杰:《试论我国商事诉讼程序制度的构建——从比较法国商事诉讼程序视角的思考》,西南政法大学 2013 年硕士学位论文。

③ 石少侠等:《实质商法主义的民商分立论》,《中国商法年刊》(2004),黑龙江人民出版社 2005 年版,第 165 页。

较而言,在规范各类商事行为的单行实体法规定中增设专门诉讼机制似乎更加便利、及时和经济。① 该观点主张将商事活动涉及的法律实体问题和程序问题一并规范,且统一制定在相关实体法律制度中。

第三,特别诉讼程序说,即以现有的民事诉讼法为基础,增加制定商事诉讼特别程序规则。持该观点的学者认为,民事诉讼与商事诉讼之间既有联系又存在区别。因此,无论是民事诉讼还是商事诉讼,都应当以现行的《民事诉讼法》及其司法解释为"程序总则",适用于包括商事案件在内的一切民事案件。在此基础上,鉴于商事案件所具有的特殊性,在未来我国《民事诉讼法》的完善时,应当为商事案件等特殊类型的案件设置特别的诉讼程序规则,如"增设公司诉讼、票据诉讼、证券诉讼等民事特别诉讼制度以满足不同商事案件的特殊要求"②。

此外,还有观点认为我国民事诉讼程序制度足以调整所有的民事案件,我国没有必要设置专门的商事诉讼程序。即认为,由于我国没有商人自治的历史,也不存在民商分立的制度基础,没有必要设置单独的商事诉讼程序,而应适用统一的民事诉讼程序。③

综合考量上述设置商事诉讼程序制度的观点,笔者认为"特别诉讼程序说"的观点较为可取。原因在于:首先,增设专门的商事诉讼极为必要。前文已述,尽管民事案件与商事案件在特征上存在着一致性,但二者的差异也是显而易见的。因此,否定增设专门商事诉讼程序的观点,既不符合民事诉讼立法类型化的趋势,同时也难以应对数量日益增多、类型日益繁杂的商事诉讼。其次,我国设置独立的商事诉讼程序法典尚不可行。就长远而言,设置单独的商事诉讼法典对于商事诉讼的开展无疑有着极为重要的意义,然而必须看到该观点既存在理论上的阻碍,也存在实践上的难题。就理论而言,主要是"民商合一"与"民商分立"的争论至今尚无定论,独立商事诉讼程序法律制度的设置将会在调整对象上面临更多的争议;而就实践而言,目前我国的商事实体法律既有单行法,也有散见于其他法律涉及商事案件的相关条文,如何做好独立的商事诉讼法典与其他相关单行商事法律以及商事规则之间的衔接存在不小

---

① 李颖:《论公司类型案件特殊诉讼机制的构建》,《人民司法》2003 年第 9 期。

② 樊涛:《我国商事诉讼制度的解析与重构》,《当代法学》2008 年第 6 期。

③ 王强义:《民事诉讼特别程序研究》,中国政法大学出版社 1993 年版,第 71 页。

的难度。因而,目前我国制定独立的商事诉讼法典的观点显得过于"超前"。再次,在相关实体法律制度中增设商事诉讼程序过于烦琐。最后,"单行实体程序法律合一说"的实现难度较大。相比于独立的"商事诉讼程序法典说",单行实体程序法律合一的观点充分考量了商事纠纷的特殊性以及司法资源的有限性,但需要看到的是实体法律规范与程序法律规范毕竟有着不同的立法宗旨和立法任务,盲目地将程序法律制度嵌入实体法律规范可能会带来法律制度之间不相协调的问题,同时,这种观点也意味着需要花费大量的人力和精力对现有的商事实体法律适度进行逐个修订,立法工作量其实更大,因而亦不具有可操作性。相较而言,在现行民事诉讼程序法律制度中增设商事诉讼的特殊规则,既能够保障诉讼法律制度的统一性,也能够满足某些特定案件类型所遇特殊诉讼程序设置的需要。并且,就立法难度而言,增设专门的商事诉讼程序,既不会产生与商事实体法律制度逐一调适的问题,也不会产生制定商事诉讼法典难度过大的问题。因而,该模式是较为可取的专门商事诉讼制度立法模式。

二、法国商事诉讼立法模式的实践优势

事实上,现行的法国商事诉讼程序制度正是采用"一般+特殊"的立法体例。历史地看,虽然法国立法部门对于民事诉讼程序制度有过多次改革,学术界对于现有的商事诉讼制度也曾存在一些质疑和批判意见,但无论是学术界还是实务界,主流观点仍然是支持现有立法模式。尤其从近年来法国商事法院相关立法制度改革来看,法国更是加强现行商事法院制度、强化商事法官职权。法国立法上独立的特别诉讼——商事审判模式以诉讼效益价值优先,以类型化设计为基础,以专业商人法官为特色,以实体法与程序法的合理衔接和良好制度规定为保障,对商事纠纷的解决和诉讼程序功能的实现有积极作用。

美国学者、法官理查德·A.波斯纳认为效益与公正的概念经常是一致的,只有在效益提高的前提下才能实现更高层次的公正,正义的第二种涵义——也许是最普通的涵义——是效率。① 正如前文所述,商事诉讼较普通民事诉

---

① [美]理查德·A.波斯纳:《法律的经济分析》,蒋兆康译,中国大百科全书出版社1997年版,第31页。

讼以诉讼效益为首要价值目标,因而在设计程序制度和纠纷解决方式时,以程序效率为首要考虑要素,力图通过较少的司法资源成本获得较大的裁判效益。事实上,法国采用的"一般+特殊"的商事诉讼制度立法体例,能够确保商事法官以及诉讼当事人在遵循民事诉讼一般原则的基础上,按照商事理念和商事规则审判案件,以提升商事审判的专业化,提高商事审判的效益。而按照不同类型的纠纷配之以不同诉讼程序予以解决的理念设置独立商事诉讼程序,有利于实现诉讼效益最大化、司法资源的优化配置以及纠纷的彻底解决。不难发现,法国的商事诉讼程序遵循的是诉讼效益优先的思路,在诉讼过程中法官有针对性地降低对案件真实的惯性追求,注重当事人处分权和意思自治,只要当事人合意不违反法律禁止性规定和不损害社会公共利益,法官都应当予以支持,而这也促进了商事纠纷的快速解决。

三、我国商事诉讼立法模式完善路径

参考法国《民事诉讼法典》立法模式,本书认为我国商事诉讼制度的设置思路应当是以适用一般民事诉讼规则为基础,通过对商事诉讼特殊原则和审判要求进行归纳总结,在现有民事诉讼立法结构中设置专门适用于商事诉讼的特殊规则。具体而言:一是修改我国民事诉讼法总则,在保留现行民事诉讼基本原则的同时增设商事诉讼程序适用特殊原则,如口头原则和效率优先原则等,使其在原则部分既具有普遍性和统领作用,又可以对包含商事诉讼、小额诉讼程序在内的特殊程序具有适用性。二是参照法国《民事诉讼法典》通则与特殊规则两部分的立法模式,将我国民事诉讼立法分为通则、特殊规则两编。通则部分主要规定民事诉讼原则、基本制度、普通程序规则、管辖规则、证据规则等广义民事诉讼通行规定;特殊规则部分则按照民事诉讼的不同分支、各类临时性救济程序要求对民事案件进行进一步细化和临时性救济程序规定。例如,可以将商事诉讼、简易诉讼、小额诉讼、家事诉讼、知识产权诉讼等各自特有的程序规则分章节列入我国《民事诉讼法》第二编。各类特殊程序共同适用相同的通则有利于私法纠纷解决程序制度的体系化建立和内在关联性搭建。相较之下,如各特殊程序单独制定程序立法,势必存在规定内容大量重复,带来立法烦冗复杂和立法成本增加。同时,将各类临时性救济程序规定分编列入《民事诉讼法》,可以显著体现出各类临时性救济程序的特殊性和相

互之间的区别,易于对比研究和司法适用,也有利于立法的修订完善。三是对于商事诉讼内部不同细分类型纠纷,通过设置不同的特殊规则和实体法律规定即可就其特殊性予以规制,而无须再设置专门的诉讼程序,以避免程序复杂和重复。如此可以有效地协调商事诉讼与现行民事诉讼制度的关系,同时凸显商事审判的特殊性。

第四节　我国商事诉讼程序规则的完善

目前,我国商事诉讼程序规则完全适用民事诉讼程序法律规定,不利于商事纠纷的合理解决和诉讼效率的提高,无法满足日益增长的商事纠纷解决需要,也不符合我国快速发展的经济形势和商业活动国际化趋势。我国未来完善商事诉讼程序规则,可对比法国商事诉讼程序的立法经验和优势,从我国民商事审判实际出发,通过新增和修改现有民事诉讼规则,完善我国商事诉讼程序规则。具体包括构建审判组织、明确适用范围、设置具体程序规则和完善临时性救济机制等四方面。

一、构建专门的商事诉讼审判组织

商事裁判组织的专门化,主要体现在商事裁判机构的独立性和裁判人员的专业化上。① 当前,受到大民事审判格局的影响,我国并未建立独立、专门化的商事审判组织,商事案件的审理被统归到民事审判中,使得部分法官将民事领域的审判理念运用到商事纠纷的处理中,进而形成了不甚公平的审判结果。而伴随着商事案件的日趋增多以及区别化对待诉求的提出,我国也有必要适时搭建专门化的商事审判组织。

(一)设立独立的商事审判法庭

对于设置专门化的商事审判组织,短时期内,由于我国审判传统的局限以及法官专业化发展程度的影响,暂时不适宜成立专门的商事法院,但为了解决商事案件"案多人少"的突出矛盾,我国可以率先在商事案件较多、法官队伍

---

① 曹志勋:《商事审判组织的专业化及其模式》,http://www.iolaw.org.cn/showNews.aspx?id=45399。

素质较高的基层法院成立起独立的商事审判法庭,商事审判法庭的受理范围主要集中在证券、期货、票据、公司、破产等案件,商事审判法庭的法官须由取得一定商法专门知识、熟悉商事审判规则的法官担任。与此同时,由于案件的分流会在一定程度上影响到最后的处理决定和结果,商事诉讼立案分流时应当充分尊重和听取当事人的意见,以双方当事人同意为前提。此外,由于商事纠纷具有复杂性和新型化的特点,即便是对于具有一定专门化基础的法官,也应通过集中授课、案例剖析、专题讲座和理论研讨等方式对其加强培训、增强其与商事部门的沟通与交流,不断提高法官参与商事法庭审判的能力,使其成为商事诉讼的审判行家。

(二)商事诉讼人民陪审员的选任

在法国商事诉讼发展过程中,法国商事审判组织中最大的特点就在于吸收非职业法官作为商事法官人选。我国可借鉴法国立法优势,淘汰非职业的"外行"陪审员,由熟悉商事规则的商人参与商事审判,以使审判结果更能得到当事人的信任,也更能确保案件的审判公平。我国目前商事纠纷及商事审判的特殊性逐渐为人们所关注,商事审判实践中也逐渐吸纳了具有商业背景的人民陪审员或具有商业知识的"专家型学者"审判。事实上,中国共产党第十八届四中全会明确提出,要完善人民陪审员制度,保障公民陪审权利,扩大参审范围,完善随机抽选方式,提高人民陪审制度公信度。而就福建厦门、漳州等地的实践情况来看,由精通商事法律制度、商事交易习惯以及从事商事活动的人民陪审员参与商事案件的审理,有助于案件的及时、快速、合理解决。无疑,在当前我国统一的商事审判法庭和商事诉讼程序尚未建立之前,引入商事陪审员成为补缺我国商事诉讼审判缺憾的一项重要制度。因此,在我国未来商事纠纷的审判过程中,应当借鉴法国商事法官制度,引入人民陪审员作为商事审判组织成员,逐步实现陪审员的"专门化",以对我国的商事审判组织进行完善。为强化我国商事审判的专业性,应当从以下几个方面完善既有的人民陪审员参与商事诉讼的制度,具体而言:第一,确定能够参与商事诉讼的人民陪审员资格。目前,我国《人民法院组织法》已经对人民陪审员的资格条件以及具体职权进行了规定,但这些资质条件是针对普通的诉讼而言的。在具体的商事诉讼中,应当对人民陪审员设置更加严格和针对性的条件。例如,从事商事诉讼的人民陪审员应当具备一定的商事法律知识,或者应当具有一定年限的商事活动经历等。尤其重要的是,在专家陪审员的选任过程中,虽不具备高学历,但具有极为丰富的从商经验或在商业领域掌握了多项技能的人同样应当纳入备选范畴。由此,方能保障人民陪审员的选任更加公平,更符合"参审质量"的提升要求。第二,商事诉讼人民陪审员的遴选程序。为确保商事诉讼人民陪审员能够真正有时间、有能力参与商事诉讼,建议有相关地区的行业协会按照法律规定的商事案件人民陪审员的资格进行筛选、推荐,并由人大进行审查决定。由人大决定任命的人民陪审员在履行职务期间,享有法官的权利。第三,人民陪审员参与商事诉讼的确定程序。在具体案件的审判组织确定上,应当遵循当事人自愿选择为主、法官指定为辅的原则,即先由诉讼双方当事人共同协商选择人民陪审员,如协商不成再由法院指定。并且,法院指定应当采取随机摇号的方式进行,以保证人民陪审员选择上的公平、公正。

但须注意的是,并非所有的商事纠纷案件都必须由专业化的人民陪审员参与审判,因为这些人员在严格选任的同时会在一定程度上增加制度实施成本,并将因为自身工作原因或审判经验的不足而拖延诉讼进程。就此而言,在人民陪审员的选任过程中,还应当遵循必要性、费用相当性和比例原则,只有对于审判确实需要参考专门知识的案件,建立专门的商人陪审员制度才为必要,而对于纯粹的程序问题或无需专门知识的实体判决,则主要依赖于职业法官的单独裁判或合议庭裁决,部分专业事项也可通过"专家鉴定意见"的方式得以解决,以尽可能地压缩诉讼成本。与此同时,即便是对于选任后的陪审员,也应当弥补他们在案件经验当中的不足,通过对他们进行专门的庭审业务培训以减少对诉讼效率的影响。

二、明确商事诉讼适用范围

目前,我国立法尚未对商事诉讼适用范围予以明确界定。通过本书第一章对我国商事诉讼概念的考察来看,我国理论界及司法实务界对商事诉讼范围要么采取"案由式"的列举式界定;要么采取商主体式界定;要么采取商行为式界定;要么抛弃上述三项标准采取纯粹抽象式界定方式。但无论哪种界定方式均存在明显的缺陷,"案由式"界定方式存在无法穷尽商事纠纷类型、使得许多新型商事纠纷无法纳入商事诉讼范畴的疏漏;商主体式界定方式则存在遗漏非商事主体从事商事经营行为或发生与商事经营活动密切相关的纠纷情形；商行为式界定亦可能忽略商主体因从事新型商事活动产生的纠纷；而抛弃三项标准的纯粹抽象式界定则将使商事诉讼退回到与普通民事诉讼范畴相一致的最初情形，失去界定的意义。

因此，在普通民事诉讼与商事诉讼案件适用范围的划分上，建议参照法国商事法院管辖制度，由我国修改后的民事诉讼法统一规定。适用范围规则可采商主体为主、商行为为辅的界定原则。由立法先明确"商主体"的性质定义，可采纳法国立法规定，即将登记于商事注册登记簿上的自然人、企业法人、合伙组织等认定为商人；将商人的经营活动认定为"商事活动"。之后将商主体之间有关商事经营活动的纠纷纳入商事诉讼适用范围。其次，设置类似法国立法上的商行为兜底规则，即以"有关商事行为的纠纷"为标准，将商事主体之外其他市场主体可能因从事经营行为或发生与商事活动紧密相关的权利义务关系而产生纠纷纳入商事诉讼适用范围，从而为新型商事行为引发的新型商事纠纷的出现和立法的更新发展预留空间，也同时起到促进商事行为规范化和维护市场秩序的作用。当然，未免司法适用困惑，可对商事行为进行包含式列举，例如可将法国立法规定的"有关商事公司的纠纷"的表述纳入其中，同时增加融资、证券、期货、票据、保险等常见非商人从事商事活动类型，以发挥立法的指示作用。

此外，除对商事诉讼适用范围进行积极界定外，还应当对其进行消极界定，即设置限制范围。我国虽与法国商事实体法规定不同，未规定法国商事立法上商业资产和商业租赁的概念，但可以吸纳法国立法出于对维护公共利益的考量而限制对商事主体经济利益和诉讼效率保护的做法。例如我国立法可规定凡涉及商人财产继承纠纷、抚养或赡养义务纠纷、身份权和名誉权等人身权益事项及影响公序良俗纠纷事项仍应当由普通民事审判组织依照民事诉讼程序审理裁判。

三、设置商事诉讼具体程序规则

商事诉讼程序规则是指诉讼当事人将其之间的商事纠纷起诉到人民法院，人民法院商事审判庭根据专门程序规则和商事实体法规定对商事纠纷进行审理并作出裁判的活动。诚如上文所述，我国立法现行"大一统"的民事型诉讼程序已显示出处理商事纠纷案件方面的种种弊端，我国应当在保留现行民事诉讼基本制度框架的同时增设商事诉讼具体程序规则,着力体现商事诉讼效率优先的价值取向和强化当事人主体地位。结合法国立法经验和我国立法实际,可以从以下几个方面进行。

（一）新设商事纠纷强制调解制度

我国 2012 年修正后的民事诉讼法在 2003 年最高人民法院《关于适用简易程序审理民事案件的若干规定》确定的六种类型的案件实行调解前置的基础上,将开庭前先行调解的适用扩展至一审普通程序,不再限制案件类型。现行《民事诉讼法》第一百二十二条规定:"当事人起诉到人民法院的民事纠纷,适宜调解的,先行调解,但当事人拒绝调解的除外。"该规定对于促进当事人调解解决纠纷、节省诉讼资源较之前有较大促进作用。但需注意的是,尽管我国民诉法已将调解前置规定适用于各类民事纠纷案件,但仍以当事人同意为前提。这对于尊重合法、自愿调解原则固然非常必要,但对于当事人故意滥诉、诉讼拖延的情形则形同虚设。在商事诉讼中,当事人大多为商事主体,非常注重时间利益和诉讼效率,讼累对于商人来说可能带来极大的经济损失。因此,前置调解对于商事诉讼比对于普通民事诉讼显得更有必要。为满足诉讼效率价值,维护商事主体经济利益和交易安全,建议我国将来在区分商事、民事诉讼程序规则的基础上新设商事纠纷审前强制调解制度,即无论商事诉讼当事人是否同意,均由法官在诉讼进入审前程序之前主持调解,以尽可能地高效率解决纠纷,减少商事当事人时间和经济成本,实现诉讼效益。

（二）放宽商事纠纷协议管辖范围

法国《民事诉讼法典》第 48 条规定,直接或间接违反地域管辖规则的任何条款均视为未订立,但倘若订立此条款的人全部都具有商人身份,当事人在其承诺中对此作出了十分明确的表示时,则不受限制。据此可见,法国商人协议管辖可以不受普通民事诉讼地域管辖规则的约束,充分体现了商事诉讼程序注重当事人意思自治、提高诉讼效率的立法理念。我国现行《民事诉讼法》虽在第三十四条规定的合同或者其他财产权益纠纷可由当事人协议确定管辖法院,即可书面协议选择被告住所地、合同履行地、合同签订地、原告住所地、标的物所在地等与争议有实际联系的地点的人民法院受理纠纷,且值得称道的是 2012 年修订后法律新增的"等"字表述,还在上述五地基础上作出了重要扩展性规定,但对于以更加强调当事人处分原则和自治原则的商事诉讼而言,仍显得不足。商事诉讼当事人较普通民事纠纷当事人有较大的流动性,其商事活动涉及的地域更广、范围更大,例如商事活动的双方主体于1月份在上海形成了买卖基础法律关系,3月需以诉讼方式解决时,双方因业务活动开展均已经流动到了北京,因而更愿意约定北京的法院解决在上海发生的纠纷。而现行立法"与争议有实际联系的地点"的约束性规定对于商事主体方便诉讼、提高诉讼效率不利。因此,建议我国立法可以进一步放宽商事纠纷协议管辖规定,即协议管辖的法院可以是当事人约定的任何地点,仅以不得违反级别管辖和专属管辖的规定为限,如此赋予当事人更广泛的自主权,便于当事人起诉和应诉,有利于降低诉讼成本,防止司法地方保护主义,从而更有利于商事纠纷的迅速解决和维护诉讼公正。

(三)完善起诉制度

我国2015年《民事诉讼法》司法解释第二百零八条及最高人民法院2015年发布的《关于人民法院登记立案若干问题的规定》(以下简称《规定》)采纳了理论界多年以来的主张,将我国民事起诉由"立案审查主义"变更为"立案登记主义",开始施行以形式审查为特点的民事立案制度。上述规定对于督促法院立案庭受理案件、缓解司法实践中因各种原因长期存在的"立案难",及保障当事人诉权行使有较大积极意义。然而,从具体规定内容来看,无论是《民事诉讼法》司法解释,还是《规定》,仍然没有从实质上解决民事起诉"高阶化"的问题。

首先,我国2012年《民事诉讼法》第一百一十九、一百二十四条较之前立法规定而言并未发生根本性的变化。第一百一十九条规定,起诉必须符合的条件是原告应当是与本案有直接利害关系的公民、法人和其他组织;有明确的被告;有具体的诉讼请求、事实和理由;属于人民法院受理民事诉讼的范围和受诉人民法院管辖,[1]条件设置较高,仍然存在民事起诉条件与诉讼要件混同的问题。起诉条件设置目的应当是使诉"特定化",审查内容应当是起诉状是否具备诉的要素和送达所需信息,[2]因而起诉条件应当仅包含明确的当事人信息、具体的诉讼请求以及支持诉讼请求的事实与证据;现行法律规定的原告

---

① 《中华人民共和国民事诉讼法》,法律出版社2015年版,第99页。
② 傅郁林:《再论民事诉讼立案程序的功能与结构》,《上海大学学报(社会科学版)》2014年第1期。

是与本案有直接利害关系的公民、法人和其他组织之条件实为纠纷案件实体审理范畴;属于人民法院受理范围和受诉法院管辖之条件则应为法院在审前程序中通过与当事人充分沟通、听审而作出审查判断,均不应属于起诉条件。其次,《民事诉讼法》司法解释第二百零八条内容并不周延,仅规定了对符合条件的起诉状应当登记立案;对于不能当场判断是否符合起诉条件的应当接收材料并出具凭证,但并未规定若当场判断不符合条件的是否可以裁定不予受理,接收并要求补充材料后仍无法判断的,是否能裁定不予受理,在司法适用中存在较多困惑疑虑。第三,《民事诉讼法》司法解释第二百零八条第三款规定立案后发现不符合起诉条件或者属于《民事诉讼法》第一百二十四条规定情形[第(六)(七)项涉及案件实体审查事项]的,裁定驳回起诉,但并未规定是由立案庭法官抑或是庭审法官作出裁定,也未规定当事人享有听审权利,而是由法院单方面裁定,不利于当事人诉权保障。此外,《规定》第二条虽然明确采纳了"登记立案"的表述,但却缺乏实质内容,未划清起诉条件与诉讼要件的界限,也未设置立案与审前、庭审程序的对接机制。

可以认为,我国目前施行的立案登记制仅是对以往立案制度进行"变形"的维系,而非实质意义上的变革。① 因而建议我国未来民事诉讼法应当完善起诉制度,区分起诉条件与诉讼要件,简化现有起诉条件,将立案审查限制于"诉的成立"要件上,而将程序性抗辩交由审前程序,在听取当事人意见、给予当事人程序保障的基础上审查判断。对于涉及案件实体权利义务的内容则应归位于审前准备程序或庭审程序处理。此外,建议将现行《民事诉讼法》第一百五十八条规定的适用于民事简易程序的灵活起诉方式,即口头起诉、当事人双方共同到庭,也移植适用于商事诉讼案件,同时可借鉴法国当事人双方提交共同诉状的起诉方式,以方便当事人起诉。如果当事人双方采取共同到庭方式,法院可以根据当事人的口头叙述记录双方的诉讼请求、理由及案件事实情况,并迅速组织调解。如调解不成,再确定开庭日期及准备证据材料。

(四)完善审前程序制度

我国 2012 年修订后的《民事诉讼法》及 2015 年《民事诉讼法》司法解释

---

① 曲昇霞:《论民事诉讼登记立案的文本之"困"与实践之"繁"》,《法律科学(西北政法大学学报)》2016 年第 3 期。

均强化了审前准备程序规定。如《民事诉讼法》第一百三十三条新增了"开庭准备规则"。即法院对于受理的案件，区分情形予以处理，对于需要开庭审理的，通过要求当事人交换证据等方式明确争议焦点。《民事诉讼法》司法解释第二百二十四、二百二十五和二百二十六条规定了审理前准备方式、庭前会议、归纳争议焦点等内容，较之前立法细化和新增了具有操作性的规定，在完善我国民事诉讼审前制度道路上迈进了一大步，对于建立独立的民事诉讼审前程序具有重要意义。但上述规定仍未满足我国民商事诉讼司法实际的需要，尚有较大完善空间。

1. 建立独立民事诉讼审前程序

我国现行《民事诉讼法》及司法解释的规定可以说搭建了民事诉讼审前程序的基本框架，但仍未建立独立于庭审程序的"民事审前程序"，而仅仅是具备一定审前功能的审理前准备规则。而纵观现今西方发达国家，无论英美法系或大陆法系国家，基本设置了独立的民事审前程序，例如法国民事诉讼规定的民事准备程序和商事预审程序。独立的审前程序具有明确争点、收集与固定证据及促进纠纷提前解决的功能。当事人需要在审前程序中做好充分的主张、事实和证据的准备，并通过严格的诉答制度和证据交换制度在法官指导下于庭审前整理、固定争点和交换证据。审前程序结束、庭审开始以后如无正当、合法理由，当事人不得再提出新的主张或证据，从而为以庭审中心主义为特点的审理程序的顺利进行奠定基础，也有效地保障诉讼效率。

我国目前《民事诉讼法》第一百三十三条第（四）项规定："需要开庭审理的，通过要求当事人交换证据等方式，明确争议焦点。"对于交换证据的具体措施，《民事诉讼法》司法解释第二百二十四条进一步规定，依照《民事诉讼法》第一百三十三条第（四）项规定，法院可以在答辩期届满后，通过组织证据交换、召集庭前会议等方式做好审理前的准备；《民事诉讼法》司法解释第二百二十五条规定，庭审会议可以包括明确原告的诉讼请求和被告的答辩意见、审查处理当事人增加、变更诉讼请求的申请和提出的反诉，以及第三人提出的与本案有关的诉讼请求；根据当事人的申请决定调查收集证据，委托鉴定，要求当事人提供证据、进行勘验、证据保全；组织交换证据；归纳争议焦点；进行调解。可以看出，上述规定虽列举了审前准备程序的功能内容，但对于经过该审前准备阶段形成的事实主张和证据应具有的约束性效力却未予明确，也就是说当事人在进入庭审后仍然可能也可以再提出新的主张和证据,使得我国审前准备规则缺失了重要的制度内核。同时,我国现行立法也未设置审前程序具体的诉答规则、证据交换规则,使得《民事诉讼法》第六十五条确定的"证据适时提出主义"缺乏充分的制度基础,最高人民法院《关于民事诉讼证据的若干规定》中的举证时限和证据失权制度难以发挥真正的作用,造成立法目的无法切实达到的局面。因此我国未来应建立独立民事审前程序,并同时充实、完善相应的系统制度规则,在此基础上按照商事诉讼效率优先的特点,新增专门适用商事诉讼程序的加速规则,如商事诉讼契约、口头程序规则等,完善商事审前准备程序制度。

2. 设置当事人主义模式下商事诉讼契约规则

我国《民事诉讼法》司法解释第二百二十六条规定,法院应当根据当事人的诉讼请求、答辩意见以及证据交换的情况,归纳争议焦点,并就归纳的争议焦点征求当事人的意见。结合《民事诉讼法》第一百三十三条的表述规定,即法院通过要求当事人交换证据等方式明确争议焦点,可以看出,我国关于争点整理确定和证据交换最终确定主体为法院,程序仍是以法官为主导,职权主义色彩浓烈。而在商事诉讼中,由于双方当事人和纠纷标的的商业、专业化属性,确立当事人主义模式和由当事人主导的证据交换非常必要。因为在特定专业化商事纠纷中,往往当事人自己比其他人、中立的法官更清楚争议焦点,同时在商业活动中,契约精神和诚实信用往往比普通民事活动更为重要,它直接关乎商主体(通常是公司法人)的声誉、未来发展甚至生死存亡,因此设置由当事人主导的审前程序制度,引入契约规则,如法国"交换日程"规则,即争点确定和证据交换具体规则均由当事人双方自行协商,法官据此仅做形式上的确认并督促当事人双方按照契约执行。当一方当事人无合法、正当理由未按照约定执行时,则应当承担证据失权等诉讼不利的法律后果,对于落实诉讼促进义务、推进诉讼进程和提高诉讼效率有较大的积极意义。

当然,在强化当事人主义的商事诉讼契约规则的同时还应当借鉴法国强化商事诉讼预审法官制度,加强和完善商事法官的诉讼指导作用和释明职责的履行,以维持良好的诉讼秩序。同时,与普通民事诉讼审前准备程序法官与庭审法官不一致的规则不同,商事诉讼审前准备法官应当容许与庭审法官为同一名或为其中一名。因为商事诉讼专业化程度通常较高,对于纠纷争议通常需要专业判断,法官即使具备商事活动背景也未必对当事人之间纠纷涉及的法律规范和行业规则完全熟知,通过审前准备程序,法官可对纠纷事实和相关行业规则有更为深刻的了解,并在庭审中更益于对案件进行迅速的处理。因此,商事诉讼庭审不但无须担心法官形成先入为主的心证,反而应当主张由审前准备法官担任庭审法官,单独或者参与主持法庭辩论、提出裁判建议,同时合理设置审前准备法官与合议庭的配合协作,以提高诉讼效率,节省司法资源。

此外,基于商事诉讼当事人具有的更明显的契约属性,我国立法还应当加强商事诉讼审前阶段的调解,使得商事纠纷在通过审前程序确定争点和证据、诉讼结果基本可以预见后,由当事人双方以调解方式解决,并经法庭确认生效,从而实现对商事案件的再次过滤和繁简分流。

3. 增设口头程序规则

由于商事诉讼当事人对时间价值和诉讼效率的极其重视和追求,商事诉讼立法也应当相应地设置加速程序机制。我国民事诉讼法可以吸纳和借鉴法国商事诉讼口头程序规则,如强调当事人出庭义务,若无合法、合理原因,当事人应当亲自到庭陈述,自起诉至辩论终结前均以当事人口头陈述为主、提供书面材料为辅,辩论终结前当事人陈述以口头陈述为准等,以最大限度地减少诉讼形式主义的要求,而追求诉讼进程的实际推进效率。同时,鉴于商业市场情况复杂多变,商人在固定时间出庭可能有困难的实际情况,立法还可设置一定的许可当事人免于出庭的情形,以及在此情形下诉讼可以通过邮寄书面材料或者利用同步视频等方式进行的规则,从而凸显商事诉讼弱形式主义要求。

（五）适用灵活多样证明方式

法国商事诉讼实行自由证据规则,即无须按照法律规定的普通民事诉讼证据提出方式提交证据,法官也无须按照普通证据规则认定证据效力。由于商事诉讼追求时间效率以及商事活动的多样性,某些商事行为不一定严格按照法律规定采取要式形式,因而可以适当放宽商事诉讼当事人就案件事实的证明方式。例如根据我国最高人民法院《关于民事诉讼证据的若干规定》,一般情况下复印件不得单独证明案件事实,而在商事诉讼中,由于某些行业惯例无法获取交易原件,如公司账簿复印件、股东会决议复印件等,因此应当放宽适用证据证明力的规定,一定程度上承认复印件具有证明案件事实的效力。

同时,可采纳法国立法上的商事推定原则,即承认和许可在商事诉讼中根据商业惯例来推定案件事实。例如,当事人如对交易价款或金额存在争议,在没有其他证据证明的情况下可以推定交易双方按照市场公允价格进行的交易。此外,不论商事纠纷所涉及的数额大小,商事诉讼均可接受证人证言,并且允许当事人以其相互之间交换的邮件、短信、对账单等来提出证据。

(六)缩短审理期限

商事活动时间价值要求商事主体不能长时间陷入诉讼中,商事交易对象也需要商事法律关系处在确定的状况之下,因而商事诉讼应尽快解决纠纷,从而保护当事人的商业利益和商事交易安全。目前我国民事诉讼立法仅有民事简易程序可适用较短审理期限,即一般应当在三个月内审结,而对于数额较大、适用民事普通程序审理的商事纠纷审理期限则很可能拖延较长,"迟到的正义为非正义",对于时间就是利益、就是生命的商事主体而言,较长的审理期限将造成难以估量的经济损失。因此,我国民事诉讼立法应制定适用商事诉讼程序的短期诉讼审限规定,例如规定商事案件审理期限一般不得超过2个月,若延长,期限不得超过3个月。为达到缩短商事诉讼审理期限的目的,还应当配套完善相应的诉讼机制,如一方面应当强化审前程序功能、简化庭审程序、提高庭审效率;另一方面也需要缩短当前民事诉讼期间规定,如诉答期间、举证期间、当事人程序异议期间及审理期间等。

(七)限制上诉救济规定

我国现行《民事诉讼法》第一百六十二、一百六十四、一百九十九、二百条规定了民事诉讼上诉、再审。对于上诉仅存在一种限制,即对第一百六十二条规定的,诉讼标的额为各省、自治区、直辖市上年度就业人员年平均工资30%以下的小额诉讼程序实行一审终审。而就业人员年平均工资,以重庆市2016年为例,为65545元人民币,其30%约1.9万元人民币。[①] 该金额对于以从事商业活动为职业的商人而言明显偏低,较法国商事诉讼一审终审限额(4000欧元)也较低,同时我国民事诉讼法对提出再审的事由条件规定也较为宽泛,不利于商事诉讼程序效率要求,阻碍了商事诉讼审判效率。鉴于商事诉讼当

---

① 见重庆市统计局官方信息:http://www.jtj.cq.gov.cn/tjsj/shuju/tjgb/201705/t20170527_442796.htm,访问日期:2017年5月10日。

事人较普通民事诉讼当事人经济实力通常更为雄厚,商事案件标的金额较普通民事案件普遍偏高,建议我国单独设置商事纠纷一审终审限额,如可参照法国商事法院一审终审标的金额 4000 欧元设置 3 万元人民币的标准,或根据不同地区经济水平由各地设置如 3—8 万元人民币不等的若干金额标准,以适应各地不同商事纠纷实际情况,平衡诉讼效率和诉讼公平。同时,由于商事市场瞬息万变,为维护商事活动其他利益相关方的权益,维护交易安全和交易秩序,建议我国民事诉讼立法缩小商事诉讼提起再审的事由范围和条件,排除新的证据、不能收集证据等情形,重点关注和规制当事人未按照诚实信用原则,提出伪造的证据、法院未按照基本程序正当原则进行诉讼,如未组织当事人质证、剥夺当事人辩论权利,以及适用法律错误的情形。

四、完善商事诉讼临时性救济机制

法国立法规定的紧急审理程序和依申请作出裁定程序既适用于普通民事诉讼程序也适用于商事诉讼程序,本质上是对处于紧急状况和特殊情形下的市场主体给予迅速、快捷的临时性救济,以达到维护公民权利的目的。法国临时性救济机制与我国立法上民事保全制度十分类似,但法国制度更具有程序简便合理、适应性广的优势,与以诉讼效率为主要价值取向的商事诉讼程序十分契合。因此,未来我国立法在设置商事诉讼特殊程序规则的同时,可一并借鉴法国紧急审理程序、依申请作出裁定程序的制度经验,完善我国民商事保全制度,以为我国商事诉讼程序提供更好的配套机制,从而更好地发挥商事诉讼程序优势。

(一)以保全对象不同区分不同的裁判程序

法国立法区别非金钱请求保全和金钱请求保全规定分别适用对审制的紧急审理程序和非对审的依申请作出裁定程序。采取这样的规定有一定的合理性。首先,从立法和司法实践来看,申请人请求法院对被申请人财产采取保全措施大都基于出现某些可能威胁到其债权收取的特殊情况,如债务人存在隐匿、转移、处置其责任财产的行为或可能等。此时采取保全措应当迅速、隐秘,不让被申请人知晓,否则极有可能导致保全目的落空。其次,由于金钱请求保全措施的对象为被申请人的财产,具有较强的可恢复性,即使发生保全错误,被申请人受到的损失也可用金钱来衡量和补偿。同时,只要设置合理的保全赔偿机制,则不会对被申请人造成难以弥补的损失。第三,立法可通过设置合理程序规则,如准许法官可根据案件具体情况命令申请人提供担保以作出保全裁定,或被申请人提供反担保解除保全裁定;限定保全持续时间;给予被申请人事后程序救济等,防止申请人滥用保全申请并保护被申请人利益,而无须引入对审程序并造成程序拖延。对此,我国学者也有类似的看法:财产保全措施因多具有时效性,可无须通过对双方的主张和证据进行审理,而仅凭申请人一方的主张和担保即可作出,法官对于申请人的证明标准要求应当较低。[①]

对于非金钱请求的保全,保全措施为扣押被申请人特定物、命令被申请人为或不为一定行为,以及确定某种临时状态等。由于这类措施一旦采取就很难恢复到之前的状态,法官有必要对案件事实有较为全面的了解并由此衡量是否应当作出保全裁定。因此非金钱请求保全应当适用对审程序,法官应当听取被告的主张和审查其提出的证据,除非因情况紧急无法或不能进行对席审理。而即便因情况紧急未经对席审理作出裁定,法律也应当给予被申请人及时的程序保障,如提出异议、上诉等。然而需要注意的是,虽然非金钱请求保全适用对审程序,但保全程序并不是解决案件实体纠纷的审判程序,加上保全程序的紧急性、迅速性的内在要求,采用对审程序裁定保全措施应避免适用较高的证明标准,出现"本案化"现象,阻碍保全措施的作出。法国紧急审理程序在我国理论界又称为"速裁程序",其适用条件很多情况下仅以"紧急性"为要求,具有简易高效的特点,满足了对审制保全裁判程序的客观要求。

建议我国可构建独立于民事诉讼程序的保全裁判程序。在具体程序规则设计上,可借鉴法国立法,区分金钱请求保全和非金钱请求保全分别设置非对审与对审程序的保全裁判程序。在裁判程序具体规则上可吸收法国紧急审理程序合理之处,如宽泛的适用条件、简易的程序规则、较大的法官自由裁量权等。同时,将适用金钱请求保全的非对审程序也纳入其中并作专章规定,形成以保全对象不同分别适用两种不同程序的立法模式。此外,我国还应完善保全担保、保全赔偿等具体制度,以确保保全裁判程序功能的发挥。

(二)完善裁判程序具体规则

从法国保全裁判程序具体程序规则方面也不乏我国未来设置专门保全裁

---

① 冀宗儒、徐辉:《论民事诉讼保全制度功能的最大化》,《当代法学》2013 年第 1 期。

判程序可借鉴之处。首先,关于启动的主体,法国新民诉法规定无论是适用紧急审理程序的非金钱请求保全还是适用依申请作出裁判程序的金钱请求保全,保全程序只能依申请人的申请启动而不能由法院依职权启动。这样的规定不仅符合法院中立与被动的属性,还是程序公正、诉讼效率的必然要求。我国2012年新修订的民诉法保留了法院依职权启动保全程序的情形,实为职权主义诉讼模式残留,不仅有违程序正义和民事诉讼处分原则,还对法院职权审判活动带来风险,即承担不当或错误启动保全的国家赔偿责任。其次,程序的简易性。法国紧急审理程序主要用于在紧急情况下作出临时措施,虽然适用对审程序,但其程序设置,无论是审理程序还是救济程序较普通民事诉讼程序均更加简易高效。而依申请作出裁定程序由于不适用对审程序,则更体现程序效率价值。我国未来构建保全裁判程序,也应借鉴法国立法经验,以诉讼效率为主要目标设置简易高效的裁判规则,从而符合保全措施紧急、迅速的程序要求,同时避免保全程序"本案化"。第三,完善的程序救济。虽然法国紧急审理程序与依申请作出裁定程序以程序简易迅速为特点,但却并不以牺牲被申请人诉讼权利为代价,相反法国立法规定了完备的救济途径。尤其是其针对非对审和缺席作出的裁定创设的"反向对审"程序,充分维护了被申请人的防御权。我国新修改的《民事诉讼法》仅在第一百零八条规定了保全救济程序,即当事人对财产保全或者先予执行的裁定不服的,可以申请复议一次。这对于被申请人权利救济几乎可以说形同虚设,不符合程序正义的要求。此外,由于法院实施保全措施,对标的物进行查封、扣押、冻结时,难免侵害案外人的权益,但法律却并未赋予案外人对保全裁定的异议权。最高人民法院《关于执行权合理配置和科学运行的若干意见》第十七条虽然规定了一定的救济程序,即当事人、案外人、利害关系人对财产保全、先予执行的实施行为提出异议的,由执行局按照对违法执行行为异议以及案外人异议处理,但事实上,对于保全措施的异议采取执行行为异议的救济尚可,而对于保全裁定实体争议仅由执行局以书面审查的方式进行案外人异议救济是远远不够的。此情形下,我国可借鉴法国"反向对审"程序规则设置异议程序,给予被申请人和案外第三人初审对审程序保障和上诉救济,以更充分、更全面地保障保全措施相对人的程序权利。

参 考 文 献

一、国内文献

（一）著作类

1.［法］洛伊克·卡迪耶:《法国民事司法法》(原书第三版),杨艺宁译,中国政法大学出版社 2010 年版

2.［法］皮埃尔·特鲁仕主编:《法国司法制度》,丁伟译,北京大学出版社 2012年版

3.［法］伊夫·居荣:《法国商法》第 1 卷,罗结珍、赵海峰译,法律出版社 2004 年版

4.［法］让·文森、塞尔日·金沙尔:《法国民事诉讼法要义》(上、下册),罗结珍译,中国法制出版社 2001 年版

5.［法］让-路易·贝尔热尔:《法国民事裁判的现状与未来》,施鹏鹏、李力宏译,陈刚主编:《比较民事诉讼法》2003 年卷,中国人民大学出版社 2004 年版

6.［法］罗贝尔·福西耶:《中世纪劳动史》,陈青瑶译,上海人民出版社 2007 年版

7.［法］勒内·达维:《英国法与法国法:一种实质性比较》,高鸿钧等译,清华大学出版社 2002 年版

7.［美］理查德·A.波斯纳:《法律的经济分析》,蒋兆康译,中国大百科全书 1997年版

8.［美］哈罗德·J.伯尔曼:《法律与革命——西方法律传统的形成》第一卷,贺卫方等译,法律出版社 2008 年版

9.［美］汤普逊:《中世纪经济社会史》(下册),耿淡如译,商务印书馆 1984 年版

10.［美］泰格、利维:《法律与资本主义的兴起》,纪琨译,学林出版社 1996 年版

11.［比］亨利·皮朗:《中世纪欧洲经济社会史》,乐文译,上海人民出版社 2001年版

12.［比］亨利·皮雷纳:《中世纪的城市》,陈国樑译,商务印书馆 1985 年版

13.［英］阿德里安·A.S.朱克曼主编:《危机中的民事司法:民事诉讼程序的比较

视角》,傅郁林等译,中国政法大学出版社 2005 年版

14. [意]卡洛·M.奇波拉主编:《欧洲经济史》第一卷,徐璇译,商务印书馆 1988 年版

15. [德]奥特马·尧厄尼希:《民事诉讼法》(第 27 版),周翠译,法律出版社 2003 年版

16. [日]新堂幸司:《新民事诉讼法》,林剑锋译,法律出版社 2008 年版

17. [古希腊]色诺芬:《经济论·雅典的收入》,张伯健、陆大年译,商务印书馆 1981 年版

18. 廖中洪主编:《民事诉讼立法体例及法典编撰比较研究》,中国检察出版社 2010 年版

19. 廖中洪:《中国民事诉讼程序制度研究》,中国检察出版社 2004 年版

20. 常怡主编:《外国民事诉讼法新发展》,中国政法大学出版社 2009 年版

21. 常怡主编:《比较民事诉讼法》,中国政法大学出版社 2002 年版

22. 王保树主编:《中国商事法》,人民法院出版社 2001 年版

23. 金邦贵主编:《法国司法制度》,法律出版社 2008 年版

24. 范健:《德国商法:传统框架与新规则》,法律出版社 2003 年版

25. 范建、王建文:《商法的价值、源流及本体》(第二版),中国人民大学出版社 2007 年版

26. 范健主编:《商法》,北京大学出版社、高等教育出版社 2000 年版

27. 沈达明编著:《法国商法引论》,对外经济贸易大学出版社 2001 年版

28. 沈达明编著:《比较民事诉讼法初论》(上、下册),中信出版社 1991 年版

29. 田平安主编:《民事诉讼法原理》(修订版),厦门大学出版社 2005 年版

30. 白绿铉、卞建林译:《美国联邦民事诉讼规则证据规则》,中国法制出版社 2000 年版

31. 张卫平、陈刚编著:《法国民事诉讼法导论》,中国政法大学出版社 1997 年版

32. 朱景文主编:《法社会学专题研究》,中国人民大学出版社 2010 年版

33. 何勤华、魏琼主编:《西方商法史》,北京大学出版社 2007 年版

34. 何勤华主编:《法国法律发达史》,法律出版社 2001 年版

35. 齐树洁主编:《英国司法制度》(第二版),厦门大学出版社 2007 年版

36. 齐树洁主编:《美国司法制度》(第二版),厦门大学出版社 2010 年版

37. 赵海峰执行主编:《欧洲法通讯》(第一辑),法律出版社 2001 年版

38. 童兆洪:《商事审判的理论思辨》,人民法院出版社 2008 年版

39. 饶艾主编:《比较司法制度》,西南交通大学出版社 2003 年版

40. 江伟主编:《民事诉讼法专论》,中国人民大学出版社 2005 年版

41. 肖建国:《民事诉讼程序价值论》,中国人民大学出版社 2000 年版

42. 徐学鹿、梁鹏:《商法总论》(修订版),中国人民大学出版社 2009 年版

43. 赵中孚主编:《商法总论》,中国人民大学出版社 1999 年版

44. 赵万一:《商法学》,中国法制出版社 2002 年版

45. 郭瑜编著:《商法学》,北京大学出版社 2006 年版

46. 陈胜蓝:《商事审判与中国经济发展》,北京大学出版社 2014 年版

47. 孙英主编:《山东商事审判 2014》,山东大学出版社 2015 年版

48. 朱深远主编:《商事审判实务技能》,人民法院出版社 2013 年版

49. 张旭东:《民事诉讼程序类型化研究》,厦门大学出版社 2012 年版

50. 王强义:《民事诉讼特别程序研究》,中国政法大学出版社 1993 年版

(二)论文类

1. 廖中洪:《中国民事诉讼程序制度研究》,西南政法大学 2004 年博士学位论文

2. 廖中洪:《大陆法系当事人主义程序理论溯源——法国 1806 年〈民事诉讼法典〉基本思想与程序理论研究》,《学海》2008 年第 3 期

3. 廖中洪:《"民事速裁":类型、特征与设置原理研究》,《现代法学》2011 年第 1 期

4. 赵立行:《中世纪西欧庄园人口变动与商业复兴基础的形成》,《史学月刊》2002 年第 8 期

5. 赵立行:《"限制"还是"促进":特许状与欧洲中世纪商业》,《历史研究》2009 年第 6 期

6. 樊涛:《我国商事诉讼制度的解析与重构》,《当代法学》2008 年第 6 期

7. 樊涛:《我国商事审判制度的反思与重构》,《河北法学》2010 年第 2 期

8. 奚晓明:《充分发挥民商事审判职能作用,为构建社会主义和谐社会提供司法保障》,《民商事审判指导》2007 年第 1 辑(总第 11 辑),人民法院出版社 2007 年版

9. 奚晓明:《积极推进三项重点工作　保障经济发展方式转变　能动回应经济社会发展对商事审判工作的新要求——在全国法院商事审判工作会议上的讲话》,《商事审判指导》2010 年第 3 辑(总第 23 辑),人民法院出版社 2011 年版

10. 郭光东:《论〈1806 年法国民事诉讼法典〉》,《华东政法学院学报》2000 年第 1 期

11. 聂卫锋:《〈法国商法典〉总则述评——历史与当下》,《比较法研究》2012 年第 3 期

12. 赵万一:《商法的独立性与商事审判的独立化》,《法律科学(西北政法大学学报)》2012 年第 1 期

13. 刘新魁、陈海光:《法国司法制度的特色与发展》,《法律适用》2004 年第 7 期

14. 王建文:《法国商法:法典化、去法典化、与再法典化》,《西部法学评论》2008 年第 2 期

15. 蒋大兴:《审判何须对抗——商事审判的"柔性"一面》,《中国法学》2007 年第 4 期

16. 李志刚、张颖:《从经济审判到商事审判——名称、制度及理念之变》,《法律适用》2010 年第 11 期

17. 余冬爱:《民、商区分原则下的商事审判理念探析》,《人民司法》2011 年第 3 期

18. 吴杰:《法国民事诉讼改革概观》,《河北法学》2002 年第 2 期

19. 叶林:《商法理念与商事审判》,《法律适用》2007 年第 9 期

20. 李后龙:《中国商事审判的演进》,《南京大学法律评论》2006 年第 1 期

21. 李后龙:《商法思维与商事审判》,《南京社会科学》2004 年第 11 期

22. 金志霖:《试论西欧中世纪城市与封建主的关系》,《历史研究》1990 年第 4 期

23. 李玉林:《论法国特殊商事审判制度——以商事法院与商事法官为中心》,《山东审判》2008 年第 3 期

24. 符松涛:《论西欧中世纪城市与封建主政治关系的变化》,《青海师范大学学报(哲学社会科学版)》2008 年第 4 期

25. 朱明:《略论中世纪法国城市的"自由"》,《法国研究》2010 年第 4 期

26. 徐鹤森:《中世纪法国自治城市的兴衰》,《杭州师范学院学报(社会科学版)》2002 年第 5 期

27. 冯正好:《中世纪西欧的城市特许状》,《西南大学学报(社会科学版)》2008 年第 1 期

28. 黄文艺:《比较法视域下我国民事保全制度的修改与完善》,《比较法研究》2012 年第 5 期

29. 李仕春:《民事保全程序基本问题研究》,《中外法学》2005 年第 1 期

30. 孙晓光:《深化商事审判理念、探索商事审判规律,为经济社会持续健康发展提供司法保障》,《人民司法》2013 年第 21 期

31. 范健:《商事审判独立性研究》,《南京师大学报(社会科学版)》2013 年第 3 期

32. 王保树:《商事审判的理念与思维》,《山东审判》2010 年第 2 期

33. 俞秋玮、贺幸:《商事裁判理念对审判实践影响之探析》,《法律适用》2014 年第

2 期

34. 曹志勋:《商事审判组织的专业化及其模式》,《国家检察官学院学报》2015 年第 1 期

35. 李颖:《论公司类型案件特殊诉讼机制的构建》,《人民司法》2003 年第 9 期

36. 石少侠、王福友、王有志:《实质商法主义的民商分离论》,《中国商法年刊》,黑龙江人民出版社 2005 年版

37. 周玉华:《山东省高级人民法院工作报告》,《山东审判》2012 年第 1 期

38. 高智华:《日本司法制度的历史、现状和特点》,《法制现代化研究》(年刊) 2009 年

39. 孙新强:《美国统一商法运动述评》,《人大法律评论》2000 年卷第一辑,中国人民大学出版社 2000 年版

40. 李路:《商事审判独立化研究》,西南政法大学 2015 年硕士学位论文

41. 梁慧星:《近代民法到现代民法》,《民商法论丛》2003 年第 8 卷

42. 付海晏:《民初苏州商事公断处研究》,《近代史学刊》第 1 辑。

43. 苏力:《关于能动司法》,《法律适用》2010 年第 Z1 期

44. 潘勇锋:《试论建立我国商事纠纷特殊程序制度》,《人民司法》2011 年第 7 期

45. 黄晓云:《充分发挥商事审判职能作用不断拓展服务经济社会发展的广度和深度》,《中国审判新闻月刊》2013 年第 93 期

46. 孙明娟:《探索商事纠纷的司法调解制度》,《理论观察》2011 年第 4 期

47. 黄婉瑜:《商事纠纷的特征分析及解决对策》,《法制博览》2016 年第 7 期

48. 李志刚、徐式媛:《民、商案件之区分:反思与重构》,奚晓明主编:《商事审判指导》,人民法院出版社 2014 年版

49. 彭春、孙国荣:《大民事审判格局下商事审判理念的反思与实践——以基层法院为调查对象》,《法律适用》2012 年第 12 期

50. 李长兵:《商法思维及其司法适用》,《湖北经济学院学报》2017 年第 2 期

51. 代杰:《试论我国商事诉讼程序制度的构建——从比较法商事诉讼程序视角的思考》,西南政法大学 2013 年硕士学位论文

52. 冀宗儒、徐辉:《论民事诉讼保全制度功能的最大化》,《当代法学》2013 年第 1 期

53. 马屹:《"一带一路"建设与商事争议解决机制》,《上海律师》2016 年第 1 期

(三)报纸及网络文献

1. 赵强:《金融专家型法官遍布河南法院　每年去银行学习"充电"》,《河南商报》

2014 年 1 月 13 日

2. 开永丽、牟新红:《76 选 6 商事审判典型案例首次发布——省高院建立商事审判年度典型案例评选制度》,《四川法制报》2015 年 4 月 22 日

3. 马剑:《实现审判服务经济社会发展的新常态——2014 年全国法院审理民商事案件情况分析》,《人民法院报》2015 年 5 月 14 日

4.《最高人民法院关于本院民事审判第三庭对外称"知识产权审判庭"的通知》,《中华人民共和国最高人民法院公报》2006 年第 7 期

5. 法国商事法院:《在改革中求发展》,http://news. sohu. com/20071105/n253051310.shtml,2015 年 12 月 8 日访问

6. 李姝徵:《上海自贸区民商事案件数量增长 6 倍,金融纠纷占比逾 3 成》,http://district.ce.cn/newarea/roll/201510/28/t20151028_6835792.shtml

7. 李欣:《厦门首次任命台商担当人民陪审员可参与案件审理》,http://www.chinanews.com/tw2012/02-15/3670549.shtml

8. 杨临萍:《最高人民法院关于当前商事审判工作中的若干具体问题》,http://www. pkulaw. cn/fulltext _ form. aspx? Db = chl&Gid = 262008&keyword = 商事 &EncodingName =&Search_Mode = accurate,2017 年 5 月 1 日访问

9. 张敏:《海淀法院从五个方面加强人民陪审员队伍建设》,http://bjgy. chinacourt.org/article/detail/2013/09/id/1095705.shtml,2016 年 9 月 5 日访问

10. 宋晓明:《在全国法院民商事审判工作会议上的总结讲话》(2007 年 5 月 30 日),载 http://law.baidu.com/pages/chinalawinfo/11/7/,2016 年 8 月 5 日访问

11. 曹志勋:《商事审判组织的专业化及其模式》,http://www. iolaw. org. cn/showNews.aspx? id＝45399

12.《陈伟诉广东省机场管理集团公司、广州白云国际机场股份有限公司、上海证券交易所侵权纠纷案》,《中华人民共和国最高人民法院公报》2008 年第 12 期

13.《谈商事审判中的调解》,http://www. legaldaily. com. cn/fxy/content/2009-04/13/content_1074829.htm? node＝6072,2016 年 3 月 8 日访问

14.《追求商事审判专业化》,http://www. qingdaonews. com/content/2004-11/16/content_3905697.htm,2016 年 4 月 15 日访问

15.《2015 年我国商事仲裁案件标的额增长 55%》,http://www. cankaoxiaoxi. com/society/20160926/1318775.shtml,2016 年 6 月 29 日访问

16.《全国法院商事审判成功应对国际金融危机》,https://www. chinacourt. org/article/detail/2013/09/id/1085452.shtml

17. Code monétaire et financier,见 https://www.legifrance.gouv.fr/affichCode.do;jses-sionid = FAF5EB648474FAFA5B2178F77D69096A.tpdila12v _ 2? idSectionTA = LEGISC-TA000006170506&cidTexte = LEGITEXT000006072026&dateTexte = 20161106,2017 年 5 月 15 日访问

18. http://droit-finances.commentcamarche.net/contents/1451-les-procedures-collectives,2017 年 4 月 1 日访问

19. https://www.legifrance.gouv.fr/affichCode.do;jsessionid = 1F64AB9EDA1BEAFA2A0A 54E0BE47697D.tpdila12v _ 2? idSectionTA = LEGISCTA000018923003 &cidTexte = LEGITEXT 000006071164&dateTexte=20161106,2017 年 3 月 12 日访问

20. https://www.legifrance.gouv.fr/affichCode.do;jsessionid = B023C3874E4469 FC8E009BB7508762A3.tpdila22v _ 3? idSectionTA = LEGISCTA000022890006&cidTexte = LEGITEXT000006070716&dateTexte=20161204,2017 年 2 月 22 日访问

21. http://www.tc-paris.com/litiges commerciaux.htm,2017 年 6 月 1 日访问

22. https://www.legifrance.gouv.fr/affichTexte.do;jsessionid = 263515B8E31DE 1BF2024EC28414CC729.tpdila22v _ 3? cidTexte = JORFTEXT000026834747&dateTexte = 20121228,2017 年 3 月 11 日访问

23. http://www.legifrance.gouv.fr/affichCode.do? idArticle = LEGIARTI000025939 391&idSectionTA = LEGISCTA000025939389&cidTexte = LEGITEXT000025024948&date Texte=20131129,2017 年 1 月 21 日访问

24. http://www.chinawuliu.com.cn/xsyj/200504/14/133586.shtml,2012 年 7 月 28 日访问

25.《台湾籍人民陪审员有利大陆司法公正》,http://www.chinadaily.com.cn /zgrb-jx /2009—12 /11 /content_ 9221592.htm,2017 年 3 月 25 日访问

26.《厦门首次任命台商担当人民陪审员可参与案件审理》,http://twww.chinanews.com/tw/2012/02-15/3670549.shtml

(四)法典类

1.《法国商法典》,金邦贵译,中国法制出版社 2000 年版

2.《法国新民事诉讼法典》,罗结珍译,中国法制出版社 1999 年版

3.《法国民法典》,罗结珍译,法律出版社 2005 年版

4.《法国商法典》,罗结珍译,北京大学出版社 2015 年版

5.《法国新民事诉讼法典》,罗结珍译,法律出版社 2008 年版

6.《德国商法典》,杜景林、卢谌译,法律出版社 2010 年版

7.《日本最新商法典译注》,刘成杰译注,中国政法大学出版社 2012 年版

二、外文文献
(一)著作类

1. Oscar G. Chase, *Civil litigation in comparative context*, Thomson, West Group, 2007.

2. Roger PERROT, *Institutions judiciaries*, Montchrestien, Lextenso, 15e édition 2012.

3. Yves Reinhard, Sylvie Thomasset-Pierre, Cyril Nourissat, *Droit commercial*, LexisNexis, 8e édition 2012.

4. René Ithurbide, *Histoire critique des tribunaux de commerce*, Éditeur : Paris : Librairie générale de droit et de jurisprudence, 1970.

5. Alexandre Faure, *Vers la modernisation des tribunaux de commerce*, Éditeur : Aix-en-Provence : Université d'Aix-Marseille 3, 2000.

6. Michel-Frédéric Coutant, *Les tribunaux de commerce*, Éditeur : Paris : Presses universitaires de France, 1998.

7. G. Ripert, R. Roblot, Louis Vogel, *Traité de droit commercial Tome 1*; *Volume 1* : *Commerçants, tribunaux de commerce, fonds de commerce, propriété industrielle, concurrence : droits communautaire et français*, LGDJ, 18e édition cop.2001.

8. René ITHURBIDE, *Histoire critique des tribunaux de commerce*, librairie generale de droit et de jurisprudence.

9. Charles petits-Dutailles, *Les communes francaises*, Paris, 1947.

10. Rene ITHURBIDE : *Histoire critique des tribunaux de commerce*, librairie generale de droit et de jurisprudence.

11. C.Stephenson.Borough and Town, *a Study of Urban Origins in England*, Cambridhe, Mass : The Mediaeval Academy of America 1933.

12. R. H. Hilton, *English and French towns in Feudal Society : a Comparative Study*, Cambridge University Press 1992.

13. François J. M. Olivier-Martin, *Histoire du droit français des origines à la révolution*, 2nd ed., paris 1951.

14. John P. Dawson, *The Oracles of the Law*, Ann Arbor 1968.

15. Georges Duby, Robert Mandrou, *A History of French Civilization*, trans, J. B. Atkinson 1958.

16. Philippe de Beaumanoir, *Coutumes de Beauvaisis*, A.Salmon 1970, sec.146.

17. B. Saintourens, *Revenu sociétés*, 2010.

18. M. Cozian, Fl. Deboissy, *Droit des sociétés*, LexisNexis, 24 éd, 2011.

19. *Lexique des termes juridique*, Dalloz, 2011.

20. D. Voinot, *Quelles compétences pour les tribunaux de commerce en matière de procédre collectives?*, procédure 2011, dossier 12.

21. C. Bléry, *conciliation et procédure orale en matière civile, commerciale et sociale*.

22. N. Fricero, *le décret du 1er octobre 2010: l'oralité dans tous ses états!*, Dr. et proc. 2010.

23. D. Cholet, *La réforme de la procédure devant le tribunal de commerce*, JCP E, 2010.

24. B. Geisenberger, *Le déroulement du procès devant le tribunal de commerce de Paris*, RTD com. 1970.

25. R. Perrot, *Note de Cass. 1re civ.*, 3 *févr.* 2004, Procédure 2004.

26. M. Jeantin, *Le juge rapporteur*, JCP E. 1977 II.

（二）论文类

1. Victor Gioia, "Les pouvoirs du président du tribunal de commerce", *Université d'Aix-Marseille* 3, 2001.

2. Mairot, Adrien, "Réflexions pour réforme des tribunaux de commerce", *Les Petites Affiches*, 18.02.2013.

3. Dufour, Olivia, "Tribunaux de commerce: le renforcement du parquet, une alternative au projet d'échevinage", *Les Petites Affiches*, 14.02.2013.

4. Cholet, Didier, "La réforme de la procédure devant le tribunal de commerce", *JCP E Semaine Juridique(édition entreprise)*, 21.10.2010.

5. Filiol de Raimond, Marina, "Les réseaux consulaires reformés; Note sous loi numéro 2010-853 du 23 juillet 2010 relative aux réseaux consulaires, au commerce, à l'artisanat et aux services", *Revue Lamy Droit des affaires*, 01.10.2010.

6. Rohart-Messager, Isabelle, "La prévention-détection par les présidents des tribunaux de commerce", *La Gazette du Palais*, 08.01.2010.

7. Bravard, Chrisian, "Les greffiers des tribunaux de commerce au centre du dispositif légal des sûretés mobilières-publicité et prévention", *Revue des procédures collectives*, 01. 11.2009.

8. Macorig-Venier, Francine, Réforme du droit des entreprises en difficulté par l'ordonnance numéro 2008-1345 du 18 décembre 2008 et le décret numéro 2009-160 du 12

février 2009, Revue Trimestrille de Droit commercial (RTD com) , 01. 04. 2009 numéro 2, pages 436-445.

9. Buisson, Jacques, "Modification des sièges et ressort des tribunaux", *Procédures*, 01. 04.2008.

10. Rédaction, Réforme de la carte judiciaire, "explications sur la méthode", *JCP G Semaine Juridique(édition générale)*, 17.10.2007.

11. Bougain, Alain, "Réforme de la carte judiciaire, L'incohérence du dispositif transitoire", *La Gazette du Palai*, 14.03.2008.

12. Téchené, Vincent, "Compétence d'attribution des tribunaux de commerce pour connaître des litiges relatifs à une cession de parts ou d'actions de sociétés commerciales", *Lexbase Hebdo-Edition Privée Générale*, 26/07/2007, numéro 270.

13. Auguet, Yvan, "Nouvelles régulations économiques et nouveaux contentieux du droit de la concurrence devant les tribunaux de commerce", *Les Petites Affiches*, 02/09/2004.

14. Delattre, Christophe, "L'enquête préalable de l'article L. 621 - 1 du Code de commerce: attention à l'excès de pouvoir du président du tribunal de commerce", *Revue des procédures collectives*, 01.11.2011.

15. Delattre, Christophe, "Le pouvoir d'investigation du président du tribunal de commerce en matière d'alerte et de conciliation", *Revue des procédures collectives*, 01/01/2013, 1.

16. Vallens, Jean-Luc, Constitutionnalité des tribunaux de commerce, Revue Trimestrielle de Droit Commercial(RTD Com) , 01/07/2012.

17. Barbin, Frédéric, "Les greffiers des tribunaux de commerce: une délégation de service public efficace", *JCP G Semaine Juridique(édition générale)*, 16/09/2013.

18. Lecine-Barat, Jeanne, Rédaction, "Les greffiers des tribunaux de commerce préparent la révolution numérique", *Les Petites Affiches*, 03/12/2003.

19. Pascal Lehuédé, "RÉFÉRÉ.-Référé commercial", *JurisClasseur Encyclopédie des Huissiers de Justice*, Fasc.41, 2003.

20. Jean-Luc Vallens, "JURIDICTIONS COMMERCIALES", *JurisClasseur Procédure civile*, Fasc.64, 2009.

21. Hervé Croze, "TRIBUNAUX DE COMMERCE—Organisation et compétence", *JurisClasseur Commercial*, Fasc.140, 2008.

22. Daniel Lebeau, "COMPÉTENCE DES TRIBUNAUX DE COMMERCE.-Clauses attributives de compétence", *JurisClasseur Commercial*, Fasc.160, 2011.

23. Hervé Croz,"TRIBUNAUX DE COMMERCE-Procédure",*JurisClasseur Commercial*, *Fasc.170*,2008.

24. Nicole Delay-Peuch, "TRIBUNAUX DE COMMERCE.-Jugement et voies de recours",*JurisClasseur Commercial*, Fasc.175,1999.

25. Jacques Miguet,"PROCÉDURE D'INJONCTION DE PAYER",*JurisClasseur Commercial*,Fasc.185,2008.

26. Jean Billemont,"TRIBUNAUX DE COMMERCE—Référé commercial-Ordonnance sur requête en matière commerciale",*JurisClasseur Commercial*,Fasc.190,2010.

27. Jean-Luc Vallens,"JURIDICTIONS COMMERCIALES",*Juris Classeur Commercial*, Fasc.195,2009.

28. Philippe Guez,"TRIBUNAL DE COMMERCE —Compétence des tribunaux de commerce—Règles générales",*JurisClasseur Procédure civile*,Fasc.401,2012.

29. Daniel Lebeau,"COMPÉTENCE DES TRIBUNAUX DE COMMERCE. – Clauses attributives de compétence",*JurisClasseur Procédure civile*,Fasc.402,2011.

30. Emmanuel du Rusquec,"COMPÉTENCE DES TRIBUNAUX DE COMMERCE— Détermination des actes de commerce.-Actes de commerce subjectifs", *JurisClasseur Procédure civile*,Fasc.403,2001.

31. Emmanuel du Rusquec,"COMPÉTENCE DES TRIBUNAUX DE COMMERCE— Détermination des actes de commerce,Actes de commerce par la forme,Actes de commerce par accessoire",*JurisClasseur Procédure civile*,Fasc.404,2001.

32. Daniel Lebeau,"TRIBUNAUX DE COMMERCE—Compétence en dernier ressort. Circonscriptions judiciaires privées de tribunal de commerce",*JurisClasseur Procédure civile*, Fasc.405,2011.

33. Daniel Lebeau, "TRIBUNAL DE COMMERCE—Procédure, Particularités en matière maritime et aérienne",*JurisClasseur Procédure civile*,Fasc.406,2009.

34. Daniel Lebeau,"COMPÉTENCE DES TRIBUNAUX DE COMMERCE —Billets à ordre",*JurisClasseur Procédure civile*,Fasc.407,2004.

35. Daniel Lebeau, "TRIBUNAL DE COMMERCE—Procédure ordinaire, Introduction de l'instance",*JurisClasseur Procédure civile*,Fasc.410,2012.

36. Philippe Guez,"TRIBUNAL DE COMMERCE—Procédure ordinaire, Déroulement de la procédure",*JurisClasseur Procédure civile*,Fasc.411,2013.

37. Daniel Lebeau, "TRIBUNAL DE COMMERCE—Procédure ordinaire, Juge chargé

d'instruire l'affaire", *JurisClasseur Procédure civile*, Fasc.412, 2013.

38. Jean-Luc Vallens, "JURIDICTIONS COMMERCIALES", *JurisClasseur Alsace-Moselle*, Fasc.505, 2009.

39. Nicole Delay-Peuch, "RÈGLEMENT DES INCIDENTS DE COMPÉTENCE DEVANT LE TRIBUNAL DE COMMERCE", *JurisClasseur Civil Annexes > V° Propriété littéraire et artistique*, Fasc.165, 2011.

40. Jean Beauchard, "TRIBUNAL DE COMMERCE—Président", *JurisClasseur Procédures Formulaire > V° Tribunal de commerce*, Fasc.30, 2000.

41. Michel Pedamon, Hugues kenfack, "Droit commercial commeçrants et fonds de commerce concurrence et contrats du commerce", 3e édition Dalloz, 2011.

42. J. C. Russell, "Late Anceint and Medieval Population", Transaction of the American Philosophical Society, Vol.48, pt.3, Philadephia, 1958.

43. David Knowles and Dmitri Obolensky, "The Christian Centuries, Vol.2, The Middle Ages", New York, 1968.

44. Geoffrey Barraclough, "The Investiture Contest and the German Constitution", Schafer Williams, ed., 1964.

45. 9.12 Friedrich Herr, The Medieval World: Europe, New York, 1961.

46. 9.14 Sir Frederick Pollock and Frederic William Maitland, History of English Law, Cambridge, 1968.

47. 9.16 Marc Bloch, Feudal Society, London, trans.L. A. Manyon 1961.

48. H.Solus et R.Perrot, "Droit judiciaire privé", Sirey 2012.

49. Philipe Guez, "Tribunal de Commerce-compétence des tribunaux de commerce-Régles générales", *Jurisclasseur procédure civile*, 2013, 03.

50. Hervé Croze, "Tribunaux de commerce-procédure", *JurisClasseur Commercial*, 04, 2008,

51. Ph. Benezra, La passerelle devant le tribunal de commerce, Gaz.Pal.1990.2, doctr., P.400.

52. H. Croze et ch.Laporte, "Décret n°2010-1165 du 1er octobre 2010 relatif à la conciliation et àla procédure orale en matière civile, commerciale et sociale: modifications des pratiques procédurales devant les différentes juridictions", procédures 2011, édude 2.

53. S. Guinchard, "Droit et pratique de la procédure civile", Dalloz, 2012, 7e édition.

54. C. Bléry et J.-P. Teboul, "Instruction des affaires devant le tribunal de commerce.À

propos du décret du 24 décembre 2012", JPC G, 2013.

55. G. Borgo, "Juge civil, Juge consulaire：Esprit et méthodes", colloque du 28 mars 2005.

56. Xavier VUITTON, "Ordonnances sur requête", *JurisClasseur Procédure*, 01, 2008.

57. Jean Beauchard, "Tribunal de commerce-Président", *Jurisclasseu*, Fasc. 30, 2.5.2000.

58. Pascal Lehuédé, Référé.-Référé commercial, *Jurisclasseur*, Fasc.41.

59. Y. Serra CA Aix-en-provence, 14e ch.Soc., 2 mai 1990, D.1990, somm.

60. Michelin-Finielz.T.com.Paris, 27 juin 2002, JPC E2002, No.36.

61. Virassamy, Cass.com., 2e civ., 7 janv.1999, D.1999, inf.rap.

62. G. Borgo, "Juge civil, Juge consulaire：Esprit et méthodes", colloque du 28 mars 2005.

63. ［法］洛克·卡迪特(LoïC Cadiet), Introduction to French Civil Justice System and Civil Procedural Law, Ritsumeikan Law Review, No.28, 2011。

三、判决案例类

1. 法国最高法院商事审判庭 2002 年 6 月 25 日判决

2. 法国巴黎上诉法院 1976 年 1 月 13 日判决

3. 法国最高法院商事审判庭 1993 年 5 月 11 日判决

4. 法国最高法院商事审判庭 1986 年 6 月 3 日判决

5. 法国最高法院商事审判庭 1998 年 3 月 10 日判决

6. 法国最高法院民事审判庭第一庭 1987 年 2 月 10 日判决

7. 法国最高法院商事审判庭 2001 年 12 月 18 日判决

8. 法国最高法院民事审判庭第二庭 1997 年 5 月 6 日判决

9. 法国最高法院商事审判庭 2004 年 1 月 16 日判决

10. 法国最高法院民事审判庭第一庭 1996 年 10 月 22 日判决

11. 法国最高法院商事审判庭 1986 年 5 月 20 日判决

12. 法国最高法院商事审判庭 2006 年 2 月 14 日判决

13. 法国最高法院 1889 年 7 月 8 日判决

14. 法国最高法院商事审判庭 2001 年 1 月 6 日判决

15. 法国巴黎上诉法院 1995 年 4 月 6 日判决

16. 法国最高法院商事审判庭 1994 年 5 月 3 日判决

17. 法国里昂上诉法院 2001 年 5 月 15 日判决

18. 法国最高法院民事审判庭第二庭 2000 年 7 月 5 日判决

19. 法国巴黎上诉法院 1995 年 1 月 11 日判决

20. 法国巴黎上诉法院 2000 年 1 月 19 日判决

21. 法国最高法院商事审判庭 2004 年 5 月 19 日判决

22. 法国最高法院商事审判庭 2009 年 10 月 27 日判决

23. 法国最高法院商事审判庭 1963 年 7 月 8 日判决

24. 法国巴黎上诉法院 1965 年 10 月 7 日判决

25. 法国里昂大审法院 1992 年 4 月 10 日判决

26. 法国最高法院商事审判庭 1963 年 7 月 8 日判决

27. 法国最高法院商事审判庭 1996 年 10 月 1 日判决

28. 法国最高法院商事审判庭 1993 年 3 月 16 日判决

29. 法国最高法院商事审判庭 2000 年 1 月 18 日判决

30. 法国昂热上诉法院 1996 年 1 月 15 日判决

31. 法国最高法院商事审判庭 1991 年 1 月 8 日判决

32. 法国最高法院商事审判庭 1991 年 1 月 21 日判决

33. 法国巴黎上诉法院 1995 年 2 月 3 日判决

34. 法国最高法院商事审判庭 2000 年 3 月 14 日判决

35. 法国凡尔赛法院 1997 年 3 月 6 日判决

36. 法国最高法院商事审判庭 1995 年 12 月 5 日判决

37. 法国最高法院商事审判庭 1995 年 1 月 17 日判决

38. 法国瓦朗谢讷商事法院 2011 年 8 月 22 日判决

39. 法国最高法院商事审判庭 1994 年 12 月 13 日判决

40. 法国巴黎上诉法院 1996 年 3 月 20 日判决等

41. 法国最高司法法院商事庭 1982 年 11 月 23 日判决

42. 法国巴黎法院 2002 年 6 月 26 日判决

43. 法国最高司法法院商事审判庭 1982 年 10 月 24 日判决

44. 法国最高司法法院民事审判庭第二庭 2006 年 10 月 12 日判决

45. 法国最高司法法院民事审判庭第二庭 2003 年 10 月 16 日判决

46. 法国最高司法法院民事审判庭第二庭 2004 年 5 月 6 日判决;2006 年 1 月 11 日判决;2008 年 7 月 10 日判决等

47. 法国最高司法法院民事审判庭第一庭 2007 年 5 月 24 日判决

48. 法国最高司法法院商事审判庭 2007 年 9 月 18 日判决

49. 法国最高司法法院民事审判庭第二庭 1997 年 3 月 26 日判决

50. 法国巴黎法院 1988 年 2 月 11 日判决

51. 法国最高司法法院民事审判庭第二庭 1985 年 3 月 10 日判决

52. 法国最高司法法院商事审判庭 1993 年 10 月 26 日判决

53. 法国最高司法法院民事审判庭第二庭 2000 年 7 月 13 日判决

54. 法国最高司法法院民事审判庭第二庭 2003 年 6 月 12 日判决

55. 法国凡尔赛法院 2003 年 9 月 25 日判决

56. 法国伊维里科尔贝伊法院 1975 年 2 月 19 日判决

57. 法国最高司法法院商事审判庭 1991 年 4 月 9 日判决

58. 法国最高司法法院商事审判庭 1993 年 7 月 6 日判决

59. 法国司法部 2011 年 1 月 24 日通报,载 BOMJL:28.2.2011,p.2

60. 法国最高司法法院商事审判庭 1986 年 6 月 24 日判决

61. 法国最高司法法院商事审判庭 1986 年 11 月 26 日判决

62. 法国最高司法法院商事审判庭 1983 年 2 月 15 日判决

63. 法国南希上诉庭 1987 年 11 月 27 日判决

64. 法国巴黎上诉法院 1965 年 5 月 22 日判决

65. 法国图卢兹上诉法院 1998 年 10 月 1 日判决

66. 法国最高司法法院民事审判庭 2000 年 11 月 7 日判决

67. 法国 Boulogne 商事法院 1982 年 9 月 24 日判决

68. 法国最高司法法院商事审判庭 1992 年 10 月 27 日判决

69. 法国安纳西大审法院 1989 年 1 月 12 日判决

70. 法国最高司法法院商事审判庭 1993 年 5 月 7 日判决

71. 法国最高司法法院商事审判庭 1993 年 2 月 2 日判决

72. 法国巴黎大审法院 1987 年紧急审判裁定

73. 法国普瓦提埃上诉法院 2001 年 2 月 27 日判决

74. 法国最高司法法院商事审判庭 2002 年 1 月 15 日判决

75. 法国凡尔赛上诉法院 1996 年 4 月 10 日判决

76. 法国最高司法法院商事审判庭 1980 年 3 月 11 日判决

77. 法国最高司法法院社会法庭 1990 年 10 月 25 日判决

78. 法国最高司法法院商事审判庭 1985 年 11 月 5 日判决

79. 法国都埃法院 2000 年 5 月 11 日判决

80. 法国最高司法法院社会庭 2002 年 7 月 10 日判决

81. 法国最高司法法院民事审判庭第二庭 1991 年 7 月 10 日判决

82. 法国新民诉法第 486 条及最高司法法院 1988 年判决

83. 法国最高司法法院民事审判庭第三庭 1974 年 6 月 25 日判决

84. 法国最高司法法院民事审判庭第一庭 2005 年 7 月 13 日判决

85. 法国最高法院商事审判庭 2009 年 10 月 27 日判决

后　记

本书是在我博士学位论文的基础上修改而成的,关于论文实在有太多的感受,在此要感谢诸多为我学习、写作给予帮助的师长、家人和朋友们。导师廖中洪教授,从论文的选题、构架、内容不断地给予指导,亲切的关怀与不断的督促和鼓励,使得我能够克服写作过程中的重重障碍、难点,最终完成写作。恩师廖中洪教授不仅在专业学习上、思想生活上给予了我关心帮助,还以他认真务实的治学精神、低调谦和的处事方式和淡泊名利的人生态度为我树立了人生榜样,使我终生受益。同时要感谢西南政法大学民事诉讼学科组的田平安教授、唐力教授、马登科教授、汪祖兴教授等老师为我的论文提出的指导修改意见。

感谢法国保罗·赛尚埃克斯马赛第三大学法学院教授、我在法国留学期间的导师 Philippe BONFILS 先生给予我的帮助指导,使我接受了宝贵的纯地道、高强度的法国诉讼法专业训练,让我锻炼了较强的法语读写能力,具备了法国法律专业文献准确的阅读理解能力和翻译水平,为我回国后进行法国法研究、翻译法语原文资料和撰写博士学位论文打下了坚实的基础。感谢法国马赛三大 Olivier、Alexandre、Lardeu 教授,金鑫博士,马赛学联主席王玫女士帮助我查找、收集、邮寄最新法律法规、司法判例、司法年鉴等第一手法文文献资料;法国法文教师 Yvette、Marys、Josette 女士不辞辛劳帮助我校对翻译文稿。

感谢论文写作过程中给予我帮助、支持的在广州、深圳、厦门、成都、重庆等地人民法院从事一线审判工作的法官、学长,以及同学、友人们。感谢他们无私地向我提供了大量商事审判实务文献资料和分享一线办案经验,为我的论文撰写提供了难得的实践素材,帮助我建立和开拓研究视野与思路。感谢几年来同专业的师兄弟姐妹们的鼓劲支持,感谢帮助出版的文字校对和排版工作人员等,恕在此不能一一列出。

　　还要感谢我的工作单位,重庆工商大学马克思主义学院,为本书的写作、出版给予的大力支持。本书出版还受到"重庆中国特色社会主义理论研究中心"资助,为重庆工商大学高层次人才科研启动项目"中国商事金融诉讼程序改革研究"(项目编号 1855046)和重庆工商大学科学研究项目"法国商事诉讼程序研究"(项目编号 1951035)结项成果。

　　最重要的,应当感谢父母双亲一路以来无怨无悔的奉献支持,其中辛劳心血难以细数。写作期间父母帮助我料理生活琐事,给予我生活上、经济上和时间上的巨大支撑保障。感谢丈夫的体贴关爱和包容理解,论文要献给他们。

　　本书的出版凝聚了自己的努力、师长们的指导、亲人们的支持和朋友们的帮助,这个过程中我的每一点进步、每一次成长都包含了爱我、帮助我的人们的辛勤付出和热切关怀,正是有了他们,才有了本书的最终完成。未来的人生路,仍需继续发扬坚持不懈的进取精神和不怕困难的拼搏精神,以更好的业绩回报国家、社会和所有关爱我的人。